Armin Scholl · Siegfried Weischenberg

Journalismus in der Gesellschaft

Armin Scholl · Siegfried Weischenberg

Journalismus in der Gesellschaft

Theorie, Methodologie und Empirie

Westdeutscher Verlag

Alle Rechte vorbehalten
© Westdeutscher Verlag GmbH, Opladen/Wiesbaden, 1998

Der Westdeutsche Verlag ist ein Unternehmen der Bertelsmann Fachinformation GmbH.

Das Werk einschließlich aller seiner Teile ist urheberrechtlich geschützt. Jede Verwertung außerhalb der engen Grenzen des Urheberrechtsgesetzes ist ohne Zustimmung des Verlags unzulässig und strafbar. Das gilt insbesondere für Vervielfältigungen, Übersetzungen, Mikroverfilmungen und die Einspeicherung und Verarbeitung in elektronischen Systemen.

http://www.westdeutschervlg.de

Höchste inhaltliche und technische Qualität unserer Produkte ist unser Ziel. Bei der Produktion und Verbreitung unserer Bücher wollen wir die Umwelt schonen: Dieses Buch ist auf säurefreiem und chlorfrei gebleichtem Papier gedruckt. Die Einschweißfolie besteht aus Polyäthylen und damit aus organischen Grundstoffen, die weder bei der Herstellung noch bei der Verbrennung Schadstoffe freisetzen.

Umschlaggestaltung: Horst Dieter Bürkle, Darmstadt
Umschlagbild: Atelier Ferdinand Kriwet, Photo: Lothar Wolleh, ca. 1967
Satz und Layout: Kai Heddergott, Münster
Druck und buchbinderische Verarbeitung: Hubert & Co., Göttingen
Printed in Germany

ISBN 3-531-12509-5

Der Inhalt

Das Vorwort 9

1 Die Einführung:
Journalismus in der Gesellschaft 13

2 Die Forschung:
Journalismus und Wissenschaft 25

2.1 Theorien und Definitionen des Journalismus 25
    2.1.1 Grundlagentheoretischer Überblick 25
    2.1.2 Traditionelle Beschreibungen 31
    2.1.3 Empirische Journalismusforschung 35
    2.1.4 Gatekeeper- und Redaktionsforschung 39
    2.1.5 Professionalisierung und Sozialisation 44
    2.1.6 Perspektiven einer konstruktivistischen Systemtheorie 47
2.2 Methodologie der Journalismusforschung 51
    2.2.1 Reduktion und Emergenz sozialer Systeme 51
    2.2.2 Empirische Forschungsmethoden 55
        2.2.2.1 Befragungen 55
        2.2.2.2 Beobachtungen 58
        2.2.2.3 Inhaltsanalysen 60

3 Das System:
Funktion, Code und Programm 63

3.1 Grundlagentheoretischer Überblick 63
    3.1.1 Publizistik, Öffentlichkeit und Massenmedien als System 63
    3.1.2 Journalismus und Redaktion als System 71
3.2 Operationalisierungen 78
    3.2.1 Programme, Strukturen und Professionalisierung 79
    3.2.2 System- und Kontextvariablen 83
3.3 Empirische Befunde 87
    3.3.1 Berufliche Tätigkeiten 87
    3.3.2 Praxis des Gegenlesens 94
3.4 Systemtheorie und Empirie 99

4 Die Umwelt: Fremdreferenz und Selbstreferenz 101

- 4.1 Grundlagentheoretischer Überblick 101
- 4.2 Referenzen und Einflußfaktoren 105
  - 4.2.1 Theoretische Vorbemerkungen und Operationalisierungen 105
  - 4.2.2 Empirische Befunde 107
- 4.3 Das Publikum 120
  - 4.3.1 Theoretische Vorbemerkungen und Operationalisierungen 120
  - 4.3.2 Empirische Befunde 126
- 4.4 Public Relations 132
  - 4.4.1 Theoretische Vorbemerkungen und Operationalisierungen 132
  - 4.4.2 Empirische Befunde 137
- 4.5 Journalismus - ein autopoietisches oder selbstreferentielles System? 147

5 Die Kopplung: Akteur und Handlungsorientierung 153

- 5.1 Grundlagentheoretischer Überblick 153
- 5.2 Rollenselbstverständnis, Rolle und Handlungsrelevanz 157
  - 5.2.1 Theoretische Vorbemerkungen und Operationalisierungen 157
  - 5.2.2 Kommunikationsabsichten und Publikumsbild . 163
  - 5.2.3 Kommunikationsabsichten und Handlungsrelevanz 175
- 5.3 Journalistisches Handeln und Verantwortung 180
  - 5.3.1 Theoretische Vorbemerkungen und Operationalisierungen 180
  - 5.3.2 Empirische Befunde 186
- 5.4 Journalistisches Handeln zwischen Akteur und System 194

6 Die Gesellschaft(en): Distinktionen von Journalismus-Systemen ... 197

- 6.1 Grundlagentheoretischer Überblick ... 197
- 6.2 Journalismus und ‚Weltgesellschaft' ... 201
  - 6.2.1 Die Nation als Referenz ... 201
  - 6.2.2 Beobachtungen von Medienordnungen und Journalismus-Systemen ... 208
- 6.3 Eine komparative System-Analyse ... 215
  - 6.3.1 Normen- und Strukturkontexte: Hetero- und Isomorphien ... 217
    - 6.3.1.1 Theoretische Vorbemerkungen ... 217
    - 6.3.1.2 Empirische Vergleiche ... 220
  - 6.3.2 Funktions- und Rollenkontexte: Divergenzen und Konvergenzen ... 226
    - 6.3.2.1 Theoretische Vorbemerkungen ... 226
    - 6.3.2.2 Empirische Vergleiche ... 229
- 6.4 Journalismus in Ost- und Westdeutschland (Exkurs) ... 234
  - 6.4.1 Zwei Gesellschaften – zwei Arten von Journalismus? ... 234
  - 6.4.2 Divergenzen und Konvergenzen ... 237
    - 6.4.2.1 Rollenselbstverständnis und Handlungsrelevanz ... 237
    - 6.4.2.2 Rechercheverhalten und Publikumsbild ... 240
- 6.5 Geschlecht als Distinktion ... 243
  - 6.5.1 Theoretische Vorbemerkungen ... 243
  - 6.5.2 Normen- und Strukturkontext: Differenzen ... 246
  - 6.5.3 Funktions- und Rollenkontext: Konsonanzen ... 251
- 6.6 Zur Synchronisierung von Journalismus-Systemen ... 257

7 Die Zukunft: Tendenzen des Journalismus – Perspektiven der Forschung ... 261

8 Die Literatur ... 277

9 Die Studie (Anhang) ... 305

- 9.1 Die Stichprobe ... 305
  - 9.1.1 Grundgesamtheit und Stichprobenbildung ... 305
  - 9.1.2 Ziehung der Journalistenstichprobe ... 311
  - 9.1.3 Gewichtung der Stichprobe ... 318
- 9.2 Die Befragung ... 321
  - 9.2.1 Methodische Aspekte und Struktur des Fragebogens ... 321
  - 9.2.2 Der Fragebogen ... 325
  - 9.2.3 Durchführung und Rücklauf der Befragung ... 355
- 9.3 Die Inhaltsanalyse ... 357
  - 9.3.1 Methodische Aspekte ... 357
  - 9.3.2 Kategorienschema und Kodebuch ... 359
  - 9.3.3 Reliabilitätstests ... 364
  - 9.3.4 Rücklauf der ‚gelungenen' Artikel und Sendemanuskripte ... 367
- 9.4 Die Auswertungsverfahren ... 369
  - 9.4.1 Die Vorgehensweise ... 369
  - 9.4.2 Die Clusteranalyse ... 370
  - 9.4.3 Die Faktorenanalyse ... 373
  - 9.4.4 Die Regressionsanalyse ... 376

Das Register ... 383

Das Vorwort

„Die Mediengesellschaft frißt ihre Kinder" schrieb der Chefredakteur des „Stern" nach dem Unfalltod der Lady Diana, die allgemein als ‚Medienprinzessin' bezeichnet wird. Im selben Heft druckte das Blatt – traditionell ein *journalistisches* Medium – Aktfotos des Tennisspielers Boris Becker. In der Woche, als ‚Lady Di' den Tod fand und danach die Medien beherrschte, starben auch Mutter Teresa und Georg Solti. Die Friedensnobelpreisträgerin war den Fernsehnachrichten immerhin einige Bilder wert, während Solti, einer der bedeutendsten Dirigenten dieses Jahrhunderts, nur als Kurzmeldung vorkam; den Rest erledigten die Feuilletons.

In diesen Tagen, als wir über der Schlußredaktion für dieses Buch saßen, wurde der ‚Journalismus in der Gesellschaft' mit seinen aktuellen Erscheinungsformen wieder einmal prägnant vorgeführt: als Tanz ums goldene Kalb, als *Konstruktionsunternehmen* mit eigenwilligen Regeln und Bewertungen, aber auch als *Selektionsinstanz* mit markanten Relevanzzuordnungen und offenkundigen *Identitätsproblemen*. Diese führen immer öfter zu Meta-Diskussionen, in denen viel von Moral und wenig von Ökonomie die Rede ist; man ruft nach Kontrolle und vergißt, daß niemand die ‚Mediengesellschaft' und ihre Institutionen im Griff hat – den Markt einmal ausgenommen.

Ereignisse wie die beschriebenen gehören zu den aktuellen Folien, auf denen eine (system-) theoretische Beschäftigung mit den Konstruktionsprozessen in den Medieninstitutionen stattfindet; sie kommen in diesem Buch nicht explizit vor, wohl aber implizit: als Anstöße für Beschreibungen des Systems durch seine Akteure, die Journalistinnen und Journalisten.

Solche Selbstbeschreibungen in Form der standardisierten Befragung einer repräsentativen Stichprobe bildeten den Ausgangspunkt für den Versuch der Forschungsgruppe Journalistik an der Universität Münster, eine valide Analyse des Journalismus in der (deutschen) Gesellschaft vorzulegen. Dieses – *theoriegeleitete* und *empiriegestützte* – Projekt stand seit vielen Jahren oben auf unserem wissenschaftlichen Wunschzettel. Realisierbar wurde es durch eine mehrjährige und – in Zeiten reduzierter Mittel – großzügige Förderung durch die Deutsche Forschungsgemeinschaft. Dadurch konnte seit 1992 die Studie „Journalismus in Deutschland" von S.

Weischenberg (wiss. Leiter), M. Löffelholz und A. Scholl (wiss. Mitarbeiter) sowie zahlreichen studentischen Mitarbeiterinnen und Mitarbeitern durchgeführt werden.

Die Finanzierung erlaubte nicht nur die Beschäftigung des Personals, sondern auch die Befragung von rund 1.500 Journalistinnen und Journalisten durch das Institut GFM/Getas (Hamburg). In der Zwischenzeit sind Ergebnisse aus der Untersuchung, welche die Basis für dieses Buch bilden, in zahlreichen Publikationen *dokumentiert*, vielfach – mitunter recht eigenwillig – *zitiert* (z. B. in der „Frankfurter Allgemeinen Zeitung" sowie in den Hausmitteilungen von „Spiegel" und „Focus") und in Wissenschaft und Politikberatung engagiert *diskutiert* worden.

Um die nun präsentierte grundlegende und abschließende Veröffentlichung zustande zu bringen, war es notwendig, über mehrere Jahre und viele Kilometer hinweg einen komplizierten und aufwendigen Arbeitszusammenhang herzustellen und aufrecht zu erhalten, der allen Beteiligten viel Zeit, Nerven und Verständnis abverlangt hat. Logistische, technische und andere Probleme haben uns zudem eine Reihe schwieriger Entscheidungen aufgezwungen, die notwendig waren, um das Erscheinen dieses Buches überhaupt möglich zu machen.

In theoretischer Hinsicht folgen wir darin Angeboten verschiedener Spielarten einer konstruktivistischen Systemtheorie, die eine Reihe neuer Anworten gibt auf die beiden zentralen Fragen einer sozialwissenschaftlich orientierten Journalismusforschung: Warum leistet sich die Gesellschaft Journalismus? Und: Was leistet dieser Journalismus? Hierum muß man sich kümmern, ehe aus normativer Perspektive bewertet wird, was der Journalismus *sich* leistet und was er sich leisten *darf*.

‚Der Journalismus': Man wird vielleicht glauben, daß wir mit der Behauptung, unseren Gegenstand *identifizieren* zu können, in die Falle einer klammheimlichen *Ontologisierung* gegangen sind. Doch das wäre ein Mißverständnis. Unser Ausgangspunkt ist nichts anderes als eine konventionelle Setzung: Wir definieren Journalismus in funktionaler Abgrenzung von anderen (benachbarten) Systemen. Dieser ‚Theoriestart' basiert auf Beobachtung und ist u. E. insofern plausibel, aber keineswegs ‚wahrheitsfähig'; mit seiner Hilfe haben wir unsere empirische Studie durchgeführt, ausgewertet und eingeordnet – nicht mehr und nicht weniger.

Das Vorwort

Wir danken der DFG für die Förderung des Projekts „Journalismus in Deutschland" sowie (in alphabetischer Reihenfolge) folgenden Personen, die an der Durchführung der empirischen Untersuchung bzw. an der Produktion dieses Buches beteiligt waren: Kai Heddergott, Dieter Jansen, Markus Kriener, Martin Löffelholz, Wiebke Loosen, Hilde Mangels, Barbara Schulze, Barbara Stegat und Heinz D. Uekermann.

Hamburg/Münster/Berlin　　　　　　　　　　　　　　　S.W./A.S.

1 Die Einführung:
Journalismus in der Gesellschaft

Philosophen wie Emile Littré oder Karl Jaspers haben immer wieder den engen Zusammenhang zwischen dem Wohl-Wollen und dem Wohl-Ergehen der Menschen sowie dem Wirken und Können der Medien und ihrer Journalisten hervorgehoben. Jedes Volk habe die Presse, die es verdiene, hieß es zum Beispiel. Aber andererseits wurde die Qualität des Journalismus auch geradezu zur nationalen Schicksalsfrage erklärt.

Inzwischen klebt man der Einrichtung, welche die Gesellschaft zusammenhalten soll, nicht mehr solch ambitionierte Etiketten auf; dies gilt für Kommunikationstheorie und Kommunikationspraxis gleichermaßen. In der *sozialen* Praxis mag dazu alles das beigetragen haben, was man in den großen Topf ‚Postmoderne' packt und darin zusammenrührt.

Mit diesem Begriff ‚Postmoderne' wird viel Schindluder getrieben, und zwar vor allem dort, wo die Gesellschaftsbeschreibung zur reinen Affirmation gerät. So gesehen ist aus der Absage an die Meistererzählungen (Lyotard) inzwischen längst eine eigene Meistererzählung geworden. Ein langjähriger Beobachter der Szene wie Wolfgang Welsch (1993: XVII ff.) attackiert dabei „diskursive Falschmünzerei" und Gauklerei aus dem „Lunapark" als Merkmal einer als „feuilletonistische Postmoderne" charakterisierten Bewegung. Und Niklas Luhmann (1997: 1143 ff., 1096) zeigt bei der Beschäftigung mit Gesellschaftsbeschreibungen, welche die Silbe ‚Post' verwenden, sogar ungewohnte Emotionen, wenn er „intellektuellen Schrotthandel, der sich um ein Recycling von Ideen bemüht", beklagt.

Diese Polemik steht nicht zufällig am Anfang eines Kapitels mit dem Titel „Die Massenmedien und ihre Selektion von Selbstbeschreibung": Postmoderne und Beobachtungsverhältnisse, die von den Medien geprägt werden, gehören eng zusammen; die Gesellschaft der Postmoderne ist eine soziale Formation, welche deshalb nun schon seit Jahren (vgl. z. B. Rust 1984) als ‚Mediengesellschaft' bezeichnet wird. Schmidt/Spieß (1996: 104) bringen die Postmoderne auf die Kurzformel „Moderne + reflexives Mediensystem".

1 Journalismus in der Gesellschaft

Alles das macht auf die scheinbar paradoxe Beobachtung aufmerksam, daß in der Postmoderne einerseits ohne die Medien offenbar nichts mehr geht, andererseits aber gerade die Medien nicht zur Lösung der Welträtsel taugen. Postmodern ist zum Beispiel die These, daß der Journalismus für die Herstellung *kritischer Öffentlichkeit* gar nicht zuständig ist. Zu den aktuellen Entdeckungen gehört dabei der Eigensinn dieses Systems und damit die Einsicht, daß seiner oft so vollmundig beschriebenen Funktion für die Gesellschaft recht enge Grenzen gesetzt sind:

> „Damit wird zum einen deutlich, daß sämtliche Aufgaben, die mehr als die von den Medien entfaltete Beobachterperspektive voraussetzen, ein autopoietisch operierendes Mediensystem überfordern müssen. Dies bedeutet darüber hinaus, daß jede Theorie, die Massenkommunikation als Allzweck-Dienstleistungsapparatur auffaßt, mit Evidenzvorstellungen operiert, jedwede Selektivität des Öffentlichen leugnet [...] und einen konkurrenzlos wahrheitsfähigen Beobachterstandpunkt, einen archimedischen Punkt, voraussetzen muß." (Görke/Kollbeck 1996: 266 f.)

Auch beim (wissenschaftlichen) Umgang mit den Medien ersetzt also inzwischen Systemorientierung das Moralisieren. Pluralität ist dabei die Pluralität von Perspektiven der Medienbeobachter und aus der Sicht des Publikums die permanente Erfahrung von Kontingenz: Die Welt könnte auch anders beobachtet werden; Wirklichkeitskonstruktionen, die sich valider Überprüfung entziehen, sind mit alltäglichen Welterfahrungen der Menschen auf komplexe Weise verknüpft.

Dies erscheint zunächst als eine typisch postmoderne Art der Beobachtung: Alles ist möglich, und nichts ist eindeutig richtig oder falsch. Und deshalb scheint auch die Feststellung richtig, daß die Leute die Medien kriegen, welche sie verdienen (weil diese an ihnen verdienen). Eine solche Perspektive kann aber nicht nur auf eine Entzauberung der Medien, sondern auch auf eine *Bagatellisierung* ihrer Bedeutung hinauslaufen.

In der *Kommunikationstheorie* hat vor allem der Systemansatz – später Hand in Hand mit dem Konstruktivismus – die Medien und den Journalismus vom Podest geholt. Da gibt es nichts mysteriös Wesenhaftes mehr, das man mit Ethik ausstopfen kann, und da werden dem Journalismus nicht mehr so ohne weiteres Aufgaben zugewiesen, an denen er sich nur verheben kann. Vor allem aber:

Den Journalistinnen und Journalisten werden nicht mehr ernsthaft wahre Aussagen über die ‚wirkliche Realität' abverlangt, sondern ‚nur' noch subjektabhängige Wirklichkeitsentwürfe von Beobachtern zweiter Ordnung zugeordnet, die der Gesellschaft sozusagen permanent den Spiegel vorhalten, in dem sie sich selbst betrachten kann.

Damit wird der Journalismus als ein soziales System unter anderen modelliert, dem eine spezifische Funktion zugeordnet wird, das *operativ geschlossen* ist und das seine Grenzen womöglich sogar nur mit Hilfe eines simplen Codes bestimmt. Da ist vom Schicksal keine Rede mehr; die Rhetorik folgt der kühlen Prosa einer Gesellschaftsanalyse von Beobachtern.

Auch wir, die Autoren dieses Buches, orientieren uns am Ansatz einer *konstruktivistischen Systemtheorie*, der in den vergangenen Jahren in diversen Feldern der Kommunikations- und Medienwissenschaft sein heuristisches Potential entfaltet hat. Wir sind jedoch *nicht* der – womöglich postmodernen – Auffassung, daß diese Perspektive zum Rückzug aus einer kritischen Beschäftigung mit der Gegenwart und Zukunft des Journalismus führen sollte – oder gar zu einer *Bagatellisierung* des Gegenstandes. Unsere Beschäftigung mit der Kommunikationspraxis legt vielmehr die Annahme nahe, daß die *Relevanz* des Journalismus in der Gesellschaft sogar noch zunehmen wird (vgl. Weischenberg et al. 1994).

Wir sind auch keineswegs der Auffassung, daß es allein die Systeme sind, welche handeln. Menschen agieren und kommunizieren, und sie tragen dafür auch die Verantwortung. Doch es gibt gute Argumente dafür, diese Handlungen in systemischen Zusammenhängen zu beobachten, zu beschreiben und zu erklären. Dafür spricht im Falle des Journalismus zum Beispiel, daß die Aussagenentstehung in erheblichem Maße ökonomischen, organisatorischen und technologischen Zwängen unterworfen ist (vgl. Weischenberg 1992, 1995). Und im Falle der Wissenschaft spricht dafür, daß jede Beobachtung systemabhängig ist, also auf *Unterscheidungen* beruht.

Wer nun als wissenschaftlicher Beobachter über die moderne Aussagenproduktion in den Medien genaue und vollständige Beschreibungen liefern will, begegnet „den Schwierigkeiten, Journalismus zu identifizieren" (Rühl 1980: 11). Diese Schwierigkeiten sind in den letzten Jahren auf Grund von Kommerzialisierungs-

und Technisierungsprozessen in den Mediensystemen sogar noch größer geworden. Sie bedeuten für die wissenschaftliche Auseinandersetzung mit den Institutionen und Personen, denen wir die über den eigenen Erfahrungsbereich hinausreichenden Orientierungen verdanken, zusätzliche *Herausforderungen*. Nur eine gleichermaßen komplexe wie empirisch gehaltvolle *Theorie des Journalismus* könnte, so muß man daraus schließen, dieser Situation gerecht werden.

Kandidat dafür ist eine *systemtheoretische* Konzeption, welche *konstruktivistische* Erkenntnisse systematisch nutzt. Im Unterschied zu *ontologischen* Sichtweisen, welche den Journalismus entweder auf das Wirken unabhängiger journalistischer Individuen reduzieren oder aber als Anwälte der gesellschaftlichen Kommunikation idealisieren, ist der Journalismus dabei als Handlungszusammenhang zu begreifen, der in soziale Prozesse eingebunden ist. Im Unterschied zu systemtheoretischen Modellierungen im Gefolge Luhmanns sollten, so legt die Beschäftigung mit den verfügbaren Theorien und Definitionen des Journalismus nahe (→ Kapitel 2.1), aber auch die *Akteure* im Blick behalten und somit Prozesse der Aussagenentstehung nicht auf scheinbar intentionslose Vorgänge reduziert werden. Bisher hat sich eine solche Beobachterperspektive freilich nur als bedingt geeignet gezeigt, zur Sammlung und Interpretation von kommunikationswissenschaftlichem *Erfahrungswissen* beizutragen.

In der Logik solcher systemtheoretischer Konzeptionen wird der Journalismus als soziales System modelliert und – unter den Bedingungen moderner pluralistischer Gesellschaften – über eine exklusive *Funktion* empirisch identifiziert: Manfred Rühl (1980: 319) hat diese Funktion in die Formel „Herstellung und Bereitstellung von Themen zur öffentlichen Kommunikation" gefaßt. Damit ist – in noch sehr allgemeiner Form – eine soziale Zuständigkeit beschrieben, welcher der Journalismus mit den ökonomischen, organisatorischen und technischen Mitteln der modernen Medienproduktion gerecht zu werden versucht.

Offensichtlich kann der Journalismus aber nicht für alle Arten von Themen zuständig sein. Kennzeichen seiner systemspezifischen Auswahlprozeduren ist vielmehr das

> „Aktualitätsprinzip [...]; es gilt für nahezu jede Selektion zur Massenkommunikation. [...] Etwas Neues muß dran sein oder zu-

mindest behauptet werden, sonst findet die Mitteilung keinen Zugang." (Luhmann 1981: 317)

Mit der Thematisierung als Funktion und der Aktualität als Themenmerkmal sind Parameter für einen modernen Journalismusbegriff genannt, der zu differenzieren und zu explizieren sein wird (→ Kapitel 3.1.2). *Aktuelle Medienkommunikation* bedeutet dabei ein zunehmend breiter werdendes Themenspektrum unterschiedlichster Informationswerte und Relevanzen, für welche der Journalismus funktional zuständig ist oder sich zuständig fühlt.

Schon ein Blick auf die Auslagen eines gut sortierten Zeitungskiosks zeigt die ganze Vielfalt: Da gibt es natürlich immer noch den Journalismus der aktuellen Berichterstattung, welcher sich an die Ereignisse hält; im Nachrichtenjournalismus der Tageszeitungen wie des Hörfunks und des Fernsehens wird Aktualität nach wie vor in erster Linie als Zeitgröße verstanden. Andere Medien aber orientieren sich an (vermeintlicher) Relevanz von Themen für die Rezipienten, erzielen *Aufmerksamkeit* häufig also gerade ohne besonderen Neuigkeitswert ihres Angebots oder wirken sogar bei der künstlichen Schaffung von Berichterstattungsanlässen mit. Vor allem in Illustrierten und Magazinen begegnen wir einem Journalismus, der Themen kreiert und dabei ganz selbstbezogen, allein orientiert an Auflagenerfolgen, agiert. Hier wird deutlich, wie sehr die Bedingungen einer Gesellschaft und ihres Mediensystems *jeweils* definieren, was Journalismus ist.

Dieser Zusammenhang zeigt sich neuerdings vor allem bei Programmangeboten des privat-kommerziellen Fernsehens, die eine *ökonomische Kolonialisierung* des Journalismus betreiben (vgl. auch Weischenberg et al. 1994). In den ‚Boulevardmagazinen' werden die journalistischen Darstellungsformen wie etwa das Interview und die Glaubwürdigkeitspotentiale des Journalismus als Informationsleistung gezielt ausgenutzt, um hohe Einschaltquoten zu erzielen (vgl. Weischenberg 1997). Thematisch erfolgt dabei die Verwischung von Grenzen zwischen Fakten und Fiktionen und so eine für die Postmoderne typische *Hybridisierung*, wobei die Erosion der Orientierung durch Medienkommunikation in Kauf genommen wird (vgl. Schmidt/Spieß 1997: 77). Der Medienökonom Jürgen Heinrich (1996: 167) spricht in diesem Zusammenhang von einem „Marktversagen in bezug auf Produktqualität" und stellt in Hinblick auf den Journalismus fest:

1 Journalismus in der Gesellschaft

> „Dieses Marktversagen in bezug auf die Produktqualität ist im Journalismus besonders ausgeprägt, weil hier die Qualitätstransparenz besonders gering ist. [...] Allenfalls können einzelne Elemente der publizistischen Qualität, wie Richtigkeit, Rechtmäßigkeit oder Aktualität objektiv erfaßt werden, aber Relevanz, Vielfalt, Vermittlung oder Unterhaltungswert können praktisch nicht gemessen werden, und eine Gewichtung der einzelnen Qualitätselemente ist unmöglich. Journalisten produzieren ein sogenanntes Geschmacksgut, ein Gut, dessen Qualität nur individuell und subjektiv erfaßt werden kann."

Dagegen ist zweierlei einzuwenden: Zum einen scheint nicht ein angebliches *Marktversagen* das Problem zu sein, sondern im Gegenteil die ‚Überökonomisierung' von Funktionssystemen, die dadurch einer Markttotalität ausgesetzt werden. Gerade die ökonomische Perspektive verhindert hier – wie im Falle des TV-Boulevardjournalismus leicht zu zeigen ist – einen dem Gegenstand gerecht werdenden Zugriff.

Hinsichtlich der angeblich nur individuell und subjektiv erfaßbaren Qualität *journalistischer Geschmacksgüter* ist zum anderen auf konsensfähige Argumente bei der kritischen Auseinandersetzung mit den journalistischen Informationsleistungen aufmerksam zu machen, die auch im internationalen Vergleich ähnlich ausfallen. Kontextlosigkeit der Berichterstattung, Abhängigkeiten von PR-Quellen und eine fast ausschließliche Orientierung an Aufgeregtheiten vor allem in den TV-Nachrichten gehören dabei zu den Hauptmonita. Hendrickson/Tankard (1997), welche die wachsende Kritik am Journalismus auf einen zu eng gefaßten Rahmen für die den Selektionen zugrundeliegenden *Nachrichtenwerte* zurückführen, empfehlen deshalb, künftige Journalisten bei der Ausbildung mit Einsichten der allgemeinen Systemtheorie auszustatten, um ihre Beobachterperspektive zu erweitern. Damit würde die Systemtheorie in der Medienpraxis landen ...

Der *wissenschaftliche* Beobachter kann die (konstruktivistische) Systemtheorie zur Modellierung der Medienpraxis und zu ihrer systematischen empirischen Analyse nutzen. Diese Annahme war der Ausgangspunkt für die Anfang der 90er Jahre konzipierte Studie „Journalismus in Deutschland" (JouriD); sie verfolgte von vornherein ehrgeizige Ziele: Erstens sollte sie eine breite und aktuelle *Datenbasis* schaffen, zweitens die Journalismusforschung von eher deskriptiven hin zu *erklärenden Ansätzen* führen, und drittens sollte sie die recht einseitige Erfassung journalistischer Einstellungen in übergreifende Konzepte zur *Analyse des Systems* Journalismus integrieren. Insgesamt ging es also darum, dem seinerzeit formulierten Postulat einer ‚anspruchsvolleren' Kommunikatorforschung gerecht zu werden (vgl. Uekermann 1978: bes. 147).

Das nun vorliegende Buch sollte ursprünglich genauso heißen wie die Studie; denn geplant war zunächst ‚nur' ein *Forschungsbericht*, der gegenüber den zahlreichen früheren Publikationen aus dem Projekt die Daten auf einem höheren statistischen Niveau auswertet und in komplexeren Kontexten interpretiert. Es erwies sich jedoch in zahlreichen Zusammenhängen als notwendig, die theoretischen Annahmen detaillierter zu explizieren und auf die diversen neueren Veröffentlichungen über Massenmedien/Publizistik/Journalismus zu beziehen, die auf die konstruktivistische Systemtheorie rekurrieren. Daraus entwickelte sich eine Eigendynamik, aus der letztlich der Versuch resultierte, eine in erheblichem Maße empiriegesättigte *Journalismus-Theorie* vorzulegen. Diese knüpft z. B. an die – insbesondere hinsichtlich terminologischer Präzisierungen – substantiellen Arbeiten Manfred Rühls an; sie setzt sich aber auch kritisch mit den in jüngster Zeit verstärkt festzustellenden Bemühungen auseinander, die aktuelle Medienkommunikation in die Koordinaten der Luhmannschen Gesellschafts-Modellierungen einzupassen oder (das andere Extrem) durch *Individualisierungen* den Journalismus vor Vereinnahmungen durch Organisations- und Rollenkonzeptionen ‚retten' zu wollen.

In die Diskussion zur Lage der *Kommunikatorforschung* haben jüngst zwei gerade in diesem Zweig langjährig tätige Publizistikwissenschaftler resümierend, aber auch polemisierend eingegriffen – wobei an vielen Stellen die notwendigen Belege für konstatierte Theoriemängel fehlen. Im einen Fall (vgl. Saxer 1997) wird der um die Aussagenentstehung bemühten Forschung vorgeworfen, sie ideologisiere und individualisiere. Die Stromlinienform der Argumentation wird dabei nicht nur durch einen nicht explizierten, offenbar am Alltagsverständnis orientierten *Ideologiebegriff* begünstigt, sondern auch durch einen eigenwilligen Umgang mit konstruktivistisch-systemtheoretischen Einsichten (→ Kapitel 2.1.5). Von solchen Einlassungen, die schon mit wenigen Literaturreferenzen zu widerlegen sind (vgl. z. B. Schmidt/Weischenberg 1994; Weischenberg 1990), wäre bis zur ‚Theorie des Journalismus', deren Fehlen allenthalben beklagt wird (vgl. z. B. Rühl 1992: 117), tatsächlich ein weiter Weg zurückzulegen.

Das überraschende Schlußplädoyer für eine „stärker personalistische Perspektive der Kommunikatorforschung" (Saxer 1997: 45) korrespondiert mit dem anderen Versuch einer Forschungsbilanz. Hier wird nun freilich explizit auf die normative Bindung an Öffentlichkeitskonzepte rekurriert und „eine demokratietheoretisch reflektierte und empirisch scheuklappenfreie Journalismusforschung" (Langenbucher 1997: 35) gefordert. Gewährsmänner sind dabei eher Grass und Böll als Breed und Gieber, womit ein auf das Individuum verkürzter Autonomiebegriff impliziert ist (vgl. Weischenberg 1995: 374 f.).

Der Autor schließt mit den Worten:

> „Nach einem Vierteljahrhundert Journalismusforschung nun eine Epoche genuiner Kommunikatorismusforschung – warum eigentlich nicht?" (Langenbucher 1997: 37)

Ehe dieser neue Weg „genuiner Kommunikatorismusforschung", der auf eine Entdifferenzierung zwischen Journalismus und Public Relations hinauslaufen würde, eingeschlagen wird, muß daran erinnert werden, daß der Entwurf einer Journalismustheorie, wie ihn Manfred Rühl (1992) vorgeschlagen hat, noch aussteht:

> „Für das gestellte Vorhaben ist die Beobachtung wichtig, daß sich in der Kommunikationswissenschaft das System/Umwelt-Paradigma zunehmend durchsetzt und daß in der Journalismusforschung unter diesem Gesichtspunkt empirisch erarbeitetes Material auf seine Theoriefähigkeit hin geprüft und erschlossen werden kann." (Ebd.: 127)

Damit ist das Programm dieses Buches exakt beschrieben. Unsere theoretische Basis ist das *System/Umwelt-Paradigma* der konstruktivistischen Systemtheorie. Dieses Theoriekonzept wird hier erstmals auf der Basis von aufwendig erhobenen empirischen Daten konsequent auf die Journalismusforschung angewendet und in Hinblick auf sein Potential umfassend geprüft.

Wir stützen uns dabei nicht nur auf die – hier in statistisch vielfältiger Weise ausgewerteten und interpretierten – Befunde aus der eigenen Studie, sondern auch auf diverse theoretische Vorarbeiten. Dazu gehört insbesondere ein Modell (→ Abbildung 1-1) zur systematischen Erfassung von Faktoren, welche ein Journalis-

1 Journalismus in der Gesellschaft

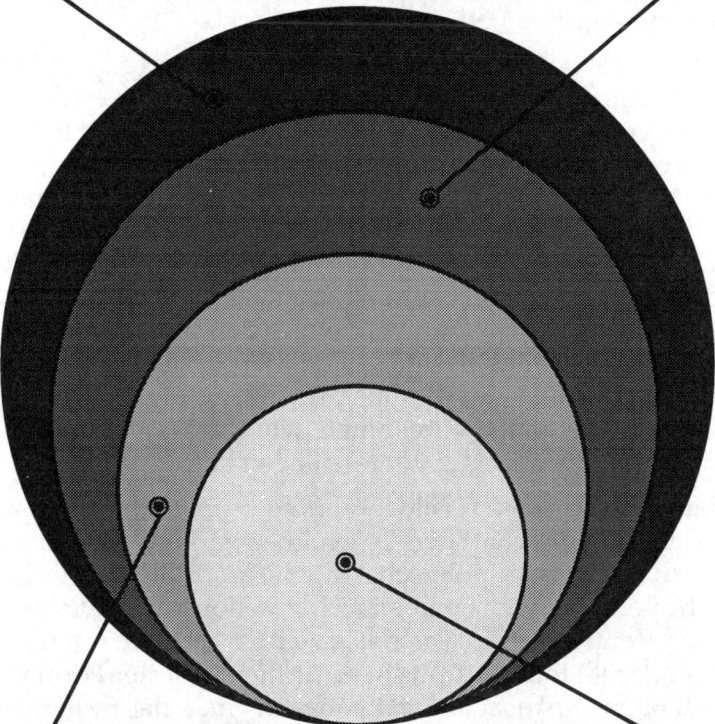

MEDIENSYSTEME

(Normenkontext)

- Gesellschaftliche Rahmenbedingungen
- Historische und rechtliche Grundlagen
- Kommunikationspolitik
- Professionelle und ethische Standards

MEDIENINSTITUTIONEN

(Strukturkontext)

- Ökonomische Imperative
- Politische Imperative
- Organisatorische Imperative
- Technologische Imperative

MEDIENAUSSAGEN

(Funktionskontext)

- Informationsquellen und Referenzgruppen
- Berichterstattungsmuster und Darstellungsformen
- Konstruktionen von Wirklichkeit
- ‚Wirkungen' und ‚Rückwirkungen'

MEDIENAKTEURE

(Rollenkontext)

- Demographische Merkmale
- Soziale und politische Einstellungen
- Rollenselbstverständnis und Publikumsimage
- Professionalisierung und Sozialisation

Abbildung 1–1: Modell zur Identifikation von Journalismus-Systemen

mus-System konstituieren; es erlaubt aufgrund seiner Operationalisierbarkeit, diese Einflüsse zu identifizieren. Damit ist selbstverständlich keine Re-Ontologisierung intendiert, wie unterstellt wurde (vgl. Rühl 1993: 137), sondern das Angebot eines heuristischen Zwecken dienenden Analyserasters; dieses Angebot ist bereits in anderen Studien bei der Bestimmung von Einflußgrößen auf journalistisches Handeln genutzt worden (vgl. z. B. Redelfs 1996: 65 ff.; Klaus 1998: 77 ff.; Sievert 1998). Es wird hier u. a. zur Analyse der Distinktionen von und in Journalismus-Systemen wiederaufgegriffen (→ Kapitel 6.2 und 6.5).

Das Modell setzt das System/Umwelt-Paradigma insofern konsequent um, als es die diversen Umwelten, mit denen das System Journalismus ‚in Kontakt' steht, durchdekliniert und in Hinblick auf Formen ‚struktureller Kopplung' abklopft. Dabei wird jeweils der Beobachterstandort gewechselt: Beim *Normenkontext* bildet die Gesellschaft den Umweltbezug; man beobachtet und beschreibt z. B. in vergleichender Perspektive Medienordnungen mit ihren Traditionen und rechtlichen sowie politischen Bedingungen in den verschiedenen Gesellschaften, die hier den Bezugspunkt darstellen. Wer Journalismus als *soziales* Funktionssystem modelliert, muß hier ansetzen und kann die Operationalisierung nicht ausschließlich über Redaktionen vornehmen, wie Rühl (vgl. zusammenfassend 1989) immer wieder vorgeschlagen hat.

Beim *Strukturkontext* bilden andere soziale Funktionssysteme wie z. B. die Wirtschaft den Umweltbezug. Hier geht es um ökonomische, aber auch politische, organisatorische und technologische Imperative, welche in einer Medienordnung wirksam werden; im Zentrum steht also das jeweilige Mediensystem, in dem der (moderne) Journalismus in institutionalisierter Form vorfindbar ist. Beim *Funktionskontext* beobachtet man das System Journalismus zusammen mit anderen sozialen Informations- und Kommunikationssystemen, die als Orientierungsgrößen, Quellen oder Referenzen wirkungsrelevant sein können; dazu gehören etwa das Publikum und die Public Relations. Im *Rollenkontext* schließlich geht es um das System Journalismus und die journalistischen Personalsysteme, wobei in besonderem Maße system- und akteurstheoretische Aspekte integriert werden.

Die Struktur des Buches folgt jedoch nicht dieser Systematik, sondern verknüpft in der Kapitelfolge die aus einer ‚individualistischen Perspektive' gewonnenen empirischen Befunde netzartig mit der zugrundegelegten systemischen Betrachtungsweise. Wir wollen auf diese Weise auch den Nachweis führen, daß sich die universalistische Systemtheorie (unter bestimmten Bedingungen) durchaus für konkrete Problemstellungen in der Erfahrungswelt (z. B. der medialen Aussagenentstehung) operationalisieren läßt – was vielstimmig bestritten wird (vgl. z. B. Böckelmann 1993: 22 f.).

Am Anfang steht dabei eine Bestandsaufnahme der Forschung und eine Analyse von definitorischen und methologischen Problemen, die sich bei der wissenschaftlichen Beschäftigung mit dem Journalismus ergeben *(Kapitel 2)*. In drei größeren Blöcken werden danach deskriptive Daten und multivariate Analysen zu Funktion, Code und Programm des Systems Journalismus *(Kapitel 3)*, zu Fremd- und Selbstreferenz in Hinblick auf Umweltbeziehungen *(Kapitel 4)* und zur Kopplung zwischen Akteur und sozialem System, die sich über Handlungsorientierungen erfassen lassen *(Kapitel 5)*, ausgebreitet. Wir wollen dabei durch einen mehrfachen Perspektivenwechsel unserem Versuch, (system-) theoretische Überlegungen und empirische Ergebnisse jeweils zusammenzubringen, gerecht werden. In den einzelnen Kapiteln geschieht dies stets durch einen *Dreisprung*: grundlagentheoretischer Überblick, Operationalisierung und Darstellung der Befunde.

Nach den drei Blöcken werden einzelne zentrale Befunde auf Ergebnisse anderer nationaler Journalistenstudien bezogen, um Aufschluß über den Synchronisierungsgrad von Journalismus-Systemen zu gewinnen und somit über die Frage: Was bedeutet Journalismus in der Gesellschaft/in den Gesellschaften? *(Kapitel 6)* Und schließlich sollen Fragen nach Zukunftstendenzen des Journalismus gestellt und Perspektiven der Forschung aufgezeigt werden *(Kapitel 7)*.

Nach der Bibliographie *(Kapitel 8)* werden Stichprobenbildung, Konzeption und Durchführung von Befragung und Inhaltsanalyse in einem Anhang zusammengestellt, der alle wichtigen methodischen Informationen zur Studie „Journalismus in Deutschland" enthält *(Kapitel 9)*.

2 Die Forschung:
Journalismus und Wissenschaft

2.1 Theorien und Definitionen des Journalismus
2.1.1 Grundlagentheoretischer Überblick

Idealerweise soll (Sozial-) Wissenschaft der Bereitstellung von Wissen durch systematische Forschung und Theoriebildung zur Lösung gesellschaftlicher Probleme dienen. Zumindest zwei Leistungen und Formen des Systems Wissenschaft lassen sich dabei unterscheiden: die Suche nach überprüfbaren Theorien im Vertrauen auf späteren gesellschaftlichen Nutzen (Grundlagenforschung) und die Suche nach Befunden mit direkterem praktischen Nutzen für die Gesellschaft bzw. einzelne Gesellschaftsgruppen und deren Interessen (anwendungsorientierte Forschung). (Vgl. z. B. Kromrey 1991: 13 ff.)

Ausgangspunkt wissenschaftlicher Forschung ist im allgemeinen der Widerspruch zwischen Ziel- oder Wunschvorstellungen und dem Bild, das sich der Wissenschaftler von den vorfindbaren Zuständen macht. Dieser Widerspruch ist, journalistisch gefaßt, der ‚Aufhänger' für wissenschaftliche Projekte. (Vgl. z. B. Friedrichs 1990: 50 ff.) Im Sinne der Funktionsteilung zwischen Grundlagen- und Auftragsforschung müßte es also zunächst eine Grundlagenforschung zur Aufstellung allgemeiner Gesetze geben, deren Ergebnisse dann auf konkrete gesellschaftliche Probleme angewendet werden können. In der Praxis, jedenfalls der Praxis der Sozial- und Kommunikationsforschung, sieht die Situation jedoch durchweg anders aus. Als sich hier seit dem Zweiten Weltkrieg (auch: kommunikationswissenschaftliche) Auftragsforschung etablieren konnte, trafen die Aufträge die noch jungen empirischen Sozialwissenschaften unvorbereitet. Sie mußten auf der Grundlage vager Theorien und nicht ausreichend erprobter Methoden Befunde präsentieren – eine ‚Praxis' der Wissenschaft, deren Folgen sich am Beispiel der Demoskopie und ihrer traditionell widersprüchlichen Wahlprognosen gut demonstrieren lassen.

Bei der *Journalismusforschung* ist der Unterschied zwischen wissenschaftlichem Forschungsideal und Forschungspraxis besonders auffällig geworden. Probleme der Medienordnung (in Westdeutschland ab Mitte der sechziger Jahre zum Beispiel Vorwürfe der Manipulation durch Massenmedien und Folgen der Pressekonzentration für die Vielfalt der Medienangebote) ließen in der gesellschaftlichen Diskussion einen Widerspruch gegenüber den Zielvorstellungen ('öffentliche Aufgabe' der Medien in einer demokratischen Gesellschaft) deutlich werden. Eine Lösung der Probleme wurde durch Strukturveränderungen im System Journalismus gesucht, so daß es zur Vergabe von Aufträgen für Studien kam, in denen die Freiheit der Redakteure bei der Gestaltung von Medienaussagen ('innere Pressefreiheit') und die Qualität der Ausbildung von Journalisten untersucht werden sollten. Doch diese Studien mußten ohne den Vorlauf einer ausreichenden Theoriebildung und mit unzureichend entwickelten Methoden der Journalismusforschung auskommen.

Trotz – oder: wegen – der defizitären Forschungssituation gab es dann über die Rechte und Pflichten der Journalisten in Westdeutschland jahrelang eine kontroverse Diskussion. Ausgelöst wurde sie vor allem durch eine sehr weitreichende wissenschaftliche *Journalismus- und Journalistenkritik*, die seit der Bundestagswahl 1976 wichtige Grundlagen für die Kommunikationspolitik lieferte. Im Rahmen dieser Journalismuskritik wurden die Journalisten als 'entfremdete Elite' beschrieben, die sich in ihren Einstellungen stark von der Bevölkerung unterscheide und sich für ihre Wünsche und Bedürfnisse nicht interessiere; dabei wurde unterstellt, daß die Journalisten ihre Einstellungen auch tatsächlich in Medienaussagen ummünzen können. Angeblich erzielten sie dabei nicht nur *direkte Medienwirkungen*, sondern beeinflußten sogar die *Medienwirkungsforschung* (vgl. Noelle-Neumann 1983). Und schließlich wurde behauptet, daß sich die Journalisten in der Bundesrepublik in ihren Einstellungen von den Kollegen in vergleichbaren anderen Ländern abhöben (vgl. z. B. Köcher 1985).

Diese Annahmen, die im wesentlichen auf Interpretationen von Befunden zum Publikumsbild und zu den Bezugsgruppen der Journalisten sowie auf dem Vergleich demographischer Daten von Journalisten und Rezipienten beruhen (vgl. Donsbach 1982: 195 ff.), waren wissenschaftlich eher dürftig abgesichert; zum Teil beruhen sie sogar auf Spekulationen und auf eigenwilligen Interpretationen von Befunden (vgl. Weischenberg 1989). Auf die Diskussion über den Journalismus in Deutschland haben sie freilich beträchtliche Auswirkungen gehabt.

2.1 Theorien und Definitionen des Journalismus

Die wissenschaftliche Auseinandersetzung mit den Regeln, die im Journalismus Gültigkeit besitzen, und mit den Journalisten, welche diese Regeln anwenden, hat zwar an der Wiege einer empirischen Zeitungs- bzw. Kommunikationswissenschaft vor dem Ersten Weltkrieg gestanden (vgl. Kutsch 1988). Seither lassen sich aber drei kaum verbundene Richtungen der Journalismusforschung unterscheiden, die sich von einem unterschiedlichen Verständnis von Journalismus leiten lassen: Journalismus als Addition von Personen, als Addition von Berufsrollen und als Ergebnis von Kommunikationsprozessen.

Die *normativ-ontologische Publizistikwissenschaft* konzentrierte sich auf journalistische Persönlichkeiten als geistige Gestalter von Medienbotschaften. Soziologisch inspirierte Konzepte wie der *Professionalisierungsansatz* beschäftigen sich mit Rollen- und Sozialisationsaspekten im Journalismus. Die *Gatekeeperforschung* schließlich stellt Selektions- und andere redaktionelle Verarbeitungsprozesse ins Zentrum der Analyse[1]. Eine Systematisierung dieser verschiedenen Forschungsperspektiven wurde erstmals im Rahmen einer Sekundäranalyse zum Journalismus in der Bundesrepublik vorgestellt (vgl. Weiß et al. 1977).

Wir folgen dieser Systematisierung im folgenden bei der Unterscheidung zwischen der Gatekeeper- und Redaktionsforschung (→ Kapitel 2.1.4) sowie dem Professionalisierungsansatz (→ Kapitel 2.1.5). Diesen Teilen vorangestellt ist ein forschungsgeschichtlicher Abschnitt über traditionelle Beschreibungen auf der Basis des Ansatzes der normativ-ontologischen Publizistik (→ Kapitel 2.1.2) und ein ebenfalls historisch angelegter Überblick zur empirischen Journalismusforschung in Deutschland seit den Anfängen zu Beginn dieses Jahrhundert (→ Kapitel 2.1.3). Am Ende der Darstellung des Forschungsstandes stehen dann einführende Bemerkungen zu Perspektiven einer konstruktivistischen Systemtheorie und zu theoretischen Basisüberlegungen, die unserer Studie zum „Journalismus in Deutschland" zugrundeliegen (→ Kapitel 2.1.6).

Bei einer empirisch-systematischen Beschäftigung mit dem Journalismus im Rahmen der ‚Kommunikatorforschung' zeigt sich eine

---

[1] Darauf läuft letztlich auch der Ansatz der ‚Nachrichtenwertforschung' hinaus, der aber inhaltsanalytisch – also ex-post – Strukturen der Berichterstattung offenlegt und insofern methodisch einen anderen Weg beschreitet; er soll hier nicht weiter berücksichtigt werden (vgl. dazu zuletzt Loosen 1998).

Reihe definitorischer, aber auch wissenschaftstheoretischer Schwierigkeiten. Sie resultieren zum einen aus der außerordentlichen Vielfalt des Handlungsfeldes und zum anderen aus früheren Problemen der Medien- und Kommunikationswissenschaft, den Bereich der Aussagenentstehung aus angemessener sozialwissenschaftlicher Perspektive zu erfassen.

Diese Probleme werden auch deutlich, wenn man in den Handbüchern der Publizistikwissenschaft unter ‚Journalismus' oder auch ‚Journalist' nachschaut. Als kleinster gemeinsamer Nenner ergibt sich aus dort angebotenen Definitionsversuchen, daß der Journalismus eine berufliche Tätigkeit bei und für Massenmedien ist, wobei in diversen Tätigkeitsbereichen aktuelle Aussagen gestaltet werden; dies entspricht im wesentlichen dem lange Zeit gültigen Forschungsstand. Zwei Beispiele:

> „Es gibt verschiedene Berufsbezeichnungen für den Personenkreis, der hauptberuflich bei publizistischen Medien oder für publizistische Medien tätig ist, indem er die Gestaltung aktueller Aussagen bestimmt, vornimmt oder an ihr mitwirkt [...] Das Wort Journalist deutet darauf hin, daß die so bezeichnete Person Umgang mit den Tagesneuigkeiten hat [...]." (Noelle-Neumann/Schulz 1971: 56 f.)

> „Journalismus: Hauptberufliche Tätigkeit von Personen, die an der Sammlung, Prüfung, Auswahl, Verarbeitung und Verbreitung von Nachrichten, Kommentaren sowie Unterhaltungsstoffen durch Massenmedien beteiligt sind. Journalisten [...] arbeiten in fester Anstellung oder als freie Mitarbeiter für Presse und Rundfunk, Agenturen und Pressedienste, aber auch in Pressestellen von Firmen, Verbänden und der Verwaltung." (Koszyk/Pruys 1981: 96)

Ein personenzentrierter Journalismusbegriff würde aber die Leistungen des Journalismus auf die Handlungen einzelner Akteure verkürzen und den Blick auf die strukturellen Faktoren verstellen, die dem Journalismus seine Identität verleihen. Diese Faktoren sind jeweils für die Verhältnisse in einem bestimmten sozialen System zu ermitteln. Dabei geht es im einzelnen um die Beantwortung folgender Fragen: Welche Gesamtbedingungen schafft die Medienordnung? Welche spezifischen Zwänge gehen von den Medieninstitutionen aus? In welchem Leistungs- und Wirkungskontext stehen die Medienaussagen? Welche Merkmale und Einstellungen der Medienakteure besitzen bei der Aussagenentstehung eine Bedeutung? (Vgl. Weischenberg 1992, 1995)

2.1 Theorien und Definitionen des Journalismus

Damit sind Normen, Strukturen, Funktionen und Rollen angesprochen, die definieren, was Journalismus ist. Dieser wird somit als ‚soziales Funktionssystem' verstanden: als komplex strukturiertes und mit anderen gesellschaftlichen Systemen auf vielfältige Weise vernetztes soziales Gebilde. Wirklichkeitsentwürfe der Medien sind in diesem Verständnis nicht primär das Werk einzelner ‚publizistischer Persönlichkeiten', sondern vor allem das Ergebnis von Handlungen in einem systemischen Kontext.

Traditionell wird dem Journalismus freilich ein Bündel von konkreteren Aufgabenzuweisungen mit auf den Weg gegeben, die sich normativ aus allgemeinen gesellschaftlichen Rahmenbedingungen, historischen und rechtlichen Grundlagen sowie professionellen und ethischen Standards ableiten lassen. Dazu zählen in erster Linie Information, Kritik und Kontrolle sowie (politische) Bildung und Erziehung. Journalismus soll dadurch Orientierungs- und Integrationsleistungen erbringen.

Insgesamt ist jedoch, wie Produkt- und Wirkungsanalysen zeigen, eher daran zu zweifeln, daß diesen Aufgabenzuweisungen, die häufig als „Funktionen der Massenmedien" (Wildenmann/ Kaltefleiter 1965) bezeichnet wurden, die tatsächlichen Leistungen des Journalismus entsprechen (vgl. Weischenberg 1995: 93 ff.). Auf jeden Fall ist die Erfüllung dieser Aufgaben abhängig von konkreten ökonomischen, organisatorischen, technischen und anderen Bedingungen, die jeweils für den Journalismus insgesamt oder auch nur für Segmente des Journalismus ausschlaggebend sind. Die ‚Funktion einer Vierten Gewalt' wird in Deutschland nur von bestimmten einzelnen Medien wie etwa dem „Spiegel" wahrgenommen. Am Beispiel des *Sportjournalismus*, der so etwas wie ein ‚Frühwarnsystem' des Journalismus darstellt, läßt sich des weiteren zeigen, wie Prozesse der Kommerzialisierung und Entertainisierung traditionelle Selektionsregeln, welche für Handlungen im Rahmen der Aussagenentstehung identitätsstiftend waren, (zumindest) modifizieren[2]. (Vgl. ebd.: 124 ff.) Diese Erosi-

---

[2] Hinweise dafür liefert zum Beispiel die Sportsendung „ran" des Privatsenders SAT 1, die einer offensichtlich an ökonomischen Zielen orientierten Dramaturgie folgt und regelmäßig die wichtigsten Bundesligaspiele am Schluß präsentiert. Bei den Olympischen Spielen 1996 wurde die mehrstündige Vormittagszusammenfassung der nächtlichen Ereignisse von den öffentlich-rechtlichen Sendern ARD und ZDF chronologisch angeboten - offenbar, um das Publikum bis

on des ‚Informationsjournalismus' scheint aber durchaus mit veränderten Kommunikationserwartungen und Nutzungsformen des Publikums zu korrespondieren[3].

Vom Journalismus werden heute also vielfältige Angebote gemacht, die weit über die Produktion von Nachrichten hinausreichen. Deshalb sehen Kritiker die Gefahr, daß dieses System auf Grund immer weitreichenderer Leistungszuweisungen – von der ‚reinen' Information bis zur ‚reinen' Unterhaltung, von der Erfüllung einer ‚öffentlichen Aufgabe' bis zur Befriedigung ausschließlich ökonomischer Interessen – seine Identität verliert. Dieses Problem wird insbesondere bei der Debatte über eine Medienethik thematisiert, wenn ‚Medienunfälle' erkennen lassen, daß moralische Prinzipien für Teile des Journalismus überhaupt keine Relevanz besitzen. Diese Identitätsprobleme des heutigen Journalismus haben Michael Haller (1992: 199) zu dem Vorschlag provoziert, jeweils nach dem ‚Grad des Wirklichkeitsbezugs' journalistischer Aussagen zwischen „E-Journalismus" und „U-Journalismus" zu differenzieren: Ausgerechnet jener Journalismus sei nun am meisten verbreitet, der mit informierenden Ausagen gar nichts zu tun habe; oft träten Unterhaltendes und Fiktionales im Gewande tradierter Journalismusformen auf und trügen so zur heillosen Sinn-Verwirrung bei.

Von einem ‚sozialen System Journalismus', das durch vielfältige wechselseitig wirkende Einflußfaktoren geprägt wird, kann seit dem 19. Jahrhundert gesprochen werden, als sich – in Abgrenzung von anderen gesellschaftlichen Systemen – spezifische Handlungs- und Kommunikationszusammenhänge zur Produktion aktueller Medienaussagen herausbildeten, die organisatorisch in Redaktionen gebündelt wurden (vgl. Baumert 1928; Requate 1995). Seine Identität gewann dieses System unter den Bedingungen der wirtschaftlichen Effizienz, großbetrieblichen Produktionsweise und

---

zum Mittag an das Programm zu binden. (Vgl. Weischenberg 1997: 186 ff.) Dies bedeutet einen Abschied von klassischen journalistischen Selektionsregeln, die sich an Neuigkeitswert und Relevanz orientieren und entsprechende Themenhierarchien herausgebildet haben.

[3] So geht aus der Allensbacher Markt- und Werbeträgeranalyse hervor, daß immer mehr Menschen von den Medien eher Unterhaltung als Information erwarten; die Zahl derjenigen, die das Fernsehen - nach wie vor wichtigstes Medium - als Informationsquelle nutzen, nimmt ab (vgl. Frankfurter Allgemeine Zeitung v. 16.7.1997).

rationellen Technik. Diese materielle Basis beeinflußte sowohl die Aussagen als auch die Einstellungen der Akteure im System Journalismus. Der Untersuchung dieser steuernden und regelnden Variablen kommt im Rahmen der Journalismusforschung zentrale Bedeutung zu.

2.1.2 Traditionelle Beschreibungen

Als ‚Journalismus' wird im *Alltagsverständnis* die Tätigkeit von Personen bezeichnet, die man als ‚Journalisten' kategorisiert. Diese Vorstellung korrespondiert durchaus mit Definitionsversuchen, die in den *Lexika* der Publizistikwissenschaft und in anderen Darstellungen angeboten werden. Doch dieser kleine Nenner, auf den der Begriff gebracht wird, fällt weit hinter eine mehr als 150 Jahre alte Konzeption zurück: Journalismus als Zeitgespräch einer Gesellschaft mit allen ihren aktuellen Stimmungen und Widersprüchen zu verstehen:

> „Der Journalismus überhaupt, in seinen vielfachen Verzweigungen und der ergänzenden Mannigfaltigkeit seiner Organe, stellt sich als das Selbstgespräch dar, welches die Zeit über sich selber führt. Er ist die tägliche Selbstkritik, welcher die Zeit ihren eigenen Inhalt unterwirft; das Tagebuch gleichsam, in welches sie ihre laufende Geschichte in unmittelbaren, augenblicklichen Notizen einträgt. […] Im Journalismus daher, trotz dieser, ja eben wegen dieser schwankenden, flüchtigen Natur, liegen die geheimsten Nerven, die verborgensten Adern unsrer Zeit sichtbar zu Tage. Wir treten, indem wir uns in die vergelbten Jahrgänge alter Zeitungen vertiefen, wie in eine Todtenstadt, ein anderes Pompeji, in welchem wir ein längst entschwundenes Geschlecht plötzlich, als ob wir das Rad der Zeit zurückbewegen könnten, in der ganzen Unmittelbarkeit seines täglichen Daseins, im Innersten seiner häuslichen Zustände überraschen." (Prutz 1971 [1845]: 7)

Erstaunlicherweise wird Journalismus hier schon in einem ‚modernen' Verständnis als sozialer Prozeß beschrieben. Von diesem umfassenden, wenngleich auch schwer handhabbaren Journalismusbegriff hat man sich dann seit Beginn dieses Jahrhunderts völlig entfernt, wie der Definitionsvorschlag des Gründers der Berliner Journalistenschule zeigt:

> „Journalist (im weiteren Sinne) kann genannt werden, wer für Zeitungen und Zeitschriften gewerbemässig Aufsätze oder kleinere Beiträge liefert oder bearbeitet. Es würden also hierher gehö-

> ren: Redakteure; Korrespondenten; ständige Mitarbeiter eines oder mehrerer Blätter; freie Schriftsteller, die nach Lage des Falls diesem oder jenem Blatt Artikel aktuellen Inhalts senden; Reporter, Rechercheure u. s. w. [...] Journalismus ist die Gesamtheit derjenigen beruflichen Beziehungen, die sich aus der geistigen Mitarbeiterschaft an Zeitungen ergiebt." (Wrede 1902: 3 f.)

Die Reduzierung des Journalismus auf das Tun von Journalisten lag freilich in der Logik der zuständigen Wissenschaft, die sich aus ihrer medienzentrierten Perspektive vor allem mit den Eigenschaften großer Persönlichkeiten bei der Presse beschäftigte. Dies verstellte den Blick auf die sozialen, politischen und ökonomischen Bedingungen, die jeweils festlegen, was Journalismus ist und welche Folgen Journalismus hat. Bekanntester Vertreter eines solchen aus heutiger Sicht kaum noch wissenschaftsfähigen ‚Praktizismus' war der Zeitungswissenschaftler Emil Dovifat (vgl. Rühl 1980: 25 ff.; Hachmeister et al. 1983):

> „Der Beruf fordert eine eigene stilistische Kraft und Ausdrucksfähigkeit von charaktervoller und tiefgreifender Wirkung. Alle diese Eignungsvoraussetzungen liegen gleich den künstlerischen Begabungen in der Persönlichkeit. [...] Der Beruf verlangt ein hohes Maß an opferbereitem Idealismus und moralischer Grundsatzfestigkeit sowie den ganzen Einsatz der Person. Widerstandsfähige, größten Arbeitsanforderungen standhaltende Gesundheit, starke Nerven, Ruhe, Beweglichkeit, gutes Sehen und Hören, keine Gehbehinderung. Gepflegtes Äußeres."[4]

Diese und viele andere ähnliche Aussagen Dovifats „als antiquiert abzutun und ihr Pathos zu belächeln" (Böckelmann 1993: 40), mag aus heutiger Sicht in der Tat als Schießen auf tote Hirsche erscheinen. Es geht aber dabei nicht nur darum, ihre kommunikationswissenschaftliche Obsoleszenz zu konstatieren; wichtiger ist der

---

[4] Emil Dovifat: Journalist, in: Bundesanstalt für Arbeit (Hrsg.) Blätter zur Berufskunde, Bd. 1-3 (Sondergebiete), Bielefeld 1965. Dovifat als Hauptvertreter dieser praktizistischen Richtung standen Kollegen aus jener Zeit zur Seite, als die Publizistikwissenschaft aus Goebbels' Propagandastrategien das Beste für sich herauszuholen versuchte. Dazu gehörte Wilmont Haacke, der in den „Blättern zur Berufskunde" der Bundesanstalt für Arbeit noch 1971 schrieb: „Frauen fehlt für das kulturkritische Amt zumeist die unerläßliche und unablässige Härte für lobendes oder verdammendes Urteil." (Wilmont Haacke: Journalist, in: Bundesanstalt für Arbeit Nürnberg (Hrsg.): Blätter zur Berufskunde, Bd. 2, Bielefeld, 5. Auflage 1971).

erhebliche Einfluß, den sie auf Theorie und Praxis des Journalismus ausgeübt haben und bis heute ausüben.

Das Wissenschaftsverständnis dieser normativen Publizistikwissenschaft wird bei ihrer Auseinandersetzung mit den Institutionen der Aussagenentstehung besonders deutlich. Nestoren der deutschen Publizistikwissenschaft, die selbst aus langjähriger journalistischer Praxis kamen, entwarfen die Redaktion als Idee, wobei aus ihrem Alltagsverständnis heraus das vermeintliche ‚Sein' der Redaktion und des Journalismus abgeleitet und angebliche professionelle Grundsätze begründet wurden. Manifeste Normen – moralisch oder rechtlich ‚Gültiges' – wurden von ihnen nicht hinterfragt, latente Normen, nach denen sich journalistisches Handeln auch vollzieht, wurden nicht sichtbar gemacht. Alles dies hat Manfred Rühl (1980: 25 ff.) als erster systematisch herausgearbeitet und als grundlegende Kritik der normativ-ontologischen Publizistikwissenschaft formuliert.

Gefragt wurde in diesen traditionellen Beschreibungen nach dem ‚richtigen Redakteur', der ganz besondere moralische Anforderungen erfüllen muß, um in der Redaktion seine Aufgaben versehen zu können. Die Redaktion ist der „geistige Gestalter" (Hagemann 1950), eine „geistige Unternehmung" (Groth 1928), in der es um den „geistigen Arbeitsvorgang" (Dovifat 1967) geht. Dabei war vor allem dem seinerzeit in Münster lehrenden Walter Hagemann der Organisationszusammenhang redaktioneller Arbeit durchaus bewußt:

> „Die Schwierigkeit bei der Zeitung besteht darin, aus einem Nebeneinander von widerspruchsvollen Elementen ein organisches Zueinander zu gestalten, einen Organismus, dessen Teile wie die leib-seelischen Funktionen des menschlichen Körpers ineinandergreifen und zu einer harmonischen Einheit verschmelzen." (Hagemann 1950: 33 f.)

Bei dieser Beschreibung der Redaktion wurde also eine Analogie zu biologischen Organismen hergestellt, die auch für die Genese des systemtheoretischen Ansatzes von Bedeutung gewesen ist. Doch Hagemann führte diese „Zeitung als Organismus" – so der Titel des Buches – dann doch wieder auf die „behutsam lenkende Hand" und die „Leistung einer schöpferischen Persönlichkeit" zurück (ebd.: 34). „Reibungen und Überschneidungen" zwischen geistigen und betrieblichen Seiten der Zeitung – also in neuerer

Terminologie: Widersprüche der Medienproduktion – wurden von ihm aber schon thematisiert.

Die Darstellung redaktionellen Handelns geriet Hagemann zu einer Mischung aus zutreffenden empirischen Beobachtungen und idealisierenden Bemerkungen – und dies ist typisch für die praktizistische Auseinandersetzung mit dem Prozeß der Aussagenproduktion in der Redaktion:

> „Die Hauptaufgabe der Redaktion besteht im Gegensatz zur landläufigen Auffassung nicht im Schreiben, sondern im ‚Redigieren', d.h. in der Bearbeitung des publizistischen Rohstoffes oder Halbfabrikates, das der Redaktion zugeht. Keine Zeile aus fremder Feder geht in einer gut geleiteten Redaktion in Satz, ohne daß sie sorgfältig geprüft und nötigenfalls geändert, ergänzt, verworfen, verarbeitet und in die der Zeitungsabsicht entsprechende Form gegossen worden ist. [...] Jeder Satz muß in den Aussagestil der Zeitung umgegossen werden, wenn er nicht als Fremdkörper ihre geistige Einheit sprengen soll. [...] Erst dann beginnt die Arbeit der typographischen Ausgestaltung, [...] kurz das Übersetzen der geistigen Aussage in das optische Zeitungsbild, um den Leser zur Lektüre anzureizen und ihm diese Mühe tunlichst zu erleichtern." (Ebd.: 78 f.)

Auch Otto Groth, der mit „Die Zeitung" und „Die unbekannte Kulturmacht" vielbändige, imponierende Werke zum Journalismus hinterlassen hat, verstand die Redaktion durchaus schon als System. Doch sein Systembegriff begreift ‚Zeitung' und ‚Redaktion' als Abstraktion, deren Sinn das Vermitteln geistiger Güter sei; darauf allein ist bei ihm Medienproduktion gerichtet. Die Handlungen der Journalisten erscheinen so im Grunde als beliebig und allein auf publizistische Zielsetzungen gerichtet.

In Groths Ordnung werden die einzelnen Teile – die Journalisten als Personen – zu einem Ganzen verbunden und von der sie beeinflussenden Umwelt ausgeschlossen. Eine Auseinandersetzung mit ihr findet nicht statt, und insofern hat auch Hagemann sein Bild vom Organismus nicht zu Ende gedacht: Kennzeichnend für Organismen ist nämlich gerade, daß sie nicht ziellos ‚innere Kräfte' entwickeln, sondern sich ganz gezielt ihrer Umwelt anpassen oder sich in ihre Umwelt einpassen.

Die Idealvorstellung von einer Zeitung („Das Wesen der Zeitung") wurde in diesen traditionellen Beschreibungen der Zeitungs- bzw. Publizistikwissenschaftler bewußt unterschieden von dem sinnlich wahrnehmbaren Produkt Zeitung, das jeweils individuell anders gestaltet sein kann. Rühl (1980: 25 ff.) kritisierte an diesen Konzeptionen, daß Außenbeziehungen – zwischen Redaktion und Umwelt – darin nur als ‚publizistische Zielsetzung' vorkamen und daß eine empirische Beobachtung und Beschreibung einer so entworfenen Ordnung nicht möglich sei. Dieser seinsrationalen Betrachtungsweise setzt sein systemtheoretischer Ansatz eine leistungsrationelle Konzeption entgegen.

Die normativ-ontologische Betrachtung hatte mit ihrem personenbezogenen Journalismusbegriff die Leistungen des Journalismus auf die Handlungen scheinbar autonomer Individuen verkürzt. International vergleichende Studien zur Aussagenentstehung (→ Kapitel 6.2) machen besonders deutlich, daß der Journalismus kein ‚Wesen' hat. Im Gegensatz zu dem, was die traditionellen Beschreibungen nahelegen, liegen seine Merkmale nicht ein für alle Mal fest, wie sich leicht zeigen läßt: Was hat der heutige Journalismus in Ostdeutschland mit jenem Journalismus der DDR gemein, und was verbindet den ‚literarischen Journalismus' zu Zeiten von Prutz noch mit dem organisierten und kommerzialisierten Journalismus der modernen Massenkommunikation?

2.1.3 Empirische Journalismusforschung

Erst die Rezeption der empirischen Journalismusforschung, die nach dem Zweiten Weltkrieg in den USA entstanden war, hat in Deutschland zur Aufgabe eines häufig *naiven Berufsrealismus* geführt, der um das ‚Wesen des Journalismus' kreiste. Das überrascht insofern, als es hier Ansätze für eine empirische Journalismusforschung bereits seit Anfang dieses Jahrhunderts gab. Immer wieder wird dabei an einen Forschungsplan für eine „Soziologie des Zeitungswesens" erinnert, den der Soziologe Max Weber im Rahmen seiner Beschäftigung mit den gesellschaftlichen Machtkonstellationen entwickelt hatte. Beim 1. Deutschen Soziologentag 1910 in Frankfurt schlug Weber eine Reihe von Untersuchungen vor, die mit noch gültigen zentralen Forschungsbereichen der Kommunikationswissenschaft korrespondieren. (Vgl. Kutsch 1988)

Weber entwarf unter anderem auch ein Kommunikatorprojekt, das Erkenntnisse über die Materialbeschaffung der Medien und die Merkmale der Journalisten zusammentragen sollte. Er schlug des weiteren eine Medienanalyse zur Untersuchung von Ökonomie und Organisation der Presse vor und gab Anregungen für eine Inhaltsanalyse zur Untersuchung von Selektion, Präsentation und Berichterstattungsmustern im Journalismus. Und schließlich formulierte er „letzte Fragen" für eine Wirkungsanalyse. Ermittelt werden sollten dadurch Erkenntnisse zu den Folgen der Berichterstattung. Dies war eines der ersten *Multi-Methoden-Designs* der Sozialforschung, das zu mehrdimensionalen Befunden führen sollte. Das empirische Pilotprojekt zur Erforschung des Journalismus als Gegenstand einer soziologischen Zeitungswissenschaft kam jedoch nur in Ansätzen – als Entwurf einer Redakteurs-Umfrage des Journalisten und Verbandsfunktionärs Alfred Scheel – zustande (vgl. ebd.: 12 ff.).

Das Scheitern dieser vielversprechenden Untersuchung warf die empirische Unterschung der Aussagenentstehung in den Medien um Jahrzehnte zurück, wie Böckelmann in seiner Bilanz der Kommunikatorforschung bedauert:

„Webers und Scheels vielschichtige und differenzierte Untersuchungsanlage kann sich mit manchen großen Projekten der siebziger und achtziger Jahre messen und erscheint heute immer noch vorbildlich, sieht man davon ab, daß – wie in sämtlichen Journalisten-Studien der ersten Jahrhunderthälfte – die Dimension des journalistischen Selbstverständnisses fehlt. Alle in den folgenden vier Jahrzehnten durchgeführten Journalisten-Befragungen sind wesentlich simpleren Zuschnitts." (Böckelmann 1993: 32; kurs. im Orig.)

Diese Feststellung gilt – mutatis mutandis – auch für die USA, wo sich in den fünfziger Jahren eine empirische Journalismusforschung auf breiterer Linie entwickelte. In Westdeutschland kam ein gesellschaftliches Interesse an den Mechanismen der Medienproduktion dann mit der Studentenbewegung ab Mitte der sechziger Jahre auf. Im Rahmen der Medienpolitik fanden die damaligen sozialen Veränderungsprozesse vor allem bei den gewerkschaftlichen Versuchen ihren Niederschlag, die ‚innere Pressefreiheit' juristisch abzusichern.

Bis dahin hatte sich die deutsche Kommunikationsforschung kaum für die Empirie der Aussagenentstehung interessiert. Als in den damaligen kommunikationspolitischen Diskussionen Fragen nach den Faktoren, welche die Berichterstattung in den aktuellen Medien bestimmen, gestellt wurden, hatte das zuständige Fach deshalb wenig zu bieten.

2.1 Theorien und Definitionen des Journalismus

Ende der sechziger Jahre versuchte dann Manfred Rühl (1979 [1969]), mit seiner Pionierstudie der Redaktionsforschung ein neues Licht auf die Kommunikationsprozesse bei der Aussagenentstehung zu werfen; später baute er diesen Ansatz zum Entwurf einer Theorie von „Journalismus und Gesellschaft" (Rühl 1980) aus. Damit lagen Anregungen für eine *theoriegeleitete empirische Journalismusforschung* in der Bundesrepublik vor, die seither in sehr unterschiedlicher Weise aufgegriffen – oder auch ignoriert worden sind.

Erst seit den siebziger Jahren hat es dann in Deutschland verschiedene elaborierte Versuche gegeben, mit Hilfe empirischer Methoden zu ermitteln, welche Faktoren die journalistischen Leistungen beeinflussen. Untersucht wurde nun in zahlreichen empirischen Studien, „was Journalisten denken und wie sie arbeiten" (Kepplinger 1979a). Dabei ging es in der ‚subjektiven Dimension' im einzelnen um allgemeinere berufliche Bewußtseinsstrukturen von Journalisten (vgl. z. B. Prott 1976; Zeiß 1981), um spezifischere berufliche Einstellungen gegenüber dem Publikum und um die Wahrnehmung der eigenen Berufsrolle (vgl. z. B. Kepplinger/Vohl 1976; Donsbach 1982; Köcher 1985); um Autonomie und Sozialisation in Medienbetrieben (vgl. z. B. Noelle-Neumann 1977a; Gruber 1975; Groß 1981; Weischenberg 1977) und um spezifische journalistische Rollen wie Sport- und Lokalredakteur oder Chefredakteur (vgl. z. B. Weischenberg 1976; Mühlberger 1979; Rückel 1975; Jacobi et al. 1977).

In der ‚objektiven Dimension' beschäftigte man sich – zum Teil im Rahmen der ‚Redaktionsforschung' – um Organisationsstrukturen und Arbeitsbedingungen im Kontext von makromedialen Entwicklungen (vgl. z. B. Dygutsch-Lorenz 1971, 1973; Langenbucher et al. 1976); später wurden dazu insbesondere Folgen der Einführung neuer Techniken für die redaktionelle Arbeit untersucht (vgl. Schütt 1981; Prott et al. 1983; Mast 1984; Hienzsch 1990; Steg 1992).

Mehrere empirische Studien gab es seit Ende der siebziger Jahre auch zur *Berufssituation von Frauen* im Journalismus (vgl. Freise/Drath 1977; Becker 1980; Neverla 1983; Neverla/Kanzleiter 1984; zuletzt U. Schulz 1993; Lünenborg 1997). Inzwischen sind weitere Untersuchungen über einzelne Kommunikatorgruppen hinzugekommen; dazu gehört z. B. eine schriftliche Befragung von Sportjournalisten (vgl. Görner 1995).

Die Erträge dieser Anstrengungen können sich quantitativ gewiß sehen lassen, wie in der bibliographischen „Bilanz der Kommunikatorforschung im deutschsprachigen Raum von 1945 bis 1990" (Böckelmann 1993) mit Recht hervorgehoben wird. Doch erstens blieben zahlreiche Forschungsfelder unbearbeitet, so daß wie vor zwei Jahrzehnten „weiße Flecken journalistischer Berufsforschung" (Uekermann 1978: 146) auszumachen sind. Zweitens handelte es sich bei den meisten Untersuchungen um Fallstudien, so daß die externe Validität der Daten durchweg sehr begrenzt war. Drittens basierten die wenigen Studien mit weiterreichendem Geltungsanspruch auf problematischen Stichprobenmodellen (vgl. z. B. Köcher 1985). Und viertens war ein erheblicher Teil des Datenmaterials schon Ende der achtziger Jahre veraltet (vgl. Kunczik 1988: 254). Neue Entwicklungen, die den Journalismus in Deutschland prägen, hatte man nur unzureichend erfaßt; theoretisch und methodisch zeigte sich die Kommunikatorforschung, wie damals beklagt wurde (vgl. Donsbach 1987: 105 f.), immer noch unzureichend entwickelt.

Vor allem aber: Es fehlten bis Anfang der 90er Jahre repräsentative Studien zum deutschen Journalismus, nachdem das von Weber angeregte Projekt einer „Journalisten-Enquête" nicht zustandegekommen war. Zwei aufwendige und ertragreiche Sekundäranalysen (vgl. Weiß et al. 1977; Wiesand 1977) konnten seinerzeit zwar das Forschungsfeld strukturieren; die darin aufgezeigten „Perspektiven einer theoretisch orientierten Kommunikatorforschung" (Weiß 1978: 112) sind aber kaum weiterverfolgt worden.

Diese Kritik ist nach wie vor insbesondere gegenüber den nordamerikanischen Untersuchungen angebracht. In den USA dominieren bis heute mikroanalytische Studien, die (allenfalls und eher lakonisch) auf Theorien mittlerer Reichweite rekurrieren, wie ein Blick in die führenden Fachorgane zeigt. Die Publikationen dokumentieren, daß in zahllosen Einzelprojekten Detailfragen fallstudienartig kleingearbeitet werden: Da geht es mit durchaus originellen Designs in immer neuen Variationen z. B. um Rekrutierungskriterien (vgl. Russial 1995), um ethische Entscheidungssituationen, die (mit studentischen Versuchspersonen) simuliert werden (vgl. White 1996), um Organisations- und interne Kooperationsprobleme einer Regionalzeitung (vgl. Sylvie 1996), um den Zusammenhang zwischen Professionalisierung, beruflichem Streß und Arbeitszufriedenheit (vgl. Pollard 1995), um die Beziehungen zwischen Redakteuren und Autoren unter den Bedingungen neuer Produktionstechniken (Endres/Schierhorn 1995) oder um das Rollenselbstverständnis von Tageszeitungsredakteuren unter unterschiedlichen ökonomischen und organisatorischen Bedingungen (Akhavan-Majid/Boudreau 1995). Auf diese Weise entsteht ein buntes, aber auch sehr beliebig wirkendes *Mosaik der Aussagenentstehung* und ihrer Akteure.

2.1.4 Gatekeeper- und Redaktionsforschung

Auch die frühe empirische Journalismusforschung in den USA, welche sich mit dem Entscheidungsverhalten von Journalisten beschäftigte, setzte bei einer relativ engen Fragestellung an: Von wem und wie werden in den Institutionen der Massenkommunikation die Informationen ausgewählt? Operationalisierbar wurde diese Fragestellung über den Begriff *Gatekeeper* (Pförtner, Schleusenwärter). Der Terminus wie auch das dahinterstehende Konzept stammt jedoch nicht aus der Kommunikationswissenschaft, sondern wurde dem Werk des Sozialpsychologen Kurt Lewin (1963 [1943]) entnommen, der sich im Rahmen seiner feldtheoretischen Studien während des Zweiten Weltkrieges mit den Gewohnheiten nordamerikanischer Hausfrauen beim Lebensmitteleinkauf beschäftigt hatte. Lewin wollte herausfinden, nach welchen Gesetzen welche Lebensmittel auf den Tisch der Familien kommen und wie Ernährungsgewohnheiten geändert werden können.

In den Befunden sah Lewin eine Bestätigung für seine Theorie, wonach in formalisierten Institutionen jeder Art soziale und ökonomische Kanäle existieren, in denen es Veränderungen auf Grund von Entscheidungen an bestimmten Stellen gibt; diese Stellen nannte er „Pforten". In seinem – unter anderem Titel – 1943 erstmals publizierten Aufsatz „Psychologische Ökologie" risikierte er dann einige Generalisierungen, die auch von Kommunikationsforschern registriert wurden, denn er hatte dabei auf den „Weg einer Neuigkeit durch gewisse Kommunikationskanäle innerhalb einer Gruppe" aufmerksam gemacht (ebd.: 222).

Dieser eher beiläufig angesprochene *Aspekt des Kommunikationsflusses* war der Grund dafür, daß sich zunächst David Manning White (1950) und nach ihm eine größere Zahl anderer Kommunikationswissenschaftler auf diese Theorie stürzten. White übertrug das Konzept freilich allein auf den Vorgang der Nachrichtenauswahl in einer Zeitungsredaktion. Er kam zu dem Schluß, daß der ‚letzte Gatekeeper' dem Publikum nur das anbietet, was er selbst für die Wahrheit und die Realität hält. Und in Verallgemeinerung seiner Fallstudie behauptete der Autor schließlich, daß die Bedeutung der Rolle des Schleusenwärters ebenso groß sei wie die Subjektivität, mit der er diese Rolle ausführe.

Mit seiner Modifikation des Gatekeeper-Konzepts von Lewin, der ausdrücklich darauf aufmerksam gemacht hatte, daß sich das Entscheidungshandeln in einem strukturellen Umfeld, in der Gruppe, abspielt, vereinfachte White den Ansatz in problematischer Weise, denn die Vernachlässigung der ‚psychologischen Ökologie' des Gatekeeping ließ den Nachrichtenredakteur als unabhängig Entscheidenden erscheinen. Gleichwohl war damit der Grundstein für die kommunikationswissenschaftliche *Gatekeeper-Forschung* gelegt, deren Strategien und Ziele seit der Publikation von Whites Untersuchungsergebnissen im Jahre 1950 erheblich modifiziert worden sind. Dies betrifft insbesondere den Gruppenaspekt, der sich in Lewins Ausgangskonzept findet, aber von White nicht beachtet wurde, so daß die Erforschung des Selektionsverhaltens in Redaktionen auf einer niedrigeren Modellstufe als nötig erfolgt war.

Kurze Zeit nach White führte der Soziologe Warren Breed (1980 [1952], 1973 [1955]) die strukturellen Bedingungen in die Gatekeeper-Forschung ein und konzentrierte sich insbesondere auf die Folgen der *skalaren Organisation* für die Durchsetzung von ‚Zeitungspolitik'. Bei seiner Studie – er stützte sich dabei auf teilnehmende Beobachtungen in Redaktionen und auf Intensivbefragungen von etwa 120 Journalisten – stieß Breed auf den Prozeß der beruflichen Sozialisation, durch den Journalisten die Normen einer Redaktion kennenlernen und internalisieren.

Auch Walter Gieber (1956) rückte in seiner Fallstudie über die Auswahl und Bearbeitung von Nachrichten durch Nachrichtenredakteure bei 16 Tageszeitungen im US-Staat Wisconsin von der Vorstellung Whites ab, daß Gatekeeper unabhängig darüber entschieden, welche Nachrichten sie passieren lassen und welche nicht. Giebers Ergebnisse stellten ebenfalls die institutionellen Zwänge der Redaktionsarbeit in den Vordergrund und beschrieben den Nachrichtenredakteur als passiv in seinem Kommunikationsverhalten.

2.1 Theorien und Definitionen des Journalismus

Gieber und Breed haben Macht und Herrschaft, Bürokratie und Sozialisation zu Themen der Journalismus-Forschung gemacht. Ihre Untersuchungen bildeten auch den Ausgangspunkt für die empirische Redaktionsforschung, die sich unterschiedlichster methodischer Verfahren und theoretischer Ansätze bedient. Im angelsächsischen Raum hat es dabei eine größere Anzahl von Gatekeeper-Studien gegeben, die sich kontinuierlich mit dem Auswahl- und Bearbeitungsprozeß von Nachrichten und den auf diesen Ablauf einwirkenden Faktoren beschäftigen. Sie zeigten, daß die Nachrichtenproduktion ein weitgehend standardisierter und routinierter Prozeß in der „news factory" (Bantz et al. 1981) ist.

Vor allem die Komplexität der Entscheidungsprozesse und Einflußsphären in den Institutionen der Aussagenentstehung hat schließlich *kybernetische Erklärungsmodelle* herausgefordert. So versuchten Bailey und Lichty (1972) – am Beispiel des Entscheidungsprozesses um einen NBC-Film aus dem Jahre 1968, bei dem es um die Exekution eines gefangenen Vietkong-Offiziers durch den Chef der südvietnamesischen Polizei auf einer Straße in Saigon ging – nachzuweisen, daß ein Netz von Faktoren die redaktionellen Entscheidungen bestimmt. Die Forscher widersprachen nach den Erkenntnissen aus ihrer Studie der Annahme, daß einzelne Journalisten zentrale Gatekeeper-Positionen besetzten: „The organization was the gatekeeper." (Ebd.: 229)

Kybernetische Untersuchungen legen die Annahme nahe, daß die Redakteure in Organisationen eingebunden sind, die sich über einen permanenten Kommunikationsfluß ständig selbst regulieren und dafür sorgen, daß die Art der Nachrichtenselektion das System stabilisiert. Gatekeeper steuern hier nicht mehr den Informationsfluß, sondern werden durch ‚Feedback-Schleifen' innerhalb und außerhalb der Redaktion selbst gesteuert. (Vgl. Robinson 1973)

Die angelsächsische Gatekeeper-Forschung hat sich im Laufe einer fast fünfzigjährigen Forschungsgeschichte in zahlreichen Fallstudien bemüht, redaktionelle Entscheidungsprozesse und Produktionsvorgänge mit einer *Kombination sozialwissenschaftlicher Techniken* (Input-Output-Analyse, Befragung, Beobachtung) zu beschreiben und auf Regelmäßigkeiten zu untersuchen. Viele dieser Studien sind aber insbesondere methodisch unzureichend ausgefallen; die Verallgemeinerungsfähigkeit der Daten erwies sich als begrenzt.

Die in Deutschland im Gefolge der Pionierstudie von Rühl (1979 [1969]) entstandene und zunächst vor allem an Ansätzen der Organisations- und Betriebssoziologie orientierte mikroanalytische Redaktionsforschung legte ihren Schwerpunkt auf eine Untersuchung der Aussagenentstehung im Rahmen formalisierter sozialer Gebilde. Dabei sollten insbesondere die Konsequenzen erfaßt werden, die sich aus dem redaktionellen Handeln in der ständigen Auseinandersetzung mit der sozialen Umwelt ergeben. Das Forschungsprogramm dieses Ansatzes beschreibt Rühl (1989: 260) rückblickend folgendermaßen:

> „‚Gegebene' Werte und Normen, Rollen und Ressorts, Genres und journalistische Arbeitstechniken werden nicht hingenommen, sondern sozialwissenschaftlich analysiert, ebenso die empirisch ermittelten Meinungen und Ansichten von Praktikern. Sie gelten als außerwissenschaftliche Vortypisierungen und nicht als zweckdienliche Prüfsteine für journalistische Wirklichkeit […]. Kurz: Redaktionen werden anhand von System/Umwelt-Modellen rekonstruiert; der Erkenntnisgewinn soll im Vergleich liegen […]. Mitgliedsrollen bilden den Kern für das Verständnis der Formalisierung der Redaktion und erweisen sich als wichtige Stabilisierungselemente für deren konfliktreiche Interaktionen und Kommunikationen."

Innerhalb dieser theoriegeleiteten empirischen Redaktionsforschung wurden – mit unterschiedlichen Konzepten und Schwerpunktsetzungen – seit Ende der sechziger Jahre zahlreiche (Einzelfall-) Studien vorgelegt. Als Methode ist dabei – in Ergänzung zur Befragung von Journalisten – mehrfach die teilnehmende Beobachtung in Medienredaktionen eingesetzt worden.

Bei seinem Theorieentwurf hatte sich Rühl auf die *funktional-strukturelle Systemtheorie* des Soziologen Niklas Luhmann (1972 ff.) gestützt. Sein Interesse galt dabei den für Redaktionen typischen Entscheidungsprämissen, die aufgrund früherer ‚Meta-Entscheidungen' sozusagen als Routineprogramm den Alltagsanforderungen des Handelns in der Zeitungsredaktion zugrundeliegen.

Dieser Ansatz, der für die Redaktionsforschung in Deutschland zentral geworden ist, blieb nicht von – zum Teil heftiger – Kritik verschont. Diese Kritik richtet sich allgemein gegen die Systemtheorie und ihre möglichen ideologischen Implikationen; sie problematisiere Systemstrukturen nicht und könne sozialen Wandel nicht erklären. Auf die Redaktionsforschung bezogen lautet diese Kritik: Sie setze die skalare Redaktionsorganisation als gegeben vor-

2.1 Theorien und Definitionen des Journalismus

aus und klammere Fragen von Macht und Herrschaft in den Medienbetrieben aus. (Vgl. z. B. Baacke 1980: 189; Fabris 1979: 79 f.)

Kritisch setzten sich von Rühls Konzeption aber auch solche Kommunikationsforscher ab, die selbst mit einem organisationssoziologischen bzw. systemtheoretischen Ansatz Redaktionsuntersuchungen durchführten. Sie monierten, daß die Geschlossenheit seines Ansatzes auf Kosten der ‚Realitätsnähe' gehe, wenn etwa der Verlag aus dem System herausdefiniert werde. Andere Redaktionsforscher haben deshalb ihren Studien offenere Systemvorstellungen zugrundegelegt. (Vgl. Dygutsch-Lorenz 1971, 1973; R. Schulz 1974; Rückel 1975)

Aus der Kritik an Rühls Systemkonzept entwickelte Ulrich Hienzsch (1990) seine These der „Zeitungsredaktion als kybernetisches System", die er am Beispiel der elektronischen Produktionsweise einer großen westdeutschen Regionalzeitung empirisch prüfte. Hienzsch setzte sich dabei zunächst mit den ‚weißen Flächen' auseinander, die das von Rühl beschriebene redaktionelle Entscheidungsprogramm lasse. Seine Perspektive berücksichtige nicht, daß redaktionelle Programmschritte relativ pluralistisch generiert werden könnten, wobei Rolleninhaber innerhalb des Systems Redaktion separate Handlungsprogramme entwerfen und verfolgen. Erst „im durchschnittlichen Zusammenspiel" entstehe daraus im Rahmen der Großorganisation so etwas wie ein redaktionelles Handlungsprogramm. Dies sei aber – mit Hilfe kybernetischer Modellvorstellungen und Methoden – nur durch Erfassung der vielfältigen Meß- und Vergleichsstellen in ihrer Komplexität hinreichend zu rekonstruieren. (Vgl. ebd.: 44 ff.)

Der an systemtheoretischen oder organisationssoziologischen Ansätzen orientierte Zweig der Redaktionsforschung wird neuerdings durch anwendungsorientierte Studien abgelöst, in denen deutlich das Ziel im Vordergrund steht, aus Praxiserfahrungen und -beobachtungen Honig für zukunftsweisendes *Redaktionsmanagement* zu saugen (vgl. z. B. Maseberg et al. 1996). Dabei wird mehr (vgl. Neumann 1997) oder weniger kritisch (vgl. Ruß-Mohl 1994) Bezug auf nordamerikanische Beispiele genommen.

Für den Medienökonomen Jürgen Heinrich (1996: 180) bedeutet diese – in der Praxis wie in der Theorie – feststellbare Dominanz ökonomischer Kriterien bei der Beobachtung redaktionellen Handelns Gefahren für die Qualität der journalistischen Arbeit:

43

„Zudem erodieren die mittlerweise zahlreichen Empfehlungen zum redaktionellen Marketing und zum redaktionellen Management [...] vermutlich doch die Akzeptanz der genuin publizistisch ausgerichteten intrinsischen Motivation [...]. Man kann jedenfalls nur staunen, wie schnell ökonomisches Denken einen Umfang angenommen hat, der die Bindung an journalistische Normen vermissen läßt."

2.1.5 Professionalisierung und Sozialisation

Neben der Gatekeeper-Forschung besitzt das Konzept der Professionalisierung herausragende Bedeutung für die empirische Journalismusforschung. Dieser Ansatz, welcher der Einordnung und Bewertung von Berufen vor allem unter dem Aspekt der Qualifikationsvoraussetzungen, des Prestiges und der beruflichen Bedingungen dient, stammt aus der Berufssoziologie. Der Begriff ist freilich nicht eindeutig. Mit ‚Professionalisierung' werden im wesentlichen drei verschiedene Perspektiven erfaßt: die Untersuchung allgemeiner *berufsstruktureller Prozesse* in einer Gesellschaft, die Untersuchung spezifischer Abschnitte *beruflicher Sozialisation* und die Untersuchung von qualitativen Veränderungsprozessen einzelner Berufe bzw. Berufssparten (*Verberuflichung*).

Diese Professionalisierung als Erfassung der ‚Verberuflichung' von Berufen unterscheidet auf einer gleitenden Skala Tätigkeiten unverbindlicherer und anspruchsloserer Art von den sogenannten Professionen. Als solche vollprofessionalisierten Berufe haben sich seit dem Ende des Mittelalters insbesondere die Juristen, die Wissenschaftler und die Mediziner – als die ‚klassischen Professionen' – etablieren können (vgl. z. B. Wilensky 1972).

Der Journalismus ist von den Merkmalen dieser Professionen gewiß ein gutes Stück entfernt. Dennoch erwies sich der Ansatz für die Journalismusforschung als fruchtbar, seit, bescheidener, nach Professionalisierungs*tendenzen* anhand bestimmter Kriterien gefragt worden ist (vgl. Koszyk 1974). Für solche Untersuchungen gibt es in der Literatur verschiedene Beispiele (vgl. z. B. Nayman 1973; Janowitz 1975; Langenbucher 1974/75).

Während die Gatekeeper-Forschung als zentrales Thema Kommunikationsprozesse im Rahmen der Aussagenentstehung betrachtet (vgl. Weischenberg 1992: 304 ff.), also faktisches Verhalten in den Institutionen der Massenkommunikation untersucht (insbesondere die Einflußfaktoren auf Nachrichtenselektion und Nachrichtenbearbeitung), wird über die deskriptiven Kriterien des Konstrukts ‚Professionalisierung' versucht, generellere Aussagen über die Berufsrolle des Kommunikators, seine Sozialisation usw. machen zu können. Als Methode kommt dabei die Befragung zum Einsatz. Unterstellt wird bei solchen Studien, daß bestimmte berufliche Handlungsdispositionen Einfluß haben auf das faktische Verhalten von Kommunikatoren. Dahinter steht die allgemeine Frage, wie eine verantwortungsvolle journalistische Arbeit zu gewährleisten ist. Der Ansatz wählt also einen *normativen Zugriff* auf den Journalismus als Forschungsobjekt und ist insofern dem Praktizismus nicht unähnlich.

Für die Annahme, daß es tatsächlich einen Unterschied macht, welche professionelle Orientierung ein Journalist hat, gibt es auf der anderen Seite aber eine Reihe von empirischen Belegen. So hatte schon Breed (1973 [1955]: 376) herausgefunden, daß die Existenz bestimmter beruflicher Orientierungen mit entscheidend dafür sein kann, wie resistent ein Journalist gegenüber der Politik des Verlegers bzw. Herausgebers ist.

Empirische Befunde, die einen mehr oder weniger hohen Professionalisierungsgrad von Berufskommunikatoren zutage fördern, provozieren aber auch Fragen nach *negativen Aspekten* der Professionalisierung. Gerade in der deutschsprachigen Kommunikatorforschung ist angezweifelt worden, daß es überhaupt wünschenswert wäre, wenn der Journalismus zu einer ‚abgeschotteten' Profession würde (vgl. Weischenberg 1995: 502 ff). Untersuchungsergebnissen zufolge haben sich offenbar gerade die stärker professionell orientierten Journalisten in ihrem beruflichen Verhalten am weitesten von den Kommunikationsbedürfnissen der Bevölkerung entfernt. Dies stünde, so wird moniert, im Widerspruch zu dem Postulat, die Bürgerinnen und Bürger stärker an der vermittelten Kommunikation partizipieren zu lassen, und dazu, neue Inhalte und Formen der Berichterstattung zu entwikkeln. Deshalb wird das Professionalisierungskonzept – trotz seines forschungsleitenden Wertes – von verschiedenen Wissenschaftlern kritisiert (vgl. z. B. Kepplinger/Vohl 1976).

Auch wer diesen Kritikern nicht folgt, wird fragen, ob sich der Journalismus – als ein von kommerzieller Marktorientierung bestimmter, außerberuflichen Einflüssen stark unterworfener Beruf – überhaupt zum Vergleich mit den als ‚klassisch' bezeichneten

Professionen eignet. Eine Freisetzung der Journalisten von Laienkritik erscheint zudem kommunikationspolitisch nicht wünschenswert. Und schließlich gibt es wegen ungenauer Kriterien über den tatsächlichen Professionalisierungsgrad der Journalisten durchaus unterschiedliche Einschätzungen.

Hier sind nun die *strukturellen Besonderheiten* der Medientätigkeit zu berücksichtigen. Beim Journalismus handelt es sich um ein heterogenes, segmentiertes, uneinheitliches Berufsfeld. Durchaus zutreffend ist es, wenn die ‚professionelle Situation' der Journalisten, etwa im Vergleich zum Mediziner und Juristen, als ‚anormal' bezeichnet wird: Durch die Finger der Journalisten geht zwar ungeheuer viel Wissen, aber mit den Adressaten der Informationen, den Klienten, haben sie direkt kaum etwas zu tun. Sie steuern nicht die Kontroll-Prozesse, sondern sind ein Teil von ihnen. Sie sind abhängig Arbeitende; nur temporär bewegen sie sich auf der Ebene von Elite-Personen.

Alle Journalisten lernen ihren Beruf auf dieselbe Weise: am Arbeitsplatz. Dort werden sie durch *Sozialisation* an das ‚journalistische Milieu' angepaßt. Auf dabei ablaufende Mechanismen, denen sich kein Berufsangehöriger entziehen kann, hat zuerst Breed (1980 [1952]) aufmerksam gemacht. Er entdeckte bei seiner Untersuchung von Zeitungsredakteuren, welch große Bedeutung das Normenlernen insbesondere für die Kontinuität redaktioneller Produktion besitzt.

Die *Anpassung* der Redaktionsmitglieder an die redaktionellen Regeln erfolgt seinen Befunden zufolge zum einen dadurch, daß der Neuling vom Chefredakteur und von anderen Kollegen, durch Redaktionskonferenzen und Hausbroschüren ‚auf Linie' gebracht wird. Zum anderen dadurch, daß er mehr oder weniger unbewußt durch Lektüre der eigenen Zeitung, durch Redaktionsklatsch und durch eigene Beobachtungen die in der Redaktion geltenden Normen übernimmt.

Aber warum funktioniert dieser soziale Mechanismus? Breed machte dazu eine Beobachtung, die später immer wieder bestätigt worden ist: Der Journalist bezieht seine Anerkennung nicht in erster Linie von den Lesern, Hörern oder Zuschaurn, sondern von Arbeitskollegen und Vorgesetzten. Da Journalisten auf die Integration in die Redaktion angewiesen sind, besteht stets die Tendenz, daß sich auch ihre Wirklichkeitsentwürfe prinzipiell eher an den Werten ihrer Kollegen orientieren. Diese betriebliche Sozialisation, bei der die redaktionellen Normen gelernt und verinnerlicht werden, ist aber im Grunde niemals abgeschlossen. Wie dieser Anpassungsprozeß funktioniert, haben andere Kommunikationsforscher wie Bernd Groß (1981) mit einzelnen Beispielen belegt; er spricht in diesem Zusammenhang vom Lernen der ‚Hausordnung'.

2.1.6 Perspektiven einer konstruktivistischen Systemtheorie

Der vor allem von Manfred Rühl in der Publizistik- und Kommunikationswissenschaft hoffähig gemachte systemtheoretische Ansatz ist von Niklas Luhmann in den letzten Jahren unter deutlichem Bezug auf die *Erkenntnistheorie* des Konstruktivismus (vgl. z. B. Luhmann 1990b) weiterentwickelt worden. Zunächst hatte Luhmann ‚Reduktion von Komplexität' ins Zentrum funktionalstruktureller Systemtheorie gerückt; durch Ausdifferenzierung von einzelnen Systemen werden die hochkomplexen Erscheinungsformen der modernen Gesellschaft verringert, um so ‚konkrete Wirklichkeit' hervorzubringen.

Systeme müssen aber einen Differenzierungsgrad aufweisen, welcher der Komplexität ihrer Umwelten gerecht wird. Im Falle des Journalismus, der in arbeitsteilig organisierten Medieninstitutionen zustandekommt, haben sich deshalb Strukturen wie z. B. Redaktionen herausgebildet und diese wiederum Ressorts usw.; Medieninstitutionen, Redaktionen und Ressorts können jeweils als Organisationssysteme betrachtet und in Hinblick auf ihre Operationsweisen und Leistungen untersucht werden. Die Systemabgrenzung – die freilich empirisch nachvollziehbar sein sollte[5] – kann also je nach Forschungsperspektive ganz pragmatisch erfolgen: Es gibt etwas im System, und es gibt etwas außerhalb des Systems: die ‚Umwelt'.

Seit der ‚autopoietischen Wende' werden Systeme als *operativ geschlossen* modelliert; diese operative Geschlossenheit ist die Grundlage für ihre Bildung und permanente Reproduktion (vgl. Luhmann 1992). Das Konzept der Selbstreferenz ins Zentrum zu rücken, hat sich dabei als besonders innovativ erwiesen. Selbstbezüglichkeit und Selbstorganisation bedeuten jedoch nicht, daß

---

[5] So ist Rühls ursprüngliche ‚Konfiguration' der Zeitungsredaktion als organisiertes soziales System unter den Bedingungen elektronischer Produktionsweise wohl nicht mehr haltbar (vgl. Weischenberg 1995: 17f.).

es keine Verbindungen zwischen Systemen und ihren Umwelten gäbe; dies wäre gerade im Falle des Beobachtungssystems Journalismus eine empirisch nicht haltbare Annahme.

Systeme können sich zwar nicht gegenseitig steuern, aber sie können Brücken zueinander bauen bzw. wechselseitige Resonanzen erzeugen. Solche Beziehungen zwischen Systemen werden in Anlehnung an den Biologen Humberto Maturana (vgl. z. B. 1985: 251 ff.) als *strukturelle Kopplung* oder auch als Interpenetration (vgl. z. B. Luhmann 1984: 290) bezeichnet. Durch Interpenetration können soziale Systeme ihre Leistung steigern, indem sie einander wechselseitig ihre Elemente zur Verfügung stellen, ohne daß dabei ihre operative Geschlossenheit aufgehoben wird. Auf diese Weise hat die neuere Systemtheorie von der Analyse von Einzelsystemen auf die Betrachtung von System-Umwelt-Beziehungen umgestellt (vgl. Willke 1991: 37).

Daß der systemtheoretische Ansatz gerade bei der Analyse von Prozessen der Aussagenentstehung sinnvoll eingesetzt werden kann, ist von der deutschsprachigen Publizistik- und Kommunikationswissenschaft erst recht spät entdeckt und dann eher in einer Randstellung gehalten worden (vgl. Görke/Kohring 1996). Nach wie vor wird vor allem der empirische Ertrag der Studien, die der Systemtheorie verpflichtet sind, kritisch beurteilt. So wird – allerdings ohne genaueren Beleg – in einer Bilanz der Kommunikatorforschung behauptet, es sei

> „zweifelhaft, ob ausgerechnet die *Redaktion* und die *Rundfunkanstalt* als exemplarische Anwendungsobjekte des Instrumentariums von Niklas Luhmann im Bereich der Massenkommunikation geeignet sind. Als ausgegrenzte Beobachtungsfelder sind sie nichts anderes als Organisationen unter anderen, durch bestimmte Merkmale wirtschaftlicher Organisationen (Produktion, marktbezogen) und bestimmte Merkmale politischer Organisationen (Entscheidungsfindung) bestimmt und auf eine ‚Umwelt' bezogen, die wiederum an das ‚Publikum' und andere Umweltbereiche von Wirtschaft und Politik erinnert. Systemtheoretisch angeleitete Redaktionsforschung reduziert Massenkommunikation auf das Sichtbare und dementiert damit, daß es neben den sozialen Systemen Wirtschaft, Politik, Familie, Wissenschaft und anderen ein relativ autonomes System der Massenkommunikation gibt, in dem das ‚Publikum' gerade nicht zur ‚Umwelt' gehört. Zugleich überfordert sie die Instrumente der Beobachtung und Befragung, die nun einmal Handwerkszeuge (der Sinne und des Kognitiven) sind und blei-

2.1 Theorien und Definitionen des Journalismus

ben. Die Fragestellungen und Hypothesenbildungen der Redaktionssystem-Forschung geraten so ‚komplex', daß die empirischen Befunde ihnen kaum etwas hinzufügen können und meist sogar hinter ihnen zurückbleiben. [...] Das Bemühen, auch die empirische Forschung so ‚komplex' zu machen wie die Theorie, machte bisher nur die Beschränktheit der herkömmlichen Methoden deutlich. Im Bereich der Kommunikatorforschung führte es zu Ergebnissen, die recht trivial anmuten und den Aufwand nicht zu lohnen scheinen. Aber dies ist nicht nur ein Problem der Methodenwahl." (Böckelmann 1993: 22 f.; kurs. im Orig.)

Auf die von Luhmann in einer Flut von Veröffentlichungen proklamierte ‚autopoietische Wende' hat die deutsche Kommunikationswissenschaft nicht nur erneut mit Verspätung, sondern zunächst auch mit großer Zurückhaltung reagiert. Besonders schwer tut sich das Fach dabei offenbar mit der Verarbeitung von Anregungen, die der Konstruktivismus bereithält, wie die Diskurse über „Theorien öffentlicher Kommunikation" (Bentele/Rühl 1993) zeigen.

Explizite Kritiker-Aussagen über den ‚Radikalen Konstruktivismus' belegen nicht nur den Vorwurf einer selektiven Rezeption einschlägiger Literatur (vgl. Schmidt 1996: 1), sondern sind auch in Hinblick auf konstruktivistisch basierte Aussagen zur Medienethik und journalistischen Praxis unzutreffend. Gerade von einer „subjektivistischen Ausgangsposition" (Saxer 1997: 43) kann dabei nicht die Rede sein; das Gegenteil ist der Fall (vgl. Weischenberg/Scholl 1995: 214 f.). Nicht mehr diskursfähig erscheint der Vorwurf (an nicht genannte Adressaten),

> „was der Radikale Konstruktivismus in autopoietischer Distanz als Gegenposition zum Selbstverständnis des Journalismus entwickelt, dient diesem überdies sekundär als Rechtfertigung von Schlendrian im Umgang mit Fakten und letztlich von unverantwortlichem Subjektivismus zu Lasten der für die Gesellschaft erforderlichen journalistischen Berufskultur [...]". (Saxer 1997: 44)

Die Polemik gipfelt hier in einem mixtum compositum aus – offenbar unbewußt verknüpften – konstruktivistisch-systemtheoretischen, naiv-realistischen, normativen und empirischen Argumentationsstücken:

> „Medienrealität nimmt eben zunehmend den Charakter eines sich selbst reproduzierenden Systems an und läuft dadurch Gefahr, denjenigen eines effizienten Vermittlungssystems politisch und auch sonst unverzichtbarer Information zu verlieren. An der

Publizistikwissenschaft ist es daher mehr denn je, die reale Konstitution von Öffentlichkeit und ihre wirklich entscheidenden Akteure zu identifizieren und nicht auch noch solche Autopoiesis ihres Gegenstandes mitzuvollziehen und damit zugleich zu legitimieren." (Ebd.: 51 f.)

Offenbar unbeeindruckt von theoretischen und methodischen (oder auch: fachpolitischen) Einwänden hat es in jüngster Zeit aber zahlreiche Versuche gegeben, eine funktionale Analyse des Journalismus (bzw. der ‚Publizistik' oder der ‚Massenmedien') unter Nutzung neuerer systemtheoretischer und konstruktivistischer Einsichten weiterzuentwickeln (vgl. Görke/Kohring 1996), für empirische Forschung zugänglich zu machen und sogar auf eine „Makrotheorie" (Kohring/Hug 1997: 31) hin auszubauen. Beteiligt sind an diesem Projekt einer kommunikationswissenschaftlichen konstruktivistischen Systemtheorie (→ Kapitel 3.1) Vertreter ganz unterschiedlicher Fachrichtungen (vgl. z. B. Spangenberg 1993; Marcinkowski 1993; Blöbaum 1994; Gerhards 1994; Hug 1996; Kohring 1997; Görke/Kohring 1997; Görke 1997; Weber 1997) – was einerseits zeigt, daß die Publizistik- und Kommunikationswissenschaft bzw. Journalistik ihr Zuständigkeitsmonopol für das Thema ‚Medien und Journalismus' längst verloren hat, und andererseits, daß dieser Ansatz den interdisziplinären Diskurs stimuliert. Zuletzt hat dieser Diskurs distinktionstheoretische Beobachtungen angeleitet, die hinsichtlich der bisher nur unzureichend geklärten Begriffe wie Medien, Kommunikation, Handlung, Funktionssystem vielversprechend erscheinen (vgl. Jokisch 1996, 1997).

Es liegt auf der Hand, daß *Niklas Luhmanns* (1996) Diskussionsbeitrag zur „Realität der Massenmedien" besonders aufmerksam registriert und diskutiert worden ist. Inzwischen hat er seine Überlegungen in dem opus magnum „Die Gesellschaft der Gesellschaft" noch einmal fokussiert (vgl. Luhmann 1997: 1096 ff.). Die Funktion des „Systems Massenmedien", so hebt der Autor erneut hervor, liege „nicht in der gesellschaftlichen Integration, sondern darin, eine Beobachtung von Beobachtern zu ermöglichen" (ebd.: 1099). Dabei hält sich Luhmann mit den Fragen nach der Objektivität von Medien und nach dem Verhältnis von Medienrealität zur Realität, die nach wie vor viele Kommunikationswissenschaftler umtreibt und zu mitunter waghalsigen Interpretationen inspiriert (vgl.

Neuberger 1996), nicht weiter auf, sondern stellt dazu nur lakonisch fest:

> „Das, was als Resultat der Dauerwirksamkeit von Massenmedien entsteht, die ‚öffentliche Meinung', genügt sich selbst. Es hat deshalb wenig Sinn, zu fragen, ob und wie die Massenmedien eine vorhandene Realität verzerrt wiedergeben; sie erzeugen eine Beschreibung der Realität, eine Weltkonstruktion, und das ist die Realität, an der die Gesellschaft sich orientiert." (Luhmann 1997: 1102)

Daß bei den Massenmedien womöglich doch ein systemtheoretischer Spezialfall vorliegt, wird von Luhmann (1996: 66) sogar selbst eingeräumt, wenn er das Problem „einer besonderen Codierung" zur operativen Schließung anspricht. Seine eigenen Lösungen – vom Kommunikationsbegriff über die Modellierung eines ‚Systems Massenmedien' und seines Codes ‚informativ/nicht informativ' bis hin zur Differenzierung zwischen den ‚Programmbereichen' Nachrichten/Berichte, Werbung und Unterhaltung (vgl. Luhmann 1996) sind für die Kommunikationswissenschaft und insbesondere die empirische Journalismusforschung allein schon aus terminologischen Gründen – nicht unbedingt anschlußfähig (vgl. z. B. Kohring/Hug 1997:27 ff.); wir werden darauf immer wieder zurückkommen.

2.2 Methodologie der Journalismusforschung

2.2.1 Reduktion und Emergenz sozialer Systeme

Bei der Beschreibung eines Systems aus der Beobachterperspektive der Wissenschaft ist darauf zu achten, daß das wissenschaftliche Beobachtungsschema möglichst mit dem beobachteten System (hier: Journalismus) zur Deckung gebracht wird (vgl. Luhmann 1984: 245). Das bedeutet auch, daß die wissenschaftliche Analyse auf die Selbstbeschreibungen des Systems zurückgreifen muß. Solche Selbstbeschreibungen reduzieren Kommunikation auf (systemeigene) Handlung. Kommunikation selbst ist nicht beobachtbar, sondern nur erschließbar aufgrund der Beobachtung von Handlungen. Diese Reduktion ist auch im Forschungskontakt unvermeidbar. (Vgl. Luhmann 1984: 247 f.)

2 Die Forschung: Journalismus und Wissenschaft

Wir müssen ferner unterstellen, „daß Systeme nur über Organisationen oder Institutionen [...] beobachtbar sind, in denen die Systemfunktionen als externe Randbedingungen für die in ihnen ablaufenden rekursiven Prozesse der Kommunikation und Kooperation festgelegt sind" (Küppers/Krohn 1992: 175). Dieses Argument liefert die Grundlage für die systemtheoretische Erforschung des Journalismus mit Hilfe von Redaktionsbeobachtungen, wie sie Rühl (1969), Koller (1981) oder Dygutsch-Lorenz (1971, 1973) durchgeführt haben.

Es wäre jedoch falsch, daraus den Schluß zu ziehen, daß die Systemtheorie genau *eine* Forschungsmethode erfordere oder präferiere. Die methodologische Argumentation muß eher umgekehrt erfolgen: Wie können die vorhandenen empirischen Methoden sinnvoll im Rahmen eines systemtheoretischen Paradigmas eingesetzt werden? Wie lassen sich die unterschiedlichen Ergebnisse der empirischen Sozialforschung – hier: der Journalismusforschung – systemtheoretisch reinterpretieren? Wollte man sich nur auf die spärlichen methodologischen Hinweise aus der system*theoretischen* Grundlagenforschung verlassen, würde sich das methodische Arsenal beträchtlich verringern. Wegen des mangelnden empirischen Bezugs der Systemtheorie kritisiert deshalb der Soziologe Hans Haferkamp (1987: 58):

> „Bei Luhmann ist noch heute eine Entscheidung über die Richtigkeit seiner Thesen auf nachvollziehendes Hineindenken angelegt, nicht aber auf Prüfung durch prinzipiell kooperativ gestimmte Forscherkollegen."

Luhmanns strenge Modellierung sozialer Systeme als Kommunikationssysteme ohne Rückgriff auf Akteure scheint methodisch und methodologisch zum „alten Projekt der Texthermeneutik (dem aktiven Text)" zurückzuführen (Schmidt 1994: 85). In der Tat finden sich Hinweise dafür, daß eine hermeneutische Methodologie auf die selbstreferentielle Organisation von Kommunikation zugeschnitten sein könnte. Allerdings ist die method(olog)ische Anpassung an die Systemtheorie alles andere als optimal und stringent, denn dabei müssen Grundannahmen der Luhmannschen Systemtheorie modifiziert werden. (Vgl. Schneider 1994: 171 ff.)

Eine wichtige Konsequenz dieser nur lockeren Verbindung zwischen (System-) Theorie und Empirie ist dann natürlich auch in Kauf zu nehmen: Bei der empirischen Erforschung des Journalismus kann es nicht darum gehen, die Systemtheorie (insgesamt) zu überprüfen. Vielmehr stellt sie einen logischen Rahmen zur Verfügung und ist (als ganzes) weder verifizierbar noch falsifizierbar. Innerhalb dieses Rahmens werden jedoch spezielle Hypothesen aufgestellt und ‚zur Überprüfung freigegeben' (vgl. Lakatos 1974: 131).

Eine solche Sichtweise, welche die strengen Anforderungen des Kritischen Rationalismus an das Verhältnis von Theorie und Empirie lockert, darf andererseits nicht überzogen werden und einseitig zu methodischer Beliebigkeit führen. Zu dem ‚anything goes' gehört immer auch der Zusatz ‚if it works'. Wenn also die wissenschaftliche Beobachtung des gesellschaftlichen Teilsystems Journalismus notwendig reduktionistisch ist, weil sie entweder an den beteiligten Individuen (Journalisten), an den Organisationen (Redaktionen) oder den Kommunikationsangeboten (medialen Inhalten) ansetzt, muß sie dennoch ihren Nutzen und ihre Brauchbarkeit auch für die systemtheoretische Makroperspektive ausweisen können. Dies ist nur möglich, wenn das Junktim zwischen methodologischem und theoretischem *Individualismus* aufgegeben wird und wenn die Prämissen der Methode (individuelle Perspektive) und der Theorie (gesellschaftliche Perspektive) einander angeglichen werden. Der methodischen Reduktion muß eine theoretische Emergenz folgen.

Sowohl eine einseitige reduktionistische Position als auch das „Dogma von der Irreduzibilität des Sozialen" (Bohnen 1994: 292) sind für die empirische Forschung unbrauchbar. Das Argument, daß die Trennung in psychische und soziale Systeme „den tatsächlichen Wirkungszusammenhängen nicht gerecht wird" (Bohnen 1994: 303), verfängt sich in ontologische und logische Fallstricke, weil es etwas voraussetzt, was (empirisch!) erst zu beweisen wäre. Bohnens Ausweg ist zudem erkenntnistheoretisch überfrachtet: „Der Weg zur soziologischen Erfassung von Kommunikationsvorgängen in sozialen Systemen führt über individualistische Erklärungsverfahren." (1994: 300)

Eine (bescheidenere) Gegenposition könnte ein *operativer* Konstruktivismus liefern: Nur die Methode ist reduktionistisch; nicht reduktionistisch sind aber die Voraussetzungen und Implikationen der Theorie. Individuen (hier: Journalisten) können durchaus methodisch als Kristallisationspunkte sozialer Wirklichkeit konzipiert werden, ohne daß eine *ontologische* Bestimmung notwendig wäre, ob sie als Individuen oder als Komponenten eines sozialen Systems untersucht werden. Luhmanns aktivistischer Sprachgebrauch von „Kommunikation, die Kommunikation produziert", verschleiert, daß der Anstoß zu Kommunikation von Kommunikatoren oder Aktanten erfolgt, was zwar nichts über die (Eigenschaften von) Kommunikation selbst besagt, was aber den einzigen Weg bietet, Kommunikation (als Handlung) zu beobachten (vgl. Schmidt 1994: 84 f.). Wenn man darüber hinaus Handlung nicht – wie Luhmann dies konsequent, aber einseitig vornimmt – auf Fremdzuschreibung reduziert, sondern durch die Perspektive der „kommunikativ realisierten Selbstzuschreibung" (Schneider 1994: 172) ergänzt, dann ist damit ein gangbarer Weg für empirische Forschung vorgezeichnet.

Auf die gleiche Weise stellt sich die soziale Handlung im Kommunikationsprozeß des Forschungskontakts „als doppelperspektivisch konstituierte kongruente Einheit von Fremd- und Selbstzuschreibung" (Schneider 1994: 172) dar, und zwar nicht nur bei Befragungen, sondern auch bei *Beobachtungen* und bei *Inhaltsanalysen*. Da der Forschungskontakt selbst ein soziales System bildet, stellt sich die prinzipielle Problematik der Irreduzibilität von sozialen auf psychische Systeme überhaupt nicht[6]. Die Reduktion erfolgt vielmehr über den Einbezug der Individuen als Akteure. Durch die thematische Festlegung – in der Journalismusforschung auf Probleme des Journalismus – kann gewährleistet werden, daß die ‚Individuen' Journalisten, Artikel, Sendungen) nicht individuell, sondern sozial beobachtet werden oder sich selbst beschreiben. Die (Selbst-) Beschreibung wird von Individuen angefertigt, ist aber nicht (notwendigerweise) selbst individuell, sondern eine Beschreibung ausgewählter Aspekte des Systems. Die thematische Auswahl der Fragen, Beobachtungs- oder Codierschemata bestimmt hauptsächlich, inwiefern die Beschreibung eher individuell oder sozial, also auf das System bezogen ist.[7]

---

[6] Umgekehrt müßten Psychologen theoretisch oder methodologisch nachweisen, wie es ihnen möglich sein kann, einen direkten Zugang zur Psyche der Forschungsobjekte zu erlangen. Sie schließen aus Kommunikationen aus dem Forschungskontakt auf psychische Prozesse – eine Reduktion, die streng (system) theoretisch genauso ‚falsch' wäre.

[7] Wir vernachlässigen an dieser Stelle die erkenntnistheoretisch korrekte Argumentation, daß individuelle Beschreibungen immer (auch) Beschreibungen des

Um zu gewährleisten, daß die Beschreibung durch Individuen oder anhand von Individuen nicht *idiosynkratisch* (also rein individuell) erfolgt, werden Daten über viele Individuen erhoben, die dann statistisch aggregiert werden. Die statistische Aggregation gleicht auf diese Weise die methodisch erforderliche Reduktion der Beobachtung auf Individuen wieder aus. Das *methodologisch* grundsätzliche Reduktionsproblem wird als *methodisches* Stichprobenproblem operationalisiert und damit handhabbar gemacht. Darüber hinaus können die Daten auch mit speziellen statistischen Verfahren ‚entindividualisiert' werden[8].

Diese Problemverlagerung stellt noch nicht sicher, daß die (Selbst-) Beschreibungen oder Beobachtungen auch valide sind. Zu diesem Punkt lassen sich allerdings keine generellen Aussagen machen, weil die Validität erhobener Daten von der gewählten Methode abhängt.

2.2.2 Empirische Forschungsmethoden

2.2.2.1 Befragungen

Empirisch kontrollierte Beschreibungen des Systems Journalismus lassen sich unterschiedlich bewerkstelligen. Prinzipiell stehen die drei in den Sozialwissenschaften gängigen Datenerhebungsverfahren (Befragung, Beobachtung und Inhaltsanalysen) inklusive der vielen Varianten und Kombinationsmöglichkeiten zur Verfügung, wobei die prominenteste Methode in der Sozialforschung generell und auch speziell in der Journalismusforschung die Befragung ist. Bei Befragungen von Journalisten erfolgt eine Reduktion der Beobachtung von Journalismus auf Selbstbeschreibung von Beteiligten am System[9]. Diese Beschreibung kann sich thematisch auf die personale (Journalisten), auf die institutionelle (Res-

---

Individuums sind, denn hierbei handelt es sich um das Problem der prinzipiellen Beobachterabhängigkeit jeder Beobachtung, das getrennt diskutiert werden muß.

[8] Mit Hilfe von Faktorenanalysen werden zum Beispiel latente, überindividuelle Strukturen im Antwortverhalten der Befragten oder in der Kodierung von Artikeln oder Sendungen ermittelt (→ Kapitel 9.4.3).

[9] Nicht von Elementen des Systems, da nicht (konkrete) Individuen, sondern (abstrakte) Kommunikationen die Bausteine sozialer Systeme sind.

sorts, Redaktionen) und auf die gesellschaftliche (Funktionssystem Journalismus) Ebene beziehen. Das Objekt der Beschreibung ist wählbar, das Subjekt der Beschreibung sind jedoch stets Individuen (befragte Journalisten).

Durch ihre Mitgliedsrolle in der Redaktion und ihre Beteiligung am Journalismus sind die Journalisten strukturell an das System Journalismus gekoppelt. Sie sind sozusagen die Kristallisationspunkte der Entstehung öffentlicher Aussagen und eignen sich von daher am ehesten für eine Beschreibung des gesellschaftlichen Funktionssystems Journalismus. Ihre *Antworten* gehören zwar streng genommen zur Umwelt von Journalismus, weil sie nichts zur Autopoiesis des Systems beitragen. Aber in ihrer Doppelfunktion als Beobachter (im Forschungskontakt Befragung) und als am Systemgeschehen Beteiligte – sie beliefern die Autopoiesis mit kognitiven, motivationalen und konnativen Ressourcen – sind ihre Beobachtungen direkt auf das Systems bezogen, das heißt strukturell mit den Kommunikationen des Systems gekoppelt. Die Systemmitglieder beobachten journalistische Kommunikationen, also die Bedingungen, den Prozeß und das Produkt der Entstehung öffentlicher Aussagen, und beschreiben diese nach bestimmten Regeln im Rahmen der Befragung.

Die Generalisierung und Validierung der Systembeschreibungen erfolgt durch deren Aggregation. Um Verzerrungen der Beschreibungen durch Idiosynkrasien wechselseitig aufzuheben, indem durch Gruppen- und Mittelwertbildungen von Einzelantworten abstrahiert werden kann, muß die Stichprobe der Befragung repräsentativ sein. Dieser Weg von einer (operationalen) Definition des Systems Journalismus hin zu einer personenbezogenen repräsentativen Stichprobe ist beschwerlich, aber prinzipiell durchführbar (vgl. Scholl 1996, 1997b).

Die Beobachtungen und Beschreibungen von Journalismus durch die befragten Journalisten werden nicht direkt übernommen, sondern gelangen durch einen doppelten Transformationsprozeß in das System Wissenschaft. Zum einen erfolgt die Themenfestlegung über den Fragebogen aus der Wissenschaft, so daß die Journalisten im Forschungskontakt nicht zu ihrer Persönlichkeit, sondern zu journalistischen Aspekten Auskunft geben. Zum anderen wird das Rohmaterial der Antworten durch wissenschaftliche Analyse kritisch reorganisiert und rekonstruiert. Auf diese Weise kann die Wissenschaft den privilegierten Insiderblick der

2.2 Methodologie der Journalismusforschung

Journalisten nutzen, um vielfältige Systembeschreibungen zu bekommen. Die Steuerungsmöglichkeiten des Antwortverhaltens über den Fragebogen sind dennoch begrenzt; ein „Befragungs-Behaviorismus" (Rühl 1980: 58) ist weder möglich noch wäre er sinnvoll, da der Forschungskontakt selbst wieder ein Interaktionssystem bildet (vgl. Scholl 1993).

Dennoch ist die Kritik Rühls (1980: 53 f.) an der Befragung als Instrument der Journalismusforschung insofern ernstzunehmen, als die Funktionsweise des Journalismus nicht (nur) aus den Aussagen von Journalisten zu erfahren ist. Rühl spricht hiermit zwei verschiedene Probleme an: Zum einen haben Befragungen prinzipiell und methodologisch bedingt nur eine begrenzte Reichweite; zum anderen ist ihre erkenntnisleitende individualistische Fragestellung der systemtheoretischen Sozialforschung möglicherweise unangemessen. Das *Problem der begrenzten Reichweite* läßt sich auf jede empirische Methode übertragen und ist nur in den Griff zu bekommen – nicht lösbar – durch Methodenkombination. Ob etwa bestimmte journalistische Einstellungen tatsächlich handlungsrelevant sind, ist nur feststellbar, wenn man die Befragungsergebnisse mit Inhaltsanalysen der medialen Produkte konfrontiert und kontrolliert.[10]

Das *Problem der falschen Fragestellung* ist nur indirekt auf die Methode zurückzuführen, und zwar insofern, als die Befragung scheinbar besonders geeignet ist, um individuelle, motivationale und kognitive Aspekte zu erforschen, und gleichermaßen gefährdet ist, die Makroperspektive aus dem Auge zu verlieren. Dennoch ist davon auszugehen, daß sich die Antworten der Journalisten auf Journalismus und nicht auf ihre individuellen Probleme beziehen. Durch die strukturelle Kopplung der Journalisten an das System Journalismus in Form ihrer Mitgliedsrolle in Redaktionen sind Journalisten zumindest relevante, vielleicht sogar – gegenüber Verlegern oder Intendanten – privilegierte Beobachter des Systems Journalismus.

---

[10] Allerdings ergeben sich aus der Methodenkombination auch Folgeprobleme, denn der Methodenwechsel bedingt einen Referenzwechsel: Wenn der Forscher mittels Inhaltsanalyse die Befragungsantworten validieren will, wechselt er die Beurteilungsgrundlage; er überprüft nicht die Konsistenz der journalistischen Aussagen, sondern setzt den Bewertungsmaßstäben der Journalisten seine eigene entgegen.

Prinzipiell werden in Befragungen psychische Probleme *sozial* thematisiert und dadurch immer auch als sozial relevant ausgewiesen. In dieser Logik werden die journalistischen Akteure inhaltlich-thematisch gerade nicht nach ihren individuellen Befindlichkeiten, sondern nach beruflich relevanten Zielen und Problemen befragt. Die Makroperspektive wird durch die Repräsentativität der Stichprobe und durch die Aggregation der Daten sowie durch zusätzliche strukturelle Daten aus anderen Quellen berücksichtigt.[11] Selbst wenn einige Antworten idiosynkratisch ausfallen und aus speziellen redaktionellen *Interaktions-* oder *Organisations*merkmalen resultieren, garantiert eine große Stichprobe, daß letztlich das Soziale am am *gesellschaftlichen Teilsystem* Journalismus zentraler Gegenstand und hauptsächliches Ergebnis des Forschungskontaktes ist.

2.2.2.2 Beobachtungen

Der Begriff der Beobachtung wurde im Verlauf der bisherigen Argumentation als (system-) *theoretischer* Terminus gebraucht. Er bezeichnet im engeren Sinn aber auch eine eigenständige Methode der empirischen Sozialforschung. In der Journalismusforschung wird dieses Instrument zur Beobachtung (im systemtheoretischen Sinn!) von Journalisten oder Redaktionen eingesetzt. Damit ist eine Abstraktion von Einzelpersonen prinzipiell möglich, aber nicht von Redaktionen, denn Beobachtungsstudien sind so aufwendig, daß sie nicht repräsentativ durchgeführt werden können. Selbst wenn Redaktionen und die in ihnen stattfindenden Interaktionen untersucht werden, ist die Generalisierung auf das gesellschaftliche Funktionssystem Journalismus-System problematisch, denn die Beobachtung einer Organisation ist – wie die Befragung von Indi-

---

[11] Einen anderen Weg diskutiert Hintermaier (1982: 219) in einer Fußnote: Demnach wäre dem systemtheoretischen Ansatz eine kollektive Befragung, etwa in Form einer Gruppendiskussion, angemessener, um das Redaktionsprogramm zu beschreiben, als dies durch die Summe der Aussagen einzelner Redakteure zu ermitteln. Er zieht dieses Argument jedoch wieder zurück, weil eben doch einzelne Redakteure Selektionsentscheidungen fällen und nur in seltenen Fällen das komplette Ressort oder gar die Redaktion. Darüber hinaus wäre einzuwenden, daß auch die Gruppendiskussion als Befragungsinstrument notwendig reduktionistisch ist und im günstigsten Fall Beschreibungen von der Organisation Redaktion, nicht jedoch vom System Journalismus ermöglicht.

2.2 Methodologie der Journalismusforschung

viduen – methodisch reduktionistisch[12]. Die Erforschung organisatorischer Probleme ist nämlich ebenso wie die Erforschung individueller Perspektiven nur mittelbar ein Indiz für Journalismus insgesamt.

Hinzu kommt, daß das Instrument der Beobachtung immer der *Ergänzung* durch Leitfaden- und Informationsgespräche bedarf, mit deren Hilfe die beobachteten Handlungen erst verstehbar werden[13] (vgl. Rühl 1970: 168; Dygutsch-Lorenz 1978: 317). Ansonsten würde der beobachtende Forscher die von ihm erhobenen Daten selbst und allein deuten, womit Mißverständnisse nahezu sicher sind. Die Beobachtung eignet sich also für ergänzende Fallstudien, ersetzt aber die Befragung nicht.

Rühls Kritik an der quantitativen, strukturierten Befragung zielt denn auch weniger auf eine Privilegierung der passiven teilnehmenden Beobachtung als auf qualitative und feldnahe Forschung, um den Forschungsgegenstand gut kennenzulernen (vgl. Dygutsch-Lorenz 1978: 323). Der soziale Kontext des Journalismus und der Journalisten ist die Redaktion oder eine Abteilung oder Ressort, „innerhalb dessen die Verhaltensweisen von Personen oder Gruppierungen beoachtet werden sollen" (Rühl 1970: 160). Während die quantitative und strukturierte Vorgehensweise zu distanziert an Journalisten herantritt und ihnen schematisierte Fragen stellt, ist der teilnehmende Beobachter möglicherweise zu nahe an den individuellen und organisatorischen Probleme der Journalisten und Redaktionen. Letztlich entscheidet die Forschungspraxis (die ‚Feldphase'), ob der Forscher über Journalistenbefragungen und Redaktionsbeobachtungen etwas über Journalismus erfährt oder doch nur vieles über Individuen und Organisationen.

Eine Weiterentwicklung im Bereich der Journalismusforschung hat die sozialwissenschaftliche Beobachtung durch die Studie von Hienzsch (1990) erfahren. Mit Hilfe einer standardisierten Beobachtung einer nordrhein-westfälischen Zeitungsredaktion, die er

---

[12] Ganz deutlich zeigt sich in vielen Studien, die mit Redaktionsbeobachtungen arbeiten, daß ihr Schwerpunkt auf *organisations*soziologischen Fragestellungen liegt (vgl. Dygutsch-Lorenz 1978: 331; Rühl 1969: 20).

[13] Von daher ist Rühls (1978: 249) Behauptung, daß tatsächliches, feststellbares redaktionelles Handeln nur beobachtet werden könne, weil journalistische Autonomie in erster Linie unpersönlich sei, also ein Organisationsproblem darstelle, theoretisch, methodisch und empirisch einseitig.

mit einer ebenfalls standardisierten Befragung kombinierte, gelang es dem Autor, die entscheidenden Faktoren der ‚Kybernetisierung' des Journalismus zu erfassen. Nur mit der Beobachtung der Arbeitsverläufe war es möglich, auch die *zeitlichen* Prozesse in der Redaktion empirisch zu untersuchen.

2.2.2.3 Inhaltsanalysen

Auf den ersten Blick scheint gerade die Inhaltsanalyse eine geeignete Methode für eine nicht-personale Systemtheorie zu sein, weil mit ihr Strukturen massenmedialer Inhalte ohne Rückgriff auf die Journalisten aufgedeckt werden können; sie erlaubt eine Abstraktion von Einzelpersonen und Redaktionen. Durch geeignete Stichprobenbildung können diese Strukturen repräsentativ ermittelt werden. Allerdings liegt der Studie „Journalismus in Deutschland" ein theoretisches Verständnis zugrunde, wonach Journalismus als Bedingung und Prozeß der *Entstehung medialer Aussagen* definiert wird und nicht identisch mit den Massenmedien oder den massenmedialen Inhalten ist.

Dennoch kann mit der Inhaltsanalyse, folgt man der Definition von Merten (1995: 15 f.), durchaus von *manifesten* Merkmalen eines Textes auf Merkmale eines *nichtmanifesten* Kontextes geschlossen werden. Insbesondere ist der Schluß vom Text auf den Kommunikator möglich, etwa bei der Objektivitätsanalyse (vgl. Merten 1995: 26 f.). Trotzdem erlaubt die Analyse massenmedialer Inhalte auch auf dieser (instrumenten-) theoretischen Grundlage nur eine indirekte Inferenz auf die Entstehung und die Entstehungsbedingungen dieser Inhalte, aber keinen direkten Nachweis. Selektions- und Konstruktionsregeln sind mit Inhaltsanalysen nicht erklärbar, sondern nur beschreibbar, weil die Bedingungen für Aussagenentstehung nicht miterhoben werden können. Dagegen erlauben die mit Befragungen erhobenen Daten zwar, Bedingungen für die Aussagenproduktion und für die Berichterstattung zu erforschen, nicht aber den tatsächlichen Einfluß dieser Bedingungen auf die Berichterstattung selbst zu messen und zu bewerten. Demnach sind die Stärken und Schwächen von Befragung und Inhaltsanalyse offenbar komplementär.

Umgekehrt bleibt Journalismus eine ‚Black Box', selbst wenn nicht nur die massenmedialen Inhalte, sondern auch der Input in das System Journalismus inhaltsanalytisch erhoben werden. In ihrer Untersuchung über den Einfluß von politischer Public Relations auf die Berichterstattung über einen Kommunalwahlkampf benutzen Schweda/Opherden (1995: 121 ff.) als Input die Pressemitteilungen politischer Parteien und vergleichen diese mit dem medialen Output. Sie können mit diesem Verfahren sowohl die Selektion der Pressemitteilungen durch die Journalisten als auch die Konstruktion der journalistischen Artikel (aus dem Rohmaterial der Pressemitteilungen) analysieren.

Der Nachteil der Inhaltsanalyse, die das Außenverhältnis des Systems Journalismus (nur) mit einem Input-Output Schema beschreiben kann, besteht jedoch darin, daß die Systemleistung auf Leistungszusammenhänge reduziert wird und Faktoren, die nicht unmittelbar dem Input-Output Transfer dienen oder in diesem nicht sichtbar sind, vernachlässigt werden (vgl. Luhmann 1984: 275 ff.). Eine Theoriekonzeption, die dagegen die internen Prozesse eines Systems – hier: des Journalismus – erklären will, kann sich eine Black Box-Modellierung nicht leisten.

Darüber hinaus verdeutlicht die Studie von Schweda/Opherden (1995), daß die Input-Output-Analyse am besten funktioniert, wenn die Kopplung von Journalismus und seiner Umwelt – in diesem Beispiel: Public Relations – bereits von vornherein feststeht. Nur wenn Fallstudien durchgeführt werden, die in *sachlicher* (hier: Thema Wahlkampfberichterstattung), *zeitlicher* (hier: Wahlkampfphase) und *räumlicher* (hier: Kommunalwahlkampf) Hinsicht stark eingrenzbar sind, ist es möglich, die Mechanismen der Selektion und Konstruktion journalistischer Berichterstattung nachzuvollziehen. Der generelle Zusammenhang zwischen Journalismus und Public Relations (etwa auch in der Routineberichterstattung) ist inhaltsanalytisch nicht mehr sinnvoll zu bewerkstelligen.

Auf ein weiteres (prinzipielles) Problem macht Merten (1996: 68) aufmerksam: *Reaktivität* tritt auch in der Inhaltsanalyse auf, wenn Textvariablen mit sozialen Variablen der Codierer interferieren, was insbesondere auf der pragmatischen Ebene der Fall ist. Dieses Problem läßt sich noch grundsätzlicher formulieren, denn es geht über die Interaktion zwischen Text und Codierer hinaus: Sobald Wissenschaftler Texte per Inhaltsanalyse untersuchen, nehmen sie eine bestimmte (wissenschaftliche) Rezeptionshaltung ein. Sie versuchen zwar dabei, die alltägliche Rezeption des ‚Durchschnittsrezipienten' zu simulieren. Ob diese Simulation gelingt, kann aber mit den Mitteln der Inhaltsanalyse nicht kontrolliert werden, sondern allenfalls durch Befragungen von Rezipienten.

Wie bei der Befragung ist auch bei der Inhaltsanalyse eine Entscheidung für ein eher quantitatives oder ein eher qualitatives Vorgehen notwendig. Schneiders (1994) Vorhaben, Systemtheorie mittels „objektiver Hermeneutik" empirisch zugänglich zu machen[14], impliziert eine Präferenz für qualitative Herangehensweisen. Aber auch hier sind die Nachteile offensichtlich: Die methodische Kontrolle (Reliabilität und Validität) ist ebenso schwer zu sichern wie die Generalisierung (Repräsentativität) der Ergebnisse. Mehr als *Fallstudiencharakter* können die Resultate solcher Studien beim gegenwärtigen Stand qualitativer Methodenentwicklung nicht beanspruchen.

---

[14] Dieser Weg wird auch zunehmend von anderen Systemtheoretikern (vgl. Kneer/Nassehi 1991) und Konstruktivisten (vgl. Knorr-Cetina 1989) beschritten bzw. empfohlen.

3 Das System:
Funktion, Code und Programm

3.1 Grundlagentheoretischer Überblick

Mit der Anwendung der sozialen Systemtheorie auf die Publizistik- und Kommunikationswissenschaft wird die Hoffnung auf eine eindeutige Eingrenzung des Forschungsgegenstandes und damit der Fachdisziplin verbunden (vgl. z. B. Görke/Kohring 1997: 12 f.). Allerdings sind sich die verschiedenen Ansätze in der Kommunikator- oder Journalismusforschung bereits bei der Bestimmung des geeigneten Systems, das wissenschaftlich beobachtet werden soll, uneinig, was vorläufig mit einer noch inkonsequenten und unpräzisen Anwendung des systemtheoretischen Instrumentariums begründet werden kann (vgl. ebd.: 4). Möglicherweise ist dieser Anspruch aber auch überzogen und auf die Einheit von Teildisziplinen zurückzuschrauben – etwa auf die *Journalistik* als wissenschaftliche Reflexionseinrichtung für das System Journalismus (vgl. Blöbaum 1994: 41 ff.).

Im folgenden sollen die u. E. wichtigsten einschlägigen Vorschläge ausführlicher dargestellt und auf ihre Zweckmäßigkeit für eine empirisch fundierte Untersuchung des Journalismus überprüft werden. Wir beabsichtigen dabei nicht die erschöpfende Abhandlung aller Ansätze, sondern die exemplarische Behandlung spezifischer Probleme dieser systemtheoretischen Modellierungen.

3.1.1 Publizistik, Öffentlichkeit und Massenmedien als System

Als besonders ambitioniertes Unternehmen kann die Dissertation von Frank Marcinkowski gelten, die nicht Journalismus, sondern *‚Publizistik'* als gesellschaftliches Funktionssystem zum Thema hat. Die Entscheidung, Journalismus als das Produkt der Binnendifferenzierung der Publizistik und somit als Subsystem zu modellieren (vgl. Marcinkowski 1993: 78 ff.), erscheint zunächst als folgerichtig – nimmt man Luhmanns grundlegende Theorieentscheidung ernst, daß Kommunikationen und nicht Handlungen die Komponenten sozialer Systeme sind. Wenn jedoch Journalismus ein (Leistungs-) *System* darstellen soll, überträgt sich die

3 Das System: Funktion, Code und Programm

Frage nach der System/Umwelt-Differenz vom ‚Muttersystem' Publizistik auf das Subsystem. Marcinkowskis theoretische Antwort lautet: Das Publikum ist Bestandteil des Systems Publizistik, aber ‚innere' Umwelt des (Leistungs-) Systems Journalismus. Der Autor gesteht denn auch zu, daß der Journalismus vom Publikum unabhängig sei und lediglich eine „strukturelle Kopplung mit verfügbarer Aufmerksamkeit" (ebd.: 84) darstelle.

Begrifflich verknüpft Marcinkowski Journalismus dabei abwechselnd mit Institutionen der Massenmedien allgemein, mit redaktionellen Organisationen speziell oder mit massenmedialen Inhalten. Diese begriffliche Unschärfe wird nicht zuletzt bei der Bestimmung des Leitcodes für das System Publizistik deutlich: Die scheinbare semantische Identität des Werteduals „veröffentlicht versus nicht veröffentlicht" und „öffentlich versus nicht öffentlich" (vgl. ebd.: 65) belegt das Schwanken der Beobachtungsperspektive zwischen dem Subsystem Journalismus (Handlungssystem) und dem Muttersystem Publizistik (Kommunikationssystem). Die System*ebenen* (Journalismus oder Publizistik) geraten dabei durcheinander, so daß der Eindruck entsteht, daß der Großteil der theoretischen Überlegungen Marcinkowskis zum System Publizistik eigentlich aus der Beobachtung des Systems Journalismus stammt.[1] Für die systemtheoretisch motivierte Journalismusforschung ist die Differenzierung zwischen aktuellem und potentiellem Publikum folglich aber unerheblich, weil das Publikum immer Umwelt für Journalismus darstellt, egal ob interne oder externe Umwelt. Bestenfalls läßt sich das aktuelle Publikum der internen Umwelt als Randbereich modellieren, in dem der Journalismus spezifische Interaktionen mit seiner Umwelt eingeht.

Eine weitere Unterscheidung führt Marcinkowski fast nebenbei ein: die zwischen Publizistik bzw. Journalismus und Public

---

[1] „[...] daß der Journalismus sich nicht selbst ‚als' Öffentlichkeit, sondern ‚unter Bezug' auf Öffentlichkeit bestimmt" (Marcinkowski 1993: 94), kann nicht mit der Differenz von System (Publizistik) und seiner Selbstbeschreibung (des Journalismus, sic!) begründet werden. Vielmehr kann diese Selbstbeschreibung des Journalismus als (empirisch zu überprüfender) Ausgangspunkt für die wissenschaftliche Modellierung als System genommen werden. Es geht also allenfalls um eine Differenz zwischen wissenschaftlicher Fremdbeschreibung und der Selbstbeschreibung des erforschten Systems. Jede andere Differenz riskiert eine Ontologisierung des Gegenstands und wird der prinzipiellen Beobachter- oder Beobachtungsabhängigkeit der beobachteten Forschungsgegenstände nicht gerecht.

3.1 Grundlagentheoretischer Überblick

Relations (vgl. ebd.: 46 f.). Der Grund für diese Unterscheidung liegt darin, daß Journalismus das einzige Leistungssystem für Publizistik sein soll. Aber auch diese Abgrenzung gerät Marcinkowski nur halbherzig. Einerseits ist seine Kritik an Rühl berechtigt, daß die Her- und Bereitstellung von Themen für die Öffentlichkeit zu unspezifisch ist, um ein spezielles Sozialsystem auszugrenzen, weil die Thematisierung eine permanente Leistung aller sozialen Kommunikationssysteme, also auch von Public Relations ist (vgl. ebd.: 48). Andererseits taugt sein Leitcode (veröffentlicht versus nicht veröffentlicht oder öffentlich versus nicht öffentlich) für die geforderte Differenzierung auch nicht.[2] Sein Ausweg besteht erneut im Rückgriff auf das Konzept der inneren Umwelt: Public Relations Medien (wie etwa die kirchliche Presse, Parteipresse) dienen der Inklusion ‚problematischer' Bevölkerungsgruppen, und ihre Themen können Resonanz im publizistischen – wohl besser: journalistischen? – System auslösen (vgl. ebd.: 108). Die Option für das System Publizistik macht es theoretisch nicht notwendig, nur Journalismus als Leistungssystem zu betrachten, da Public Relations ebenfalls direkt mit den ihnen zur Verfügung stehenden Medien veröffentlichen. Nur die Wahl des Systems Journalismus als Beobachtungs- und Forschungsobjekt erfordert eine klare Differenzierung, die dann jedoch nicht auf den Leitcode des Muttersystems Publizistik rekurrieren kann.[3]

Eine ähnliche Systemdefinition wie Marcinkowski wählt Jürgen Gerhards (1994: 84). Allerdings bezeichnet er das System nicht als Publizistik, sondern als *Öffentlichkeit*. Obwohl sich Öffentlichkeit nicht auf massenmediale Öffentlichkeit reduzieren läßt, übernimmt dieses System historisch erst mit der Entstehung und Ausdifferenzierung der Massenmedien eine exklusive Funktion für die Gesellschaft. Diese Funktion benennt Gerhards im Anschluß an Marcinkowski als Selbstbeobachtung der Gesellschaft (vgl. ebd.:

---

[2] Öffentlichkeitsarbeit ist schon vom Begriff her an der Herstellung von Öffentlichkeit beteiligt und tut das auch mit eigenen Massenmedien, wie Marcinkowski (1993: 46, 108) selbst feststellt.

[3] Der Vollständigkeit halber sei erwähnt, daß die Ausdifferenzierung von Journalismus und nicht-aktueller Publizistik (etwa Bücher) mit Marcinkowskis theoretischen Überlegungen ebenfalls nicht möglich ist. Auch in dieser zeitlich-sachlichen Dimension kann Journalismus nicht das einzige Leistungssystem von Publizistik sein. In diese Richtung geht auch Görkes Kritik im Kontext der Wissenschaftskommunikation (vgl. Görke 1997: 265).

65

3 Das System: Funktion, Code und Programm

88). Allerdings macht er einen anderen Leitcode für die Grenzziehung des Systems aus, nämlich Aufmerksamkeit versus Nicht-Aufmerksamkeit: „Informationen, die die Vermutung für sich haben, daß sie die Aufmerksamkeit des Publikums gewinnen können, werden öffentlich kommuniziert, andere werden nicht selektiert" (ebd.: 89). Damit nimmt der Autor offenbar keine Unterscheidung zwischen den Selektionsmechanismen in den Medien und deren Folgen vor: Nachrichtenwerte sichern keine Aufmerksamkeit, sondern unterstellen sie für selektierte Nachrichten. Aufmerksamkeit ist eben nur ein psychisches Äquivalent für Kommunikation, nicht aber mit ihr gleichzusetzen (vgl. Spangenberg 1993: 83).

Durch kulturelle und technische Bedingungen sei es einerseits möglich geworden, daß sich die Anbieterseite ausdifferenziert, Organisationen bildet und professionalisiert. Andererseits konnte dadurch auch der Inklusionsprozeß der Bevölkerung in das System stattfinden. Die Publikumsrolle bleibt allerdings allgemein und diffus, weil die Leistungsrolle auf ein universelles Publikum abzielt (vgl. Gerhards 1994: 87 ff.).

Mit dieser theoretischen Perspektive handelt sich Gerhards ähnliche Probleme wie Marcinkowski ein. Auf der Anbieterseite identifiziert er vorschnell Massenmedien mit Journalismus (vgl. Görke 1997: 254 f.). Teile der Massenmedien, die für die öffentliche Meinungsbildung nicht relevant sind (etwa Anzeigen), werden auf diese Weise unnötigerweise ins System eingeschlossen – obwohl sie vom Autor wahrscheinlich gar nicht gemeint waren. Darüber hinaus läßt sich die Herstellung von Öffentlichkeit und öffentlicher Meinung selbstverständlich nicht auf massenmediale Veröffentlichungen reduzieren; vielmehr wird öffentliche Kommunikation über und durch die Massenmedien zur Massenkommunikation (vgl. Neidhardt 1994: 10). Durch diese Theorieentscheidung wird die Systemperspektive unnötig verengt.

In Gerhards Konzept ist ferner eine Abgrenzung gegenüber Public Relations gar nicht vorgesehen. Dies läßt sich auch an der Wahl des Leitcodes erkennen, denn Aufmerksamkeit wollen alle funktionalen Teilsysteme (bzw. deren Öffentlichkeitsarbeit) erzielen; an der Bildung von Öffentlichkeit sind weder die Massenmedien noch Journalismus exklusiv beteiligt.

Bemerkenswert ist immerhin Gerhards' Vorschlag, system- und akteurstheoretische Aspekte zusammenzubringen, um eine wesentliche (Theorie- und Empirie-) Schwäche des Luhmannschen

Ansatzes aufzuheben. Bei der systematischen Einführung von Akteuren rekurriert er auf die ‚Theorie rationalen Handelns' und ihren für die Systemtheorie anschlußfähigen Begriff der ‚constraints' als strukturellen Restriktionen, welche den Handlungsspielraum von Akteuren bestimmen bzw. eingrenzen. Daraus entwickelt der Autor eine Reihe von weiteren Überlegungen zum systemischen Handeln, die mit dem Vorschlag korrespondieren, makro-, meso- und mikroanalytische Perspektiven in Hinblick auf Prozesse der Aussagenentstehung bei der aktuellen Medienkommunikation modellhaft zu verknüpfen; dabei werden ‚Imperative' systematisiert, die sich als Konditionierung der Selektionsmöglichkeiten von Akteuren im System Journalismus auswirken. (Vgl. auch Weischenberg 1992, 1995).

Auch Matthias Kohring (1997: 242 ff.) schlägt vor, ein ‚Funktionssystem Öffentlichkeit' zu modellieren. Dieses System habe sich ausdifferenziert, um innerhalb der Gesellschaft „eine ständige Beobachtung von Ereignissen für die Ausbildung gegenseitiger Umwelterwartungen zu gewährleisten, die nicht auf der Selbstbeobachtung der jeweiligen Systeme basiert" (vgl. ebd.: 248). Es kommuniziere über die „Mehrsystemzugehörigkeit von Ereignissen", und deshalb schlägt Kohring als zweiwertigen Systemcode „mehrsystemzugehörig/nicht mehrsystemzugehörig" vor. Journalismus als Leistungssystem des Öffentlichkeitssystems betreibe die Umweltbeobachtung ausschließlich aufgrund der Unterscheidung, ob Ereignisse mehrsystemzugehörig seien. Über die Zuordnung dieses Codes disponiere der Journalismus nach einem Selektionsprogramm, das sich an den Aktualitätsmerkmalen Neuigkeit und Relevanz orientiere. Dabei nehme das System auf der Programmebene „eine relativ stark vereinfachte Simulation anderer Systemperspektiven" vor. (Vgl. ebd.: 249 ff.)

Mit seinem Begriff ‚Öffentlichkeit' setzt sich Kohring – im Unterschied zu Gerhards – explizit ab von Bezeichnungen wie ‚Massenmedien' oder ‚Publizistik', die versuchen, Funktionssysteme mit Hilfe des Kriteriums der technischen Verbreitung von Aussagen zu definieren. Seine Funktionsbestimmung spezifiziert die zu allgemein gehaltene Formel von Marcinkowski, wonach Publizistik der Selbstbeobachtung von Gesellschaft diene: Öffentlichkeit ermögliche durch ihre Beobachtung der Ereignisse in den funktionalen Teilsystemen diesen, ihre notwendigen Umwelterwartungen auszubilden (vgl. ebd.: 248).

3 Das System: Funktion, Code und Programm

Es gelingt Kohring weiterhin, über die Differenz von journalistischer Fremdbeobachtung und der Selbstbeobachtung anderer gesellschaftlicher Funktionssysteme klare Grenzen zwischen Journalismus und Public Relations zu ziehen. Allerdings bleibt offen (und scheint empirisch kaum entscheidbar), ob mit ‚Öffentlichkeit' und dem vorgeschlagenen Code für die operative Schließung des Systems tatsächlich exakte Sinngrenzen bestimmt werden können, welche der Autor bei anderen Konfigurationen vermißt. Denn wie soll beispielsweise journalistisch hergestellte Öffentlichkeit von PR–Öffentlichkeit unterschieden werden? Dies ist allenfalls möglich, wenn man ein emphatisches Öffentlichkeitsverständnis (vgl. Peters 1994: 45) voraussetzt – was Kohring aber nicht beabsichtigt – und Öffentlichkeit auf liberale Demokratien beschränkt, in denen Journalismus eine funktionale Autonomie hat (vgl. Kohring 1997: 262 ff.).

Ebenfalls aus der Perspektive des Systems *Öffentlichkeit* argumentiert Alexander Görke in seiner Dissertation. Im Unterschied zu den vergleichbaren Ansätzen von Marcinkowski, Gerhards und Kohring benennt Görke (1997: 329 ff.) als Leitcode jedoch Aktualität. Aktualität sei dabei nicht auf die zeitliche Dimension zu reduzieren, sondern auch als „enthemmte Relevanz" zu verstehen, die in allen gesellschaftlichen Teilsystemen potentiell Irritationen auslöst (vgl. ebd.: 332 f.). Mit dem Rückgriff auf Aktualität als Leitcode stellt sich Görke in eine lange und gut abgesicherte kommunikationswissenschaftliche Tradition. Die Funktionsbeschreibung von Öffentlichkeit verlagert der Autor allerdings wieder in erster Linie auf eine zeitliche Dimension; demnach synchronisiert Öffentlichkeit die Gesellschaft (vgl. ebd.: 335).

Als Leistungssystem bzw. -rolle wird auch von Görke der Journalismus ins Spiel gebracht; das Publikum übernimmt die Nachfragerolle und ist mittelbar an der Generierung öffentlicher Kommunikation beteiligt: „Journalistische Aktualitätsorientierung ist Publikumsorientierung" (ebd.: 333). In der Fußnote zu diesem Zitat differenziert der Autor weiter, daß mit der Publikumsorientierung noch nicht Publikumserfolg impliziert ist: „Erst wenn die journalistischen Aktualitätsofferten vom Publikum sinnkonform verstanden werden, [...] kann man von journalistischer Kommunikation sprechen." (ebd.)

Auffällig ist auch bei Görke die mehrfache Gleichsetzung von Journalismus und Öffentlichkeit. (Zumindest) auf den zweiten

3.1 Grundlagentheoretischer Überblick

Blick verrät diese semantische Geringfügigkeit eine konzeptionelle Schwäche, welche bereits die vorherigen Ansätze kennzeichnet: Journalismus ist nicht das einzige Leistungs*system* (sic!) von Öffentlichkeit. Oder anders: Öffentlichkeit läßt sich nicht auf die faktische Rezeption journalistischer Erzeugnisse reduzieren. Auch Public Relations stellen Öffentlichkeit her, und zwar sowohl mittelbar durch ihren Einfluß auf journalistische Selektionsentscheidungen als auch unmittelbar mit Hilfe eigener Medien.[4]

Auch Peter M. Spangenberg (1993: 72) glaubt, eine spezifische Leitdifferenz – für das System *Massenkommunikation* – mit dem Code aktuell/nicht aktuell gefunden zu haben. Mit der Codierung von Aktualität verbindet er das Ziel einer Reformulierung von Fragestellungen und Interessen der Medienforschung, denn die Massenkommunikation falle bisher quasi durch das Analyseraster der Systemtheorie (vgl. ebd.: 66 f.) Spangenberg schneidet seine Konzeption allerdings fast ausschließlich auf das Fernsehen zu und versteht Aktualität – unnötig eng – in erster Linie als Zeitcode, so daß er dann das vage Konzept der ‚Kommunikationsqualität' einführen muß, um für die von den Medien angebotenen Wirklichkeitsmodelle Differenzkriterien benennen zu können (vgl. ebd. 77 ff.). Ein Teil der Theorieprobleme entsteht hier auch durch die diffusen Begriffe ‚Massenkommunikation' bzw. ‚Massenmedien', während Spangenbergs Entwurf andererseits durchaus Sinn machen würde, wenn er auf das System Journalismus begrenzt würde.[5]

Niklas Luhmann (1996) wählt ebenfalls eine weitere Perspektive als die Beobachtung von Journalismus. Das System, das er beobachtet, nennt er *Massenmedien*, welches die „Programmbereiche" Nachrichten/Berichte, Unterhaltung und Werbung umfasse. Auf der einen Seite ist dieses System enger gefaßt als Publizistik oder Öffentlichkeit, denn der prinzipielle Einbezug des Publikums ist nicht nötig, weil das System mit dem Output seine eigenen Operationen ständig selbst beendet (vgl. Luhmann 1996: 42); auf der

---

[4] Im Unterschied zu Marcinkowski und Gerhards arbeiten Kohring (1997: 261, Fußnote 56) und Görke (1997: 255, 332, Fußnote 144) mit einem durchaus anspruchsvollen – und das bedeutet: gegenüber Public Relations und Werbung klar konturierten – Journalismusbegriff. Umso unverständlicher ist dann jedoch bei beiden Ansätzen die eigenwillige Verkürzung des Öffentlichkeitsbegriffs.

[5] Innovativ und provokativ dürften Spangenbergs medienwissenschaftliche Ausführungen deshalb in erster Linie für die Medienwirkungsforschung sein.

3 Das System: Funktion, Code und Programm

anderen Seite will Luhmann den einzelnen Programmbereichen jedoch keine eigene Systemizität unterstellen, da sie mit dem gemeinsamen Leitcode „Information/Nichtinformation" operieren (vgl. ebd.: 36 ff.). Allenfalls für den Programmbereich „Nachrichten/Berichte" wäre aber eine solche Beobachtungsperspektive sinnvoll; allerdings ließen sich dann die anderen Programmbereiche schwer zuordnen, denn diese bilden weder eigene Systeme noch sind sie bloße Annexe anderer Funktionssysteme, etwa der Wirtschaft (vgl. ebd.: 126 f.).[6]

Daß diese Perspektive problematisch ist, läßt sich auch an den Beschreibungen der zentralen Eigenschaften des Systems Massenmedien erkennen. Der Leitcode „Information/Nichtinformation" (vgl. ebd.: 36 ff.), die Funktionsbestimmung als Selbstbeobachtungsinstrument (vgl. ebd.: 173) und als Steigerung der Irritierbarkeit der Gesellschaft (vgl. ebd.: 149) sowie der Einbau von Realitätstests (vgl. ebd.: 160) scheinen eher der Beobachtung des journalistischen als des unterhaltenden oder werbenden Programmbereichs abgewonnen. Auch die Tatsache, daß allein der Programmbereich Nachrichten/Berichte mit allen gesellschaftlichen Funktionssystemen gekoppelt ist, während Unterhaltung nur Kontakt mit Kunst und Werbung nur Kontakt mit Wirtschaft hat, spricht für eine Schwerpunktbildung auf Journalismus.[7]

Darüber hinaus ist die Wahl des Leitcodes eher eine Verlegenheitslösung, da „jedes Funktionssystem zu Beobachtungen zweiter Ordnung befähigt ist", wie Görke (1997: 259) mit Luhmann gegen Luhmann argumentiert. In der Tat ist es erstaunlich, daß ausgerechnet der Hauptvertreter und das Vorbild der Theorie sozialer Systeme die Grenzen des Systems technisch und nicht als (soziale) Sinngrenzen definiert. Die zwar rücksichtsvoll formulierte, aber in der Sache konsequente Kritik von Görke (1997: 256 ff.) macht deutlich, daß Luhmanns Anwendungsprobleme der Systemtheorie auf den Gegenstand der Publizistik- und Kommunikationswissenschaft prinzipieller Natur sind.

---

[6]   Luhmann (1996: 119) erkennt seine nicht direkt einleuchtende Position als kontra-intuitiv, wenn er selbst zugibt, daß es nicht leicht fällt, die These der Einheit des Systems Massenmedien zu akzeptieren.

[7]   In diesem Zusammenhang ist ferner interessant, daß Luhmann zwar an die Werbung denkt, jedoch kein Wort über Public Relations verliert. Ist Öffentlichkeitsarbeit ein bloßer Annex anderer Funktionssysteme, Werbung aber nicht? Oder aber gehört Öffentlichkeitsarbeit zum Journalismus oder zur Werbung?

Alle hier ausführlicher dargestellten Ansätze stellen nicht Journalismus in den Mittelpunkt ihrer Betrachtung, modellieren aber Journalismus jeweils als Leistungssystem oder Programmbereich. Deshalb läßt sich der Eindruck nicht vermeiden, daß sich die Beschreibung des jeweils beobachteten Systems hauptsächlich aus Beobachtungen über den Journalismus speist – und dies sogar vor dem Hintergrund, daß den Autoren eine Abgrenzung zu benachbarten Bereichen wie Public Relations oder nicht-aktueller Publizistik nicht gelingt oder von ihnen gar nicht erst beabsichtigt ist. Es stellt sich die Frage, warum nicht Journalismus theoretisch als System modelliert werden kann, wenn er doch empirisch der hauptsächliche Beobachtungs- und Beschreibungsgegenstand ist – und nicht etwa Öffentlichkeit?[8]

Einzig Kohrings und Görkes Theoriearbeiten vermeiden eine technische Grenzziehung und bemühen sich um ein rein soziales Sinnkriterium zur Beschreibung der Ausdifferenzierung des von ihnen erforschten Systems. Diese Überlegung führt in der Konsequenz zu einem „Abschied ohne Tränen" (Görke/Kohring 1997: 10) von den Begriffen Massenmedien und Massenkommunikation. Dem ist bedenkenlos zuzustimmen, denn Journalismus läßt sich weder auf die technischen Verbreitungsmedien noch auf die massenmedialen Inhalte reduzieren.

3.1.2 Journalismus und Redaktion als System

Auch wenn die dargestellten Definitionen der Systeme Massenmedien, Publizistik oder Öffentlichkeit unbefriedigend (nicht falsch!) sind, läßt sich daraus nicht automatisch – sozusagen aus der Negativargumentation – auf die Fruchtbarkeit oder Problem-

---

[8] Eine mögliche, allerdings zirkuläre Argumentation bieten Kohring/Hug (1997: 24 ff.) an: Da Journalismus ein Subsystem von Öffentlichkeit sei, erfülle er auch die gleiche Funktion wie Öffentlichkeit und verfügte über den gleichen Code. Folglich sei das Produkt von Öffentlichkeitsarbeit nicht Öffentlichkeit, sondern eine bloße Selbstbeschreibung der jeweiligen Funktionssysteme. Wie allerdings Öffentlichkeit wiederum von veröffentlichten Selbstbeschreibungen empirisch zu separieren ist, können die Autoren nicht erläutern. Die Unterscheidung des Journalismus von Public Relations, Werbung und Unterhaltung gelingt ihnen dagegen sehr überzeugend – ein Beweis dafür, daß Journalismus selbst systemischen Charakter beanspruchen kann?

losigkeit der Modellierung eines Journalismus-Systems schließen. Einen solchen umfassenden Entwurf, *Journalismus* als System zu identifizieren, unternimmt Bernd Blöbaum (1994: 84); er differenziert zwischen Journalismus und Öffentlichkeit, aber auch zwischen Journalismus und Massenmedien, denn letztere seien Organisationsformen von Journalismus – und umgekehrt sei nicht alles Journalismus, was in den Massenmedien verbreitet wird.

Während Marcinkowski (1993: 80) das Publikum als Leistungsempfänger ohne systemischen Charakter dem professionellen Leistungs*system* Journalismus gegenüberstellt, kann Blöbaum nicht mehr innerhalb oder unterhalb des Journalismus-Systems ein Leistungssystem identifizieren und unterscheidet deshalb nur zwischen der Leistungs*rolle* (des Journalisten) und der Publikumsrolle. Die Rezeption deutet er dann als eine Entscheidung des Publikums zur Teilnahme am journalistischen System (vgl. ebd.: 291). Es stellt sich allerdings die Frage, ob damit nicht doch wieder Journalismus und Massenkommunikation in eins gesetzt werden. Partizipation am Journalismus würde bedeuten, daß der Rezipient die Entstehung öffentlicher Aussagen mit beeinflußt. Dies geschieht jedoch nur teilweise in Form von Leserbriefen, Interviews oder Publikumsbeteiligungen im Rundfunk. Wenn die Rezeption bereits als *Beteiligung* an Journalismus verstanden wird, wird auch auf die Differenz von Aussagenproduktion und -rezeption verzichtet – eine Entdifferenzierung, die sich die Kommunikations- und Medienforschung schon aus pragmatischen Gründen nicht leisten kann.

Problematisch, weil zu allgemein, ist auch die Bestimmung der *Primärfunktion* des Journalismus als „aktuelle Selektion und Vermittlung von Informationen zur öffentlichen Kommunikation" (ebd.: 261). Görke und Kohring (1996: 25 f.) erkennen in der Trias Information, Vermittlung und Öffentlichkeit die drei Selektionsgrößen von Kommunikation überhaupt – Information, Mitteilung und Verstehen. Darüber hinaus birgt der Vermittlungsbegriff ein erkenntnistheoretisches Problem, denn er suggeriert eine Transportfunktion von Kommunikation, die aus konstruktivistischer Sicht nicht haltbar ist. Öffentliche Information kann allenfalls ein Medienangebot, eine Selektionsofferte für das potentielle und aktuelle Publikum sein. Aber auch hier gilt: Journalismus ist ein möglicher Formgeber für das Medium Öffentlichkeit; es gibt aber auch andere – etwa die Öffentlichkeitsarbeit.[9]

3.1 Grundlagentheoretischer Überblick

Blöbaum muß sich des weiteren wie Luhmann die Kritik gefallen lassen, daß der Leitcode Information/Nicht-Information zu allgemein ist und zusätzlicher theoretischer Nachbesserungen bedarf (vgl. Görke 1997: 263). Außerdem ist es verblüffend, daß Blöbaum im Wissen um Luhmanns Systembestimmung auf denselben Leitcode für ein anderes System – hier: für die Beschreibung des Journalismus – zurückgreift, ohne seinerseits Luhmann für dessen Wahl dieses Leitcodes zu kritisieren.

Eine engere, auf „organisatorischen Journalismus" bezogene Systembestimmung nimmt Manfred Rühl (1989) vor. Konsequent ordnete Rühl bereits zwanzig Jahre vorher (1969: 109 ff.) Verlagsunternehmen, Anzeigenabteilung, Technologie, andere Massenkommunikationsmittel und das Publikum der Umwelt des Journalismus zu; diese Umwelten seien zwar relevant für das System Journalismus, aber dennoch von ihm zu unterscheiden.

Die Orientierung am Publikum ist laut Rühl also Fremdreferenz für den Journalismus.[10] Auch er unterscheidet Journalismus von Massenmedien, weil nicht alle medialen Inhalte journalistisch hergestellt sind. Journalismus wird von Rühl nicht anhand eines substantiellen Oberbegriffs real definiert, sondern funktional durch die Bestimmung der Primärfunktion:

> „Die besonderen Leistungen und die besonderen Wirkungen des Journalismus, durch die sich sein Handeln von anderen, an der Öffentlichkeit orientierten Sozialsysteme unterscheidet, bestehen in der Ausrichtung auf die Herstellung und Bereitstellung von Themen zur öffentlichen Kommunikation." (Rühl 1980: 322 f.)

---

[9] Aus dieser Perspektive wäre Luhmanns (1996: 187 f.) Funktionsbestimmung der *Massenmedien* (also nicht nur des Journalismus!) als Repräsentation von Öffentlichkeit (und nicht als Produktion) konsistent.

[10] Nur scheinbar dazu im Widerspruch steht Marcinkowskis Position, wonach die „primäre Orientierung des Journalismus an systeminternen (Publikums-) Umwelten zur Selbstreferenz [des Systems Publizistik, Anm. durch Verfasser] und damit zu vermehrter Autonomie gegenüber Umweltsystemen wie Politik, Wirtschaft und Recht verhilft." (Ebd. 1993: 97) Die Tatsache, daß das Publikum für den Journalismus die relevanteste (‚interne') Umwelt darstellt, um sich gegenüber anderen (systemisch organisierten) Umweltbereichen abzugrenzen, läßt es allenfalls als plausibel, aber nicht als notwendig erscheinen, daß das System *Publizistik* mit der Inklusion des Publikums arbeitet.

3 Das System: Funktion, Code und Programm

Allerdings handelt er sich mit dieser Modellierung von Journalismus zwei Probleme ein. Zum ersten ist die Definition nicht spezifisch genug, um Journalismus von Public Relations zu unterscheiden; in der gemeinsamen Arbeit mit Ronneberger benutzt Rühl die obige Definition fast wörtlich zur Bestimmung von Public Relations als „Herstellung und Bereitstellung durchsetzungsfähiger Themen" (Ronneberger/Rühl 1992: 252). Wenn aber Journalismus kein Monopol für die Thematisierung öffentlicher Kommunikation hat und auch Public-Relations-Organe journalistische Leistungen erbringen, und wenn die journalistische Primärfunktion nicht von Strukturen und Organisationen her abzuleiten ist (vgl. Rühl 1980: 326 ff.), wie ist dann eine Differenzierung zwischen Journalismus und Public Relations möglich? An anderer Stelle wagen Ronneberger/Rühl (1992: 46) dann doch eine Unterscheidung und meinen, daß es sich bei den beobachtbaren Leistungen von Public Relations „um publizistisch zusätzliche, zum Journalismus komplementäre oder um diesen substituierende Kommunikationsleistungen handelt".[11]

Manfred Rühl (1969) operationalisiert Journalismus, indem er redaktionelle Organisationen analysiert. Im Gegensatz zum theoretisch individualistischen Forschungszweig, der die Selbstbilder und Selbstidentifikation einzelner Journalisten untersucht, fordert Rühl (1980: 51, 60, 67) eine klare Trennung von Person und Sozialsystem. Wenn Journalismus nicht nur durch am Journalismus beteiligte Persönlichkeiten, sondern (hauptsächlich) durch organisatorische Erfordernisse geprägt wird, bedeutet dies jedoch ebenfalls eine Reduktion. Nicht umsonst unterscheidet Luhmann (1984: 15 f.) zwischen Interaktions-, Organisations- und (gesellschaftlichen) Funktionssystemen. Wird Journalismus als gesellschaftliches Funktionssystem modelliert – woran Rühl durchaus interessiert ist –, kann sich seine Untersuchung nicht auf die organisatorische Verfaßtheit beschränken. Denn: Organisatorische Probleme von Redaktionen sind zwar eng verknüpft mit Funktionsproblemen des Journalismus, weil Journalismus in gegenwärtigen industriellen oder postindustriellen Gesellschaften nur organisiert vorstellbar ist; aber es wäre überzogen, beide Ebenen in eins zu setzen.

---

[11] Es genügt offenbar nicht, Journalismus nur in einer Dimension zu bestimmen. Eine Definition muß auf mehreren Ebenen (Funktion, Struktur/Organisation, Beruf, Tätigkeiten) gleichermaßen ansetzen, um das System Journalismus operationalisieren zu können, ohne es ontologisch zu reifizieren (vgl. Scholl 1997b).

3.1 Grundlagentheoretischer Überblick

Dies sieht Rühl (1980: 321) an einer Stelle sogar selbst. So kann es durchaus sein, daß organisatorische Bedingungen[12] die Funktionen und Leistungen des Journalismus auch behindern können, wie kritische Untersuchungen (vgl. Hienzsch 1990) belegen.

Rühl hat seine systemtheoretische Redaktions- und Journalismuskonzeption inzwischen in verschiedenen Aufsätzen weiterzuentwickeln versucht, wobei er das System/Umwelt-Paradigma in der sozialen, sachlichen und zeitlichen Dimension ausdifferenzierte (vgl. Rühl 1992). In seiner Vorstudie zu einer „Theorie der Marktpublizistik" (Rühl 1993) nimmt er erstmals das Publikum ins System hinein, handelt sich damit aber auch zusätzliche theoretische Probleme ein. Die Wirtschaft modelliert er nun als Supersystem für das publizistische System, das demnach auch nach dem ökonomischen Code funktionieren müßte. Kritisch wäre hier u. a. zu fragen, worin eigentlich noch das Eigenständige eines solchen Funktionssystems Publizistik bestünde.

Die beschriebenen Vorschläge stellen wichtige Systemdefinitionen und -merkmale dar, belegen aber auch die Uneinigkeit in der Bestimmung des zu beobachtenden Systems (→ Abbildung 3.1-1). Trotzdem kristallisieren sich – auf den zweiten Blick – auch weitgehende Gemeinsamkeiten heraus:

▲ Der in der Publizistik- und Kommunikationswissenschaft in einer langen Tradition stehende Aktualitätsbegriff bekommt auch in der systemtheoretischen Modellierung eine prominente Stellung. Seine dreidimensionale Bedeutung weist ihn als flexibles Begriffsinstrument für die Definition von Journalismus aus: In *zeitlicher* Hinsicht läßt sich Journalismus von nicht-aktuellen und nicht-periodischen Formen der Publizistik abgrenzen. Auf der *sachlichen* Ebene impliziert Aktualität die Orientierung an Faktizität und steht im Gegensatz zur Potentialität, zum Entwurf möglicher Wirklichkeitskonstruktionen, die eher typisch für das literarische System sind. Schließlich läßt sich Aktualität in *sozialer* Hinsicht als Relevanz begreifen und grenzt Journalismus von privaten Publikationen mit geringer Reichweite ab. Insofern ist Aktualität die wohl am besten geeignete Kennzeichnung des Leitcodes, mit dem Journalismus operiert.

▲ Auch zur Bestimmung der Primärfunktion des Journalismus läßt sich ein dreidimensionaler Raum aufspannen: In *zeitli-*

---

[12] Damit sind nicht nur Probleme *einzelner* Redaktionen gemeint, sondern strukturelle organisatorische Bedingungen, die für Redaktionen *im allgemeinen* gelten.

3 Das System: Funktion, Code und Programm

Definition → Autor ↓	System (Leistungs- und Abnehmerrolle)	Code / generalisiertes Kommunikationsmedium	(Primär-) Funktion
Marcinkowski (1993)	Publizistik (mit Journalismussystem und Publikumsrolle) (26, 80 ff., 147 f.)	(ver)öffentlich(t) versus nicht (ver)öffentlich(t) (65, 149 f.)	Ermöglichung der Selbstbeobachtung moderner Gesellschaften (118 ff., 148)
Gerhards (1994)	Öffentlichkeit (mit Mediensystem und Rezipienten) (85 ff.)	Aufmerksamkeit versus Nicht-Aufmerksamkeit (89)	Selbstbeobachtung der Gesellschaft plus Sekundärfunktionen (Kontrolle, Integration) (87 f.)
Kohring (1997)	Öffentlichkeit (mit Journalismussystem bzw. -rolle und Publikumsrolle (243, 251 ff.)	mehrsystemzugehörig versus nicht mehrsystemzugehörig (249, 251)	ständige Beobachtung von Ereignissen für die Ausbildung gegenseitiger Umwelterwartungen, die nicht auf der Selbst beobachtung der jeweiligen Systeme basiert (248)
Görke (1997)	Öffentlichkeit (mit Journalismussystem bzw. -rolle und Publikumsrolle) (263, 333, 351 f.)	aktuell versus nicht aktuell (329 ff., 353)	(momenthafte) Integration gesellschaftlicher Teilsysteme durch journalistische Synchronisation (330, 352)
Spangenberg (1993)	Massenkommunikation (mit Massenmedien und psychischen Systemen/ öffentliche Meinung) (72, 75)	aktuell versus nicht aktuell (72)	Synchronisation von psychischen Systemen mit der öffentlichen Meinung (75 f.)
Luhmann (1996)	Massenmedien (mit Programmbereichen Nachrichten und Berichte, Werbung, Unterhaltung) (51)	Information versus nicht Nicht-Information (36)	– Dirigieren der universellen Selbstbeobachtung des Gesellschaftssystems – Erzeugung eines gesellschaftlichen Gedächtnisses – ständige Erzeugung und Verarbeitung von Irritationen (173 ff.) – Repräsentation von Öffentlichkeit (188)
Blöbaum (1994)	Journalismus (mit Journalisten- und Publikumsrolle) (13, 20, 60, 84)	Information versus nicht Nicht-Information (20, 273 ff.)	aktuelle Selektion und Vermittlung von Informationen zur öffentlichen Kommunikation (20, 261 ff.)
Rühl (1980)	Redaktion	keine Aussage	Herstellung und Bereitstellung von Themen für die öffentliche Kommunikation (322 ff.)

Abbildung 3.1-1: Neuere systemtheoretische Ansätze der Journalismusforschung

cher Hinsicht wird die Funktion des Journalismus in der Synchronisation von Gesellschaft ausgemacht.[13] Dies gilt jedoch nicht nur speziell für Journalismus sondern für massenmediale Inhalte allgemein, so daß mit diesem Kriterium allein keine exklusive Definition von Journalismus möglich ist.

▲ Auf der *sozialen* Ebene ermöglicht Journalismus die Selbstbeobachtung der Gesellschaft und damit auch Repräsentation von öffentlicher Meinung, indem er Systeme in seiner Umwelt fremdbeobachtet. Öffentlichkeitsarbeit repräsentiert bis zu einem gewissen Grad aber ebenfalls öffentliche Meinung; im Unterschied zum Journalismus kommt diese Repräsentation allerdings durch die Summe der Selbstbeobachtungen der gesellschaftlichen Teilsysteme zustande. Auch dieses Kriterium gilt folglich für massenmediale Inhalte schlechthin und nicht nur für journalistische Aussagenentstehung. Nicht die Tatsache, daß sich die Gesellschaft im Spiegel der Massenmedien selbst beobachtet, sondern die Qualität dieser Selbstbeobachtung differenziert Journalismus als eigenständiges System aus. Schließlich dient der Journalismus *sachlich* gesehen als Themenlieferant für die Gesellschaft. Auch hier ist die Unterscheidung des Journalismus zur Öffentlichkeitsarbeit nicht einfach, da Journalismus kein Monopol auf Thematisierung hat. Während jedoch Öffentlichkeitsarbeit die Thematisierung als Selbstdarstellung betreibt, geht es im Journalismus um Fremddarstellung (vgl. Kohring/Hug 1997: 20 f., 27 ff.). Weiterhin wird das zentrale Ziel von Öffentlichkeitsarbeit, sozial erwünschte Images für ein *bestimmtes anderes* System zu erzeugen (vgl. Merten/Westerbarkey 1994: 210), im Journalismus nicht verfolgt – auch nicht in seiner meinungsorientierten Variante. In der Verfolgung von Partikularinteressen ist Journalismus selbstreferentiell (nicht abstinent), Öffentlichkeitsarbeit dagegen fremdreferentiell.

Die vorliegenden und in diesem Kapitel diskutierten Funktionsbestimmungen bedürfen somit alle der Konkretisierung und der Kombination, um eine exklusive Definition von Journalismus zu erlangen. *Thematisierung* und *Aktualität* sind dafür die grundlegenden Merkmale. Wir können damit Journalismus die *Primärfunktion* zuschreiben,

---

[13] Görkes (1997: 330) Funktionsbestimmung als „momenthafte Integration gesellschaftlicher Teilsysteme" zielt in erster Linie auf diese zeitliche Komponente, ist aber insgesamt als Kombination oder Verschränkung der zeitlichen und der sozialen Dimension zu sehen.

„aktuelle Themen aus den diversen Systemen (der Umwelt) zu sammeln, auszuwählen, zu bearbeiten und dann diesen sozialen Systemen (der Umwelt) als Medienangebote zur Verfügung zu stellen." (Weischenberg 1992: 41)

Die Betonung der Aktualität impliziert, daß die Themen *Neuigkeitswert* (zeitlicher Aspekt) haben müssen sowie *Faktizität* (sachlicher Aspekt) und durch *Relevanz* (sozialer Aspekt) gekennzeichnet sein müssen. Nur so werden journalistische Medienangebote zu sozial verbindlichen Wirklichkeitsmodellen, die mit den kognitiven Rezeptionsleistungen des Publikums gekoppelt werden und dessen Glaubwürdigkeitserwartungen erfüllen können (vgl. Weischenberg 1992: 44, 1995: 97).

Eine empirisch gestützte Journalismusforschung kann sich mit einer so angelegten theoretischen Beschreibung der Funktion jedoch nicht begnügen. Für eine empirisch-operational hinreichende Diskriminierung von verwandten Systemen sind deshalb weitere Schritte erforderlich, auf die wir weiter unten zurückkommen, denn das Repertoire der Systemtheorie ist an dieser Stelle noch nicht erschöpft. Bevor wir detaillierter das System Journalismus für die empirische Analyse operationalisieren, lohnt sich ein Blick auf die – gegenüber den abstrakten Beschreibungen von Funktion und Leitcode – konkreter faßbare *Programmebene*.

3.2 Operationalisierungen

Wie die bisherigen Ausführungen gezeigt haben, ist es äußerst strittig, ob man ein geeignetes gesellschaftliches Funktionssystem dadurch identifizieren kann, daß seine Grenzen sinnhaft (und nicht etwa technisch-materiell oder organisationssoziologisch) bestimmt werden. Darüber hinaus ist die Beschreibung der Funktion und des Leitcodes schwierig, selbst wenn man sich auf ein System geeinigt hat – wie am Beispiel der Analyse von Öffentlichkeit mit den Codes Aufmerksamkeit (Gerhards) oder Aktualität (Görke) deutlich wird. Die Operationsweise des Systems und damit seine Identität läßt sich (empirisch) besser als am Leitcode an den *Programmen* festmachen, denn sie sind die „Strukturen der Selbstfestlegung des Systems" (Marcinkowski 1993: 70).

3.2 Operationalisierungen

Das Verhältnis von (Leit-) Code und Programm charakterisiert Luhmann (1996: 129) auf folgende Weise:

> „Funktionssysteme identifizieren sich [...] als Einheit auf der Ebene ihres Codes, also mittels einer primären Differenz, und sie differenzieren ihre Umweltbeziehungen auf der Ebene ihrer Programme. Die Differenz von Codierung und Programmierung ist in der Reflexion des Systems zugleich die Differenz von Identität und Differenz."

Allerdings herrscht bei der Bestimmung der Programme ebensoviel Konfusion wie bei der Identifizierung der Systeme. Zwar beziehen sich alle dargestellten Ansätze auf journalistische Programme – unabhängig davon, ob sie Journalismus oder ein anderes System beobachten und beschreiben –, aber es bleibt nach deren Durchsicht unklar, was genau ein solches Programm ausmacht. Wenn Programme die Grundlagen oder Bedingungen für Entscheidungen sind, nach denen der Leitcode im System angewendet wird (vgl. Blöbaum 1994: 284), dann kann man die Operationsweise eines Systems an ihnen beobachten, und dann müßte man daraus indirekt auf den Leitcode des Systems schließen können. Die Entscheidung, welches System überhaupt beobachtet werden soll, wird davon jedoch nicht berührt.

3.2.1 Programme, Strukturen und Professionalisierung

Grundlegende Überlegungen zu den Programmen des Journalismus sind in den diversen Publikationen von Rühl zu finden, auf den sich die meisten neueren systemtheoretischen Ansätze – gelegentlich kritisch – berufen. Danach werden die Umwelterwartungen[14] an den Journalismus durch drei integrierte, sich gegenseitig voraussetzende und funktional äquivalente ‚Strategiedimensionen' normiert, technisiert, institutionalisiert und im Zusammenhang mit sozialen Rollen und Positionen aktualisiert. Dies sind erstens Organisationen oder (Binnen-) Strukturen, zweitens die Professionalisierung sowie drittens Entscheidungs- und Darstellungsprogramme (vgl. Rühl 1980: 397, 433).

---

[14] Genauer sind es eigentlich die „[...] Erwartungen des Journalismus gegenüber Kommunikationserwartungen seines vorgestellten (zunächst noch potentiellen) Publikums" (Marcinkowski 1993: 102).

3 Das System: Funktion, Code und Programm

▲ Luhmanns (1996: 51) Unterscheidung der Massenmedien in die Programmbereiche Nachrichten/Berichte, Unterhaltung und Werbung ist zwar für die Analyse von Journalismus ungeeignet, läßt sich aber als Differenzierungsstrategie auf die *Binnenstrukturierung* des Systems Journalismus übertragen. Das Verhältnis von Strukturen und Programmen wird in den diversen systemtheoretischen Ansätzen freilich nicht ganz deutlich. Folgt man Blöbaum (1994: 59), ist die Struktur (des Journalismus) die übergeordnete logische und abstrakte Einheit, die aus Organisationen (Medien, Redaktionen, Ressorts), Rollen (Journalisten) und Programmen (Darstellungsformen, Arbeitsformen) besteht. Rühl (1980: 416) setzt dagegen innere Strukturierung und Organisierung weitgehend gleich. Auch Marcinkowski (1993: 85 f.) vertritt einen engeren Strukturbegriff, der Blöbaums Organisationsbegriff entspricht. Danach ordnen Medienbereiche und Ressorts die Themen und legen die Grenzen des Systems zwischen öffentlichen und nicht-öffentlichen Themen fest. Wir können den engen Struktur- oder Organisationsbegriff übernehmen und direkt als Medienbereich, Ressortzugehörigkeit und Organisationskomplexität/-größe operationalisieren.

▲ Die *Professionalisierung* des Journalismus ist zwar ein heterogenes, aber durchaus gut erforschtes Gebiet der Journalismusforschung. Aus der systemtheoretischen Makroperspektive ist die Professionalisierung ein Indiz für die Ausdifferenzierung funktionaler Teilsysteme der Gesellschaft und insofern unter einem historisch-evolutionären Aspekt (vgl. Blöbaum 1994; Requate 1995) interessant. In der organisationssoziologischen Mesoperspektive werden insbesondere die Bereiche der beruflichen Sozialisation (Aus- und Weiterbildung, Dauer hauptberuflicher journalistischer Tätigkeit, Position in der Redaktion) sowie der beruflichen Binnenstruktur in der zeitlichen (Wochenarbeitszeit), sachlichen (Anstellungsverhältnis, berufliche Nutzung anderer Medien) und sozialen Dimension (beruflicher Organisationsgrad und politische Einstellung der Journalisten, redaktionelle Linie) thematisiert. In der Akteursperspektive kommen Berufsrollen in erster Linie als motivationale Kategorie in Form von Kommunikationsabsichten und als verhaltensbezogene Kategorie in bezug auf die ethische Vorstellung von den Möglichkeiten und Grenzen beruflichen Handelns vor.[15]

---

[15] Die beruflichen Kommunikationsabsichten und ethischen Setzungen der Journalisten sind Indikatoren für zwei theoretische Konstrukte – für Berichterstattungsmuster (vgl. Punkt 3) und für Professionalisierung. Diese Ambiva-

3.2 Operationalisierungen

▲ Der eigentliche Programmbegriff taucht erst auf der konkreten Produktionsebene auf. Grundlegende theoretische Impulse gehen erneut auf Rühl und seine Analyse journalistischer *Entscheidungsprogramme* zurück. Diese sind nicht mit konkreten (Arbeits-) Rollen zu verwechseln, sondern abstrakter und elastischer konzipiert. Rühl (1980: 403-413) unterscheidet zwischen dem Konditional- oder Routineprogramm und dem Zweckprogramm. Ersteres ist am Informationsinput orientiert und umfaßt einen mehrstufigen Selektions- und Bearbeitungsprozeß des eingehenden Informationsmaterials. Das Kriterium seiner erfolgreichen Umsetzung in der journalistischen Praxis ist die Brauchbarkeit, die bestimmten Bedingungen unterliegt (etwa den ökonomischen Ressourcen). Das Zweckprogramm ist dagegen eher am Output ausgerichtet und wird vor allem von Medien gepflegt, die einen bestimmten Anspruch an ihre Berichterstattung stellen. Während Rühl (1980: 412 f.) ausführlich begründet, warum im Journalismus soviel Routine notwendig ist, belegt er die Zweckprogrammierung mit einem Ideologieverdacht, weil sie häufig im sozialistischen Journalismus gepflegt wird. [16]

Vergleicht man Rühls (Entscheidungs-) Programme mit den in Journalistik-Lehrbüchern gehandelten Berichterstattungsmustern (vgl. Weischenberg 1995: 114 ff.), so wird das Routineprogramm in westlichen Gesellschaften am ehesten durch neutralen Informationsjournalismus und das Zweckprogramm am ehesten durch investigativen Journalismus erfüllt.[17] Dementsprechend könnte eine wis-

---

lenz belegt gleichermaßen die theoretische Unsicherheit wie den großen empirischen Informationsgehalt, die den prominenten Zweig der Journalismusforschung kennzeichnet. Der Ausweg aus einem solchen Theorie-Empirie-Dilemma könnte darin bestehen, die Theorie auszudifferenzieren und einen Extrabereich für diesen Indikator zu reservieren (→ Kapitel 5).

[16] Interessant ist dabei, daß Rühl in diesem Kontext nicht auf *Nachrichtenfaktoren* und *-werte* eingeht. Staab (1990: 93 ff.) analysiert – seinerseits ohne Bezug auf Rühl – Nachrichtenwerte anhand von zwei Modellen: Nach dem Kausalmodell steuern die Nachrichtenfaktoren von Ereignissen oder Meldungen die journalistische Selektionsentscheidung. Dies entspricht Rühls Routineprogramm. Das Finalmodell faßt die Selektionsentscheidungen dagegen als zielgerichtete, an bestimmten Zwecken orientierte Handlungen auf. Danach sind die Nachrichtenfaktoren nicht allein die Ursachen, sondern auch die Folgen von Publikationsentscheidungen. Die Nähe zu Rühls Zweckprogramm ist offensichtlich.

[17] Dessen Problematik ist jedoch weniger durch eine ideologisch geprägte Faktenuntreue bedingt als durch die harten, teilweise illegalen Recherche-

senschaftlich-empirische Operationalisierung auf zwei Ebenen ansetzen: entweder am strukturellen Aspekt mittels inhaltsanalytischer Beschreibung der *Berichterstattungsmuster* oder am prozessualen Aspekt durch die Erhebung *journalistischer Tätigkeiten* mittels Befragung oder Beobachtung.

Eine andere Möglichkeit, journalistische Programmierung zu identifizieren, besteht in der Analyse von *Darstellungsformen*. Diese lassen sich als Präsentationsformen oder Medienschemata definieren (vgl. Weischenberg 1995: 120 ff.). Bestimmte Berichterstattungsmuster haben oft Affinitäten zu bestimmten Darstellungsformen. Objektiver Informationsjournalismus etwa läßt sich am ehesten in Meldungen und Berichten umsetzen.[18] Für beide Programmarten – Berichterstattungsmuster und Medienschemata – gilt dabei, daß sie Kommunikationsabsichten und Kommunikationserwartungen aneinander koppeln. Insofern bietet sich für die empirische Operationalisierung neben der naheliegenden Inhalts- oder Strukturanalyse auch eine Befragung journalistischer Akteure nach ihren beruflichen Zielen an. Wir wollen diese methodische Umsetzung auch nutzen, allerdings theoretisch anders verorten, nämlich als Verknüpfung systemischer Parameter mit akteursbezogenen Ressourcen (→ Kapitel 5).

An dieser Stelle folgen wir jedoch einer anderen Operationalisierungsstrategie, die teilweise an Blöbaums (1994: 280 ff.) Unterscheidung in Sammlungs-, Selektions- und Prüfprogramme angelehnt ist.[19] Im Rahmen einer Befragung können wir diese drei Programme mit journalistischen Tätigkeiten und Tätigkeitsbündeln

---

methoden (→ Kapitel 5.3). Insofern erscheinen Rühls diesbezügliche Bedenken gegenstandslos.

[18] Problematisch wird die Kategorisierung nach Programmdimensionen, wenn etwa Boulevardjournalismus klassifiziert werden soll. Diese zur obigen Klassifizierung querliegende Kategorie bezeichnet sowohl ein Berichterstattungsmuster (inhaltliche Dimension), eine Darstellungsform (formale Dimension) als auch ein durch skrupellose Recherche geprägtes Tätigkeitsfeld (prozedurale Dimension).

[19] Blöbaums Darstellung ist nicht konsistent: Zum einen behandelt er die *prozessualen* Sammlungs-, Selektions- und Prüfprogramme auf der gleichen logischen Ebene wie die *strukturellen* Ordnungs- (= organisationelle Binnendifferenzierung des Journalismus in Redaktionen und Ressorts) und Darstellungsprogramme (= Präsentationsformen); zum anderen benutzt er das Etikett Selektionsprogramme doppelt als eigenständigen Programmbereich und als Unterform von Organisationsprogrammen (vgl. Blöbaum 1994: 281).

sowie mit den in journalistischen Redaktionen üblichen Praktiken des Gegenlesens identifizieren.

3.2.2 System- und Kontextvariablen

Die dargestellten theoretischen Probleme, Journalismus zu identifizieren, belegen, daß eine empirische Analyse nicht direkt theoretische Vorgaben operational umsetzen kann. Empirische Modellierungen von Journalismus erfordern einerseits eine mehrdimensionale Einordnung, welche die verschiedenen Ebenen nicht wechselseitig aufeinander reduziert, sondern sie miteinander verknüpft (vgl. Scholl 1997b); ähnliches hat offenbar Görke (1997: 279 f.) im Sinn, wenn er schreibt:

> „Unser Lösungsvorschlag sieht vor, die Abfolge der Unterscheidungen zu ändern. Wir beginnen mit einer gehaltvollen (sinnhaften) Differenz, auf die wir weitere Differenzen folgen lassen."[20]

Andererseits müssen klare empirische Grenzen gesetzt werden, um die Analyse von Journalismus nicht ausufern zu lassen. Es macht von daher keinen Sinn und ist forschungsstrategisch nicht möglich, Journalismus auch in Organisationen oder Medienbereichen zu suchen, die funktional eher den Public Relations zugeordnet werden können. Von den inhaltlichen Wertungen oder den Arbeitsabläufen in der Redaktion her ist eine parteiliche Presse, die Öffentlichkeitsarbeit für eine bestimmte politische Partei macht (etwa der „Bayernkurier"), möglicherweise nicht weit entfernt von einer parteiischen Presse, die einer bestimmten Partei nur nahesteht oder eine bestimmte politische Grundhaltung vertritt (etwa die „Welt"). Der Zweck und indirekt die Wirkung aber unterscheiden sich: Während in der Public Relations-Presse die Auswahl und Bearbeitung von Informationen der Selbstdarstellung der unterstützten Partei dient und sozial erwünschte Images von dieser Partei erzeugen soll, ist die Thematisierungsleistung der journalistischen Presse eine Fremddarstellung mit der prinzipiellen Mög-

---

[20] Dieser Vorschlag ist theoretischer Natur und noch nicht auf empirische Forschung ausgerichtet. Außerdem bezieht er sich nur auf die Kritik an dem Rekurs auf technische Verbreitungsmedien als Grenzkriterium sozialer Systeme. Unserer Auffassung nach sollte der Ratschlag jedoch grundsätzlich befolgt werden: Nicht nur die *Reihenfolge* muß geändert werden, sondern es muß überhaupt eine festgelegte *Abfolge* mehrerer Definitionsentscheidungen erfolgen.

lichkeit, auch negative Aspekte dieser Partei zu erwähnen. Weiterhin erfolgt die Interpretation und Kommentierung erst in zweiter Linie aufgrund der politischen Grundhaltung. Ideologische Ausrichtungen der Medien oder ideologische Präferenzen journalistischer Akteure, die selten mit einer bestimmten Parteilinie identisch sind, lassen sich als unterschiedliche Weisen der Aufmerksamkeitsgewinnung und Publikumsspezifizierung interpretieren (vgl. Gerhards 1994: 91 f.).

Wertvoll für die Vorgehensweise bei der Systemabgrenzung ist in diesem Zusammenhang Rühls Appell, nicht nach *dem* Oberbegriff von Journalismus zu suchen bzw. nicht bei der Suche danach stehen zu bleiben. Vielmehr sind die verschiedenen Segmente im Journalismus, die verschiedenen Arten von Journalismus und deren strukturelle Ausformungen zu untersuchen. Die Beschreibung des Systems erfordert seine Binnendifferenzierung und damit die Suche nach geeigneten Klassifizierungsvariablen sowie die Berücksichtigung relevanter Kontextvariablen, welche die Rahmenbedingungen für Journalismus bestimmen (vgl. Weischenberg 1992: 67 ff.).

Die Operationalisierungsstrategie der Studie „Journalismus in Deutschland" ist durch ein mehrstufiges Verfahren gekennzeichnet, das an die oben vorbereitete theoretische Unterteilung in die Ebenen Funktion, Struktur, Profession und Programme angelehnt ist:

- ▲ Zunächst wird Journalismus durch seine Funktionsbestimmung von anderen, benachbarten Systemen abgegrenzt. Public Relations und fiktionale Sachpublizistik erfüllen das Aktualitätskriterium in sachlicher Hinsicht nicht; erstere sind Selbstbeobachtungen gesellschaftlicher Teilsysteme und insofern von diesen direkt abhängig; letzteren fehlt die Orientierung an Faktizität. Nicht-aktuelle oder nicht-periodische Publizistik gehört in der Zeitdimension zur Umwelt des Journalismus, wenn die Erscheinungsweise seltener als monatlich ist. Schließlich erfüllt Laienpublizistik das Relevanzkriterium aufgrund der geringen Reichweite und der fehlenden Professionalität nicht.

- ▲ Darauf aufbauend werden die Medienbereiche zusammengestellt, in denen Journalismus manifest wird. Die Grenzstellen zur Umwelt bilden Nachrichtenagenturen und Mediendienste. Im Bereich der Printmedien ist zu unterscheiden zwischen Tages-, Wochen- und Sonntagszeitungen, Anzeigenblättern, Publikums-, Special-Interest- und Fachzeitschriften sowie Beilagen (Supplements) und Stadtmagazinen. Das Mediensegment des Rundfunks besteht aus öffentlich-rechtlichen und privaten Hörfunk- und Fernsehprogrammen und -sendern sowie aus den Rahmenprogrammen und den Programmzulieferern. Für alle Medienbereiche sind die mit dem ersten Schritt erstellten Kriterien anzuwenden.[21] Mit der Durchführung dieses Schritts können auf der empirischen Ebene neben den Medienbereichen oder -sparten auch bereits die weiteren Unterteilungen in Ressorts berücksichtigt werden (→ Kapitel 3.2.1, Punkt 1: Binnenstruktur).

▲ Diese Medienbereiche sind nur der Ort, an dem Journalismus anzusiedeln ist. Als Organisationen umfassen sie jedoch auch andere, nicht-journalistische Bereiche[22] und Arbeitsrollen, die nicht hauptberuflich oder nicht unmittelbar für die redaktionellen Inhalte verantwortlich sind (vgl. Johnstone/Slawski/Bowman 1976: 5; Weaver/Wilhoit 1991: 219). Professionelle Kriterien sind konstitutiv für eine operationale Journalismusdefinition und erlauben darüber hinaus differenzierte horizontale und vertikale Klassifikationen journalistischer Arbeitsrollen (→ Kapitel 3.2.1, Punkt 2: Professionalisierung).

▲ Auf der empirischen Ebene läßt sich schließlich prüfen, ob die formalen Arbeitsrollen tatsächlich mit journalistischen (Kern-) Tätigkeiten gefüllt werden. An dieser Stelle können wir direkt an die Operationalisierung der journalistischen Sammlungs-, Selektions- und Prüfprogramme anknüpfen (→ Kapitel 3.2.1, Punkt 3: Programme).

Ergänzend zu diesen systemischen Variablen sind jedoch weitere Kontextvariablen von Nutzen, die an der Schnittstelle zur Lebenswelt der Journalisten ansetzen. Dazu gehören soziodemographische Merkmale ebenso wie außerjournalistische gesellschaftliche Aktivitäten der Journalisten (etwa das Amt in einem Verein oder die persönliche Bekanntschaft mit gesellschaftlichen Entscheidungsträgern). Aus einer streng systemtheoretischen Perspektive

---

[21] Mediendienste und Fachzeitschriften, die als Selbstbeobachtungen und -beschreibungen anderer gesellschaftlicher Funktionssysteme angesehen werden können, sind nicht journalistisch und werden aus der Analyse ausgeschlossen. Gleiches gilt etwa für nicht-aktuelle Zeitschriften.

[22] Dies sind nach Luhmann (1996) die Programmbereiche Unterhaltung und Werbung. Darüber hinaus grenzt Rühl (1969: 109 ff.) die Technik sowie den Unternehmens- und Managementbereich aus.

3 Das System: Funktion, Code und Programm

Strukturvariablen	Berufsvariablen	Programmvariablen	Kontextvariablen
Medienbereich	*Journalistische- Aus und Weiterbildung*	*Berufliche Tätigkeiten*	*soziodemografische Merkmale*
– Agenturen/Mediendienste – Zeitung – Anzeigenblätter – Zeitschriften – öffentlich-rechtlicher Hörfunk – öffentlich-rechtliches Fernsehen – privater Hörfunk – privates Fernsehen	– Publizistik/Journalistik – Journalistenschule – Fachstudium – Volontariat – Anzahl der Ausbildungswege – Organisieren/Verwalten *Berufliche Erfahrung* – Jahre hauptberuflicher journalistischer Tätigkeit	– Recherchieren – Schreiben/Texten – Texte anderer redigieren – Nachrichten redigieren – Produzieren – Moderieren – Anteil PC-Arbeit	– Geschlecht – Alter – Bildung – Beruf der Eltern – Herkunft (Ost/West)
Ressorts	*Berufliche Organisation*	*Praxis des Gegenlesens*	*lebensweltliche Merkmale*
– Aktuelles/Politik – Wirtschaft – Kultur/Feuilleton – Sport – Lokales/Regionales – Unterhaltung – Organisation/Produktion	– Gewerkschaft/Berufsverband – Redaktionsstatut – frauenfördernde Maßnahmen *Berufliche Nutzung anderer Medien* *politische Differenz zur Redaktion*	– heterarchisches (kollegiales) Gegenlesen – hierachisches Gegenlesen (durch Vorgesetzte)	– Amtsinhaberschaft – Bekanntschaft mit Entscheidungsträgern
Medienkomplexität	*Anstellungsverhältnis*	*Wochenarbeitszeit*	
– Anzahl journalistischer Mitarbeiter – Anzahl Ressorts	– festangestellt – freier Mitarbeiter		
Medienverbreitung	*Position*		
– international – national – regional – lokal	– Chefredaktion – Redaktionsleitung – Redakteur – Volontär		

Abbildung 3.2-1: System- und Kontextvariablen zur Beschreibung des Journalismus[23]

treten diese Kontextvariablen in Konkurrenz zu den innersystemischen Variablen. In einer flexibleren Variante, die System und Lebenswelt nicht strikt voneinander trennt, dienen sie dagegen als analytische Ergänzung (→ Abbildung 3.2-1).

---

[23] Zur ausführlicheren Beschreibung der Häufigkeitsverteilungen dieser Variablen vgl. Weischenberg/Löffelholz/Scholl (1994c).

3.3 Empirische Befunde

Wir folgen bei der Auswertung der theoretisch vorgegebenen Hierarchisierung der Variablendimensionen und behandeln die Programmvariablen als abhängige und die Struktur- und Berufsvariablen als unabhängige Variablen. Dabei geht es im Rahmen der Beschreibung und Binnendifferenzierung des Systems Journalismus insbesondere um Sammlungs,- Selektions- und Prüftätigkeiten, die wir zu Programmen bündeln können.

Grundlegend für die Analyse ist die Annahme, daß in unterschiedlichen Mediensegmenten und beruflichen Sektoren der Anteil journalistischer Tätigkeiten variiert und die Praxis des Gegenlesens unterschiedlich gehandhabt wird.

3.3.1 Berufliche Tätigkeiten

Berufliche Tätigkeiten umfassen nicht nur die journalistischen Kernarbeiten Recherchieren, Auswählen, Redigieren und Texten, sondern auch Moderation, technische Produktion und organisatorische Verwaltung[24]. Die abgefragten Tätigkeiten wurden dabei nicht vorab definiert; die Befragten entschieden vielmehr selbst darüber, welche Arbeitsschritte sie etwa unter Recherche subsumierten. Dies bedeutet (und entspricht auch der Forschungsabsicht), daß die Tätigkeiten nicht normativ zu bewerten sind, sondern als Beschreibungen des Berufsalltags dienen. Die Intensivrecherche des „Spiegel" fällt ebenso darunter wie die kurze telefonische Auskunft, welche ein Anzeigenblatt-Redakteur einholt.

Die Reliabilität der Befragtenangaben ist insofern ansatzweise kontrollierbar, als die Summe der genannten Tätigkeiten mit der Wochenarbeitszeit korreliert werden kann. Diese Korrelation ist mit $r = .42$ relativ hoch. Daß der Korrelationskoeffizient nicht noch höher ist, kann als ein Indiz dafür gelten, daß weitere, in der Befragung nicht vorgegebene Tätigkeiten offenbar nicht zufallsverteilt sind. Ein Teil der Befragten, bei dem die Summe der einzelnen Tätigkeiten deutlich geringer ausfällt als die Wochenarbeitszeit, ist demnach zusätzlich mit journalismusfremden Arbeiten beschäftigt.[25]

---

[24] Weiterhin nannten die Befragten noch Archivarbeiten, Medienrezeption und PR-Tätigkeiten. Für eine sehr exakte und durch Beobachtung ermittelte Auflistung einzelner Tätigkeiten vgl. Hienzsch (1990: 250 ff.).

3 Das System: Funktion, Code und Programm

Tätigkeiten	Tätigkeit wird ausgeübt Anteil in %	Dauer der Tätigkeit $\bar{x}$ in min	s in min
Recherchieren	90	140	98
Texten	90	118	74
Nachrichten redigieren	49	37	52
Texte anderer redigieren	49	39	60
Auswählen	65	49	53
Moderieren	11	10	39
Produzieren	49	50	80
Organisieren/Verwalten	70	69	85
sonstige Tätigkeiten	8	6	30
Summe*	–	532	132

* Die durchschnittliche Summe der Tätigkeiten ist nicht gleichbedeutend mit der Summe der durchschnittlich ausgeübten Tätigkeiten.

Tabelle 3.3-1: Berufliche Tätigkeiten von Journalisten

Die univariate Auszählung (→ Tabelle 3.3-1) zeigt eindeutig, daß Recherche den journalistischen Alltag dominiert; sie nimmt fast zweieinhalb Stunden pro Arbeitstag in Anspruch. Erst an zweiter Stelle steht das Verfassen von Texten, Artikeln und Sendemanuskripten mit knapp zwei Stunden. Alle anderen Tätigkeiten werden mit deutlich geringerem Zeitaufwand betrieben. Neun von zehn Journalisten üben Recherchetätigkeiten aus oder/und texten. Immerhin rund zwei Drittel sind mit Selektion und Organisation beschäftigt – Tätigkeiten, die jedoch nicht soviel Zeit in Anspruch nehmen.

Zu beachten sind die hohen Standardabweichungen, die für alle Arbeiten außer Recherchieren und Texten über dem jeweiligen Mittelwert liegen. Dies ist ein Indiz dafür, daß sich für diese Tätigkeiten einige spezialisiert haben, während andere sie überhaupt nicht oder nur in geringfügigem Maß ausüben.

In einem zweiten Schritt können die verschiedenen Tätigkeiten mit Hilfe einer Clusteranalyse (→ Kapitel 9.4.2) zu Arbeitsrollen gebündelt werden. Die Lösung mit acht Clustern der Tätigkeits-

---

[25] Die Summe der Tätigkeiten bezieht sich auf den einzelnen Arbeitstag, die Wochenarbeitszeit dagegen auf die gesamte Arbeitswoche. Möglicherweise ist die Hochrechnung der Tagessumme auf die Woche durch die Multiplikation mit fünf (angenommenen Arbeitstagen) für viele – insbesondere für freie – Journalisten falsch.

variablen erklärt 52 Prozent der Varianz. Diese acht Cluster lassen sich inhaltlich analog zu den Tätigkeiten charakterisieren (→ Tabelle 3.3-2): Das größte Cluster bilden mit 27 Prozent die *Rechercheure*, die überdurchschnittlich viel recherchieren und bei den anderen Arbeiten im Durchschnitt liegen. Die *Texter*, das sind 17 Prozent aller Journalisten, schreiben überdurchschnittlich häufig Artikel und Sendemanuskripte, sind aber kaum für die Auswahl von eingehendem Material zuständig. Dies steht bei den *Selektierern* (12 Prozent) im Mittelpunkt. Sie bilden jedoch keine Komplementärgruppe zu den Textern und Rechercheuren, denn sie recherchieren und texten immerhin durchschnittlich viel.

Als *Input-Redigierer* bezeichnen wir die Gruppe von Journalisten, die sich hauptsächlich mit dem Redigieren von Agenturmeldungen und Pressemitteilungen beschäftigen (13 Prozent). Eine eigene Gruppe bilden die *Kontroll-Redigierer*, welche die innerhalb der Redaktion verfaßten Texte redigieren (8 Prozent). Beide Gruppen schreiben und recherchieren wenig.

Drei weitere Gruppen verrichten hauptsächlich im engeren Sinn nicht-journalistische Tätigkeiten; sie selektieren, recherchieren, schreiben und redigieren wenig. Die *Manager* (4 Prozent) verwalten und organisieren hauptsächlich; die *Producer* (15 Prozent) haben einen technisch ausgerichteten Arbeitsschwerpunkt; und die *Moderatoren* (4 Prozent) sind hauptsächlich für die Präsentation journalistischer Inhalte (im Rundfunk) zuständig.

Bei diesen drei Clustern könnte man vermuten, daß sie aus Befragten bestehen, die im obigen Sinn nicht als Journalisten bezeichnet werden dürften. Dagegen sprechen jedoch zwei Befunde. Zum einen sind sie weniger konsistent als die originär journalistischen Gruppen. Die Heterogenität der Moderatoren läßt sich etwa dadurch erklären, daß Moderation für Journalisten – nicht für ausschließliche Moderatoren – keine dominierende Tätigkeit ist, so daß sich Redakteure dieses Typs (im statistischen Sinn) nicht so ‚profilieren' können wie durch andere Tätigkeiten. Gleiches gilt abgeschwächt auch für organisatorisch-verwaltende und für technische, auf die Produktion bezogene Tätigkeiten.

Um zum anderen zu überprüfen, ob tatsächlich einige Befragte die Kriterien der Journalismusdefinition nicht erfüllen, wurden diejenigen ermittelt, die weder recherchieren, schreiben und selektieren noch Texte von anderen Journalisten oder Nachrichten redigieren, also keine journalistischen Kerntätigkeiten ausüben. Dies

3 Das System: Funktion, Code und Programm

Cluster →	1 Rechercheur	2 Texter	3 Selektierer	4 Input-Redigierer	5 Kontroll-Redigierer	6 Manager	7 Producer	8 Moderator	erklärte Varianz
Tätigkeiten ↓	n=409	n=261	n=179	n=196	n=118	n=61	n=220	n=59	(eta^2)
Recherchieren	+++			-	-	--	-		.38
Texten		+++			-	--	-	-	.47
Nachrichten redigieren				+++		-	-		.55
Texte anderer redigieren					+++		-	-	.52
Auswählen			+++			-	-		.49
Moderieren								+++	.76
Produzieren				-			+++		.38
Organisieren/ Verwalten						+++			.52

Die Plus- und Minuszeichen geben die Richtung und die Stärke der Abweichung vom Gesamtmittelwert wieder.

Tabelle 3.3-2: Typen journalistischer Tätigkeiten

sind insgesamt 49 Befragte (= 3,3 Prozent). Zieht man diejenigen ab, die in höheren Positionen arbeiten (Chefredaktion, Ressortleitung), und diejenigen, die sich einem bestimmten (journalistischen) Ressort zuordnen, bleiben nur noch 10 Personen übrig, die nicht eindeutig dem Journalismus zuordenbar sind, weil sie keine typischen journalistischen Arbeitsrollen ausüben.

Die *Hauptergebnisse* der Häufigkeitsauszählung und der Clusteranalyse sind freilich auch in anderer Hinsicht interessant: Weder lassen sich die Befürchtungen bestätigen, deutsche Journalisten recherchierten zu wenig, noch kommt es zu einer Rollenüberlappung, die innerredaktionelle Kontrollmechanismen außer Kraft setzt (vgl. Donsbach 1993a: 302; 1993b: 146 f.). Vielmehr nimmt die Recherche den größten Teil journalistischer Arbeit ein. Die clusteranalytische Ausdifferenzierung typischer Rollenbündel belegt, daß Informationsbeschaffung und -kontrolle eher personell getrennt als vereint sind.[26]

---

[26] Möglicherweise sind auch Unterschiede in der methodischen Vorgehensweise für die verschiedenen Ergebnisse verantwortlich. Donsbach (1993b: 146) fragt nicht konkret nach dem zeitlichen Umfang, sondern anhand einer Einschätzungsskala. Als Rollenüberlappung definiert er die Kombination „sehr viel Zeitaufwand" für die wichtigste Tätigkeit und mindestens „einige Zeit" für die zweit-

3.3 Empirische Befunde

Schließlich interpretiert Donsbach (1993b: 147) die *Rollenüberlappung* als Indiz für subjektiven Einfluß auf die Berichterstattung, weil die Produkte der verschiedenen Arbeitsrollen innerindividuell nicht unabhängig sind. Der Zusammenhang von Arbeitsrolle und Subjektivität der Berichterstattung (besser: voluntaristische Berichterstattung) ist aber nicht zwingend, sondern hängt von der professionellen Einstellung der Journalisten und der Installation von Prüfprogrammen und -routinen innerhalb der Redaktion ab (→ Kapitel 3.3.2).

In einem weiteren Auswertungsschritt wollen wir mit Hilfe von Regressionsanalysen (→ Kapitel 9.4.4) einige ausgewählte journalistische Tätigkeiten in Abhängigkeit von Mediensegmenten und Berufsmerkmalen – die wir im folgenden Aufrißvariablen[27] nennen – detaillierter beschreiben (→ Tabelle 3.3-3). Am besten lassen sich *Recherchearbeiten* durch strukturelle und professionelle Variablen erklären. Überdurchschnittlich häufig wird bei Anzeigenblättern, unterdurchschnittlich im öffentlich-rechtlichen Rundfunk recherchiert. Schon dieses Ergebnis zeigt, daß ein emphatischer Recherchebegriff unangemessen ist. In erster Linie handelt es sich um eine formale Tätigkeitsbeschreibung. Da Anzeigenblattredakteure auch überdurchschnittlich viel texten, aber weniger als andere Journalisten organisieren und verwalten, kann man auf einen weniger komplexen beruflichen Alltag schließen. Dieses Ergebnis unterstützt den Befund der Clusteranalyse, daß nicht einzelne Tätigkeiten journalistisches Arbeiten kennzeichnen, sondern das jeweils spezifische Bündel verschiedener Tätigkeiten. Der geringere Aufwand für die Recherche im öffentlich-rechtlichen Rundfunksektor wäre demnach ebenfalls weniger ein Zeichen für recherchearmen Journalismus als vielmehr ein Indiz für ausdifferenzierte Rollen.

Hauptsächliche Rechercheure sind weiterhin insbesondere die freien Journalisten, Redakteure mit niedriger Position in der Hier-

---

wichtigste Tätigkeit. Unsere Clusteranalyse fördert ebenfalls nur relative Unterschiede zu Tage. Somit können die Ergebnisse als ähnlich bezeichnet werden, die Schlußfolgerungen gehen jedoch auseinander.

[27] Dieser Begriff ist der Synopse „Journalismus als Beruf" (Weiß et al. 1977: 205) entlehnt, um anzudeuten, daß es sich hierbei nicht um substantiell *ursächliche* Variablen handelt. Dementsprechend sollen die Ergebnisse der Regressionsanalyse nur als multivariat konditionales und nicht im strengen Sinn als kausales Beziehungsgeflecht gedeutet werden (→ Kapitel 9.4.4).

archie und diejenigen, die vergleichsweise viel arbeiten. Diesen Befund kann man im Kontext von Arbeitsverdichtung interpretieren, die Hienzsch (1990: 250 ff.) in seiner Redaktionsbeobachtung festgestellt hat. Danach existiert während des gesamten Arbeitstags ein Sockel aus allgemeinen Gesprächen mit Kollegen, aber auch aus der eher informellen Recherchetätigkeit, die als Arbeitskraftreserve flexibel handhabbar ist. Zeitknappheit geht zu Lasten der Recherche (vgl. ebd.: 294) oder – so wäre zu ergänzen – die Recherche erhöht den gesamten Arbeitsaufwand.

Allerdings kann sich dieses Argument nicht allein auf die Organisation der Redaktion beziehen, sondern scheint ein generelles journalistisches Phänomen zu sein; denn für das Texten gelten die gleichen Bedingungen: Journalisten, die viel schreiben, weisen eine hohe Wochenarbeitszeit auf, befinden sich eher im freien als im festen Angestelltenverhältnis und sind in der Hierarchie niedriger positioniert. Die eher informalen Tätigkeiten Recherche und Texten werden folglich insbesondere von weniger formalisierten Arbeitsrollen mit einem hohen Arbeitsaufwand ausgeführt.

Recherchiert wird darüber hinaus in erster Linie von Journalisten mit Fachstudium im speziellen und solchen mit einer generell vielfältigen Ausbildung sowie von Redakteuren mit vielfältigen Bekanntschaften mit gesellschaftlichen Entscheidungsträgern. Dagegen recherchieren Journalisten, die außerberuflich mehrere Ämter innehaben, weniger intensiv.

Das *Texten* findet am häufigsten bei Anzeigenblättern statt. Ähnlich wie bei der Recherche dürfte der Grund jedoch darin liegen, daß diese Redakteure weniger andere Tätigkeiten auszuüben haben und deshalb einen relativ größeren Anteil an Recherche- und Schreibtätigkeiten haben. Dafür spricht auch, daß bei Anzeigenblättern offensichtlich ein geringerer Aufwand an Organisation und Verwaltung des redaktionellen Ablaufs notwendig ist.

Im Lokal-, Politik- und Kulturressort wird am meisten getextet. Viel zu schreiben bedeutet auch viel Überprüfung durch Kollegen. Journalisten mit einer geringen politischen Differenz zur Redaktion schreiben ebenfalls überdurchschnittlich häufig. Beide Befunde deuten auf eine gewisse innerredaktionelle Homogenität und Kollegenorientierung hin (vgl. Donsbach 1981).

Als komplementäre Tätigkeiten lassen sich *Selektion* und *Verwaltung/Produktion* beschreiben. Auswahltätigkeiten kommen über-

3.3 Empirische Befunde

Journalistische Tätigkeiten → Aufrißvariablen ↓	Recher- chieren	Texten	Selektieren	Organi- sieren
Bekanntschaft mit Entscheidungsträgern***	.12			
Anzahl von Ämtern***	−.08		.09	
Geschlecht (männlich/weiblich)*			−.12	
DDR-Sozialisation*				
Anzahl verschiedener Ausbildungen***	.11			
Journalistik-/Publizistikstudium*				
Fachstudium*	.08			.08
Volontariat*		−.09		
Medienbereich:				
Tages-/Wochenzeitung*			.19	
Zeitschrift*			.11	
Nachrichtenagentur*				
Anzeigenblatt*	.13	.11		−.10
öffentlich-rechtlicher Hörfunk*	−.10			
öffentlich-rechtliches Fernsehen*	−.09			
privater Hörfunk*				
privates Fernsehen*				
Größe/Komplexität der Medienorganisation***				
Verbreitung/Reichweite des Mediums**				
Ressort:				
Lokalressort*		.13	−.15	
Politikressort*		.12		
Wirtschaftsressort*				
Kulturressort*		.14		
Sportressort*				
Unterhaltungsressort*				
Organisation/Produktion*	−.08			.12
gewerkschaftliche Organisation*				
Redaktionsstatut/Statut für Frauenförderung*		−.08	.09	
Anstellungsverhältnis (fest/frei)*	.21	.10	−.08	
Position in der Hierarchie**	−.24	−.12		.29
Erfahrung (Berufsjahre)***				
Wochenarbeitszeit***	.17	.17		.13
Anzahl beruflich genutzter Medien***				
heterarchisches Gegenlesen***		.08		
hierarchisches Gegenlesen***				
politische Differenz zur Redaktion***		−.08		
erklärte Varianz	adj. R² = .24	adj. R² = .13	adj. R² = .06	adj. R² = .19

* = dichotome Variablen, ** = ordinale Variablen, *** = metrische Variablen; standardisierte Betas

Tabelle 3.3-3: Erklärungsfaktoren für journalistische Tätigkeiten

durchschnittlich häufig bei Tageszeitungen und Zeitschriften, aber unterdurchschnittlich im Lokalressort vor und werden vor allem von festangestellten und männlichen Redakteuren durchgeführt.

Verwaltende Tätigkeiten fallen in erster Linie in der Chefredaktion, im Ressort Organisation/Produktion an und korrespondieren mit einer hohen Wochenarbeitszeit. Alles dies sind eher formalisierte Arbeitsrollen.

Einige Befunde sind dagegen überraschend und von den theoretischen Erwartungen her nicht erklärbar: Journalisten (nur) mit Volontariat schreiben weniger. In Redaktionen mit einem Redaktions- oder Frauenförderungsstatut ist die Textproduktion ebenfalls geringer, dafür steigt jedoch der Aufwand für Selektionstätigkeiten. Mehr mit Auswahl beschäftigt sind auch Journalisten, die außerhalb ihres Berufs in verschiedenen Ämtern tätig sind. Journalisten mit einem Fachstudium verwalten und organisieren häufiger.

Zusammenfassend können folgende Ergebnisse festgehalten werden: Die journalistischen Kerntätigkeiten Recherchieren und Texten dominieren zwar den Arbeitsalltag, erfordern aber einen immensen Arbeitsaufwand und gehen über den Durchschnittsaufwand hinaus. Obwohl Auswahl- und Redigiertätigkeiten in deutlich geringerem Umfang vorkommen, rücken sie damit ins Zentrum journalistischer Aussagenproduktion, weil sie effektive Routine sind. Anders ausgedrückt: Das Ausmaß einer bestimmten Tätigkeit ist eher ein Indikator für den nötigen Aufwand als ein proportionales Abbild der tatsächlichen Relevanz.

So sind die auf den ersten Blick verwirrenden Ergebnisse bezüglich der Medienbereiche zu erklären. Bei Anzeigenblättern gibt es eine weniger formalisierte Redaktionsstruktur mit geringerem Aufwand für Verwaltung und Organisation, die in der Relation zu anderen Segmenten mehr Freiraum für Recherche und Texten läßt. Umgekehrt ist der geringere Rechercheanteil öffentlich-rechtlicher Rundfunkjournalisten kein Indiz für ‚missionarische' Beiträge, bei denen die eigene politische Ideologie eine aufwendige Faktenermittlung ersetzt. Der öffentlich-rechtliche Rundfunk differenziert sich aufgrund der organisatorischen Komplexität redaktionell aus; dies ist ein Hinweis auf die spezifische Herangehensweise journalistischer Aussagenproduktion.

3.3.2 Praxis des Gegenlesens

Das Gegenlesen von Artikeln oder die Abnahme von Sendemanuskripten kann den journalistischen *Prüfprogrammen*[28] zuge-

3.3 Empirische Befunde

ordnet werden. In der „JouriD"-Studie wurden zwei Dimensionen abgefragt – die quantitative (Häufigkeit des Gegenlesens) und die qualitative (Position des Gegenlesenden). Bei weit über der Hälfte der Journalisten werden die eigenen Beiträge meistens oder (fast) immer gegengelesen. In zwei von drei Fällen übernimmt dies ein Vorgesetzter oder der Chefredakteur. Immerhin jeder fünfte Redakteur überprüft seine Texte selbst; nur in wenigen Fällen übernehmen in der Redaktion niedriger Positionierte diese Aufgabe (→ Tabelle 3.3-4).

Häufigkeit des Gegenlesens (n = 1423)	Anzahl (in %)
nie	8
selten	14
ab und zu	20
meistens	21
(fast) immer	37
Summe	100

Beiträge werden gegengelesen von* …	Anzahl (in %)
Vorgesetzten	41
Kollegen	36
Chefredakteur	23
Redakteur selbst	21
Mitarbeitern	5

* Mehrfachnennungen möglich

Tabelle 3.3-4: Praktiken des Gegenlesens

Mit Hilfe einer Hauptkomponentenanalyse können die Praktiken des Gegenlesens auch empirisch dimensioniert werden (→ Tabelle 3.3-5). Dabei erweist sich die Unterscheidung zwischen quantitativem und qualitativem Aspekt als irrelevant und eine qualitative Unterscheidung zwischen hierarchischem und heterarchischem Gegenlesen als strukturbildend.[29] Im ersten Fall kontrollieren Vor-

---

[28] Diese Bezeichnung suggeriert, daß das Gegenlesen als Überprüfung von Fakten- und sprachlich-stilistischer Richtigkeit zu verstehen ist. Daneben spielt jedoch auch der redaktionelle Sozialisations- und Kontrollaspekt eine Rolle (vgl. Breed 1955) und dient dem Redaktionsmanagement. Insofern ist das Gegenlesen bifunktional und bezieht sich sowohl auf das gesellschaftliche Funktionssystem Journalismus als auch auf das Organisationssystem Redaktion.

[29] Der geringe KMO-Wert deutet darauf hin, daß die Variablen nur unvollständig durch die Faktoren abgebildet werden. Daß die Hauptkomponenten nur

gesetzte und Chefredakteure die Beiträge. Diese Praxis ist damit verbunden, daß überhaupt häufig gegengelesen wird. Vermutlich hat gerade diese Art des Gegenlesens eine sozialisierende und kontrollierende Funktion. Bei der heterarchischen Form übernehmen in erster Linie die Kollegen oder die Redakteure selbst die Korrektur, welche wohl eher der reinen Überprüfung von Fakten und Sprache dient. Dazu gehört auch, daß die Journalisten ihre Texte durch Mitarbeiter gegenlesen lassen; die Hierarchie nach unten wird demnach eher kollegial erfahren.

Gegengelesen...	Hierarchisches Gegenlesen	Heterarchisches Gegenlesen	Kommunalität
häufig	.79		.77
vom Vorgesetzten	.64		.43
vom Chefredakteur	.63	−.33	.51
von Kollegen		.75	.58
von Redakteur selbst		.56	.36
von Mitarbeitern		.50	.26
Eigenwert/KMO	1.8	1.1	KMO=.37
Erklärte Varianz (in %)	29.6	18.7	48.3

Tabelle 3.3-5: Dimensionierung von Praktiken des Gegenlesens

Im letzten Schritt sollen die heterarchische und die hierarchische Praxis des Gegenlesens regressionsanalytisch auf die bereits vorgestellten Aufrißvariablen bezogen werden (→ Tabelle 3.3-6). Dabei fällt auf, daß sich kollegiales Gegenlesen deutlich schlechter erklären läßt ($R^2 = .07$) als hierarchische Formen des Gegenlesens ($R^2 = .21$). Demnach ist diese letztgenannte Praxis in bestimmten Medienstrukturen verankert (und in anderen nicht), wohingegen die kollegiale Praxis eher unstrukturiert bzw. informell vorkommt.

Gegenlesen unter Kollegen findet insbesondere in Redaktionen mit Statuten statt. Möglicherweise können damit hierarchische Ein-

---

knapp 50 Prozent der Varianz erklären, resultiert auch aus der Tatsache, daß in diesem Fall gegen die Voraussetzungen der Faktorenanalyse, die intervallskalierte Daten verlangt, verstoßen wurde. Bei dichotomen Skalen beruht die Unabhängigkeit der Faktoren auf einem „alles oder nichts"-Prinzip. Darüber hinaus haben einzelne Variablen nur eine geringe Kommunalität, das heißt, ihre gemeinsame Varianz mit anderen Variablen ist gering. Dennoch lohnt es sich, die Hauptkomponentenanalyse darzustellen, da die zweifaktorielle Struktur klar erkennbar ist.

3.3 Empirische Befunde

Dimensionen des Gegenlesens → Aufrißvariablen ↓	Heterarchisches Gegenlesen	Hierarchisches Gegenlesen
Bekanntschaft mit Entscheidungsträgern***	−.10	
Anzahl von Ämtern***		
Geschlecht (männlich/weiblich)*		
DDR-Sozialisation*	.08	
Anzahl verschiedener Ausbildungen***		.12
Journalistik-/Publizistikstudium*		
Fachstudium*	.08	
Volontariat*	.09	−.08
Medienbereich: Tages-/Wochenzeitung* Zeitschrift* Nachrichtenagentur* Anzeigenblatt* öffentlich-rechtlicher Hörfunk* öffentlich-rechtliches Fernsehen* privater Hörfunk* privates Fernsehen*		.11
Größe/Komplexität der Medienorganisation*** Verbreitung/Reichweite des Mediums**		
Ressort: Lokalressort* Politikressort* Wirtschaftsressort* Kulturressort* Sportressort* Unterhaltungsressort* Organisation/Produktion*		.08 .08 −.12
gewerkschaftliche Organisation* Redaktionsstatut/Statut für Frauenförderung*	.15	
Anstellungsverhältnis (fest/frei)* Position in der Hierarchie** Erfahrung (Alter/Berufsjahre)***	 −.09 −.10	.12 −.18 −.18
Wochenarbeitszeit*** Anzahl beruflich genutzer Medien*** politische Differenz zur Redaktion***		
Tätigkeiten: Dauer Recherchieren*** Dauer Texte verfassen*** Dauer andere Texte redigieren*** Dauer Nachrichten redigieren*** Dauer Verwaltungstätigkeiten*** Dauer technischer Tätigkeiten***		 .08 −.11
erklärte Varianz	$R^2 = .07$	$R^2 = .21$

* = dichotome Variablen, ** = ordinale Variablen, *** = metrische Variablen; standardisierte Betas

Tabelle 3.3-6: Erklärungsfaktoren für Praktiken des Gegenlesens

flüsse abgewehrt und ein kooperatives Klima geschaffen werden. Weiterhin kommt sie eher in Redaktionen in Ostdeutschland vor. Ob es sich dabei um ein Relikt aus dem DDR-Journalismus handelt oder ob dies als Indiz zu interpretieren ist für ein Zusammenhalten der vorwiegend aus ostdeutschen Journalisten zusammengesetzten Redaktion gegen (westdeutsche) Chefredakteure, welche die Interessen der westdeutschen Verlage vertreten, kann an dieser Stelle nicht geklärt werden.

Journalisten mit Fachstudium und damit einem speziellen Fachwissen und solche mit Volontariat lassen ihre Beiträge häufiger durch Kollegen gegenlesen. Bei letzteren findet darüber hinaus weniger hierarchisches Gegenlesen statt. Dies hat möglicherweise seinen Grund in ihrer betrieblichen Integration; wer Journalismus von der Pike auf gelernt hat, muß weniger kontrolliert und redaktionell sozialisiert werden. Umgekehrt gehen die Artikel von Journalisten mit vielfacher Ausbildung über den Schreibtisch des Vorgesetzten.

Es gibt dagegen keine Unterschiede hinsichtlich der Medienbereiche und der Ressorts. Gegengelesen werden in erster Linie – sowohl von Kollegen als auch von Vorgesetzten – die Beiträge von Jüngeren, weniger Berufserfahrenen und in der Hierarchie niedriger Positionierten. Freie Journalisten werden hauptsächlich von Vorgesetzten überprüft. Diese Befunde unterstreichen erneut, daß es sich beim Gegenlesen sowohl um ein journalistisches Prüfprogramm als auch um eine Sozialisationsinstanz handelt.

Hierarchische Kontrolle findet vor allem in Zeitschriften und im Politik- und Wirtschaftsressort statt. Letzteres ist vor allem vor dem Hintergrund der Vorwürfe gegen gesellschaftskritische Journalisten interessant, die angeblich ihre Problemsicht am Publikum vorbei publizistisch zur Geltung bringen könnten. Gerade Redakteure in diesen zentralen Ressorts können nicht einfach schreiben, wie und was sie wollen; ihre Texte werden vielmehr auch von den Vorgesetzten gesichtet. Überhaupt werden Journalisten, die viele Beiträge schreiben, häufiger hierarchisch kontrolliert, während dies bei technischen Tätigkeiten und im Ressort Organisation/Produktion nicht nötig zu sein scheint.

3.4 Systemtheorie und Empirie

Die theoriegeleitete empirische Analyse des Systems Journalismus macht eine mehrstufige Vorgehensweise notwendig. Bereits die Bestimmung des Forschungsgegenstands ist begründungsbedürftig und gegen alternative Beobachtungsfokussierungen abzuwägen. Dadurch wird auch die Funktionsbeschreibung und die Festlegung des Leitcodes erschwert. Man könnte nun dezisionistisch eine *Pluralität von Ansätzen* konstatieren und übergangslos in die empirische Analyse einsteigen. Allerdings wäre eine solcherart halbierte Systemtheorie dann eher schmückendes Beiwerk als hilfreiches Theorieinstrument.

Die Festlegung auf einen bestimmten Leitcode und auf eine für den Journalismus exklusive gesellschaftliche Funktion bündelt die wissenschaftliche Beobachtung, ist aber selbst – ähnlich wie eine operationale Definition – nicht wahrheitsfähig, sondern dient als Arbeitsgrundlage und als Basis für eine theoriegeleitete, deduktive Operationalisierung.

Mit der empirischen Umsetzung ist die nächste Herausforderung benannt. Der Weg, welchen die Systemtheorie anbietet – nämlich die Beobachtung der Programme – ist gangbar, aber auch ergänzungsbedürftig und ambivalent. Nur wenn die Struktur und die Professionalisierung zusätzlich erforscht werden, kann die Programmebene fruchtbar gemacht werden. In der Terminologie der empirischen Sozialforschung heißt das: Die Suche nach geeigneten unabhängigen Variablen muß umfassend sein. Schließlich müssen diese unabhängigen Variablen ihrerseits strukturiert und dimensioniert werden.

Obwohl die „JouriD"-Studie eine Fülle möglicher erklärender oder Aufrißvariablen anbietet, bleibt der Katalog notgedrungen unvollständig, denn die Operationalisierung von systemischen Programmen ist ambivalent. Sie umfaßt sowohl den prozeßhaften Entstehungsprozeß öffentlicher Aussagenproduktion, den Rühl (1979 [1969] als journalistische Entscheidung versteht, als auch die strukturellen Merkmale journalistisch verfaßter massenmedialer Inhalte. Die Analyse der tatsächlichen *Berichterstattungsmuster* bleibt inhaltsanalytischen Studie vorbehalten und sie war hier nur annäherungsweise und indirekt über den Vergleich des journalistischen Rollenselbstverständnisses (Befragung) mit der tatsächlichen Berichterstattung (Inhaltsanalyse journalistischer Produkte) möglich.

3 Das System: Funktion, Code und Programm

Über die Beschreibung des Systems und seiner Struktur hinaus ist die Analyse der *System- Umwelt-Beziehungen* erforderlich. Dazu beginnen wir erneut mit einer systemtheoretischen Grundlagendebatte, um die empirische Umsetzung Schritt für Schritt begleiten zu können. Die Klärung der theoretischen Annahmen bildet auch hier den Rahmen für die Interpretation der empirischen Ergebnisse. Mehr noch: Systeme definieren, konstituieren und entwickeln sich durch die Festlegung ihrer Grenzen und die Gestaltung ihrer Beziehungen zur Umwelt. Insofern ist das folgende Kapitel die unmittelbare Fortsetzung der bisherigen Ausführungen und dient der Beschreibung des *Systems Journalismus*; diese ist den einzelnen Befunden stets übergeordnet.

4 Die Umwelt:
Fremdreferenz und Selbstreferenz

4.1 Grundlagentheoretischer Überblick

In der Theorie *umweltoffener* Systeme wird die Beziehung zwischen System und Umwelt mit Hilfe des Input-Output Schemas modelliert. Aus dieser Perspektive können Systeme von außen (durch den Input) gesteuert werden. Luhmanns Umstellung der Systemtheorie auf eine Theorie *autopoietischer* und *selbstreferentieller* Systeme hat diese Beobachtungsperspektive und damit gleichzeitig auch das Erkenntnisinteresse verändert: An die Stelle von Steuerung(sabsicht) tritt Selbstorganisation. Nur wenn Systeme als operational[1] geschlossen begriffen werden, kann man ihnen Autonomie und somit Identität (in der Differenz zur Umwelt) unterstellen. (Vgl. Luhmann 1984: 22 ff.; ähnlich auch Varela 1987: 129 ff.)

Es wäre allerdings ein Mißverständnis, wollte man nun von Autonomie auf *Autarkie* schließen, also auf die völlige Unabhängigkeit von der Umwelt. Vielmehr ist Umwelt gerade Voraussetzung für die Identität von Systemen; sie ist dabei jedoch keine ontologische Größe, sondern beobachtungs- und damit systemabhängig. Nur ein System kann Umwelt als seine Umwelt (= alles andere als es selbst) beobachten – für andere Systeme ist die Umwelt wieder anders, eben deren Umwelt. (Vgl. Luhmann 1984: 243 ff.)

> „Das System gewinnt seine Freiheit und seine Autonomie der Selbstregulierung durch Indifferenz gegenüber seiner Umwelt. Deshalb kann man die Ausdifferenzierung eines Systems auch beschreiben als Steigerung der Sensibilität für Bestimmtes (intern Anschlußfähiges) und Steigerung der Insensibilität für alles übrige – also Steigerung von Abhängigkeit und von Unabhängigkeit zugleich." (ebd.: 250)

---

[1] Ob und bis zu welchem Grad soziale Systeme auch informationell geschlossen sind (wie etwa kognitive Systeme), ist letztlich eine empirische Frage, die nur durch einen Input-Output-Vergleich zu beantworten ist. Informationelle Offenheit würde die Autonomie sozialer Systeme nicht berühren.

4 Die Umwelt: Fremdreferenz und Selbstreferenz

Das bedeutet, daß auch *geschlossene* Systeme Fremdreferentialität (etwa in Form informationeller Offenheit) einbauen, um den Zirkel der Selbstreferentialität produktiv zu unterbrechen und Tautologien zu vermeiden; denn sie müssen umweltsensibel bleiben. Demzufolge setzt die Theorie immer an der Struktur des Systems an, die das Umweltverhältnis reguliert: „Autonomie heißt dann: wählen zu können in den Aspekten, in denen man sich auf Abhängigkeit von der Umwelt einläßt." (Luhmann 1984: 279) Die (empirische) Beschreibung des Systems Journalismus kann sich demnach nicht darauf beschränken, charakteristische systeminterne Faktoren zu benennen, sondern muß auch die Beziehung (Referenz) des Systems zur Umwelt (oder zu bestimmten Systemen in der Umwelt) analysieren.

Wenn dieses Kapitel den Titel „Die Umwelt" trägt, so bedeutet dies aber nicht, daß Journalismus aus der Perspektive seiner Umwelt(en) thematisiert wird. Vielmehr geht es – aus der Perspektive des Journalismus – um die Beziehungen bestimmter, relevanter Umwelten zum Journalismus.

Neben der Gefahr, die Geschlossenheit von Systemen als Autarkie mißzudeuten, gibt es ein weiteres Problem, das grundsätzlich die System/Umwelt-Differenz betrifft. So kritisiert Wagner (1994: 279) an Luhmann, daß er System und Umwelt asymmetrisch konzipiere und damit die Perspektive des Systems auf Kosten der Umweltperspektive präferiere.

Hier lohnt sich ein Blick in die Grundlagenforschung: Nach George Spencer Browns Logik der Differenz fängt jede (wissenschaftliche) Beobachtung mit einer Differenzierung an („draw a distinction"). Mit der Markierung einer Grenze geht eine Bezeichnung (indication) eines Bereiches (eines Untersuchungsgegenstands) einher. Die Unterscheidung ist der Bezeichnung zwar logisch vorgeordnet, aber beide bilden eine einzige Operation (vgl. Spencer Brown 1969: 3). Das Kalkül Spencer Browns sieht ein „crossing over" von einer zur anderen Seite ohne Präferenz für eine bestimmte Seite vor.

Wagner (1994: 279 f.) kritisiert nun an Luhmann, daß er für eine Asymmetrie zugunsten der bezeichneten Seite optiere, um Anschlußoperationen zu ermöglichen und um auf diese Weise eine systemtheoretische Perspektive zu begründen. Weiter noch: Differenz werde bei Luhmann nicht wie bei Spencer Brown als Unterschiedlichkeit (also ohne Wertung), sondern als Gegensätzlich-

4.1 Grundlagentheoretischer Überblick

keit modelliert. Eine umwelttheoretische oder ökologische Perspektive werde auf diese Weise ausgeschlossen, denn Umwelt existiere immer nur in Abhängigkeit des Systems oder als Gegensatz zu diesem.[2]

Eine möglicherweise moderierende Position nehmen Küppers/ Krohn (1992: 162 ff., 168 f.) ein. Sie gehen von einer *Inkongruenz* zwischen funktionalen Erwartungen aus der Umwelt an das System und den systemischen Leistungen selbst aus. Gesellschaftliche Subsysteme sind gleichermaßen autonom und befriedigen komplexe und diverse Außenerwartungen. Voraussetzung dafür ist, daß die Umwelt und deren Erwartungen strukturiert sind und daß diese Strukturen als Randbedingungen für systemische Prozesse dienen. Das System wiederum wählt aus möglichen Formen der Wechselwirkungen aus, setzt sich damit bestimmten Randbedingungen aus und variiert intern einzelne Teile dieser Wechselwirkungen. Abgrenzung von der Umwelt bedeutet dann Randbildung und -erhaltung. Allerdings handeln sich die Autoren eine erkenntnistheoretisch fragwürdige Zusatzannahme ein: „[...] daß das System sich selbst von seiner Umwelt abgrenzt", impliziere „eine von der willkürlichen Definition des Beobachters unabhängige [...] Definition" (ebd.: 166).

Wenn wir hier auf der konstruktivistischen Annahme der *Beobachterabhängigkeit* jeder (auch der wissenschaftlichen) Beobachtung beharren, so bedeutet das nicht, daß die Systemgrenzen willkürlich, sondern daß sie nach Kriterien der Zweckmäßigkeit gezogen werden (vgl. Schwegler 1992: 47). Zwar besteht ein prinzipieller Unterschied zwischen der wissenschaftlichen Beobachtung zweiter Ordnung und der (Selbst-) Beobachtung erster Ordnung des Forschungsobjekts. Das Ziel empirischer Untersuchungen besteht aber gerade darin, eine gewisse Kongruenz zwischen beiden Perspektiven herzustellen, denn wenn eine wissenschaftliche Beobachtung ohne empirisches Korrelat bleibt, erstarrt sie in zirkulärer Selbstreferenz.

---

[2] Auf weitere Schlußfolgerungen Wagners braucht an dieser Stelle nicht eingegangen zu werden, denn es genügt der Hinweis auf die eigenwillige Modellierung von Umwelt in Luhmanns Systemtheorie und daß es Alternativen dazu gibt. Einer ökologischen Perspektive, welche die Einbettung des Journalismus in seine Umwelt berücksichtigt, kommt das kreisförmige Journalismusmodell (vgl. Weischenberg 1992: 66 ff.) nahe (→ auch Kapitel 1 und 6.2).

4 Die Umwelt: Fremdreferenz und Selbstreferenz

Die Bestimmung des Randes für das Journalismus-System ist (auch aus der wissenschaftlichen Beobachterperspektive) nicht einfach – jedenfalls, wenn man sich nach der Definition von Küppers/ Krohn richtet, die eine räumliche oder doch zumindest institutionelle Vorstellung suggeriert. So kann man sich vorstellen, daß eine Redaktion Randbereiche mit Systemen aus der Umwelt (Parteien, Unternehmen usw.) ausbildet und auf diese Weise den Konflikt zwischen Selbstorganisation und externen funktionalen Erwartungen austariert.

Wie aber ist die Definition von Rändern zu verstehen, wenn Systemoperationen in der Umwelt von anderen Systemen simuliert werden? *Public Relations* simulieren zum Beispiel die Operationsweisen des Journalismus[3], um dessen Selektionen zu unterlaufen (vgl. Weischenberg 1995: 211). Lassen sich Journalismus und Public Relations demnach überhaupt noch systemtheoretisch differenzieren, oder kommt es zu einer wechselseitigen Durchdringung, die keine klaren Grenzen mehr erkennen läßt?[4]

Möglicherweise ist die moderne Gesellschaft sogar gerade durch die Herausbildung von Interpenetrationszonen gekennzeichnet, die für die gesellschaftliche Evolution maßgeblich sind. Subsysteme (wie etwa Journalismus) lassen sich dann zwar noch als Teile von ‚Muttersystemen' (zum Beispiel der Öffentlichkeit oder der Publizistik) verstehen; sie nehmen jedoch außer der Logik des Muttersystems auch die Logik anderer (für sie relevanter) Systeme in sich hinein.[5]

---

[3] Westerbarkey (1995: 160) beschreibt die Aktivitäten der Public Relations sogar als „‚parasitäre' Nutzung medialer Betriebssysteme samt ihrer operativen Logik". Diese biologistische Begriffswahl hat wilde Abwehrreaktionen und einen Ideologievorwurf an den Autor hervorgerufen (vgl. Publizistik 1995/4: 484 und 1996/2: 224).

[4] Die Nähe zum Journalismus läßt sich etwa auf der personalen Ebene (viele Journalisten sind im Lauf ihrer Karriere in die PR gegangen oder arbeiten nebenher für PR Agenturen), von der Persönlichkeit der Berufsangehörigen (extravertierte, neugierige, kreative Charaktere) ebenso wie von den Tätigkeitsmerkmalen her und möglicherweise auch auf der organisatorischen Ebene (PR Agenturen gleichen organisatorisch zunehmend Zeitungsredaktionen) feststellen (vgl. Ronneberger/Rühl 1992: 59).

[5] Daß Journalismus Leistungen für viele gesellschaftliche Teilsysteme zur Verfügung stellt, scheint Interpenetrationen und Interdependezen geradezu notwendig zu machen (vgl. Blöbaum 1994: 293 ff.).

Dieses Phänomen ist unbenommen der Tatsache zu beobachten, daß die Steigerung der Leistungen eines gesellschaftlichen Subsystems auf internen Prozessen beruht (vgl. Münch 1991: 341 ff.). Auch muß hieraus nicht folgen, daß Journalismus und Public Relations eine Art ‚Supersystem' bilden, wie Schweda/Opherden (1995: 88 f.) am Beispiel des Verhältnisses von Politik und Medien plausibel begründen.

Daran anschließend ist zu fragen, ob die Randbildung oder die strukturelle Kopplung (vgl. Maturana 1987: 101 f., 108 f.) eher als *Interpenetration* aus der aktiven Sicht handelnder Systeme (= wechselseitige Durchdringung) oder eher als *Interdependenz* aus der passiven Sicht erlebender Systeme (= wechselseitige Abhängigkeit) zu modellieren ist (vgl. Choi 1995). Auch hierbei handelt es sich um ein empirisches Problem, dem die Studie „Journalismus in Deutschland" dadurch Rechnung getragen hat, daß beide Perspektiven operationalisiert wurden. So sollten die Journalisten die Einflußfaktoren auf ihre tägliche Arbeit angeben, um die Interdependenzen mit diversen relevanten Systemen aus der Umwelt zu ermitteln, und sie sollten einschätzen, wie sie mit Pressemitteilungen umgehen, um Interpenetrationen mit Public Relations zu erfassen.

4.2 Referenzen und Einflußfaktoren

4.2.1 Theoretische Vorbemerkungen und Operationalisierungen

Neben den berufsspezifischen Merkmalen und den redaktionsinternen strukturellen Faktoren, welche die Professionalisierungsforschung (→ Kapitel 2.1.4) zur inneren Pressefreiheit (vgl. z. B. Weiß et al. 1977: 606 ff.) und die systemtheoretische Redaktionsforschung (→ Kapitel 2.1.3) zur organisatorischen Autonomie zusammengetragen haben (vgl. z. B. Koller 1981), spielen auch *externe* Referenzen und Einflußfaktoren eine Rolle für die journalistische Autonomie. Die Operationalisierung von Autonomie mittels interner und externer Einflüsse schränkt jedoch den abstrakten (system-) theoretischen Autonomiebegriff sehr ein und mißt nur indirekt die absolute *operative* Geschlossenheit des Systems über dessen relative *informative* Interdependenzen mit relevanten Umweltbereichen (vgl. Luhmann 1996: 189).

4 Die Umwelt: Fremdreferenz und Selbstreferenz

Zur Lösung dieses Konflikts zwischen Theorie und Empirie (Operationalisierung) kann man auf Luhmanns (vgl. 1990a: 291 ff.) Unterscheidung von Autonomie und Unabhängigkeit zurückgreifen. Begreift man die (relative) Unabhängigkeit von systemexternen Einflüssen als einen notwendigen, aber nicht hinreichenden indirekten Indikator für operative Autonomie, so lassen sich auch die Ergebnisse anderer theoretischer Perspektiven für die empirische Untersuchung fruchtbar machen.[6]

Die Fremdreferenzen sind nicht nur selbst unterschiedlich stark und somit relativ, sondern gewinnen ihren Einflußgrad auch in der Relation zur Stärke der journalistischen Selbstreferenzen. Damit ist journalistische Autonomie – akzeptiert man vorläufig die methodisch erforderliche Verkürzung auf Interdependenzen – eine mehrdimensionale Variable. Bei der Überführung in ein empirisch meßbares Konstrukt ist ferner zu berücksichtigen, daß der Autonomiebegriff „vom Explanans ins Explanandum" wandert (vgl. Wehrspaun 1994: 41 f.). Autonomie ist nicht mehr (nur) unabhängige, sondern vor allem abhängige Variable.[7]

Zunächst müssen die verschiedenen Einflußfaktoren auf den Journalismus beschrieben, dimensioniert und schließlich mit Hilfe anderer unabhängiger Variablen erklärt werden. Für die Operationalisierung dieser Autonomiebereiche stehen mehrere Fragen bzw. Variablen zur Verfügung; sie betreffen

▲ subjektive Wahrnehmungen verschiedener Einflußquellen auf die journalistische Arbeit[8];

---

[6] Diese Forschungsstrategie wurde im Rahmen des Projekts „Journalismus in Deutschland" bereits an anderer Stelle angewendet (vgl. Scholl 1997a).

[7] Wichtige Hinweise auf journalismusinterne Bedingungsfaktoren für Autonomie gibt Rühl (1980: 401-433). Danach gewinnt Journalismus Autonomie durch Selbstprogrammierung, Selbstorganisation und Selbstprofessionalisierung. Diese Rahmenbedingungen sind jedoch nicht alle in einer Untersuchung zu erforschen und zudem zu allgemein. Im einzelnen können aus diesen abstrakten Vorgaben Variablen abgeleitet und hinsichtlich ihres Einflusses auf die Autonomie im Journalismus klassifiziert werden.

[8] Die entsprechende Frage lautete: „Hier auf der Liste haben wir einige Personengruppen und Verbände zusammengestellt. Inwieweit, so möchten wir wissen, nehmen diese Einfluß auf Ihre Arbeit als Journalist? Ist ihr Einfluß sehr groß, eher groß, mittel, eher gering oder sehr gering?"

▲ berichtete Reaktionen auf das Produkt der eigenen journalistischen Arbeit[9].

Mit den entsprechenden Fragen werden die internen und externen Einflüsse thematisiert, denen der Journalismus ausgesetzt ist. Selbstverständlich implizieren *berichtete* Reaktionen nicht unbedingt (tatsächliche) Eingriffe oder Einflüsse auf die journalistische Arbeit, aber sie belegen die Kopplungen an den Grenzstellen: innerhalb des Systems der einzelne Journalist, außerhalb des Systems die jeweilige Reaktion aus der Umwelt. Über diese Kopplungen ist es zumindest *potentiell* möglich, Einfluß auf Selektions- und Konstruktionsmechanismen des Systems Journalismus zu nehmen.

Weiterhin können Einflüsse mit den eingesetzten Fragen nicht direkt beobachtet, sondern methodisch nur über die Person des Journalisten und theoretisch anhand seiner konkreten redaktionellen Arbeit ermittelt werden. Der befragte Journalist beschreibt demnach den Einfluß auf den Journalismus aus dem Blickwinkel seiner redaktionellen Tätigkeit. Durch die Repräsentativität der Stichprobe wird jedoch verhindert, daß einzelne, sehr individuell geprägte Beschreibungen das *Gesamtbild* vom Journalismus beeinflussen, und durch die multivariate Auswertung ist es möglich, latente Strukturen zu entdecken, die durch individuelle Fehler oder absichtlich falsche Antworten in den Selbstbeschreibungen verdeckt werden könnten. Auf diese Weise kann – trotz des Rückgriffs auf die methodologisch *individualistische* Befragungsvariante – eine Beschreibung des gesamten sozialen Systems Journalismus entstehen. (→ Kapitel 2.2.2.1)

4.2.2 Empirische Befunde

Die Befragung der Journalisten belegt, daß die *Selbstreferenzen* wichtiger als die Fremdreferenzen eingestuft werden (→ Tabelle 4.2-1). Journalisten erhalten die meisten Reaktionen auf ihre Arbeit von ihren Kollegen, und sie schreiben den größten Einfluß den Vorgesetzten in der Redaktion zu. Dieses Ergebnis korrespondiert mit Befunden früherer Studien, die eine dominierende Kollegen-

---

[9] Hierzu lautete die Frage: „Von welchen der folgenden Leute bzw. Gruppen, die ich Ihnen jetzt nenne, haben Sie in den letzten zwei Wochen Reaktionen oder Kommentare erhalten auf das, was Sie geschrieben bzw. produziert haben."

4 Die Umwelt: Fremdreferenz und Selbstreferenz

Reaktion von ...	Anzahl (in %)	Einfluß von ...	x̄ *	s	N
Kollegen im eigenen Betrieb	77	mittlerer Führungsebene	3.16	1.18	1433
Freunden/Bekannten/Familie	70	oberer Führungsebene	3.11	1.23	1453
Vorgesetzten	69	Publikum	3.01	1.06	1479
Publikum	65	Redakteuren	2.94	1.07	1460
Kollegen anderer Medien	33	Öffentlichkeitsarbeit	2.44	1.06	1480
Pressestellen/PR	28	Verlegern/Intendanz	2.42	1.26	1464
Informanten	26	Familien/Freunden/Bekannten	2.28	1.09	1481
Politikern	17	Unternehmen/Wirtschaft	1.95	1.01	1481
		politische Parteien	1.90	0.96	1480
		Gewerkschaften	1.71	0.84	1480
		Sportverbänden	1.66	0.95	1479
		Kirchen	1.55	0.81	1481

* Der Mittelwert wird aus einer Skala von 1 (sehr gering) bis 5 (sehr groß) berechnet.

Tabelle 4.2-1: Reaktionen und Einflußfaktoren auf die journalistische Arbeit

orientierung der Journalisten festgestellt hatten (vgl. Kepplinger 1979b: 14 f.; Donsbach 1981: 184). Allerdings ist im Kontext systemtheoretischer Betrachtungen eine andere Deutung notwendig: Die Kollegenorientierung ist auf der Ebene des *sozialen* Systems Redaktion nicht als Ersatz für die fehlende Orientierung am Publikum, sondern als Selbstreferenz (ohne diverse Fremdreferenzen deshalb auszuschließen) zu betrachten; sie ist damit ein Indiz für journalistische *Autonomie*.[10]

Hoch eingestuft wird von den Journalisten auch der Einfluß des *Publikums*, von dem viele Journalisten offenbar Reaktionen auf ihre Artikel oder Sendungen bekommen. Den häufigen Reaktionen aus der Familie und dem Bekannten- und Freundeskreis schreiben sie jedoch nur eine mittlere Wirkung auf ihre Arbeit zu.

Verhältnismäßig wenige Reaktionen kommen offensichtlich von Pressestellen oder Politikern, deren Einfluß auch nur als mittelstark eingeordnet wird. Gerade diese Einschätzung überrascht insofern, als Public Relations eine zunehmend größere gesellschaftliche Bedeutung erhalten. Inhaltsanalysen, welche den Input von Pressemitteilungen mit dem Output journalistischer Berichterstattung vergleichen, deuten ebenfalls teilweise auf einen großen Einfluß hin (vgl. Baerns 1985), auch wenn die Hypothese der Deter-

---

[10] Diese Feststellung ist zunächst unabhängig von der normativen Diskussion um das (richtige) Maß journalistischer Autonomie und deutet auch nicht auf einen Antagonismus zwischen journalistischer Professionalität und den Laieninteressen des Publikums hin (vgl. Kepplinger/Vohl 1976: 337 f.).

4.2 Referenzen und Einflußfaktoren

mination journalistischer Thematisierung durch Public-Relations-Strategien mittlerweile theoretisch wie empirisch stark angezweifelt wird (vgl. Schweda/Opherden 1995; Saffarnia 1993).

Trotz der Inkonsistenzen zwischen unseren Befragungsresultaten und verschiedenen Inhaltsanalysen sollten die Ergebnisse nicht vorschnell und einseitig als Befragungsartefakt – als ideologische Selbstüberschätzung der Journalisten – abgetan werden. Zum einen sind die bisher durchgeführten Inhaltsanalysen zu unterschiedlich und wenig vergleichbar angelegt, um zu eindeutigen Ergebnissen zu gelangen; zum anderen messen sie in den seltensten Fällen die Entstehung massenmedialer Aussagen oder auch nur die Bedingungen für die Übernahme oder Transformation von Pressemitteilungen.

Mit Hilfe der Befragung können solche Bedingungsfaktoren eher berücksichtigt und analysiert werden. Doch zunächst sollen die verschiedenen Reaktionen und Einflußfaktoren mit Hilfe einer Hauptkomponentenanalyse zu wenigen Dimensionen[11] (→ Kapitel 9.4) zusammengefaßt werden: Dabei lassen sich drei Ebenen von Reaktionen erkennen, die man als organisiert, lebensweltlich und (inner) redaktionell bezeichnen kann (→ Tabelle 4.2-2).

Reaktionen von ...	Organisierte Reaktionen	Lebensweltliche Reaktionen	Redaktionelle Reaktionen	Kommunalität
Politikern	.75			.57
Pressestellen	.69			.51
Informanten	.61	.35		.49
Freunde/Bekannte/Familie		.83		.73
Kollegen anderer Medien	.37	.60		.60
Publikum		.43		.33
Vorgesetzten			.77	.59
Kollegen im eigenen Betrieb			.74	.56
Eigenwert/KMO	2.1	1.3	1.0	KMO=.71
Erklärte Varianz (in %)	26.1	15.8	11.7	53.6

Tabelle 4.2-2: **Dimensionierung inner- und außerredaktioneller Reaktionen auf journalistische Arbeit**

---

[11] Diese Dimensionen ermöglichen keine Aussage über den quantitativen Grad der Reaktionen, sondern nur über deren qualitative Unterteilung oder Strukturierung.

Die *erste Dimension* umfaßt die organisierten Reaktionen von Politikern, Pressestellen und Informanten. Reaktionen, die von der Familie, Freunden und Bekannten, von Kollegen anderer Medien und vom Publikum erfolgen, sind hauptsächlich als lebensweltliche Kontakte der Journalisten zu verstehen. Interessant ist die Zweitladung der Variable ‚Reaktion von Kollegen anderer Medien' auf dem Faktor ‚organisierte Reaktionen'. Dies ist Ausdruck dafür, daß Journalisten nicht nur informelle Kontakte zu ihren Kollegen bei anderen Medienorganisationen pflegen, sondern ist auch ein Indiz für die professionelle Rezeption anderer Massenmedien.

Die *zweite Dimension* wird in erster Linie durch die Reaktionen von Freunden, Bekannten und der Familie der Journalisten bestimmt und bezieht sich somit auf deren lebensweltlichen Hintergrund. Auf dieser Ebene werden auch hauptsächlich die Reaktionen der Kollegen anderer Medien angesiedelt – ein Indiz, daß diese Kollegen in erster Linie dem privaten Sektor angehören. Reaktionen des Publikums lassen sich ebenfalls am ehesten diesem Faktor zuordnen, obwohl die Ladung vergleichsweise niedrig ist. Auf jeden Fall gehört das Publikum damit der Umwelt an und wird von den Journalisten als Fremdreferenz behandelt (→ Kapitel 4.3). Eine *dritte Dimension* bilden innerredaktionelle Reaktionen von Vorgesetzten und Kollegen. Entscheidend ist, daß die Reaktionen des Publikums weder auf der gleichen Ebene erfolgen als die der Kollegen und Vorgesetzten noch auf der organisierten Ebene der Politiker, Pressestellen und Informanten.[12]

Eine vergleichbare dreidimensionale Struktur[13] findet sich auch in bezug auf die *Einflußquellen* auf die journalistische Arbeit wieder (→ Tabelle 4.2-3). Faktor 1 ist gekennzeichnet durch den Einfluß außerredaktioneller etablierter Institutionen (politische Parteien, Unternehmen, Gewerkschaften und Kirchen). Faktor 2 bilden die Referenzen innerhalb der Redaktion (Verleger/Intendanz, obere und mittlere Führungsebene sowie die Redakteure selbst). Faktor 3 setzt sich zusammen aus den unorganisierten, lebensweltlichen Einflußquellen (Publikum, Freunde/Bekannte/Fami-

---

[12] Dieser Befund ist komplementär zu Marcinkowskis (1993: 97) Vermutung, daß sich die Journalisten durch verstärkte Publikumsreferenz von anderen Bereichen in der Umwelt abgrenzen.

[13] Mit einer Ausnahme: Die Variable „PR-Einfluß" lädt auf keinem Faktor und wurde deshalb aus der Analyse entfernt (→ Kapitel 4.4).

lie) sowie erneut aus den Redakteuren selbst. Diese Doppelladung der Variablen ‚Einfluß der Redakteure' ist ein Indiz dafür, daß die strenge systemtheoretische Trennung der Journalisten in die redaktionelle Mitgliedsrolle und den lebensweltlichen Hintergrund der

Einflußquellen	Institutionelle Einflußquellen	Redaktionelle Einflußquellen	Lebensweltliche Einflußquellen	Kommunalität
politische Parteien	.78			.65
Wirtschaft	.81			.66
Gewerkschaften	.83			.73
Kirchen	.77			.60
Verlag/Intendanz	.38	.59		.50
obere Führungsebene		.87		.76
mittlere Führungsebene		.77		.64
Redakteur		.51	.53	.55
Publikum			.68	.50
Freunde/Bekannte/Familie			.80	.64
Eigenwert/KMO	3.3	1.7	1.2	KMO=.75
Erklärte Varianz (in %)	32.6	17.3	12.3	62.2

Tabelle 4.2-3: Dimensionierung der Einflußquellen auf die journalistische Arbeit

Person (vgl. Rühl 1969: 39; Rühl 1980: 285, kritisch: Baum 1994: 327 ff.) empirisch nicht trägt. Den Journalisten ist offensichtlich durchaus bewußt, daß ihre Arbeit sowohl durch ihre redaktionelle Mitgliedsrolle als auch durch ihre Person oder Persönlichkeit beeinflußt wird.

Die Konsequenzen für die Theoriebildung sind an dieser Stelle noch nicht in der gesamten Reichweite absehbar. Die Selbstbeschreibung des Systems Journalismus in Form von Befragung einzelner Journalisten deutet jedenfalls nicht auf eine reine Selbstreferenz des Sozialen hin – da eben auch personale Einflüsse berichtet werden und Journalisten nicht nur nach den Maßgaben ihrer Mitgliedsrolle arbeiten.[14] Das Ergebnis der Faktorenanalyse läßt natürlich durchaus die Möglichkeit offen, die Beziehung zwischen

---

[14] Der Verdacht, daß es sich um eine method(olog)ische Selbstreferenz handelt, kann jedoch ausgeschlossen werden. Wenngleich Journalisten im Hinblick auf ihren Beruf als Einzelpersonen befragt werden, sollten sie trotzdem in der Lage sein, die angesprochenen Probleme und Themen nicht allein wegen dieser individualistischen Methode auf eine rein personale Ebene zu verlagern. Dann würde in der Tat methodologischer Individualismus auch theoretischen Individualismus erfordern - eine logisch jedoch nicht zwingende Verbindung.

4 Die Umwelt: Fremdreferenz und Selbstreferenz

Person und Mitgliedsrolle theoretisch als Interpenetrationsverhältnis zu interpretieren und damit im engeren systemtheoretischen Rahmen zu bleiben (→ Kapitel 5.1).

Das gleichartige Muster der Reaktionen und der Einflüsse auf die journalistische Arbeit könnte so verstanden werden, daß beide Variablengruppen zusammenhängen, und zwar etwa dahingehend, daß die von den Journalisten berichteten externen und internen *Reaktionen* Ursache sind für ihre Einschätzung dieser externen und internen *Einflüsse*. Eine diesbezügliche Überprüfung fiel jedoch negativ aus. Alle Korrelationen zwischen den drei Dimensionen von Reaktionen und den drei Dimensionen von Einflüssen sind gering ($eta_i < .20$): Offensichtlich machen die Journalisten die Einflüsse innerhalb der Redaktion und von außerhalb kaum an manifesten Reaktionen auf ihre Arbeit fest. Die subjektive Einschätzung der Journalisten umfaßt für den externen (wissenschaftlichen) Beobachter also nicht direkt beobachtbare, auf offenes Verhalten zurückführbare Dimensionen[15].

Die *Erklärung* der verschiedenen Einflußgrößen ist das Ziel des nächsten Auswertungsschritts. Dazu dienen erneut die unabhängigen (Aufriß-) Variablen, die zur Beschreibung und Segmentierung des Journalismus herangezogen wurden (→ Kapitel 3.2).

Die abhängigen Variablen sind die durch eine Hauptkomponentenanalyse ermittelten Dimensionen journalistischer Autonomie, die sich wiederum in zwei Gruppen einteilen lassen: Reaktionen und Einflüsse auf die journalistische Arbeit. Da beide Gruppen aus jeweils drei Dimensionen bestehen, sind insgesamt sechs Regressionsanalysen zu rechnen (→ Kapitel 9.4.4).

Mit den in die Analyse einbezogenen Aufrißvariablen lassen sich in der ersten Gruppe am besten (zu 24 Prozent) die organisierten Reaktionen erklären (→ Tabelle 4.2-4). Als richtig erweist sich die Annahme, daß die Bekanntschaft mit Entscheidungsträgern relevanter gesellschaftlicher Gruppen ein ‚Einfallstor' für Reaktionen auf die journalistische Arbeit ist[16]. Dies gilt jedoch nicht für die Ämter, welche ein Journalist innehat.

---

[15] Offenbar fördert die Befragung latente Strukturen zu Tage, die mit einer Beobachtung redaktionellen Verhaltens allein möglicherweise unsichtbar blieben.

[16] Es sei nochmals betont, daß dieses Ergebnis weder impliziert, daß es sich um negative Reaktionen handelt noch daß damit Einfluß auf die journalistische Arbeit genommen wird. Denn es läßt sich empirisch nachweisen, daß die Dimen-

Beachtenswert sind die Effekte der beruflichen Ausbildung: Sowohl Journalisten, die sich fachlich mit Hilfe eines Studiums qualifiziert haben, als auch diejenigen, die ein Volontariat absolviert haben, bekommen überdurchschnittlich viele organisierte Reaktionen. Wichtig ist in diesem Zusammenhang auch die *Binnendifferenzierung* des Journalismus: Zeitungen und der öffentlich-rechtliche Rundfunk haben mit vielen Reaktionen auf ihre Publikationen zu rechnen, wohingegen auf die publizistischen Erzeugnisse der Zeitschriften und des privaten Hörfunks unterdurchschnittlich häufig von organisierten Gruppen oder Institutionen reagiert wird. Möglicherweise impliziert das Reaktionsverhalten auf journalistische Berichterstattung in bestimmten Medienbereichen eine Relevanzeinschätzung durch die gesellschaftliche Umwelt.

Zu diesem Befund paßt auch, daß Medien mit geringerer Reichweite und geringerer Binnenkomplexität weniger organisierte Reaktionen bekommen. Auf der anderen Seite ist das *Lokalressort* überdurchschnittlich häufig im Kontakt mit der institutionalisierten Umwelt. Dies ist plausibel vor dem Hintergrund, daß die Anzahl der Bekanntschaften mit Entscheidungsträgern ebenfalls Anlaß zu vermehrten Reaktionen gibt.

Der andere Grund, daß personelle Überschneidungen – Journalisten haben im lokalen Bereich oft Ämter in Vereinen, Parteien usw. – zu Interaktionen führen, läßt sich dagegen eher ausschließen. Entgegen der Erwartung führen im Bereich des Lokaljournalismus lebensweltliche Kontakte nicht signifikant häufiger als in anderen Ressorts zu Reaktionen auf die journalistische Arbeit. Ob aus den beiden aufgeführten Befunden auf eine „Vermachtung" auch des Lokalen zu schließen ist, ist immerhin eine berechtigte Vermutung, denn die Ergebnisse zu den subjektiv eingeschätzten Einflüssen gehen in die gleiche Richtung.

Insbesondere die *Inhaber von Leitungspositionen* erfahren Reaktionen aus der organisierten Umwelt. Dies ist ein Indiz dafür, daß Ressortleiter und Chefredakteure direkt auf bestimmte Beiträge angesprochen werden, auch wenn diese nicht von ihnen selbst

---

sionen von berichteten Reaktionen nicht auf einer Ebene anzusiedeln sind wie die entsprechenden Dimensionen von eingeschätzten Einflüssen: Die Journalisten selbst differenzieren in ihrem Antwortverhalten diesen Sachverhalt.

4 Die Umwelt: Fremdreferenz und Selbstreferenz

verfaßt wurden. So kann unter Nutzung betriebsinterner Hierarchie eventuell indirekter Einfluß ausgeübt werden. Damit einher gehen auch die weiteren Zusammenhänge: Journalisten, die viel arbeiten, viele andere Medien beruflich nutzen und vor allem viel recherchieren, werden öfter wegen ihrer Berichterstattung von organisierter Seite kontaktiert. Dies zeigt, daß sie – unabhängig von ihrer Position in der redaktionellen Hierarchie – eine *wichtige* Stellung in der Redaktion innehaben.

Ebenso lassen sich etliche Bedingungsfaktoren für *innerredaktionelle Reaktionen* ausmachen: Im Rundfunk allgemein und besonders bei den öffentlich-rechtlichen Anstalten scheint die interne Kommunikation diesbezüglich am intensivsten. Daß letztere auch das Mediensegment bilden, in dem es die meisten organisierten Reaktionen gibt, verdeutlicht einmal mehr den Sinn der theoretischen Anlage, Autonomie nicht eindimensional zu betrachten. Der ‚Druck' von außen sorgt für vermehrten internen Regelungsbedarf, der sich etwa in der Praxis des Gegenlesens äußert, denn interessanterweise spielt das Gegenlesen von Vorgesetzten eine noch größere Rolle als das von Kollegen.

Journalisten, die ein Volontariat absolviert haben, werden in der Redaktion überdurchschnittlich häufig auf ihre Arbeit angesprochen, was ein Indiz für redaktionelle Integration sein dürfte. Weiterhin erfahren festangestellte Redakteure mehr Reaktionen als freie Mitarbeiter. Die Klagen freier Journalisten über mangelnde Betreuung und Anbindung an die Redaktion sind demnach wohl berechtigt.

Auch im Hinblick auf Reaktionen innerhalb der Redaktion lohnt sich eine *Differenzierung nach Ressorts*: In den sachspezifischen Ressorts Politik, Wirtschaft, Kultur und Sport reagieren die Redakteure offensichtlich wenig auf die Arbeit ihrer Vorgesetzten, Kollegen oder Mitarbeiter. Ob dieser Sachverhalt mit der von Hienzsch (1990) festgestellten ‚Kybernetisierung' redaktionellen Handelns zusammenhängt, muß offen bleiben.

Es ist jedoch nicht auszuschließen, daß für die Auseinandersetzung mit der Arbeit der Kollegen gerade in den klassischen Ressorts keine Zeit im redaktionellen Alltag ist. Wenn man jedoch dieser Erklärung folgt, muß man auch die Ambivalenz des Indikators ‚Reaktionen auf die journalistische Arbeit' konzedieren: So stehen Reaktionen, sofern sie innerredaktionell erfolgen, für interne Kommunikation und für den Abgleich journalistischer Normen,

4.2 Referenzen und Einflußfaktoren

Autonomiedimensionen → Aufrißvariablen ↓	Redaktionelle Reaktionen	Organisierte Reaktionen	Lebensweltliche Reaktionen
Bekanntschaft mit Entscheidungsträgern***		.18	.13
Anzahl von Ämtern***	−.09		
Geschlecht (männlich/weiblich)*			
DDR-Sozialisation*			.17
Journalistik-/Publizistikstudium*			
Fachstudium*		.08	
Volontariat*	.09	.08	
Anzahl verschiedener Ausbildungen***			
Medienbereich:			
Tages-/Wochenzeitung*		.13	
Zeitschrift*		−.11	
Nachrichtenagentur*			−.16
Anzeigenblatt*			
öffentlich-rechtlicher Hörfunk*	.17	.13	
öffentlich-rechtliches Fernsehen*	.22	.09	
privater Hörfunk*	.09	−.08	
privates Fernsehen*	.08		
Größe/Komplexität der Medienorganisation***		−.09	
Verbreitung/Reichweite des Mediums**	−.08	−.09	
Ressort:			
Lokalressort*		.12	
Politikressort*	−.16		−.09
Wirtschaftsressort*	−.12		
Kulturressort*	−.08		
Sportressort*	−.08		
Unterhaltungsressort*			.07
Organisation/Produktion*			−.11
gewerkschaftliche Organisation*			
Redaktionsstatut/Statut für Frauenförderung*			
Anstellungsverhältnis (fest/frei)*	−.11		
Position in der Hierarchie**		.16	
Erfahrung (Alter/Berufsjahre)***	−.09		
Wochenarbeitszeit***		.13	.08
Anzahl beruflich genutzter Medien***	.13	.14	.11
Tätigkeiten:			
Dauer recherchieren***		.18	
Dauer Texte verfassen***			.09
Dauer andere Texte redigieren***			
Dauer Nachrichten redigieren***			
Dauer Verwaltungstätigkeiten***			
Dauer technischer Tätigkeiten***	−.08		
heterarchisches Gegenlesen***	.10		
hierarchisches Gegenlesen***	.18		
politische Differenz zur Redaktion***	−.10		
erklärte Varianz	adj. R^2 = .15	adj. R^2 = .24	adj. R^2 = .11

* = dichotome Variablen, ** = ordinale Variablen, *** = metrische Variablen; standardisierte Betas

Tabelle 4.2-4: Erklärungsfaktoren für Reaktionen auf journalistische Arbeit

aber auch für Einflußnahme und Vermachtung, sofern sie aus institutionalisierten Quellen der Umwelt stammen.

Diese Ambivalenz wird durch die folgenden Ergebnisse zusätzlich belegt: Jüngere, beruflich unerfahrenere Journalisten bekommen mehr Redaktionen – möglicherweise ein Indiz für redaktionsinterne Kontrolle. Journalisten, deren politische Einstellung nicht mit der Redaktionslinie übereinstimmt, sind offenbar weniger gut integriert. Umgekehrt herrscht eine rege interne Kommunikation in Medien mit geringer Reichweite; dies aber nicht, weil es sich um kleinere Organisationen oder Lokalressorts handelt. Vielmehr scheint der Grund darin zu liegen, daß sich die Außenressorts nicht weit entfernt von der Hauptredaktion befinden. Schließlich erhalten die Techniker weniger Resonanz auf ihre Arbeit, weil sie weniger von inhaltlicher Bedeutung ist.

Eine dritte Bedeutung kommt der Variablen auf der *lebensweltlichen Dimension* zu: der Publikumsnähe oder der Erwartungsorientierung am Publikum und privaten Kontakten. Journalisten, die viele Entscheidungsträger gesellschaftlicher Gruppen und Institutionen kennen, erfahren überdurchschnittlich häufig Reaktionen auf ihre Arbeit. Dies gilt insbesondere für Journalisten, die in der DDR aufgewachsen sind und dort ihr journalistisches Handwerk erlernt haben; es ist aber sicher nicht mit den Traditionen des sozialistischen Journalismus zu erklären, sondern mit der besonderen Sensibilität und dem Orientierungsbedürfnis des dortigen Publikums.

Unterschiede ergeben sich auch hinsichtlich arbeitsbezogener Variablen: Wer viel arbeitet und häufig andere Medien beruflich nutzt, bekommt neben den organisierten Reaktionen auch Rückmeldungen vom Publikum und aus dem Bekanntenkreis. Verstärkte Selbstreferenz im Journalismus ist also nicht mit Autarkie oder Autismus gleichzusetzen, sondern impliziert die Öffnung zu *bestimmten* Segmenten in der Umwelt – ein Befund, der (system)theoretisch prognostizierbar ist (vgl. Luhmann 1984: 250).

Ein interessantes Ergebnis finden wir in der *Differenzierung der Medienbereiche* und deren Binnendifferenzierung: Nachrichtenagenturen erhalten wenig Feedback für ihre Arbeit aus dem Publikum und aus dem privaten Umfeld. Gleiches gilt für das Politikressort und das ‚Ressort' Organisation/Produktion. Umgekehrt gibt es einen schwachen, aber signifikanten positiven Effekt des Unterhaltungsressorts auf die Häufigkeit von Reaktionen, denn im Bereich der human interest-Themen schöpfen die Redakteure oft aus privaten Quellen und bekommen von dort Rückmeldungen. Journalisten, die viel texten, werden auf ihre Beiträge häufiger privat angesprochen als Journalisten, deren Tätigkeiten weniger für Außenstehende sichtbar werden.

Die drei Einflußdimensionen sind zwar begrifflich an die Reaktionsdimensionen angelehnt; es sei aber auf einen Unterschied hingewiesen, um zu verhindern, daß Reaktionen allzu leichtfertig als Einflüsse gedeutet werden: Während auf dem Faktor ‚redaktionelle Reaktionen' sowohl die Reaktionen der Vorgesetzten als auch der Kollegen laden, setzt sich der Faktor ‚redaktionelle Einflüsse' hauptsächlich aus den Einflüssen der Vorgesetzten auf die Redaktion zusammen (→ Tabellen 4.2-2 und 4.2-3). Im ersten Fall ist weder zu bestimmen, ob überhaupt eine Einflußnahme vorliegt, noch deren Richtung; im zweiten Fall hingegen handelt es sich vorwiegend um hierarchische Einflußnahme von höheren auf untere Positionen. Nur so wird verständlich, daß das Vorhandensein eines *Redaktionsstatuts* oder eines Statuts mit frauenfördernden Maßnahmen eine geringere redaktionelle Einflußnahme impliziert.

Dazu paßt auch, daß beruflich unerfahrene und nichtleitende Redakteure den Einfluß der Redaktion höher einschätzen; gleiches gilt für Redakteure, deren Texte von Vorgesetzten gegengelesen werden. Umgekehrt ‚schützt' die Bekanntschaft mit Entscheidungsträgern gesellschaftlicher Gruppen, eine ostdeutsche (berufliche) Sozialisation, ein Fachstudium und eine hohe Wochenarbeitszeit vor redaktionellem Einfluß durch Vorgesetzte, denn diese Merkmale deuten auf eine unabhängige Arbeitsweise oder zumindest – wie möglicherweise bei ostdeutschen Journalisten – auf eine Distanz zu Vorgesetzten hin.

Besonders stark sind die innerredaktionellen, vorwiegend hierarchischen Einflüsse bei Zeitungen und Zeitschriften und immer noch überdurchschnittlich bei öffentlich-rechtlichen Fernsehanstalten. Plausibel ist auch der starke Einfluß im ‚Ressort' Organisation/Produktion, da dieses auf inhaltliche Anweisungen angewiesen ist.[17] Bemerkenswert ist schließlich, daß Journalisten,

---

[17] Warum allerdings auch im Kulturressort ein überdurchschnittlicher redaktioneller Einfluß auszumachen ist, ist nicht ohne einen Wechsel in der Argumentation zu erklären: Ob gerade Kulturjournalisten bei redaktionellem Einfluß nicht an den der Vorgesetzten, sondern des Ressorts als Organisationseinheit denken, ist mit den zugrundeliegenden Daten nicht zu klären.

welche viel recherchieren, den Einfluß der Redaktion hoch einschätzen – und ebenso die lebensweltlichen Einflüsse. Viel Recherche schützt jedoch nicht vor institutionellen Einflußnahmen.

Institutionelle Einflüsse betreffen in erster Linie Nachrichtenagenturen, die dafür weniger lebensweltlichen Einflüssen ausgesetzt sind. Der Hörfunk weckt dagegen weniger instutionelle Begehrlichkeiten. Überdurchschnittliche Einflußnahmen sind im Lokalressort zu verzeichnen. Darüber hinaus sind die wichtigsten Ressorts Politik und Wirtschaft Adressat institutioneller Steuerungsversuche, die jedoch mit intensiver journalistischer Ausbildung und mit vermehrtem Gegenlesen, egal ob durch Kollegen oder Vorgesetzte, abzuwehren sind.

Lebensweltliche Einflüsse lassen sich wiederum mit ganz anderen Kriteriumsvariablen erklären (→ Tabelle 4.2-5): Besonders Journalisten, die für Nachrichtenagenturen sowie im Politik- und im Wirtschaftsressort arbeiten, lassen sich nicht vom Publikum oder privaten Umfeld beeinflussen. In diesem Bereich dominiert wahrscheinlich redaktionelle Routine am meisten. Umgekehrt berichten vielfältig ausgebildete, beruflich noch weitgehend unerfahrene und freie Journalisten von starkem Publikumseinfluß.

Dieser Befund läßt sich ähnlich deuten: In die Redaktionen (noch) nicht vollständig sozialisierte und integrierte Journalisten markieren eine Art Grenzstelle organisierten Journalismus. Daraus läßt sich jedoch nicht notwendig auf eine verstärkte Inklusion des Publikums schließen, denn zumindest für freie Mitarbeiterschaft besteht durchaus die Möglichkeit, daß sie hauptsächlich als eine Vorstufe redaktioneller Sozialisation genutzt wird (vgl. Kastl 1994: 150 ff.).

Auch an den journalistischen Tätigkeiten läßt sich die Öffnung zur Lebenswelt erkennen: Recherchierende Journalisten berichten von lebensweltlichen Einflüssen, während diese bei Redakteuren, die eher verwalten, organisieren und für technische Aufgaben zuständig sind, unterdurchschnittlich auftreten.

Auf eine Variable lohnt es sich, gesondert einzugehen: die *politische Differenz* des einzelnen Journalisten zu seiner Redaktion. Redakteure, die nicht oder nur geringfügig von der Redaktionsauffassung abweichen, berichten vermehrt über innerredaktionelle Reaktionen und schätzen die innerredaktionellen Einflüsse auf die Berichterstattung höher ein. Umgekehrt ermöglicht eine politisch

4.2 Referenzen und Einflußfaktoren

Autonomiedimensionen → Aufrißvariablen ↓	Redaktionelle Einflüsse	Institutionelle Einflüsse	Lebensweltliche Einflüsse
Bekanntschaft mit Entscheidungsträgern*** Anzahl von Ämtern*** Geschlecht (männlich/weiblich)* DDR-Sozialisation*	–.07 –.10		 .08
Journalistik-/Publizistikstudium* Fachstudium* Volontariat* Anzahl verschiedener Ausbildungen***	 –.11 	 –.17	 .12
Medienbereich: Tages-/Wochenzeitung* Zeitschrift* Nachrichtenagentur* Anzeigenblatt* öffentlich-rechtlicher Hörfunk* öffentlich-rechtliches Fernsehen* privater Hörfunk* privates Fernsehen*	 .22 .18 .09 	 –.13 –.08 	 –.16
Größe/Komplexität der Medienorganisation*** Verbreitung/Reichweite des Mediums**			
Ressort: Lokalressort* Politikressort* Wirtschaftsressort* Kulturressort* Sportressort* Unterhaltungsressort* Organisation/Produktion*	 .09 .19	 .20 .15 	 –.11 –.08
gewerkschaftliche Organisation* Redaktionsstatut/Statut für Frauenförderung*	 –.14		
Anstellungsverhältnis (fest/frei)* Position in der Hierarchie** Erfahrung (Alter/Dauer beruflicher Tätigkeit)***	 –.16 –.10		.09 –.19
Wochenarbeitszeit*** Anzahl beruflich genutzter Medien***	–.09 		
Tätigkeiten: Dauer recherchieren*** Dauer Texte verfassen*** Dauer andere Texte redigieren*** Dauer Nachrichten redigieren*** Dauer Verwaltungstätigkeiten*** Dauer technischer Tätigkeiten***	 .12 		 .08 –.08 –.08
heterarchisches Gegenlesen*** hierarchisches Gegenlesen*** politische Differenz zur Redaktion***	 .14 –.09	–.13 –.10 	
erklärte Varianz	adj. R² = .22	adj. R² = .16	adj. R² = .10

* = dichotome Variablen, ** = ordinale Variablen, *** = metrische Variablen; standardisierte Betas

Tabelle 4.2-5: Erklärungsfaktoren für Einflüsse auf journalistische Arbeit

heterogene Redaktion weniger Einflußmöglichkeiten vornehmlich durch Vorgesetzte; es gibt hier aber auch weniger Reaktionen von den Kollegen. Die Kontakte mit und Beeinflussungen durch die institutionelle oder lebensweltliche Umwelt ist von der internen politischen Struktur nicht betroffen.

Ähnliches gilt für die Existenz eines Redaktionsstatuts, das nur Bedeutung für innerredaktionelle, nicht dagegen für externe Reaktionen und Einflüsse hat. Anders verhält es sich mit der Praxis des *Gegenlesens*: Zwar reguliert die Redaktion damit in erster Linie interne Prozesse; immerhin läßt sich jedoch feststellen, daß verstärktes Gegenlesen durch Kollegen oder Vorgesetzte institutionelle externe Einflüsse erschwert.

4.3 Das Publikum

4.3.1 Theoretische Vorbemerkungen und Operationalisierungen

Aus den bisherigen theoretischen Überlegungen und den empirischen Befunden ist deutlich geworden, daß das Publikum eine zentrale Referenz für den Journalismus ist. Doch schießen diejenigen systemtheoretischen Ansätze, die das Publikum ‚vollständig' in das System (Publizistik, Journalismus) mit einbeziehen wollen (→ Kapitel 3.1), über das Ziel hinaus. Hatten die älteren Varianten der *Kritischen Theorie* noch einen hermetisch abgeschlossenen und universellen Verblendungszusammenhang unterstellt, mit dem die Massenmedien das Publikum manipulieren (vgl. Kausch 1988: 103 ff.), so lassen die systemtheoretischen Vertreter mittlerweile das Pendel in die entgegengesetzte Richtung ausschlagen und produzieren auf diese Weise ebenfalls eine (selbstverschuldete) theoretische Aporie.[18]

---

[18] Daß es systemtheoretisch nicht notwendig ist, das Publikum zum System zu rechnen, zeigt der Ansatz von Rühl (1980: 363), der jedoch vorschnell das gesellschaftliche Funktionssystem Journalismus mit der Redaktion identifiziert und damit einen zu engen Rahmen – jedenfalls für die vorliegende Untersuchung – steckt. Auch Luhmann (1996: 42) benötigt die Inklusion des Publikums für seine Beschreibung des Systems Massenmedien nicht, weil mit der Produktion massenmedialer Inhalte die Systemoperationen abgeschlossen sind. Die Rezeption des Publikums ist Nebensache und nicht mehr konstitutiv für die Systemprozesse.

4.3 Das Publikum

Nach Bernd Blöbaum (1994: 308 ff.) gehört das Publikum per Inklusion zum System Journalismus. Den theoretisch-abstrakten Inklusionsbegriff kann Blöbaum aber nicht empirisch-operational füllen, denn Phänomene wie die Leser-Blatt-Bindung will er ausdrücklich nicht darunter verstehen. Hierbei drängt sich der Verdacht auf, daß der Autor unausgesprochen die Systemebene wechselt und eigentlich nicht Journalismus, sondern Massenkommunikation als System fokussiert. Denn es fragt sich, ob es genügt, das Publikum zum Journalismus zu rechnen, nur weil Journalisten bei der Produktion öffentlicher Aussagen an das Publikum denken oder zielgerichtet für ein (bestimmtes) Publikum publizieren. Zwar organisiert Journalismus kontinuierlich eine Vielfalt von Publika; dadurch ist aber noch keine Kongruenz der Erwartungen von Journalismus und Publikum gesichert (vgl. Rühl 1980: 366).

Noch deutlicher vertritt Frank Marcinkowski (1993: 79 ff.) die „Vermutung zirkulär kursierender Kommunikation zwischen Sender und Empfänger": Durch die zur Leistungsrolle Journalismus komplementäre Abnehmerrolle des Publikums werde eine Schließung des Systems Publizistik erreicht. Das Publikum sei demnach (Mit-) Erzeuger von Publizität und somit Systembestandteil; es sei aber „innere Umwelt" für das Leistungssystem Journalismus. Einerseits ändere sich die prinzipiell rezeptive Position des Publikums nicht, die nur als strukturelle Kopplung mit dem Journalismus bestehe und nicht als wechselseitige Beeinflussung zu verstehen sei. Andererseits wachse die Bedeutung des Publikums mit der Ausdifferenzierung des Journalismus zum aktiven Rezipienten, der (insbesondere infolge der Dualisierung des Rundfunks) zunehmend von einem kognitiven auf einen normativen Erwartungsstil umstellen könne. (Vgl. ebd.: 172 ff.)

So plausibel diese Modellierung auf den ersten Blick sein mag, so verkennt Marcinkowski dennoch, daß nicht die tatsächlichen Erwartungen des Publikums die unabhängige Variable für journalistisches Handeln bilden, sondern das Publikumsbild der Journalisten, das sich wiederum aus Kommunikationsabsichten und vorgestellten Publikumserwartungen zusammensetzt. Aus konstruktivistischer Sichtweise ist das Publikumsbild eine in die Selbstreferenz (Kommunikationsabsichten) eingebaute *Fremdreferenz* (vorgestellte Publikumserwartungen). Das Publikum bildet dabei nur eine – wenngleich relevante – Umwelt für den Journalismus, denn die kognitiven Zustände der Rezipienten bilden Eigenwer-

4 Die Umwelt: Fremdreferenz und Selbstreferenz

te, die als psychische Prozesse der Informationsverarbeitung beschreibbar sind. Diese Position entspricht auch der klassischen Arbeitsteilung zwischen Journalismusforschung einerseits und der Publikums- und Wirkungsforschung andererseits.[19]

Marcinkowski (1993: 173) führt aber ein zusätzliches Argument ein, mit dem er seine Perspektive des sozialen Systems Publizistik (genauer: des Teilsystems Rundfunk) begründet: die *Einschaltquote* als Indikator für die meßbare manifeste, von psychischen Prozessen unabhängige Erwartungsstruktur des Publikums. Ähnlich wie beim Kauf einer Zeitung und Zeitschrift handelt es sich hierbei jedoch um einen ambivalenten Indikator, der nicht eindeutig dem publizistischen oder wirtschaftlichen System zuzuordnen ist und sich somit nicht eignet, die Autopoiesis des publizistischen Systems Rundfunk zu beobachten.

Zur Begründung führt der Autor (vgl. ebd.: 183) an, daß sogar preisgünstige Sendungen abgesetzt werden, wenn sie nur wenig Publikum erreichen. Allerdings überzeugt das Beispiel nicht als Argument gegen wirtschaftliche Abhängigkeit, denn ein schlechtes Werbeumfeld rechnet sich langfristig ökonomisch nicht. Die Einschaltquote ist besonders für die stark ökonomisch determinierten Programmbereiche Unterhaltung und Werbung wichtig, nicht jedoch in demselben Maß für den Programmbereich Nachrichten/Berichterstattung, also für die eigentliche journalistische Leistung. Auf diese Weise läßt sich also die Aufwertung der Publikumsrolle nicht belegen, weil das Publikum nicht publizistisch, sondern allenfalls ökonomisch aufgewertet wird. Publizistisch wird das System Massenkommunikation erst geschlossen, wenn Verstehensprozesse seitens der Rezipienten stattfinden (vgl. Gottschlich 1980: 44 ff.).[20]

---

[19] Auch ein so anspruchsvolles Theorieangebot wie der ‚dynamisch-transaktionale Ansatz' der Wirkungsforschung (vgl. Früh/Schönbach 1991) steht dazu nicht im Widerspruch, sofern er die komplementären Erwartungen und Images konstruktivistisch und nicht substantialistisch interpretiert.

[20] Der *tatsächliche* Bezug zum Publikum und Annahmen über dessen Nutzung(sgewohnheiten) und die Wirkungen journalistisch hergestellter massenmedialer Berichterstattung auf Kognitionen, Emotionen, Einstellungen und Verhaltensweisen des Publikums können jedenfalls nicht am grünen Tisch der Systemtheorie entschieden werden, sondern sind empirische Fragestellungen, die im Rahmen der Publikums- und Wirkungsforschung behandelt werden müssen.

Eine weitergehende *publizistische* Aufwertung des Publikums war bereits Ende der 70er und Anfang der 80er Jahre im Gespräch, und zwar vor dem Hintergrund der *Bürgerbeteiligung* und der Kritik alternativer Medien(konzepte) an den ‚bürgerlichen' Medien. Danach sollten insbesondere Betroffene (von Entscheidungen der institutional-administrativen Politik) selbst und unverfälscht zu Wort kommen (vgl. zusammenfassend Scholl/Bobbenkamp 1993). Konsequent weitergedacht, impliziert die Generalisierung solcher Auffassungen jedoch den Verzicht auf Berufsjournalismus. Eine Realisierung ist nur in den Nischen der Gegenöffentlichkeit produzierenden alternativen Medien möglich und von den Befürwortern auch nur für diesen Bereich vorgesehen, aber nicht auf den ‚normal' funktionierenden organisatorisch-dominierten Journalismus übertragbar.

Eine gegenüber den praktischen und politisch motivierten Überlegungen stärker auf theoretische Reflexion bauende und gemäßigtere Position bezieht etwa die „österreichische Schule" (Baum 1994: 263). Danach besteht die zentrale journalistische Leistung ‚nur' noch darin, „Bedingungen zur Möglichkeit der Teilhabe an Welt mittels bereitgestellter Themen" (Gottschlich 1980: 38) zu schaffen. Mit stärkerem Blick auf die politische Öffentlichkeitsfunktion des Journalismus postuliert Achim Baum (1994: 320): „Nur so läßt sich auch der Journalismus in der modernen Massendemokratie rechtfertigen: durch eine Massenkommunikation, deren ‚Scheitern' zugleich ihren ‚Erfolg' darstellt, indem sie die Kommunikation der Bürger anschiebt" und sich somit in ihrer Verwirklichung aufhebt.

Baum (1994: 402) setzt folglich auf einen „argumentativen Journalismus" mit selbstbewußten journalistischen Akteuren, die ihren Erfolg darin sehen, Massenkommunikation in der Kommunikation aller Betroffenen quasi aufzulösen, indem sie „Werte interpretieren, Beiträge zu Problemlösungen leisten, gute Gründe produzieren und schlechte entwerten" (Habermas 1990: 44).

Solche Forderungen mögen zwar *normativ* gut begründet sein, sie eignen sich aber nur als Korrektiv für eine defizitäre journalistische Wirklichkeit, deren Analyse sie voraussetzen, aber nicht selbst leisten. Insbesondere ist an keiner Stelle die Rede davon, wie Journalisten (als Praktiker) und Wissenschaftler (als Theoretiker) derartige Postulate operationalisieren sollen.

4 Die Umwelt: Fremdreferenz und Selbstreferenz

Tatsächlich sind die Rollen von Produzenten öffentlicher Aussagen und den Rezipienten strikt getrennt. Eine Überbrückung ist substantiell nicht möglich, sondern allenfalls operativ über wechselseitige Erwartungs- und Eindrucksbildung. Daran können grundsätzlich auch Umfragen über die Erwartungen der Rezipienten an den Journalismus der von ihnen rezipierten Medien nichts ändern. Folgerichtig kann eine Analyse des Systems Journalismus nicht das tatsächliche Publikum und dessen Erwartungen einbeziehen, sondern allenfalls die im Journalismus kursierenden Publikumsbilder und deren mögliche Handlungsrelevanz.

Der Blick auf die einschlägige kommunikatorzentrierte Forschung über das Publikumsbild zeigt, daß hier journalismuskritische Thesen dominieren, wonach Journalisten ihr Publikum mißachten oder verachten. Dabei wird oft mit pauschalierenden Unterstellungen statt mit empirischer Analyse gearbeitet. Insbesondere das bis heute vielbeachtete „Pamphlet" von Glotz und Langenbucher (1993 [1969]) fällt durch Kurzschlüsse von den Inhalten medialer Berichterstattung auf das Publikumsbild der Journalisten auf. Dabei stilisieren sich die Autoren zu Anwälten des „mißachteten Lesers", den sie selbst besser zu kennen glauben als die Journalisten.

Außerdem muß immer wieder der vermeintliche *Zynismus von Journalisten* als unabhängige (erklärende) Variable für journalistisches Handeln herhalten, statt die *Herkunft* negativer Publikumsbilder selbst zu erklären (vgl. Donsbach 1982: 229 ff.; kritisch: Baum 1994: 398). Ähnlich wie bei der Frage nach journalistischer Autonomie soll deshalb in der folgenden Auswertung die Variable Publikumsbild vom Explanans ins Explanandum wandern (→ Kapitel 4.2).

Die theoretischen Vorüberlegungen haben für die empirische Analyse zwei Aspekte deutlich gemacht: Zunächst ist das Publikum für den Journalismus eine wichtige Umwelt, über die Erwartungen gebildet werden. Dies gilt nicht nur für den thematisch- und zielgruppenspezifischen, sondern auch für themenuniversellen Journalismus, der sich an ein disperses Publikum richtet. Demnach kommt es weniger darauf an, ob einzelne Journalisten ein zynisches Publikumsbild haben oder nicht, sondern, wie das Publikumsbild funktional auf die Berichterstattung bezogen ist.

Eine mögliche journalistische Mißachtung des Publikums ist nur relevant, wenn sie seitens der Rezipienten zu direkter Abstinenz journalistischer Kommunikationsofferten führt, die sich etwa in Abonnementskündigungen oder Quotenverlusten[21] journalistisch produzierter Beiträge im Vergleich zu reinen Unterhaltungsangeboten messen läßt, oder wenn sie sich mittel- oder langfristig in Nutzungs-, Bindungs- und Glaubwürdigkeitsverlusten niederschlägt, die durch Publikumsbefragungen ermittelt werden können (vgl. Berg/Kiefer 1996). Vor dem Hintergrund dieser Argumentation ist von vornherein ein generell oder zumindest in speziellen Merkmalsbereichen eher positives Publikumsbild der Journalisten zu erwarten: Journalisten schreiben oder senden für ein bestimmtes Publikum, das sie immerhin für fähig und willens halten müssen, diese Kommunikationsofferten anzunehmen und zu rezipieren[22].

Für die konkrete empirische Operationalisierung des Publikumsbildes stehen mehrere Wege offen. Häufig anzutreffen ist die Kombination aus einer offenen Frage nach den Eigenschaften des Publikums mit einem anschließenden *semantischen Differential* (Polaritätenprofil), bei dem eine Reihe von Eigenschaftspaaren vorgegeben wird (vgl. Weischenberg/von Bassewitz/Scholl 1989: 287 f.). In der „JouriD"-Studie wurden die Befragten gebeten, auf einer fünfstufigen Skala Einschätzungen über ihr *tatsächliches* Publikum[23] abzugeben. Darüber hinaus kann auch nach der Herkunft des Publikumsbildes oder nach den vermuteten *Interessen der Rezipienten* an bestimmten medialen Inhalten oder Sparten bzw. Programmteilen gefragt werden (vgl. Peetz 1993: 208). Letzteres ist insbesondere dann sinnvoll, wenn Daten zu den Interessens-

---

[21] Dieses Argument steht nicht im Widerspruch zur Ablehnung der Quotenmessung als *publizistischem* Indikator für Publikumsrelevanz, denn sie soll hier nicht als wissenschaftlicher Beleg für die Relevanz des Publikumsbildes dienen. Vielmehr könnte sie von Journalisten selbst (oder von Verlegern und Programmverantwortlichen) als indirekter Indikator für die Brauchbarkeit ihrer Publikumsvorstellungen benutzt werden.

[22] Weiterhin ist darauf hinzuweisen, daß diese Erwartungen unter *Unsicherheit* entstehen. Obwohl das Publikumsbild durch ganz unterschiedliche Quellen gespeist sein dürfte, ist es in einer Massengesellschaft notgedrungen weitestgehend unabhängig von *direkten* Erfahrungen und Interaktionen. Darüber hinaus wäre sicher auch die Intensität und die Herkunft des Publikumsbildes von Interesse. Diese Variablen konnten im Kontext der Studie jedoch nicht erhoben werden

[23] Es geht dabei also nicht um die gewünschte und avisierte Zielgruppe. Auf diesen wichtigen Unterschied macht Hasebrink (1997: 266 f.) aufmerksam.

4 Die Umwelt: Fremdreferenz und Selbstreferenz

bekundungen der Rezipienten vorliegen, um sie mit den journalistischen Einschätzungen vergleichen zu können. Schließlich kann auch der *direkte Kontakt* von Journalisten mit dem Publikum ein Indikator für Nähe oder Entfremdung sein (vgl. Burgoon et al. 1987).

4.3.2 Empirische Befunde

Die Mittelwerte des Polaritätenprofils lassen gemäß den theoretischen Erwartungen ein leicht positives Bild erkennen (→ Tabelle 4.3-1).

Eigenschaften des Publikums	$\bar{x}$*	s	N
engstirnig/aufgeschlossen	3.46	0.88	1473
politisch uninteressiert/politisch interessiert	3.44	0.95	1476
schlecht informiert/gut informiert	3.42	0.88	1479
ungebildet/gebildet	3.39	0.82	1475
unkritisch-anspruchslos/kritisch-anspruchsvoll	3.36	0.92	1476
verantwortungslos/verantwortungsvoll	3.32	0.76	1473
ängstlich/selbstsicher	3.19	0.83	1473
oberflächlich/gewissenhaft	3.18	0.83	1470
konservativ/fortschrittlich	3.16	0.95	1475
unengagiert/engagiert	3.12	0.90	1479
kleinbürgerlich/weltoffen	3.12	0.93	1475
intolerant/tolerant	3.11	0.84	1473
alt/jung	3.02	0.76	1469
politisch links/politisch rechts	3.05	0.75	1473
arm/reich	2.90	0.69	1472
einflußlos/einflußreich	2.80	0.81	1473
Gesamtdurchschnitt (ohne alt/jung und politisch links/rechts)	3.20	0.86	1448

* Der Mittelwert wird aus einer Skala von 1 (= linker Begriff trifft zu) bis 5 (= rechter Begriff trifft zu) berechnet.

Tabelle 4.3-1: Journalistische Publikumsbilder

Fast alle Items liegen über dem Skalenmittelpunkt und somit auch der Gesamtdurchschnitt (3,2). Nur die Einschätzungen von arm/reich und einflußlos/einflußreich liegen unterhalb von 3. Pro Item gaben nur jeweils ungefähr 20 Befragte keine Auskunft über eine Zuordnung ihres Publikums. Dies bedeutet – vorsichtig argumentiert –, daß die vorgegebenen Eigenschaftspaare weitgehend als brauchbar zur Beschreibung des Publikums akzeptiert wurden. Am wenigsten streuen die Beurteilungen der Eigenschaften arm/

4.3 Das Publikum

reich, jung/alt, links/rechts, die eher beschreibenden als bewertenden Charakter haben und von verantwortungslos/verantwortungsvoll, worüber ebenfalls weniger Dissens besteht als bei anderen bewertenden Zuschreibungen.

In einem zweiten Schritt sollen die Eigenschaftspaare mit einer *Hauptkomponentenanalyse* dimensioniert werden (→ Tabelle 4.3-2). Danach kann das Publikumsbild dreidimensional gefächert werden, wobei die erste Dimension hinsichtlich ihrer Erklärungskraft dominiert. Die dieser Dimension zugeordneten Eigenschaften charakterisieren das Publikum mit *staatsbürgerlichen Merkmalen*, die sowohl kognitive (schlecht informiert vs. gut informiert, ungebildet vs. gebildet, oberflächlich vs. gewissenhaft) als auch motivationale (politisch uninteressiert vs. politisch interessiert, unkritisch-anspruchslos vs. kritisch-anspruchsvoll) und verhaltensbezogene Aspekte (verantwortungslos vs. verantwortungsvoll, unengagiert vs. engagiert) umfassen.

Eine zweite Dimension ist durch *ideologische Merkmale* gekennzeichnet. Diese umfassen nicht nur wertbeladene (konservativ vs. fortschrittlich, kleinbürgerlich vs. weltoffen, engstirnig vs. aufgeschlos-

Eigenschaften des Publikums	Staatsbürgerliche Merkmale	Ideologische Merkmale	Schichtbezogene Merkmale	Kommunalität
verantwortungslos/verantwortungsvoll	.72			.55
unkrit.-anspruchslos/krit.-anspruchsvoll	.70	.32		.62
ungebildet/gebildet	.68			.60
pol. uninteressiert/pol. interessiert	.68			.47
oberflächlich/gewissenhaft	.66			.48
schlecht informiert/gut informiert	.66	.31		.58
unengagiert/engagiert	.58	.35		.47
alt/jung		.73		.61
konservativ/fortschrittlich	.32	.73		.63
kleinbürgerlich/weltoffen	.36	.65		.63
engstirnig/aufgeschlossen	.43	.64		.60
intolerant/tolerant		.61		.47
politisch links/politisch rechts	−.31	−.57	.31	.52
arm/reich			.82	.68
einflußlos/einflußreich			.78	.64
ängstlich/selbstsicher		.37	.51	.46
Eigenwert/KMO	6.0	1.8	1.3	KMO=.91
Erklärte Varianz (in %)	37.3	11.2	7.8	56.3

Tabelle 4.3-2: Dimensionen journalistischer Publikumsbilder

sen, intolerant vs. tolerant), sondern auch rein beschreibende Aspekte (politisch links vs. politisch rechts, alt vs. jung).

Schließlich ergibt sich eine dritte Dimension, die sich aus *schichtbezogenen Merkmalen* zusammensetzt (arm vs. reich, einflußlos vs. einflußreich, ängstlich vs. selbstsicher). Die Beschreibung des Publikums auf der Links-Rechts-Skala läßt sich zwar hauptsächlich in der ideologischen Dimension verorten, korreliert sekundär aber auch mit staatsbürgerlichen Eigenschaften. Journalisten trauen einer politisch eher linksgerichteten Gesinnung der Rezipienten offenbar ein wenig mehr demokratieförderliche Tugenden zu als einer politisch rechten Einstellung. Umgekehrt schätzen sie reiche, einflußreiche und selbstsichere Rezipienten eher als politisch rechtsstehend ein. Solche Vorstellungen dürften jedoch keine journalismusspezifischen, sondern eher in der Bevölkerung allgemein verbreitete Stereotypen sein.

In einem dritten Schritt soll nun überprüft werden, ob es hinsichtlich der drei Dimensionen Unterschiede in den verschiedenen Teilsegmenten des Journalismus gibt (→ Tabelle 4.3-3). Ein *staatsbürgerliches Publikum* schwebt insbesondere Journalisten vor, die ihr Handwerkszeug in der ehemaligen DDR gelernt haben, und solchen, die mehrere Ausbildungen absolviert haben. Dieses Publikumsbild finden wir häufiger bei Zeitungsjournalisten, seltener aber bei Anzeigenblattredakteuren und Redakteuren des privaten Hörfunks.

Journalisten konstruieren sich offenbar ihre Rezipienten jeweils in Anlehnung an die ressortspezifischen Inhalte. So favorisieren Politik- und Wirtschaftsredakteure – aber eben nicht die Sportredakteure – die Vorstellung von einem ‚staatsbürgerlichen Publikum'. Ähnlich ist die Situation in Redaktionen, die ein Redaktionsstatut oder ein Statut für frauenfördernde Maßnahmen haben. Überhaupt scheint es sich hierbei um homogenere und kommunikationsaktivere Institutionen zu handeln: Die Journalisten bekommen viele Reaktionen aus der Redaktion und haben nur eine geringe politische Distanz zueinander.

Weniger gut erklärbar ist, daß ausgerechnet in Medienorganisationen von geringerer Komplexität, aber mit größerer Reichweite, in denen die Redakteure zudem weniger andere Medien beruflich nutzen, dem Leser oder Zuschauer staatsbürgerliche Eigenschaften zugeschrieben werden. Mögliche Erklärung: Vielleicht läßt sich ein idealisiertes Rezipientenverständnis nur aufrecht er-

4.3 Das Publikum

Dimensionen journalistischer Publikumsbilder → Aufrißvariablen ↓	Staatsbürgerliche Merkmale	Ideologische Merkmale	Schichtbezogene Merkmale
Bekanntschaft mit Entscheidungsträgern***			.08
Anzahl von Ämtern***			.07
Geschlecht (männlich/weiblich)*			
DDR-Sozialisation*	.12	.12	−.13
Journalistik-/Publizistikstudium*			
Fachstudium*			
Volontariat*	−.15		
Anzahl verschiedener Ausbildungen***	.18		.14
Medienbereich:			
Tages-/Wochenzeitung*	.17		
Zeitschrift*		.15	.14
Nachrichtenagentur*			.11
Anzeigenblatt*	−.10		
öffentlich-rechtlicher Hörfunk*			
öffentlich-rechtliches Fernsehen*			
privater Hörfunk*	−.08	.08	
privates Fernsehen*			
Größe/Komplexität der Medienorganisation***	−.10	−.15	
Verbreitung/Reichweite des Mediums**	.10	.11	
Ressort:			
Lokalressort*			
Politikressort*	.12	.09	
Wirtschaftsressort*	.10		.11
Kulturressort*			
Sportressort*	−.07		
Unterhaltungsressort*			
Organisation/Produktion*			
gewerkschaftliche Organisation*			−.08
Redaktionsstatut/Statut für Frauenförderung*	.11	.22	−.07
Anstellungsverhältnis (fest/frei)*			−.13
Position in der Hierarchie**			
Erfahrung (Alter/Dauer beruflicher Tätigkeit)***	.07		
Wochenarbeitszeit***	.09		.08
Anzahl beruflich genutzter Medien***	−.10	−.12	
Tätigkeiten:			
Dauer recherchieren***	.07		−.13
Dauer Texte verfassen***			
Dauer andere Texte redigieren***			
Dauer Nachrichten redigieren***			
Dauer Verwaltungstätigkeiten***		−.07	.12
Dauer technischer Tätigkeiten***			
heterarchisches Gegenlesen***			
hierarchisches Gegenlesen***			−.11
politische Differenz zur Redaktion***	−.09	−.17	
redaktionelle Reaktionen***	.08		
organisierte Reaktionen***		−.09	
lebensweltliche Reaktionen***		.08	
redaktionelle Einflüsse***			
institutionelle Einflüsse***		−.09	
lebensweltliche Einflüsse***	.08		
erklärte Varianz	adj. R² = .14	adj. R² = .23	adj. R² = .14

* = dichotome Variablen, ** = ordinale Variablen, *** = metrische Variablen; standardisierte Betas

Tabelle 4.3-3: Erklärungsfaktoren für Dimensionen von Publikumsbildern

4 Die Umwelt: Fremdreferenz und Selbstreferenz

halten, wenn in der Redaktion ein ‚verschworener Gemeinschaftssinn' herrscht. Schließlich sind es die erfahrenen, viel arbeitenden und viel recherchierenden Journalisten, die ein staatsbürgerliches Publikumsbild hochhalten – und damit wahrscheinlich ihre berufliche Tätigkeit legitimieren.

Auf den ersten Blick ähnliche Verhältnisse sind erkennbar, wenn es um die *ideologische Dimension* geht: Wer sozialistischen Journalismus gelernt hat, im Politikressort und in kleinen Medienorganisationen arbeitet, wenig politische Distanz zu den Redaktionskollegen aufweist, wenig organisierte Reaktionen und Einflüsse zu spüren bekommt und sich wenig beruflich mit anderen Medien beschäftigt, hält sein Publikum für jung, fortschrittlich, weltoffen, aufgeschlossen, tolerant und politisch eher links.

Doch dieses Bild ist ambivalent und enthält eine – durch die Faktorenanalyse nicht unmittelbar sichtbar werdende – zweite ‚Lifestyle-Seite'. Denn es wird vorwiegend in Zeitschriftenredaktionen und im privaten Hörfunk gepflegt, und zwar von Journalisten, die viele lebensweltliche Reaktionen auf ihre Beiträge bekommen. Diese Doppelstruktur scheint typisch für modernen Journalismus mit Infotainment-Elementen; darauf wird in Verbindung mit dem beruflichen Selbstverständnis (→ Kapitel 5) noch näher einzugehen sein. Daß diese Dimension des Publikumsbildes am meisten die Ausdifferenzierung des Journalismus kennzeichnet, belegt der vergleichsweise hohe Anteil erklärter Varianz von 23 Prozent im Gegensatz zu den anderen Dimensionen, die sich nur zu jeweils 14 Prozent durch die in die Regressionsanalyse einbezogenen unabhängigen Variablen erklären lassen.

Das Bild eines betagten, politisch eher rechts stehenden sowie einflußreichen und selbstbewußten Publikums findet sich hauptsächlich bei festangestellten, gut ausgebildeten Journalisten, die selbst mehrere Ämter ausüben und gut bekannt sind mit Entscheidungsträgern, bei Zeitschriften oder Agenturen und im Wirtschaftsressort arbeiten, interessanterweise aber nicht überdurchschnittlich in leitenden Positionen oder bei besonders berufserfahrenen Redakteuren, wie zu erwarten gewesen wäre.

Dennoch deutet einiges darauf hin, daß es sich um höhergestellte Journalisten handelt: Sie arbeiten viel, üben dabei insbesondere viele Verwaltungstätigkeiten aus, recherchieren aber wenig und lassen ihre Beiträge nicht von Vorgesetzten gegenlesen. Es sind ferner Journalisten, die nicht gewerkschaftlich organisiert sind und nicht in Medienorganisationen mit Redaktionsstatut arbeiten. Redakteure, die in Ostdeutschland sozialisiert wurden und dort arbeiten, können sich mit einem ‚elitären' Publikumsbild überhaupt nicht anfreunden.

Auffällig sind schließlich die Bereiche, in denen kein profiliertes Publikumsbild besteht. So haben Redakteure des öffentlich-rechtlichen Rundfunks und Lokaljournalisten ein in allen drei Dimensionen durchschnittliches Image von ihrem Publikum. Offensichtlich haben sie keine bestimmten Publikumssegmente vor Augen, sondern halten ihr Publikum für bevölkerungsrepräsentativ. Erstaunlich ist dagegen, daß Kultur- und Unterhaltungsjournalisten ‚nur' durchschnittliche Publikumsbilder haben. Die formale Position in der redaktionellen Hierarchie hat ebenfalls keinen Einfluß auf eine mögliche Publikumsspezifizierung. Hier wären funktionale Differenzierungen zu erwarten gewesen. Möglicherweise hätten sich Unterschiede ergeben, wenn man statt nach dem tatsächlichen Publikum nach den angestrebten Zielgruppen gefragt hätte.

Angesichts der empirisch ermittelten Ausdifferenzierungen erscheint die *Rede von Publikumsmißachtung* der Journalisten eindimensional und einseitig. Eher ist das jeweilige Publikumsbild an die medialen Erfordernisse und organisatorischen Strukturen angepaßt und natürlich auch individuell bedingt, wie die teilweise geringen Anteile erklärter Varianz andeuten.

Mit den vorliegenden Daten kann selbstverständlich nicht beurteilt werden, ob die Publikumsbeschreibungen der Journalistinnen und Journalisten differenziert genug oder gar richtig sind, also mit den tatsächlichen Publikumssegmenten übereinstimmen. Hierzu wären Publikumsbefragungen und Erhebungen zu deren (massen-) kommunikativen Bedürfnissen erforderlich. Soviel steht jedoch fest: Selbst wenn Journalisten privat publikumsverachtend denken und sich gegenüber Kollegen so äußern; für ihre Berichterstattung ist eine solche Einstellung langfristig entweder nicht durchzuhalten oder nicht relevant. So gesehen könnten sozial erwünschte Antworten der Befragten sogar ‚realistischer' sein als ehrliche, aber rein private und somit beruflich irrelevante Auskünfte.

4.4 Public Relations

4.4.1 Theoretische Vorbemerkungen und Operationalisierungen

Die Beziehung zwischen Journalismus und Public Relations wird – auch empirisch gestützt – meist in der Form einseitiger oder wechselseitiger Einflußnahme zwischen zwei Systemen beschrieben. Dabei kann theoretisch noch nicht abschließend darüber befunden werden, ob es sich tatsächlich um zwei Teilsysteme öffentlicher Kommunikation handelt (vgl. z. B. Bentele 1994: 252). Zwar wurde vor allem von Ronneberger und Rühl die Systemizität von Public Relations behauptet; die funktionale Abgrenzung zum Journalismus will jedoch nicht recht gelingen, wenn die Leitfunktion im Journalismus wie in den Public Relations in der öffentlichen Thematisierung bestehen soll (vgl. Ronneberger/Rühl 1992: 252).[24]

Gegen den Systemcharakter von Öffentlichkeitsarbeit spricht deren funktionale Abhängigkeit von anderen Systemen (vgl. Baerns 1985: 15 f.; Faulstich 1992: 23; Marcinkowski 1993: 224 ff.). Die Ziele und Zwecke von PR sind an andere Systeme gebunden, nur in der Wahl der Instrumente besitzen sie operative Eigenständigkeit (vgl. Weischenberg 1995: 211):

> „Innerhalb einer systemtheoretischen Perspektive ist es deshalb (vorläufig) plausibler, Öffentlichkeitsarbeit als operative Ausprägung von Systemen (wie Politik oder Wirtschaft) zu betrachten."
> (Löffelholz 1997: 188)

Unabhängig von der definitorisch-funktionalen Problematik wird die Beziehung zwischen Public Relations und Journalismus meist als Informationsfluß und in Form eines *Input-Output-Modells* dargestellt. Die Medien der Öffentlichkeitsarbeit (Pressekonferenzen, Pressemitteilungen usw.) stellen dabei den Input bzw. die Quellen

---

[24] Es geht bei dieser Fragestellung nicht nur um eine rein definitorische Problematisierung, denn die Beschreibung des Verhältnisses von Journalismus und Public Relations als Inter-System-Konstellation zweier (gleichwertiger) Systeme führt zu anderen Schlußfolgerungen als die Annahme einer System-Umwelt-Beziehung, wie die zahlreiche Literatur zum Themenkomplex Politik und Medien eindrucksvoll belegt: Das Verhältnis zwischen Politik (und deren Öffentlichkeitsarbeit) und (journalistisch hergestellten) Medien wird dort wahlweise als Interdependenz, Instrumentalisierung, Symbiose oder Interpenetration charakterisiert.

4.4 Public Relations

für die journalistische Berichterstattung, also den massenmedialen Output, dar.

Aus der Perspektive der Öffentlichkeitsarbeit kann man mit Medienresonanzanalysen den Erfolg der PR-Kommunikation als Niederschlag in den journalistischen Medien messen oder mit Input-Output Analysen den Einfluß auf die journalistische Selektions- und Publikationsleistung ermitteln (vgl. etwa Baerns 1985). Die daraus resultierende Determinationsthese im Bereich der Entstehung öffentlicher Aussagen gleicht jedoch dem Stimulus-Response Modell im Bereich der Wirkungsforschung und dürfte somit der Komplexität der Beziehungen nicht gerecht werden (vgl. zur Kritik Schweda/Opherden 1995: 209 f.; Löffelholz 1997: 188). Einfluß muß dann nämlich als *Nullsummenspiel* definiert werden, wonach der Einfluß des einen Systems negativ mit dem des anderen Systems korreliert (vgl. Baerns 1985: 17).

Alternative Erklärungen der Beziehung zwischen Public Relations und Journalismus, etwa als symbiotische Win-Win Situation, in der beide Systeme nicht nur voneinander abhängig sind, sondern auch noch voneinander profitieren, werden gar nicht erst in Betracht gezogen. Berücksichtigt man diesen Aspekt, darf Öffentlichkeitsarbeit ihren Einfluß auf Kosten des Journalismus gar nicht maximieren, denn sie braucht den prinzipiell unabhängigen Journalismus, um die Zuschreibung der Ressource *Glaubwürdigkeit* durch das Publikum oder die Öffentlichkeit zu gewährleisten (vgl. Barthenheier 1982: 25; Szyska 1997: 222 f.).

Prinzipiell bieten sich zwei Alternativen zu den aufgeführten (einseitigen) Modellierungen an: Zum einen läßt sich das Beziehungsgefüge als Interdependenz oder „Intereffikation" (vgl. Bentele/Liebert/Seeling 1997) beschreiben. Allerdings sind (journalistisch hergestellte) Massenmedien und Public Relations in diesem Verständnis *Leistungssysteme* des publizistischen Systems, was auf eine voraussetzungsreiche, aber empirisch nicht überprüfte Inter-System-Beziehung hinausläuft. Zwar ist damit keine Symmetrievorstellung impliziert (vgl. ebd.: 227), aber diese Perspektive erfordert einen Beobachterstandpunkt jenseits beider Systeme und kann deren Binnenperspektiven nicht direkt für sich nutzbar machen.

Statt den Wirkungsaspekt zu fokussieren, läßt sich – analog zur Mediennutzungsforschung – auch hier eine ‚rezipientenorientierte' Perspektive denken. Nicht der tatsächliche Einfluß von Public

Relations auf Journalismus wäre dann zu ermitteln, sondern der Gebrauch von PR-Produktionen durch den Journalismus. Die Theorie autopoietischer Systeme unterstützt eine solche Modellierung: Von ihr ausgehend können Nutzung, Nutzen und Gefahren der Öffentlichkeitsarbeit für die (Re-) Produktion journalistischer Medieninhalte thematisiert werden, ohne eine übergeordnete Beobachterposition einnehmen zu müssen. Die Beziehung zwischen Journalismus und Public Relations wird demnach nicht als Einfluß, sondern als *strukturelle Kopplung*[25] beobachtet (→ Kapitel 5.1).

Das Konzept der strukturellen Kopplung ist allgemeiner und voraussetzungsloser (damit aber auch theoretisch weniger informativ) als die Konzepte von Determination und Interdependenz. Ausgangspunkt ist die selbstreferentielle Beobachtung des Journalismus, das heißt, daß Journalismus seine Umwelt mit Hilfe seiner spezifischen Operationsweisen – also streng genommen nur im Kontakt mit sich selbst – beobachtet. Fremdreferenz wird dadurch einbezogen, daß der Journalismus nach Anlässen zur aktuellen Wirklichkeitskonstruktion entweder aktiv sucht (Recherche), fremde Wirklichkeitskonstruktionen mit überprüfender Nachrecherche verarbeitet oder ohne die Nachrecherche direkt als Verlautbarung übernimmt. Auch die Öffentlichkeitsarbeit stellt solche Kontakte und Möglichkeiten zur aktuellen Wirklichkeitskonstruktion her, indem sie dazu Anlässe in Form von Pressekonferenzen und PR-Mitteilungen schafft (vgl. Löffelholz 1997: 189 ff.).

Die Konzeption der strukturellen Kopplung trifft keine Aussagen über Ursache und Wirkung der Beziehung: Ob Public Relations journalistische Selektions- und Konstruktionsentscheidungen beeinflussen, weil sie die operativen Regeln des Journalismus simulieren und deren Autonomie dadurch unterlaufen, oder ob umgekehrt die Journalisten nur solche PR-Informationen auswählen, die

---

[25] In manchen Publikationen wird der Begriff „Interpenetration" vorgezogen, um die wechselseitigen Anpassungsprozesse und Resonanzen zu kennzeichnen. Auch dieses Konzept impliziert jedoch weder eine Auflösung der Systemgrenzen durch ein symbiotisches Supersystem noch eine Außensteuerung (vgl. Weischenberg 1995: 239). Die Bezeichnung strukturelle Kopplung wird hier vorgezogen, weil sie etwas konkreter ist als das allgemeinere wechselseitige Durchdringen zweier Systeme.

4.4 Public Relations

bereits angepaßt sind an journalistische Standards, läßt sich von diesem Standpunkt aus nicht unterscheiden oder gar entscheiden.

Public Relations und ihre Pressemitteilungen gehören zwar zur Umwelt des Journalismus und journalistischer Berichterstattung, aber sie simulieren bis zu einem gewissen Grad seine Strukturen. Dadurch kann es PR gelingen, die Kontingenz journalistischer Selektionen zu reduzieren und partiell und temporär erwünschte Wirklichkeiten im journalistischen System zu schaffen, ohne jedoch dessen *operationale* Geschlossenheit zu berühren.

Erst auf der individuellen Akteurs- oder auf der kollektiven Organisationsebene – also mit dem Wechsel von der System- auf die Handlungsebene – können Öffentlichkeitsarbeiter oder PR-Organisationen Einfluß auf Journalisten oder Redaktionen erlangen. Die Bedeutung von Öffentlichkeitsarbeit für Journalisten hängt von der *Nähe* ab, die sie in der täglichen Arbeit zu ihr besitzen; die Chance für Public Relations, journalistisches Handeln zu beeinflussen, ist prinziell umso größer, je weniger Zeit die Medienakteure für die eigene Informationssammlung aufwenden können (vgl. Weischenberg 1995: 212 f.).

Die Frage des Einflusses von Public Relations auf Journalismus stellt sich auf der Systemebene spätestens dann wieder, wenn die Operationsweisen des Journalismus dauerhaft und umfassend gefährdet sind. Dies wäre der Fall, wenn sich ‚der' Journalismus fast ausschließlich auf die Informationsvorleistungen der Öffentlichkeitsarbeit („information subsidies") verlassen würde (vgl. van Slyke Turk 1986; Shoemaker/Reese 1991).[26]

Die Beziehungen zwischen Public Relations und Journalismus sind so vielfältig und vieldimensional, daß ein eigenständiger Multi-Methoden-Ansatz nötig wäre, um sie umfassend zu beschreiben und zu analysieren. Im Rahmen einer Befragung von Journalisten ist es jedoch zumindest möglich, die Einfluß*möglichkeiten* von Öffentlichkeitsarbeit auf die redaktionelle Arbeit zu analysieren, wenn auch nicht tatsächlich nachzuweisen.

Die Operationalisierung dieses Aspekts erfolgte im Rahmen der „JouriD"-Studie in drei Bereichen: Zuerst sollten die Journalisten

---

[26] An diesem Zusammenhang läßt sich gut zeigen, daß eine handlungsbezogene individualistische Perspektive auf methodischer Ebene durchaus aggregierbar ist zu einer systemischen, akteursunabhängigen Perspektive auf theoretischer Ebene.

den *generellen Einfluß von Öffentlichkeitsarbeit* auf ihre eigene Tätigkeit beurteilen. Im Vergleich mit anderen Einflußsphären (→ Kapitel 4.2) kann auf diese Weise die relative Bedeutung von Public Relations für den Journalismus ermittelt werden. Um nicht nur auf eine allgemeine und subjektive Einschätzung angewiesen zu sein, wurde zusätzlich nach *tatsächlichen Reaktionen* von Öffentlichkeitsarbeit auf die eigene Berichterstattung gefragt, ebenfalls im Vergleich mit Reaktionen anderer Akteure, Gruppen oder Institutionen.

Neben den latenten Beziehungen zwischen Public Relations und Journalismus hat die strukturelle Kopplung auch eine manifeste Dimension in Form von Pressemitteilungen. Die *Beurteilung von Pressemitteilungen* durch Journalisten ist für konkrete Einschätzungen besonders geeignet[27]. Im vorliegenden Fall sollten die Befragten verschiedene Eigenschaften von Pressemitteilungen auf einer fünfstufigen Skala von „trifft überhaupt nicht zu" bis „trifft voll und ganz zu" beurteilen, die auf deren Nutzung schließen lassen. Diese Merkmale der Pressemitteilungen lassen sich in positive und negative Aspekte unterteilen:

▲ Positive Merkmale von Pressemitteilungen sind *Notwendigkeit* (Braucht der Journalismus die PR?), *Anregungen* (Beeinflussen die PR den Journalismus thematisch-inhaltlich?), *Zuverlässigkeit* (Stellen die PR richtige Informationen bereit?), *Aufbereitung* (Beachten die PR (formale) journalistische Qualitätsstandards?) und *Zeitersparnis* (Unterstützen die PR die journalistische Arbeit?);

▲ negative Merkmale von Pressemitteilungen sind *Überflüssigkeit* (Sind die PR für den Journalismus unnötig?), *Quantität* (Wird Journalismus von expandierender PR überflutet?), *Substitution* (Ersetzen die PR den Journalismus?) und *Verführung* (Vermindern die PR die journalistische Recherche und Qualität?).

---

[27] Aus der Methodenliteratur ist bekannt, daß spezielle Urteile und Einschätzungen valider als generelle sind. Noch genauer lassen sich die Beziehungen mit Hilfe von Inhaltsanalysen von Pressemitteilungen und journalistischer Berichterstattung nachvollziehen (vgl. Schweda/Opherden 1995).

4.4.2 Empirische Befunde

In der *Forschungsliteratur* wird den Public Relations weitgehend übereinstimmend – auch von Gegnern der Determinationsthese – großer Einfluß auf die journalistische Berichterstattung attestiert. Inhaltsanalytisch gemessene Übernahmequoten von Pressemitteilungen lassen in der Tat auf eine hohe Abhängigkeit des Journalismus von organisierten Quellen und deren Informationen schließen. Dennoch relativiert bereits ein näherer Blick auf die Form und Qualität der Übernahme diese scheinbare Dominanz, zumal die erhaltenen Informationen offensichtlich oft nachrecherchiert werden (vgl. Schweda/Opherden 1995: 206 f.).

Befragt man die Journalisten selbst nach dem Einfluß von PR und ihren Pressemitteilungen auf die eigene Arbeit, bestätigt sich dieses Bild: Nur 28 % der im Rahmen der „JouriD"-Studie Befragten haben Reaktionen von Pressestellen auf ihre Berichterstattung bekommen. Dies ist zwar noch kein Indikator für viel oder wenig Einfluß, verdeutlicht aber den quantitativen Kopplungsgrad von Journalismus und Öffentlichkeit.

Die Einschätzungen des *generellen Einflusses* von Public Relations auf die eigene journalistische Berichterstattung sind eher moderat: Auf einer fünfstufigen Skala sehen die Befragten die Einflußstärke bei 2.44, also unterhalb der theoretischen Mitte, aber durchaus im empirischen Durchschnitt. Im Vergleich dazu wird der innerredaktionelle Einfluß und der des Publikums höher veranschlagt, aber der von Parteien, Unternehmen, Gewerkschaften, Kirche und Sportverbänden sowie auch von Freunden und Bekannten niedriger (→ Kapitel 4.2.3).

Auch wenn die Ergebnisse von Befragungen und Inhaltsanalysen auseinanderklaffen, ist damit noch nicht entschieden, welche Methode valider ist. Vielmehr sollte dieses Problem konstruktiv gewendet werden: Zwar unterschätzen Befragte externe Einflüsse absolut gesehen, aber in verschiedenen Subgruppen können die Relationen stimmen. Inhaltsanalysen messen die Kontakthäufigkeiten von Journalismus und Öffentlichkeitsarbeit; bei der Interpretation der Ergebnisse wird aber der tatsächliche Einfluß auf die Qualität der Berichterstattung überschätzt.[28]

---

[28] Divergierende Ergebnisse beim Einsatz unterschiedlicher Methoden kommen auch in anderen Bereichen vor. Für den Bereich des Einflusses technologischer

4 Die Umwelt: Fremdreferenz und Selbstreferenz

Im Zusammenhang mit der *Verwendung* von Pressemitteilungen ist die Befragung besonders sinnvoll, da die Inhaltsanalyse nur mit enormem Aufwand die Prozesse der Aussagenentstehung nachvollziehen kann. Auch hier liegen die Ergebnisse im mittleren Bereich. Weder sind die Journalisten im Durchschnitt übertrieben überzeugt von der Qualität der Pressemitteilungen, noch lehnen sie diese als vollständig unbrauchbar ab (→ Tabelle 4.4-1).

Eigenschaften von Pressemitteilungen	$\bar{x}$*	s	N
sind notwendig	3.57	0.94	1485
sind anregend	3.53	0.84	1486
sparen Zeit	3.38	1.05	1485
sind zuverlässig	3.36	0.96	1485
sind gut aufbereitet	3.06	0.88	1485
sind überflüssig	2.25	0.92	1483
ersetzen eigene Recherchen	2.69	1.18	1484
verführen zu unkritischer Berichterstattung	2.87	1.15	1484
es gibt zu viele	3.33	1.17	1486

* Der Mittelwert wird aus einer Skala von 1 (trifft überhaupt nicht zu) bis 5 (trifft voll und ganz zu) errechnet.

Tabelle 4.4-1: Beurteilungen von Pressemitteilungen

Hinsichtlich der positiven Eigenschaften erkennen die Journalisten insbesondere die Notwendigkeit von Pressemitteilungen als Informationsquelle und als Anregung für die Berichterstattung an, stufen aber die Qualität von Aufbereitung und Zuverlässigkeit etwas geringer ein. Analog beschweren sie sich hinsichtlich der negativen Eigenschaften hauptsächlich über die zu hohe Anzahl, sind aber weniger skeptisch, was den konkreten negativen Einfluß auf die Berichterstattung angeht.

Dieser Befund läßt sich vorsichtig als *strukturelle Übereinstimmung* mit den Ergebnissen von Input-Output Inhaltsanalysen deuten: Auch dort wurde häufig ein quantitativ beträchtlicher Niederschlag von Pressemitteilungen gemessen, der aber qualitativ die Berichterstattung nicht unbedingt beeinträchtigt (vgl. Schweda/Opherden 1995: 206). Die Autopoiesis des Journalismus wird eher

---

Innovationen auf die Arbeit in Zeitungsredaktionen setzt sich Hummel (1990: 229, 235) mit dieser Problematik auseinander und fordert als methodologische Konsequenz Methodenpluralismus. Die Frage nach der Validität der einzelnen Methoden ist damit jedoch nicht geklärt.

4.4 Public Relations

gefördert als behindert durch den Eingang organisierter und kanalisierter Informationen[29].

Eine Hauptkomponentenanalyse der vorliegenden Items verdeutlicht die sich bereits univariat abzeichnenden Dimensionierungen. Drei Faktoren mit einem Eigenwert größer als 1 werden extrahiert, die zusammen 62,7 Prozent der Varianz erklären (→ Tabelle 4.4-2).

Der Hauptfaktor besteht aus Variablen, die auf einen *pragmatischen, unproblematischen Umgang* mit PR-Mitteilungen schließen lassen. Die Zuverlässigkeit, gute Aufbereitung und Zeitersparnis sind die wichtigsten Eigenschaften in diesem Zusammenhang. Daneben gehören zu dieser Dimension aber auch Items mit einer niedrigeren Zweitladung: die Notwendigkeit von PR-Mitteilungen, die Ablehnung der Behauptung, es gäbe zu viele Pressemitteilungen und die Behauptung, daß diese eigene Recherchen ersetzen können.

Der zweite Faktor besteht aus Variablen, die einen *optimistischen, offensiven Umgang* mit PR-Mitteilungen umfassen. Sie werden als anregend, notwendig und als überhaupt nicht überflüssig aufge-

Beurteilung von PR-Mitteilungen	Pragmatische Beurteilung	Optimistische Beurteilung	Kritische Beurteilung	Kommunalität
sind zuverlässig	.82			.70
sind gut aufbereitet	.79			.66
sparen Zeit	.61	.46		.60
sind anregend		.75		.60
sind überflüssig		–.75		.60
sind notwendig	.40	.70		.65
gibt es zu viele	–.31	–.46	.31	.42
verführen zu unkritischen Berichten			.80	.69
ersetzen eigene Recherche	.34		.77	.72
Eigenwert/KMO erklärte Varianz (in %)	3.2 35.1	1.5 16.2	1.0 11.4	KMO=.79 62.7

Tabelle 4.4-2: Dimensionen der Beurteilung von Pressemitteilungen

---

[29] Es sei nochmals betont, daß dieser Befund keine unkritische Haltung gegenüber journalistischen Defiziten impliziert, denn Autopoiesis bedeutet nur die Fortsetzung systemischer Operationen, also die Minimalbedingungen für das Funktionieren eines Systems – hier: des Journalismus.

4 Die Umwelt: Fremdreferenz und Selbstreferenz

faßt. Die Befragten sind auch nicht der Meinung, daß es zu viele Pressemitteilungen gibt.

Der dritte Faktor mit einem Eigenwert größer als 1 setzt sich aus Variablen zusammen, die eine *kritische, abwehrende Haltung* gegenüber PR-Mitteilungen erkennen lassen. Demnach verführen sie zu unkritischer Berichterstattung und ersetzen die eigene Recherche. Diese abwehrende Haltung äußert sich auch in der Kritik, daß es zu viele PR-Erzeugnisse gebe (letzteres ist nur eine Zweitladung). Durch die Konnotation mit unkritischer Berichterstattung wird auch der Ersatz für eigene Recherche eindeutig negativ wertet – im Gegensatz zum ersten Faktor, auf dem dieses Item eher eine pragmatische (Zweit-) Bedeutung erhält.

Die Einschätzung, daß es zu viele PR-Mitteilungen gibt, lädt auf keinem Faktor sehr hoch. Die Ablehnung dieser Aussage ist sehr ambivalent und kann Verschiedenes bedeuten: In der ersten Dimension (Faktor 1) wird keine Gefahr gesehen; man fühlt sich nicht von PR-Mitteilungen überschwemmt. In der zweiten Dimension werden Pressemitteilungen so positiv eingeschätzt, daß die Antwortvorgabe „es gibt zu viele" abgelehnt wird (Hauptladung). In der dritten Dimension wird die PR-Informationsüberflutung als einen die eigene Berichterstattung gefährdenden Einfluß angesehen.

Festzuhalten bleibt, daß eine positive Einschätzung des Informationsinputs durch Pressemitteilungen nicht auf einer Ebene erfolgt wie die Einschätzung des pragmatischen Nutzens und des Gefährdungspotentials für die eigene Berichterstattung, sondern daß es sich um verschiedene, voneinander unabhängige Dimensionen handelt, die getrennt analysiert und erklärt werden müssen. Dazu werden die drei empirisch ermittelten Dimensionen durch die oben bereits eingeführten sowie durch weitere, die System-Umwelt-Beziehungen kennzeichnenden ‚Aufrißvariablen' (→ Kapitel 4.2.2) einer Regressionsanalyse unterzogen. Die Ergebnisse der Regressionsanalysen sollen im Unterschied zu den vorherigen Abschnitten nicht einzeln, sondern direkt vergleichend dargestellt werden.

Der erste Faktor, die pragmatische Beurteilung von Pressemitteilungen, läßt sich mit 24 Prozent erklärter Varianz am besten, die optimistische Beurteilung mit nur 9 Prozent und die kritische Beurteilung mit 10 Prozent erklärter Varianz dagegen deutlich schlechter beschreiben und analysieren. Während erstere offenbar

4.4 Public Relations

Einstellungen zu Pressemitteilungen → Aufrißvariablen ↓	Pragmatische Beurteilung	Optimistische Beurteilung	Kritische Beurteilung
Bekanntschaft mit Entscheidungsträgern***	–.07		.11
Anzahl von Ämtern***		–.10	
Geschlecht (männlich/weiblich)*			
DDR-Sozialisation*			
Journalistik-/Publizistikstudium*			
Fachstudium*			
Volontariat*			
Anzahl verschiedener Ausbildungen***	.08		
Medienbereich:			
Tages-/Wochenzeitung*		.12	
Zeitschrift*			–.12
Nachrichtenagentur*	.13	.11	
Anzeigenblatt*	.09	.12	
öffentlich-rechtlicher Hörfunk*	–.14		–.09
öffentlich-rechtliches Fernsehen*	–.09		
privater Hörfunk*	–.08		–.08
privates Fernsehen*	–.08	.07	
Größe/Komplexität der Medienorganisation***			
Verbreitung/Reichweite des Mediums**	–.12	.08	
Ressort:			
Lokalressort*	–.10		.08
Politikressort*	–.11	–.15	.10
Wirtschaftsressort*			
Kulturressort*	–.08		
Sportressort*			
Unterhaltungsressort*			
Organisation/Produktion*			
gewerkschaftliche Organisation*	–.08	–.09	
Redaktionsstatut/Statut für Frauenförderung*			
Anstellungsverhältnis (fest/frei)*	.09		.10
Position in der Hierarchie**			
Erfahrung (Alter/Dauer beruflicher Tätigkeit)***	.08		
Wochenarbeitszeit***			
Anzahl beruflich genutzter Medien***	–.09		
Tätigkeiten:			
Dauer recherchieren***		.08	–.12
Dauer Texte verfassen***	–.08		
Dauer andere Texte redigieren***	–.09		
Dauer Nachrichten redigieren***			
Dauer Verwaltungstätigkeiten***	–.09		
Dauer technischer Tätigkeiten***	.08		
heterarchisches Gegenlesen***	–.09		
hierarchisches Gegenlesen***	–.09		
politische Differenz zur Redaktion***			
redaktionelle Reaktionen***			–.08
organisierte Reaktionen***	–.10		
lebensweltliche Reaktionen***	–.10		.08
redaktionelle Einflüsse***			–.16
institutionelle Einflüsse***	–.13		.12
lebensweltliche Einflüsse***			
erklärte Varianz	adj. R^2 = .24	adj. R^2 = .09	adj. R^2 = .10

* = dichotome Variablen, ** = ordinale Variablen, *** = metrische Variablen; standardisierte Betas

Tabelle 4.4-3: Erklärungsfaktoren für Einstellungen zu Pressemitteilungen

strukturell begründet ist, basieren die letzteren eher auf individuellen, mit den erhobenen Strukturvariablen kaum zu erklärenden, Zuschreibungen (→ Tabelle 4.4-3).[30]

Die wichtigsten strukturellen Bedingungen für die Einschätzung von Pressemitteilungen sind zweifelsohne durch den *Medienbereich* bestimmt, in dem ein Journalist tätig ist. Nachrichtenagenturen und Anzeigenblätter pflegen beispielsweise einen pragmatischen und optimistischen Umgang mit Pressemitteilungen. Möglicherweise sind sie Einfallstore für den Einfluß von Öffentlichkeitsarbeit. Auch Zeitungsredaktionen haben eine sehr optimistische Einstellung zu PR-Produkten; bei Zeitschriften sieht man kein Gefährdungspotential in ihnen.

Eine weder kritische noch pragmatische Einstellung zu Pressemitteilungen haben Hörfunkjournalisten, die offenbar ingesamt weniger mit Öffentlichkeitsarbeit konfrontiert werden. Fernsehredakteure haben ebenfalls keine pragmatische Einstellung zu Pressemitteilungen, speziell die privaten Fernsehmacher dafür eine optimistische, was auf völlig verschiedenen Umgang schließen läßt: Öffentlich-rechtliche TV-Journalisten sind skeptisch gegenüber dem Nutzen von Öffentlichkeitsarbeit – was nicht bedeutet, daß sie sie für gefährlich halten –, während bei privaten TV-Journalisten die unpragmatische mit einer sehr optimistischen Haltung einhergeht.

Dieser Optimismus, verbunden mit einer Ablehnung pragmatischer Einschätzungen von PR-Produkten ist typisch für Medien mit weiter (internationaler) Verbreitung, nicht jedoch mit innerorganisationeller Komplexität, die keinen Einfluß auf den Umgang mit PR-Material hat. Beide Ergebnisse waren so nicht zu erwarten: Gerade (inter)nationalen Medien hätte eine eher skeptische Haltung gegenüber Öffentlichkeitsarbeit unterstellt werden können – ebenso wie großen und sehr binnenkomplexen Organisationen. Möglicherweise resultieren solche positiven Einschätzungen aus dem Selbstbewußtsein, durch Öffentlichkeitsarbeit in der eigenen Tätigkeit nicht beeinträchtigt oder manipuliert zu werden.

---

[30] Selbstverständlich lassen auch 24 Prozent erklärte Varianz gut drei Viertel unerklärt und sind somit individuellen Charakteristika zuzuschreiben. Es geht allerdings um die Relationen, also um das Mehr oder Weniger struktureller Determination.

4.4 Public Relations

Im Bereich der *Ressorts* sieht das Bild ganz anders aus: Besonders skeptisch eingestellt sind lokale und politische Redakteure, die häufig mit PR-Material konfrontiert werden. Letzteres gilt prinzipiell ebenfalls für Wirtschafts- und Sportredakteure, die jedoch in ihren Beurteilungen im Durchschnitt liegen. Feuilletonjournalisten dürften weniger mit Öffentlichkeitsarbeit in Berührung kommen und sehen möglicherweise deshalb weniger den praktischen Nutzen.

Gewerkschaftlich organisierte Journalisten schätzen den Nutzen und die Zuverlässigkeit von PR-Mitteilungen eher skeptisch ein, befürchten jedoch nicht überdurchschnittlich eine Gefährdung ihrer Arbeit. Freie Mitarbeiter, die besonders von PR-Quellen abhängig sind, nehmen sowohl eine pragmatische als auch eine kritische Haltung ihnen gegenüber ein. Sie wissen um die Notwendigkeit professionell hergestellter Information, sehen aber auch die Gefahren, die mit ihnen verbunden sind. Erstaunlich ist dagegen, daß weder die berufliche Ausbildung noch die Position in der redaktionellen Hierarchie zu unterschiedlichen Einschätzungen von Pressemitteilungen führen, obwohl vertikale Rollenunterschiede Ausdruck unterschiedlicher Erfahrungen mit Pressemitteilungen sein müßten. Allein berufserfahrene Journalisten ziehen Nutzen aus Pressemitteilungen, mit denen sie offenbar pragmatischer umzugehen gelernt haben als unerfahrene Kollegen.

Redaktionen mit internen hierarchischen und kollegialen Kontrollmechanismen des Gegenlesens sind vom Nutzen der PR-Informationen nicht überzeugt. Gleiches gilt für Journalisten, die beruflich viele andere Medien rezipieren. In Bereichen, in denen Journalismus eher selbstreferentiell geprägt ist, ist man tendenziell skeptisch gegenüber externen Informationen der Öffentlichkeitsarbeit, und zwar unabhängig vom *Grad* der strukturellen Kopplung an die Public Relations. In die gleiche Richtung geht der Befund, daß in Redaktionen, die durch besonders viele redaktionelle Reaktionen und Einflüsse gekennzeichnet sind, PR-Arbeit als ungefährlich für die Unabhängigkeit der eigenen Tätigkeit angesehen wird.

Im Hinblick auf die *externen Einflüsse* verhält es sich anders: Journalisten, die über starke organisierte Reaktionen und Einflüsse sowie über häufige lebensweltliche Reaktionen auf ihre Arbeit berichten, beurteilen PR-Mitteilungen als weniger nützlich oder sogar kritisch[31]. Mit diesen Befunden stimmt überein, daß Journalisten, die mit Entscheidungsträgern aus der Umwelt des journalistischen Systems bekannt sind oder sogar selbst außerjournalistische Ämter innehaben, die Produkte der Öffentlichkeitsarbeit eher skeptisch betrachten.

Besonders aufschlußreich ist die Einschätzung der Pressemitteilungen vor dem Hintergrund journalistischer Arbeitsrollen. Wer viel recherchiert, beurteilt Pressemitteilungen sehr optimistisch und überhaupt nicht kritisch. Journalistische Recherche macht offenbar ‚immun' gegen die negativen Seiten von Öffentlichkeitsarbeit und ermöglicht eine souveräne Handhabung der PR-Informationen für die eigenen Zwecke.

Journalisten, die oft Texte schreiben und redigieren oder Verwaltungsaufgaben erledigen, schätzen die Nützlichkeit von Pressemitteilungen nicht sehr, weil sie offensichtlich nicht die besten Erfahrungen mit ihnen gemacht haben, während Redakteure mit vielen technischen Aufgaben wiederum zu einem pragmatischen Umgang mit den PR-Materialien neigen. Die verschiedenen journalistischen Tätigkeiten führen demnach zu spezifischen Umgangsweisen mit den eingehenden Informationen der Öffentlichkeitsarbeit.

Allerdings ist damit nur der *Nutzen- und Nutzungsaspekt* angesprochen, nicht jedoch die (von Journalisten selbst eingeschätzte) Wirkung von Public Relations auf die Herstellung medialer Inhalte, die mit Hilfe einer weiteren Regressionsanalyse überprüft werden kann. Diese Analyse führt zu teilweise anderen Ergebnissen als die Analysen zur Kopplung von Journalismus und Public Relations. Die bereits oben benutzten ‚Aufrißvariablen' erklären zusammen mit den drei Beurteilungsdimensionen von Pressemitteilungen 14 Prozent der Varianz des PR-Einflusses auf die journalistische Arbeit (→ Tabelle 4.4-4).

Lokaljournalisten schätzen im Gegensatz zu Politikjournalisten die *Wirkung von Öffentlichkeitsarbeit* auf ihre eigene Tätigkeit überdurchschnittlich hoch ein, obwohl beide Gruppen PR-Mitteilungen ähnlich skeptisch bewerten. Konsistenter sind die Befunde im Medienbereich: Journalisten, die beim öffentlich-rechtlichen

---

[31] Nur Redaktionen, die organisierten Einflüssen ausgesetzt sind, gewinnen ihnen auch einen pragmatischen Nutzen ab und machen auf diese Weise aus der Not eine Tugend.

4.4 Public Relations

PR-Einfluß → Aufrißvariablen ↓	PR-Einfluß
Bekanntschaft mit Entscheidungsträgern*** Anzahl von Ämtern*** Geschlecht (männlich/weiblich)* DDR-Sozialisation*	
Journalistik-/Publizistikstudium* Fachstudium* Volontariat* Anzahl verschiedener Ausbildungen***	 –.09 –.10 .09
Medienbereich: Tages-/Wochenzeitung* Zeitschrift* Nachrichtenagentur* Anzeigenblatt* öffentlich-rechtlicher Hörfunk* öffentlich-rechtliches Fernsehen* privater Hörfunk* privates Fernsehen*	 .10 .11 –.09
Größe/Komplexität der Medienorganisation*** Verbreitung/Reichweite des Mediums**	 –.09
Ressort: Lokalressort* Politikressort* Wirtschaftsressort* Kulturressort* Sportressort* Unterhaltungsressort* Organisation/Produktion*	 .13 –.10
gewerkschaftliche Organisation* Redaktionsstatut/Statut für Frauenförderung*	
Anstellungsverhältnis (fest/frei)* Position in der Hierarchie** Erfahrung (Alter/Dauer beruflicher Tätigkeit)***	 .13
Wochenarbeitszeit*** Anzahl beruflich genutzter Medien***	
Tätigkeiten: Dauer recherchieren*** Dauer Texte verfassen*** Dauer andere Texte redigieren*** Dauer Nachrichten redigieren*** Dauer Verwaltungstätigkeiten*** Dauer technischer Tätigkeiten***	
heterarchisches Gegenlesen*** hierarchisches Gegenlesen*** politische Differenz zur Redaktion***	–.08 –.09
pragmastische Beurteilung von Pressemitteilungen*** optimistische Beurteilung von Pressemitteilungen*** kritische Beurteilung von Pressemitteilungen***	.15 .10 .08
erklärte Varianz	adj. $R^2 = .14$

* = dichotome Variablen, ** = ordinale Variablen, *** = metrische Variablen; standardisierte Betas

Tabelle 4.4-4: Erklärungsfaktoren für PR-Einfluß auf journalistische Arbeit

Hörfunk tätig sind, berichten unterdurchschnittlichen Einfluß, während Redakteure von Nachrichtenagenturen und von Anzeigenblättern aus ihrem positiven Nutzen, den sie aus den Informationen von Pressemitteilungen ziehen, auch auf eine (überdurchschnittliche) Wirkung schließen. Insgesamt ist der Zusammenhang zwischen optimistischer, pragmatischer und kritischer Einschätzung von Öffentlichkeitsarbeit mit deren Einflußstärke durchweg positiv.

Das Ausmaß bestimmter journalistischer Tätigkeiten hat dagegen keinen Effekt auf die Einschätzung der Einflußmöglichkeiten von Public Relations. Unterdurchschnittlichen Einfluß konstatieren Journalisten, in deren Redaktionen viel gegengelesen wird, die ein Fachstudium oder ein Volontariat absolviert haben sowie bei einem Medium mit nationaler oder internationaler Verbreitung arbeiten. Überdurchschnittlichen PR-Einfluß stellen vielfältiger ausgebildete und berufserfahrene Journalisten fest.

Die vorliegenden Ergebnisse zeigen zweierlei: Zum einen muß – ähnlich wie in der Medienwirkungsforschung – zwischen der Nutzen- und der Einflußperspektive deutlich unterschieden werden. Zwar läßt generell sowohl die optimistische und pragmatische als auch die kritische Einschätzung von Pressemitteilungen auf Einfluß schließen; es ist aber weder erkennbar, ob dieser Einfluß positiv oder negativ bewertet wird, noch überhaupt, ob in speziellen Bereichen der Einfluß hoch oder niedrig ist. So schätzen beispielsweise unerfahrene oder einfach ausgebildete Journalisten sowohl den Nutzen als auch die Wirkung von Pressemitteilungen geringer als erfahrene und mehrzügig ausgebildete Journalisten ein. Die verschiedenen journalistischen Arbeitsrollen ziehen dagegen unterschiedlichen Nutzen aus den PR-Erzeugnissen.

Zum anderen ist offensichtlich die Reflexionsrichtung der befragten Journalisten sehr unterschiedlich ausgeprägt. Redakteure aus den Ressorts Lokales/Regionales und Politik beurteilen gemeinsam die Qualität von Pressemitteilungen kritisch, schätzen aber deren Einfluß genau entgegengesetzt ein. Vor diesem Hintergrund müssen die Antworten der Befragten in verschiedene Kontexte gestellt werden: Während das kritische Urteil der Lokalredakteure aus der Befürchtung eines großen Einflusses von Öffentlichkeitsarbeit heraus abgegeben wird, ist es bei Politikredakteuren Ausdruck der Immunität gegen diesen Einfluß.

4.5 Journalismus – ein autopoietisches oder selbstreferentielles System?

Niklas Luhmann (1984) hat den konstruktivistischen Terminus „Autopoiese" (Maturana z. B. 1985 [1982]) in die Sozialtheorie eingeführt und damit die ‚autopoietische Wende' eingeleitet. Luhmann gebraucht den Begriff fast synonym oder jedenfalls in einer Argumentationskette mit ‚Selbstreferenz', ‚Selbstorganisation' oder ‚Autonomie'. Alle diese Termini sind bei ihm in erster Linie theorielogisch und weniger als empirische Kategorien zur Beschreibung sozialer Systeme zu verstehen. Wenn ein Beobachter ein System aus der Umwelt differenzieren kann, schreibt Luhmann diesem System damit bereits Autonomie zu; ein autopoietisches System operiert per Definition selbstbezüglich und stellt seine Komponenten selbstorganisierend her. Radikal konstruktivistisch gesehen ist es freilich nicht relevant, diese Eigenschaften an Systemen (empirisch) zu beobachten, um sie als solche kennzeichnen und beschreiben zu können, sondern sie stellen eine (theoretische) Perspektive dar, aus der beobachtet werden kann.

Systemtheorie kann – wie andere Universaltheorien – somit nicht insgesamt und fundamental empirisch überprüft werden; aber sie eröffnet die Möglichkeiten zu geeigneten, gegenüber anderen Sichtweisen neuen Fragestellungen, die empirisch untersucht werden können. Wissenschaft beobachtet demnach soziale Systeme aus einer Perspektive, die autopoietische, selbstreferentielle, selbstorganisierende Prozesse beschreibt. Auf diese Weise wird jedoch nicht die Frage berührt, ob Systeme *nur* aus solchen Prozessen bestehen und welche Quantität sie innerhalb des Systemgeschehens ausmachen.

Vor diesem Hintergrund kann auch die „JouriD"-Studie nicht entscheiden, ob Journalismus tatsächlich die Bedingungen erfüllt, um als soziales Funktionssystem im oben genannten Sinn gekennzeichnet zu werden. Die theoretische Interpretationsfolie eines radikalen, d. h. sich ontologischen Aussagen konsequent verweigernden Konstruktivismus, kann jedoch dazu benutzt werden, um empirische Beobachtungen, die systemtheoretisch angeleitet sind, in eben dieses Schema einzuordnen.

Selbstreferenz ist ein analytisches Konstrukt, das kein direktes empirisches Korrelat hat. Aber es gibt empirische Indikatoren, die

4 Die Umwelt: Fremdreferenz und Selbstreferenz

Hinweise darauf geben, auf welche Art (nicht ob!) das System Journalismus (oder besser: Teilsysteme oder Segmente des Journalismus) autopoietisch, selbstreferentiell, selbstorganisierend und autonom operieren. Selbstreferenz fungiert somit gleichermaßen als logische Beobachtungskategorie und als empirisches Phänomen. In der erstgenannten Bedeutung wird sie als Interpretationsfolie oder als a-priori Kategorie im Kantschen Sinne (ähnlich wie Kausalität) vorausgesetzt; in der zweiten Bedeutung bedarf sie der empirischen Überprüfung und erfordert die Entwicklung geeigneter Indikatoren.

Selbstreferenz liegt *empirisch* dann vor, wenn auf der Ebene der Medien wechselseitige Bezugnahme festzustellen ist, also etwa wenn Journalisten sich an anderen Medien orientieren oder zumindest diese unter beruflichen Gesichtspunkten rezipieren. Ergebnisse bisheriger Studien, die darauf Hinweise geben (vgl. z. B. Breed 1973 [1955], können auch aus dieser Perspektive bestätigt werden (vgl. Weischenberg/Löffelholz/Scholl 1994c: 163). Insbesondere Hans Mathias Kepplinger hat auf den Einfluß von Meinungsführer-Medien, die er „Prestige-Medien" nennt, immer wieder hingewiesen. Ihr Einfluß beruhe

> „auf ihrer Position im Mediensystem [...], die sicherstellt, daß ihre Themen und Gesichtspunkte aufgegriffen und weiterverbreitet werden. [...] Ein Angriff des ‚Spiegel' auf die Regierung, der in den anderen Medien keine Beachtung findet, wäre harmlos. Erst die Resonanz des Angriffs in den anderen Medien verleiht ihm Gewicht." (Kepplinger 1992: 34 f.)

Selbstreferenz liegt ferner auf der *Ebene der Redaktionen* vor, wenn *die* hauptsächliche oder zumindest *eine* wichtige Bezugsgruppe für die Veröffentlichung (Schreiben eines Artikels oder Sendemanuskripts) die eigene Redaktion ist. Auch hier bestätigen die oben referierten Befunde deutlich frühere Studien, wonach Journalismus auf der Organisationsebene durch intern zirkuläre Kommunikation gekennzeichnet ist (vgl. z. B. Donsbach 1981: 184).

Allerdings läßt sich daraus nicht der Vorwurf einer „entfremdeten Elite" ableiten (vgl. Kepplinger 1979b: 12 f., 25 ff.; kritisch: Rust 1986; Weischenberg 1995: 455 ff.). Vielmehr geht die Interpretation auf einer konstruktivistischen und systemtheoretischen Folie einen anderen Weg, und dies aus zwei Gründen: In theoretischer Hinsicht bilden Journalisten im besonderen und die Medien

4.5 Journalismus – ein autopoietisches oder selbstreferentielles System?

im allgemeinen Wirklichkeit nicht ab, sondern setzen eingehendes ‚Rohmaterial' zu einer medialen Wirklichkeit mit *eigener* Qualität zusammen (vgl. Weischenberg 1992: 60). Demzufolge ist es prinzipiell unstrittig, daß systeminterne Regeln und Orientierungen ausschlaggebend dafür sind, diese gesellschaftliche Funktion erfüllen zu können. Darüber hinaus läßt sich prinzipiell weder funktionale noch operative Autonomie mit mangelndem Publikumskontakt gleichsetzen[32], sondern nur als Selbstorganisation *bestimmter* Umweltkontakte kennzeichnen (vgl. Luhmann 1984: 250).

Aber auch empirisch gibt es Belege für eine Deutung, die nicht die Assoziation einer Verschwörung elitärer Medienkartelle bemüht (vgl. Lichter/Rothman/Lichter 1986: 294 ff.), sondern nüchterner die System-Umwelt Bezüge analysiert: Gerade diejenigen Redaktionen, welche besonders durch selbstreferentielle Operationen geprägt sind (nämlich in der Form gegenseitiger Einflußnahme der Redakteure und aufgrund hierarchischer und kollegialer Praktiken des Gegenlesens), haben auch starke Umweltbezüge, insbesondere durch Reaktionen und Einflußversuche institutionalisierter und organisierter Gruppen. Schließlich kann mit den vorliegenden Daten die *Eindimensionalität* von Umweltbezügen widerlegt werden: Wechselseitige interne Orientierung impliziert nicht Abwendung vom Publikum, sondern stellt eine andere, davon unabhängige Dimension dar. Selbst- und Fremdreferenz sind keine einander ausschließenden Prinzipien. Vielmehr besteht die *Autonomie* eines Systems darin, das wechselseitige Verhältnis beider Referenzarten zu handhaben.

Dies gilt auch für den Einfluß von Öffentlichkeitsarbeit auf Journalismus: Der Grad und die Qualität der Kopplung journalistischer Berichterstattung an PR-Quellen ist kein hinreichender Prädiktor für eine Wirkungsrichtung von den Quellen hin zum massenmedialen Output. Verschiedene Segmente des Journalis-

---

[32] Kepplinger/Vohl (1976: 337 f.) argumentieren in die Richtung, daß professionelle Autonomie Entlastung oder gar Freiheit von Laienkritik impliziere - eine Dilemmasituation für einen Beruf, bei dem es besonders auf Publikumsbezug ankommt. Die Formulierung dieses Paradoxons ist jedoch nur möglich, wenn Autonomie und Autarkie fälschlich gleichgesetzt werden und damit Autonomie und Fremdreferenz zwei Pole in *einer* Dimension bilden. Zur weiteren Kritik an dieser These vgl. Baum (1994: 211 f.).

mus haben unterschiedliche Kontaktquantität und -qualität mit PR-Material, was sich aber jeweils unterschiedlich auf die *Autopoiesis* journalistischer Tätigkeiten auswirkt.

Die binnendifferenzierte Vielfalt im journalistischen Umgang mit Öffentlichkeitsarbeit ist ein wichtiger Hinweis dafür, daß Öffentlichkeitsarbeit Journalismus gar nicht vollständig steuern kann, denn dann müßte sie dessen Komplexität *vollständig* abbilden können. Viel realistischer ist aufgrund der theoretischen Perspektive und der empirischen Ergebnisse anzunehmen, daß Public Relations punktuell, temporär und unter ganz bestimmten Kontextbedingungen Einfluß nehmen können, der jedoch prinzipiell beschränkt bleiben muß.

Wenn die empirische Analyse durch eine derartige systemtheoretische Beobachtungsstrategie auf die Operationsweise eines Systems – hier: des Journalismus – gelenkt wird, scheint das kritische Potential gegenüber Defiziten journalistischen Handelns auf den ersten Blick verschenkt, neutralisiert oder sogar verschleiert zu sein (vgl. Baum 1994: 44, 355 ff.). Denn wie soll etwa eine mögliche Publikumsmiß- oder gar -verachtung beobachtet werden können, wenn das Instrumentarium dafür nur funktional für die Operationsweisen selbst sensibilisiert und diese damit implizit oder ungewollt rechtfertigt?

Gleiches gilt für den Einfluß von Public Relations auf Journalismus: Wie kann ein tatsächlicher Einfluß gemessen werden, wenn methodisch auf eine Nutzungs- und Nutzenperspektive umgestellt wird? Eine solche Kritik ist ernstzunehmen, obwohl ihre Plausibilität eher vordergründig ist.

Zunächst erfordert eine systemtheoretische Perspektive die radikale Trennung zwischen Analyse und Kritik. Der Nachvollzug systemimmanenter Prozeduren und Operationen ist eine notwendige Grundlage für eine anschließende Kritik. Schlußfolgerungen von erfolgreicher Funktionsweise auf richtiges Handeln sind logisch prekär und nur unter bestimmten Zusatzprämissen erlaubt, was Systemtheoretiker – allen voran Luhmann selbst – jedoch nicht besonders zu beeindrucken scheint.

Gleichermaßen läßt sich antworten auf die Kritik am großen Einfluß von Public Relations auf die journalistische Berichterstattung. Autopoiesis bedeutet gerade nicht Produktion der Systemelemente aus dem Nichts, sondern aus vorhandenem (Roh-) Material. Die Tatsache, daß Journalismus sich dabei (zunehmend) der

4.5 Journalismus – ein autopoietisches oder selbstreferentielles System?

PR-Mitteilungen bedient, ist somit eher ein Reflex allgemeingesellschaftlicher Entwicklungen als spezifisch journalistischer Leistungsschwäche. Die Frage nach dem Einfluß von Öffentlichkeitsarbeit auf Journalismus ist letztlich eine Frage nach dem Einfluß von *Quellen* auf den Journalismus überhaupt. Dabei ist jedoch nicht die Quellenabhängigkeit an sich ein Problem, sondern eher, wie (kritisch) der Journalismus mit solchen Quellen umgeht.

Des weiteren ist durch die Kopplung theoretischer Vorgaben und Annahmen an die empirische Analyse zumindest die Möglichkeit eröffnet, die Bruchstellen zwischen System und Akteuren aufzuzeigen[33]. Die befragten Journalisten fertigen als Teilnehmer am System (nicht als Systemelemente!) eine Beschreibung des Systems Journalismus an, das die Grundlage für eine kritische wissenschaftliche Analyse bildet. Dadurch wird die Sichtweise der Journalisten berücksichtigt, aber auch kritisch analysiert und in einen durch wissenschaftliche Fragestellungen abgesteckten Interpretationsrahmen eingeordnet: Zum einen gewährleistet eine repräsentative Stichprobe, daß Einzelbeschreibungen nicht überbewertet werden; zum anderen werden die Antworten der Befragten nicht nur absolut ausgezählt, sondern miteinander korreliert und damit auf interne Zusammenhänge überprüft.

Schließlich hat der hier angewendete *methodologische Individualismus* in Form der Befragung ein Ergebnis zutage gefördert, das durch eine allein auf der Makroebene angesiedelten Analyse unbeobachtet geblieben wäre: Rühls strikte Trennung zwischen Personal- und Sozialsystem (Redaktion) ist neben den theoretischen und methodologischen Einwänden auch empirisch prekär. Zwar läßt sich der Einfluß auf die Berichterstattung in verschiedene Dimensionen unterscheiden; der Einfluß des einzelnen Journalisten ist aber offenbar gleichermaßen auf der redaktionellen und auf der lebensweltlichen Ebene anzusiedeln. Damit wird die Berücksichtigung des Akteurs und dessen Perspektive auch *empirisch* und nicht nur theoretisch und methodisch notwendig.

---

[33] Diese Differenz ist nicht identisch mit Habermas' Unterscheidung von System und Lebenswelt, denn im Akteur kristallisieren sich systemische und lebensweltliche Eigenschaften.

5 Die Kopplung:
Akteur und Handlungsorientierung

5.1 Grundlagentheoretischer Überblick

Die Systemtheorie Luhmanns lehnt für die Beschreibung sozialer Systeme den Rückgriff auf individuelle Akteure und deren Kognitionen (Bewußtsein) ab; Niklas Luhmann beharrt auf der grundsätzlichen Differenz zwischen psychischen und sozialen Systemen. Psychische Elemente könnten zwar Voraussetzung für Kommunikation sein, seien in dieser selbst aber ausgeschlossen: „Totalausschluß ist [...] Bedingung der Emergenz." (Luhmann 1992: 141)

Einen Kompromiß zwischen radikalsoziologischer und grundlagenkognitiver Perspektive auf theoretischer Basis bietet Luhmann (1995: 31) allerdings selbst an: Auch wenn er an der *operativen* Geschlossenheit sozialer Systeme festhält, konzediert er, daß aufgrund *struktureller* Kopplung (früher bevorzugte Luhmann den Begriff ‚Interpenetration') Bewußtsein und Kommunikation sich wechselseitig irritieren können. Damit wäre es nach wie vor nicht möglich, aufgrund kognitiver Prozesse auf soziale Prozesse kausal zu schließen; immerhin könnte auf der Strukturebene ein Verhältnis der Gleichzeitigkeit, Ähnlichkeit, Wiederholbarkeit und Reversibilität ausgemacht werden.

Einen Schritt weiter in diese Richtung geht Martens (1991: 631 ff.). Körperliche und psychische Operationen sind seiner Auffassung nach Bestandteile von Kommunikation, so daß man sogar eine teilweise Verschmelzung der Systeme unterstellen kann. Danach wäre es möglich, daß verschiedene Systeme das gleiche Differenzschema benutzen, um sich wechselseitig zu beschränken und aufzubauen. Ein Teil der Gesamtmenge der individuellen Kognitionen wird als Komponente von Kommunikation verwendet. Inklusion bedeutet in diesem Verständnis mehr als Interpenetration, wenn man diese als bloßes zur Verfügungstellen von Eigenkomplexität definiert (vgl. ebd. 1991: 643 ff.).

Allerdings schließt eine solche Betrachtungsweise in der Konsequenz nichts mehr aus. Das Prinzip des ‚alles hängt mit allem zusammen' verschiebt die theoretisch notwendige Selektion relevanter Variablen nur auf die nächst konkretere Ebene: Welche körperlichen und psychischen Variablen müssen für die Erklärung sozialer Phänomene berücksichtigt werden und welche nicht?

Neben diesen Modellen der horizontalen Verschränkung der Operationsweisen von psychischen und sozialen Systemen gibt es empirisch leichter nachvollziehbare Vorschläge für die vertikale Verschränkung, wonach soziale Systeme hierarchisch auf kognitiven Grundlagen aufbauen. Dem liegt folgende Argumentation zugrunde:

> „Wenn die sozialen Handlungen, Bewertungen, Zielsetzungen und Erwartungen des Individuums von seiner spezifischen, irreduzibel subjektiven Konstruktion sowohl der Gesellschaft als auch seiner eigenen Situation in ihr abhängig sind, dann gewinnen die Gesetzmäßigkeiten, Strategien und Restriktionen dieses Konstruktionsprozesses für die Soziologie eine überragende analytische und theoretische Bedeutung." (Fischer 1987: 14)

Konkreter und direkter auf Journalismus bezogen:

> „[...] we may begin to see that a cognitive perspective both helps us to understand better how environmental influences come to have their effects and also [...] provides a plausible (and testable) alternative explanation for journalists' behavior." (Stocking/Gross 1989: 82)

So plausibel eine solche hierarchisch geschichtete Perspektive auf den ersten Blick sein mag, kann sie doch nicht darüber hinwegtäuschen, daß die *Emergenz* sozialer Systeme damit nicht zu erklären ist. Allgemeine kognitive Grundlagen sind prinzipiell zwar notwendig, aber auch zu unspezifisch zur Beschreibung und Erklärung des Aufbaus und Funktionierens sozialer Systeme.

Ebenfalls hierarchisch, aber konkreter beschreibt *Peter M. Hejl* die Beziehung zwischen kognitiven und sozialen Systemen. Im Unterschied zur Luhmannschen Version basieren seiner Auffassung zufolge soziale Systeme nicht primär auf Selbstreferentialität, sondern auf *Synreferentialität*, definiert als „die Menge der selbstreferentiellen kognitiven Zustände [...], die ein Individuum zu einer Komponente in einem Sozialsystem macht" (Hejl 1992: 280). Synreferenz ist das gemeinsame oder als gemeinsam unterstellte Realitätskonstrukt der Komponenten (Aktanten) eines sozialen Systems. Die Emergenz sozialer Systeme aus psychischen (kognitiven) Systemen ist möglich, wenn sich soziale Systeme selbst organisieren (können). Bei Selbstorganisation stellt die Organisation Möglichkeiten zur Individualisierung her, die aufgrund des Überschusses an Handlungsmöglichkeiten wiederum verstärkte Selektivität erfordern – eine Wechselwirkung zwischen Komponenten und Organisation, die dynamisierend auf die Systembildung wirkt (vgl. Hejl 1992: 285).

Allerdings läßt auch die Systemkonzeption von Hejl einige Fragen offen: Sein Organisationsbegriff ist nur scheinbar hinreichend abstrakt konzipiert, tatsächlich aber an konkrete Organisationen, genauer: an Institutionen angelegt. Denn wie sollte man sich die Interaktionen zwischen Komponenten (Individuen) in einem System vorstellen, in dem sich diese Komponenten (räumlich) gar nicht erreichen können? Mit dem Verweis auf institutionelle Organisationen ist die Emergenz funktionaler Teilsysteme der Gesellschaft also noch nicht erschöpfend erklärt. Die Erklärungskraft dieses Ansatzes erreicht also nur zwei der drei Ebenen der sozialen Systembildung: Interaktions- und Organisationssysteme, nicht jedoch funktionale Teilsysteme der Gesellschaft.

Aus der umgekehrten hierarchischen Perspektive versucht Gerhards (1994: 80 f.), dieses Problem zu lösen (→ auch Kapitel 3.1.1): Nach seinem Konzept spannen Parameter des sozialen Systems einen Raum für individuelles Handeln auf. Systeme setzen extern generalisierte Handlungsorientierungen, die als systemische ‚constraints' die individuellen Auswahlmöglichkeiten konditionieren. Die in Systemen handelnden Akteure müssen diese abstrakten Zieldefinitionen mit ihren subjektiven Zielen in Einklang bringen. Damit die Verbindung zwischen Akteurstheorie und Systemtheorie nicht willkürlich beschrieben wird, führt Gerhards (1994: 81) eine zusätzliche Prämisse ein:

> „Akteure wählen innerhalb der durch Systeme aufgespannten ‚constraints' [...] diejenigen Handlungen, die ihre spezifischen Ziele mit dem geringsten Aufwand erreichbar machen."

Insgesamt läßt auch dieses Konzept die Referenzebene offen: Sind mit systemischen Rahmenbedingungen diejenigen der Organisation (etwa: Redaktion, Verlag, Sendeanstalt) oder abstrakter des gesellschaftlichen Funktionssystems (hier: des professionellen Journalismus-Systems) gemeint? Sind Journalisten nur an systemische Rahmenbedingungen gebunden, oder konstituieren sie durch professionelle Tätigkeit diese aktiv mit, wie Hejls Modell organisatorischer Selbstorganisation dies vorsieht?

Wenngleich die bisher referierten Ansätze viele Fragen unbeantwortet lassen, beschäftigen sie sich immerhin mit einer fundamentalen sozialwissenschaftlichen Fragestellung, die gerade für empirische Forschung dringend ist. Hingegen ist Luhmanns aktivistische Formulierung, Kommunikation gehe nur aus Kommunikation hervor und aus sonst nichts, methodisch und indirekt damit auch theoretisch unbrauchbar. Mit Schmidt (1994: 119 f.) läßt sich einwenden:

> „Kommunikation organisiert sich gerade nicht selbst, sondern wird organisiert von Kommunikatoren (Aktanten oder Institutionen), die ihre Motive und Interessen, Einstellungen, Überzeugungen und Bewertungen unausweichlich ins Spiel bringen."

Für die Erforschung journalistischer Akteure bedeutet dies, daß deren Intentionen – wir haben sie an anderer Stelle (vgl. Weischenberg/von Bassewitz/Scholl 1989) *Kommunikationsabsichten* genannt – und Handlungen durchaus zueinander in Beziehung gesetzt werden können. Ein möglicher Zusammenhang ist allerdings nicht kausal zu interpretieren, sondern hängt von den jeweiligen Bedingungen und Kontexten ab. Mit anderen Worten: Die *Handlungsrelevanz* journalistischer Kommunikationsabsichten ist zwar nicht allein aus der Intention heraus prognostizierbar, aber es können empirisch Bedingungen ermittelt werden, die eine Ähnlichkeit zwischen Zielen und tatsächlichem Handeln ermöglichen. Unter der Prämisse, daß der Journalismus komplexer moderner Gesellschaften nur in einer organisierten Form denkbar ist (vgl. Rühl z. B. 1989), fällt es leicht zu vermuten, daß der Ort für die Interpenetrationen von Journalisten als Akteuren und Journalismus als gesellschaftlichem Funktionssystem die *Redaktion* ist. Allerdings ist weniger von Interesse, ob oder daß Interpenetrationen oder strukturelle Kopplungen stattfinden, sondern welche und unter welchen Bedingungen. Und das sind empirisch beantwortbare Fragen.

5.2 Rollenselbstverständnis, Rolle und Handlungsrelevanz

5.2.1 Theoretische Vorbemerkungen und Operationalisierungen

In der empirischen Journalismusforschung werden die beruflichen Kommunikationsabsichten als *Selbstverständnis* von der eigenen (Berufs-) Rolle interpretiert. Aber obwohl das Rollen(selbst)verständnis eine prominente Stellung in vielen Studien einnimmt, ist seine Bedeutung für die Entstehung massenmedialer Aussagen umstritten. Die dabei gehandelten Positionen nehmen eine enorme Spannweite ein.[1]

Eine *direkte* Handlungsrelevanz journalistischer Selbstbilder für die Berichterstattung scheint Wolfgang Donsbach (1987: 118) zu unterstellen. Ohne so explizit theoretisch zu argumentieren, schließt er aus dem beruflichen Selbstverständnis auf die unterschiedlichen historischen Bedingungen für Journalismus in Großbritannien und Deutschland. Journalistisches Machtbewußtsein korrespondiere mit einem subjektiv empfundenen „Freiraum zu einer aktiv-politischen Betätigung durch publizistischen Einfluß" (Donsbach 1982: 190) als wesentliches Berufsmotiv.

Ganz anders interpretiert Jürgen Prott (1976: 151) diesen Sachverhalt: Wenn Journalisten versicherten, daß sie weitgehende Möglichkeiten der Selbstverwirklichung hätten, so sei dies keine Widerspiegelung tatsächlicher Verhältnisse in der Redaktion, die ganz im Gegenteil – von ökonomischen, technologischen und politischen Interessen bestimmt werde, sondern Ausdruck einer schrittweisen Reduktion des eigenen Anspruchs im Prozeß der beruflichen Sozialisation.

In der Studie „Media and Democracy" wird der Schluß vom beruflichen Selbstverständnis auf die tatsächliche Berichterstattung zwar nicht mehr naiv gezogen, sondern immerhin durch den Indikator, wie sich Journalisten bei politischen Konflikten verhal-

---

[1] Auf die Darstellung empirischer Befunde aus den zahlreichen empirischen Studien kann an dieser Stelle verzichtet werden (vgl. dazu den Überblick in Weischenberg 1995: 438 ff.). Die Nachzeichnung der Argumentationslinien der ‚Mainzer Schule' und die Auseinandersetzung mit diesen Positionen ist bei Weischenberg (1989: 229 ff.) und Schönbach/Stürzebecher/Schneider (1994: 139 ff.) nachzulesen.

157

5 Die Kopplung: Akteur und Handlungsorientierung

ten, kritisch geprüft und situationsspezifisch konkretisiert (vgl. z. B. Donsbach 1993b: 291 f.). Dennoch bleibt der voluntaristische Aspekt journalistischer Tätigkeit auch in dieser Untersuchung dominant, und mögliche Rahmenbedingungen werden allenfalls in allgemeinen kulturellen Zusammenhängen gesucht.

Etwas differenzierter geht Renate Köcher (1985: 122 ff.) vor: Sie operationalisiert die Handlungsrelevanz journalistischer Willensbekundung für die Berichterstattung durch simulierte Situationen. Die befragten Journalisten sollen sich vorstellen, über eine als gesellschaftlich gefährlich eingestufte politische Partei zu berichten. Würden sie neutral berichten oder vor der Partei und ihren gesellschaftlichen Zielen warnen? Fazit der Autorin: *Objektive Wiedergabe* bleibt unter deutschen (im Vergleich zu britischen) Journalisten in der Minderheitenposition, selbst bei denen, die sich als neutrale Berichterstatter bezeichnen.

Ob Konfliktsituationen dieser Art als alleiniger Maßstab für die tägliche Berichterstattung geeignet sind, ist allerdings äußerst fraglich. Sowohl Donsbach (1987: 118) als auch Köcher (1985: 128) geht es stets um den Nachweis, daß die deutschen Journalisten im internationalen Vergleich weniger dem neutralen Informationsjournalismus nahestehen. Und selbst wenn dies laut Selbstbekundung der Fall wäre, würden die (deutschen) Journalisten im Zweifelsfall doch nicht neutral berichten. Auf der anderen Seite wird unterstellt, daß ein kritisches und auf politischen Einfluß gerichtetes Selbstverständnis in Deutschland überproportional häufig vorkomme und daß dieses unmittelbar handlungsrelevant sei.

Aus einer ganz anderen Perspektive analysiert Ulrich Hienzsch diesen Sachverhalt. Er schreibt dem idealistischen beruflichen Selbstverständnis eine *kritische Kontrollfunktion* in relevanten beruflichen Situationen zu, dies jedoch vor dem Hintergrund eines weitgehend rationalisierten Arbeitsablaufs in der Redaktion. Hienzsch (1990: 191 ff.) stellt fest, daß objektive Information nicht gleichbedeutend mit neutraler Berichterstattung sei. Die auch in dieser Fallstudie festgestellte hohe Zustimmung zu einem anwaltschaftlichen und gesellschaftlich engagierten Berufsverständnis wird jedoch als Ausdruck idealistischer Äußerungen interpretiert. Methodisch versucht Hienzsch, dieses Problem dadurch zu beheben, daß er von den Journalisten einen Soll-Ist-Vergleich verlangt, also fragt, inwiefern sich das eigene Rollenverständnis in der Tagespraxis umsetzen läßt.

5.2 Rollenselbstverständnis, Rolle und Handlungsrelevanz

Insgesamt stellt der Autor weitgehende Abweichungen fest, die er unter Rückgriff auf die Äußerungen der Befragten selbst nicht als Scheitern, sondern als Differenz zwischen generellen Funktionszuschreibungen des Journalismus und spezieller eigener Arbeitsrolle interpretiert (vgl. ebd.: 195 f.). Sein Fazit klingt freilich ziemlich idealistisch:

„Angesichts der dramatischen arbeitsprozessualen Konsequenzen [...] gewinnt die journalistische Bewußtseins-Schieflage aber eine ganz neue Qualität: Sie bewahrt immerhin einen letzten Rest publizistischen Anspruchs, der an anderen als unternehmerischen Effizienzkriterien festgemacht ist." (Ebd.: 297)

Auch hierfür hat Jürgen Prott (1976: 103) eine andere Interpretation parat, die in dem Vorwurf des *ideologischen Selbstbetrugs* gipfelt. Hat die empirische Journalismusforschung also lediglich ‚falsches Bewußtsein' erhoben und stilisiert dies nun zu Ergebnissen über die redaktionelle Wirklichkeit?

In der Tat behauptet Rühl (z. B. 1980) – weit entfernt von den marxistischen Vorstellungen von falschem oder richtigem Bewußtsein –, daß die Erhebung journalistischer Rollenselbstbilder theoretisch und methodisch irrelevant sei. Seine detaillierte und theoretisch fundierte Kritik an der von ihm so bezeichneten „Selbstidentifikationsforschung" macht eine ausführlichere Auseinandersetzung notwendig.

In theoretischer Hinsicht bemängelt Rühl (1980: 57) die Vernachlässigung journalismusrelevanter Makrophänomene, in deren Kontext Rollen überhaupt erst identifizierbar würden.[2] Außerdem passe die personale (= akteurszentrierte) Rollenbeschreibung nicht zu einer Systemkonzeption, die Personen zur Umwelt des Systems Redaktion oder Journalismus rechnet. Da extrapersonale Aspekte des Journalismus von den befragten Journalisten (einseitig) als Zwänge, Manipulation und Leistungsdruck gedeutet würden, gerieten die *sozialen* Anforderungen an den Journalismus aus dem Blickfeld (vgl. ebd. 1980: 51).

Dieses Argument ist auch methodologisch zu verstehen als impliziter *Reduktionsvorwurf*, denn die Erforschung der selbstzugeschriebenen Rollen konzentriert sich auf die Binnenperspektive

---

[2] Vgl. auch das Journalismus-Modell in Weischenberg 1992: 66 ff.

5 Die Kopplung: Akteur und Handlungsorientierung

der Journalisten. Rühl zweifelt daran, daß die Antworten einzelner Personen journalistische Wirklichkeit identifizieren können:

> „Die Konzeption journalistischer Selbstverständnisse und journalistischer Selbstbilder ist für die Journalismusforschung allerdings sachlich wie sozial irrelevant, solange sie nur durch Aussagen befragter Journalisten repräsentiert werden." (Ebd.: 53 f.)

Einen Ausweg sieht Rühl (vgl. ebd.: 62 f.) nun in dem makroperspektivischen Ansatz, der Rollen an konkrete Tätigkeiten koppelt.[3] Seine Argumentation erscheint auf den ersten Blick theoretisch stringent, da er soziale Systeme im Anschluß an Luhmann klar von psychischen oder personalen Systemen abgrenzt. Allerdings kann man seine Attacke auf die Erforschung der Binnenperspektive der an Journalismus beteiligten Akteure auch als (überzogenen) Gegenentwurf verstehen zur naiven Unterstellung der Handlungsrelevanz von Rollenbeschreibungen, die allein auf aus Befragungen gewonnenen Daten beruhen.

Rühls Gegenposition ist auf der anderen Seite theoretisch problematisch, da durch die strikte Trennung von Personal- und Sozialsystem die empirisch interessanten Interdependenzen (nach Luhmann eher: Interpenetrationen) aus dem Blick geraten[4]: Welche Konsequenzen entstehen für die Autonomie und Operationsweise des Journalismus (als sozialem System!), wenn Journalisten vermeintlich soziale Anforderungen an Journalismus (von wem werden diese definiert?) als Zwänge, Manipulation und Leistungsdruck empfinden?

So wie auf der einen Seite Prott die Strukturen der Medienorganisation einseitig als Verhinderung eines ‚richtigen Journalis-

---

[3] Neuere systemtheoretische Ansätze können solchen „Selbstbeschreibungssemantiken" durchaus etwas abgewinnen. Marcinkowski (1993: 94) schreibt ihnen die Aufgabe zu, „eine fokussierende, vereinheitlichende, aggregierend wirkende Terminologie zur Verfügung zu stellen, die eine laufende Orientierung an der Einheit des Systems ermöglicht. ‚Öffentlichkeit' als Selbstbeschreibungskonzept des journalistischen Systems soll Handlungs- und Funktionsfähigkeit betonen, die kollektive Entscheidungs- und Wirkungseinheit des Systems und die Finalisierung der Publizistik in Richtung auf das öffentliche Wohl symbolisieren."

[4] Eine ausführliche, teilweise überspitzte Kritik an Rühls Vorstellungen von Journalismus unternimmt aus kritisch-theoretischer Sicht Baum (1994: 322-361). Empirische Hinweise, die gegen eine strikte Trennung sprechen, sind im Kapitel 4 „Die Umwelt" zu finden.

5.2 Rollenselbstverständnis, Rolle und Handlungsrelevanz

mus' beschreibt, geraten sie bei Rühl einseitig als Garanten für einen ‚funktionierenden Journalismus'. Nur Hienzsch macht sich in seiner Fallstudie die Mühe, beide Ebenen – Struktur und Bewußtsein – miteinander in Beziehung zu setzen, idealisiert aber seinerseits engagierte Rollenselbstbilder als Garanten für *guten Journalismus*.

Bei der bisherigen Beschreibung des Konzepts ‚Rollen(selbst)verständnis' und dessen Handlungsrelevanz sind wir bereits auf Möglichkeiten zur Operationalisierung eingegangen. Im folgenden wollen wir die spezielle Operationalisierung in der „JouriD"-Studie darstellen und den Zusammenhang herstellen von *beruflicher Selbstdefinition*[5], wie das Konzept exakt bezeichnet werden könnte, Handlungsrelevanz und dem tatsächlichen Niederschlag in der Berichterstattung.

▲ Das Rollenselbstverständnis ist ein *Einstellungskonstrukt* und bildet somit nur einen allgemeinen Rahmen für tatsächliches (journalistisches) Handeln. Es bezeichnet den Bereich der *Potentialität* und nicht der Aktualität. Dieses Argument ist prinzipieller Natur und gilt für jede Verbindung zwischen einer Einstellung und einer (bestimmten) Handlung (vgl. Ajzen/Fishbein 1980: 9).

▲ Weiterhin steht das Rollenselbstverständnis nicht für die tatsächlich ausgeübte Rolle (in der Redaktion), sondern für den *voluntaristischen Handlungsaspekt*. Auf diese Weise wird die individuelle Handlungsfreiheit innerhalb von Organisationen (Redaktion) einseitig fokussiert und der soziale Kontrollaspekt unterschätzt.

▲ Schließlich kann die gelungene Umsetzung *individueller beruflicher Zielsetzungen*[6] nur der Ausnahmefall redaktioneller Arbeitswirklichkeit sein, denn die tägliche Routine der Aus-

---

[5] Ähnlich argumentiert Marcinkowski (1993: 101): „Rollen sind in ihrem Kern so allgemein gehalten, daß sie das konkrete journalistische Kommunikationsverhalten nicht determinieren, sondern allenfalls strukturieren. Präziser gefaßt müßte man also diese Entscheidungsprämisse als Rolleninterpretation des jeweiligen Inhabers bezeichnen."

[6] Nach Luhmann (1988: 281) handelt es sich dabei weniger um (individuell motivierte) Präferenzen, als vielmehr um soziale (Eigen-) Erwartungen. Der Erwartungsbegriff ist abstrakter, denn Erwartungen führen noch nicht zu Entscheidungsergebnissen, sondern machen nur eine(n) Entscheidung(svorgang) nötig.

sagenproduktion (vgl. Hienzsch 1990: 294 ff.) ist Ausdruck organisationeller Autonomie (auch gegenüber den einzelnen Journalisten) (vgl. Koller 1981: 69 ff.). Die Verbindlichkeit des Einstellungskonstrukts ‚berufliches Selbstverständnis' ist als *alleinige* Handlungsdisposition für konkrete Situationen deshalb als eher gering einzustufen.

Aus diesen Gründen scheint die Erhebung des Rollenselbstverständnisses für die Ermittlung redaktionellen Handelns (als Handeln in Organisationen) nur von marginaler Bedeutung. Auf der anderen Seite ist das Einstellungskonstrukt jedoch nicht (nur) Ausdruck ‚freischwebender' individueller Berufsvorstellungen, sondern Produkt beruflicher Sozialisation. Kim und Hunter (1993: 132) weisen in einer Meta-Analyse zur Einstellung-Verhaltens-Forschung nach, daß relevante Einstellungen sehr wohl gewolltes Verhalten („volitional behavior") beeinflussen. Auch wenn das berufliche Selbstverständnis nicht als (direkt) handlungsleitend anzusehen ist, kann es dennoch die Funktion eines *kritischen Korrektivs* in bestimmten Situationen übernehmen.

Es ist deshalb theoretisch erforderlich, ein Zwischenglied zwischen Einstellung (hier: Kommunikationsabsichten bzw. Rollenselbstverständnis) und Handeln (hier: Herstellung öffentlicher bzw. medialer Aussagen) einzubauen: die *Handlungsrelevanz* der Einstellung (vgl. Weischenberg/von Bassewitz/Scholl 1989).[7] Handlungsrelevanz ist die Wahrscheinlichkeit der praktischen Umsetzung des Rollenselbstverständnisses in (redaktionelles) Handeln. Diese Wahrscheinlichkeit kann entweder vom Befragten selbst (systeminterne Beschreibung oder Beurteilung) oder von einem Experten (systemexterne Beschreibung oder Beurteilung zum Beispiel durch Wissenschaftler) eingeschätzt werden.[8] Ziel ist es bei beiden Modellierungen, die Erklärungslücke zwischen Einstellung und Handlung zu schließen.

---

[7] Die Dreigliederung Einstellung - Handlungsrelevanz - Handlung erinnert an das Modell von Ajzen/Fishbein (1980: 9), das zwischen Einstellung und Verhalten die Verhaltensintention stellt. Der Begriff „Handlungsrelevanz" ist jedoch abstrakter als der der Verhaltensabsicht, denn die Engführung von Handlung auf „geplantes Verhalten" soll in unserem Modell nicht impliziert werden.

[8] Die Selbstbeschreibung hat den Nachteil, daß sie nicht (extern) kontrollierbar ist; die Fremdbeschreibung wird dagegen den systeminternen Bedingungen möglicherweise nicht gerecht.

5.2 Rollenselbstverständnis, Rolle und Handlungsrelevanz

Mehrere Möglichkeiten bieten sich an, um die handlungsprognostische Leistung des Konstrukts der beruflichen Rolle zu erhöhen:

▲ Das Einstellungskonstrukt Rollenselbstverständnis wird nicht dichotom („trifft für mich zu" und „trifft für mich nicht zu") abgefragt, sondern mit Hilfe einer fünfstufigen Skala („trifft voll und ganz zu", „trifft überwiegend zu", „trifft teilweise (je nach Situation) zu", „trifft weniger zu", „trifft überhaupt nicht zu"). Mit dieser Maßnahme wird den befragten Journalisten eine *situative Relativierung* ermöglicht.

▲ Die Einstellung wird nicht nur in ihrem voluntaristischen Aspekt, sondern auch in der Konfrontation mit ihrer *Realisierbarkeit* abgefragt („Gelingt es Ihnen, dieses Ziel im journalistischen Alltag umzusetzen?"). Allerdings bleibt diese Konfrontation im Rahmen der Selbstbeschreibung und ist demnach keine strenge Kontrolle der Handlungsrelevanz des Einstellungskonstrukts.[9]

▲ Um eine kritische Einschätzung der Realisierungsmöglichkeiten – also der Handlungsrelevanz eigenerwarteter Zielsetzungen – zu ermöglichen, ist ein Perspektivenwechsel notwendig, indem das *Handlungsprodukt* extern beobachtet wird. Da dieses manifest als Veröffentlichung vorliegt, bietet sich hierfür eine Inhaltsanalyse an.

5.2.2 Kommunikationsabsichten und Publikumsbild

Das dominierende Berichterstattungsmuster in den Medien der Gesellschaften westlichen Typs ist der (neutrale) Informationsjournalismus (vgl. Weischenberg 1995: 112 ff.). Dies spiegelt sich auch, wie die vorliegenden Daten zeigen, in den Kommunikationsabsichten der Journalisten wider. Die Ergebnisse der Studie „Journalismus in Deutschland" befinden sich damit in Übereinstimmung mit Vorläuferstudien (vgl. Weischenberg/von Bassewitz/Scholl 1989) und mit Parallelstudien (vgl. Weaver/Wilhoit 1996; Schön-

---

[9] Möglicherweise antworten die Journalisten so, wie sie es für sozial erwünscht halten; oder sie haben ein anderes Verständnis von der Umsetzung ihrer Einstellung in redaktionelles Handeln als ein externer Beobachter (ein Wissenschaftler).

bach/Stürzebecher/Schneider 1994)[10]. Sie belegen, daß das dominierende Rollenverständnis deutscher Journalisten das der neutralen und präzisen Information ist, gefolgt von anderen Kommunikationsabsichten, welche mit Informationsjournalismus zusammenhängen: Abbildung von Realität[11], schnelle und wahrheitsgeprüfte Faktenweitergabe. Dabei ergänzen die Journalisten ihre Absicht zu informieren um das Ziel, Komplexität zu reduzieren und Zusammenhänge verständlich zu vermitteln (→ Tabelle 5.2-1).

Interessant ist – im Block der Items zum Informationsverständnis – der relativ niedrigste Zustimmungsgrad zu der Aussage, auf Nachrichten zu verzichten, deren faktischer Inhalt nicht bestätigt ist. Dieses Item ist darüber hinaus am umstrittensten, wie die höchste Standardabweichung belegt, obwohl die Journalisten seine Umsetzung im redaktionellen Alltag sehr optimistisch einschätzen. Offensichtlich werden hiermit bereits ethische Fragen berührt, unter welchen Umständen die Sorgfaltspflicht zugunsten des Aktualitätsgebots zurückgenommen werden kann (→ Kapitel 5.3.1).

Einzig das allgemeine Ziel, Mißstände zu kritisieren, wird in ähnlichem Grad wie die neutrale Berichterstattung für wichtig befunden. Dies ist allerdings mit der Autonomie des Systems und mit Verfassungsvorgaben zu erklären: Kritik ist zugleich Bedingung für und Ausdruck von Unabhängigkeit des Journalismus gegenüber anderen gesellschaftlichen Funktionssystemen und ist zudem (zumindest) in westlichen Demokratien normativ abgestützt. Die Zustimmung zu diesem Item bedeutet gerade nicht Gegnerschaft etwa zu Politik und Wirtschaft, wie die deutlich geringeren Zustimmungsgrade zu den diesbezüglichen Items belegen. Alle

---

[10] Die Abweichungen zu Studien aus der „Mainzer Schule" (vgl. Kepplinger 1979a; Donsbach 1982; Köcher 1985) kann man mit deren methodischen Mängeln erklären (vgl. Weischenberg 1989) oder vorsichtiger mit Veränderungen des deutschen Journalismus (Schönbach/Stürzebecher/Schneider 1994: 158 f.).

[11] Dieses Selbstverständnis äußern die Befragten offenbar aus der Position eines Beobachters erster Ordnung, also ohne Selbstreflexion. Dafür spricht auch die optimistische Einschätzung der Realisierbarkeit dieses beruflichen Ziels. Eine wissenschaftliche Beobachtung zweiter Ordnung ist mit dieser Beobachtung nicht identisch. An dieser Stelle kann nur festgehalten werden, daß Journalismus auf der Basis eines realistischen Abbildverständnisses operiert, unabhängig davon, ob es überhaupt möglich ist, Realität oder Ausschnitte aus ihr abzubilden.

5.2 Rollenselbstverständnis, Rolle und Handlungsrelevanz

Kommunikationsabsichten	Rollenverständnis (Ziel) $\bar{x}$*	s	N	Handlungsrelevanz (Erfolg) $\bar{x}$*	s	N**
das Publikum möglichst neutral und präzise informieren	4.03	0.95	1488	4.02	0.63	1076
komplexe Sachverhalte erklären und vermitteln	4.01	1.01	1484	3.89	0.70	1074
dem Publikum möglichst schnell Informationen vermitteln	3.99	1.06	1479	4.12	0.70	1065
die Realität genauso abbilden, wie sie ist	3.81	1.07	1464	3.90	0.76	936
Kritik an Mißständen üben	3.73	1.12	1472	3.77	0.81	915
Nachricht ohne Bestätigung des faktischen Inhalts nicht bringen	3.62	1.40	1476	4.27	0.83	838
intellektuelle und kulturelle Interessen des Publikums ansprechen	3.45	1.15	1485	3.90	0.73	767
neue Trends aufzeigen und neue Ideen vermitteln	3.43	1.08	1479	3.85	0.76	740
nur für weitest mögliches Publikum interessante Nachrichten bringen	3.40	1.17	1476	3.98	0.69	776
Unterhaltung und Entspannung bieten	3.28	1.23	1477	4.07	0.70	694
sich für die Benachteiligten in der Bevölkerung einsetzen	3.26	1.16	1477	3.50	0.85	609
positive Ideale vermitteln	3.16	1.12	1472	3.70	0.83	541
normalen Leuten eine Chance zur öffentlichen Artikulation geben	3.13	1.21	1480	3.75	0.89	584
Lebenshilfe für das Publikum anbieten	3.02	1.16	1462	3.75	0.80	506
Gegenpart zu offiziellen politischen Stellen durch Skepsis gegen sie	2.95	1.29	1479	3.78	0.80	520
die Bereiche Politik, Wirtschaft und Gesellschaft kontrollieren	2.94	1.31	1476	3.46	0.89	534
dem Publikum eigene Ansichten präsentieren	2.80	1.15	1476	4.01	0.78	388
Aussagen und Stellungnahmen der Regierung recherchieren	2.73	1.33	1468	3.78	0.79	466
Gegenpart zur Wirtschaft durch Skepsis gegen sie	2.64	1.24	1472	3.78	0.81	388
nationale Politik diskutieren, die sich noch in Entwicklung befindet	2.57	1.24	1463	3.79	0.79	343
politische Themenordnung beeinflussen, Themen auf Agenda setzen	2.45	1.16	1476	3.45	0.99	269

* Der Mittelwert wird aus einer Skala von 1 (= „trifft überhaupt nicht zu") bis 5 (= „trifft voll und ganz zu") berechnet.
** Die Anzahl der zur erfolgreichen Umsetzung ihrer Ziele befragten Journalisten hängt davon ab, wie viele Befragte das betreffende Ziel überhaupt anstreben, variiert also von Item zu Item.

Tabelle 5.2-1: Rollenselbstverständnis und Handlungsrelevanz

5 Die Kopplung: Akteur und Handlungsorientierung

aktiven politischen Ziele des Journalismus liegen deutlich am Ende des beruflichen Selbstverständnisses.[12]

Die durchgehend höheren Standardabweichungen sind ein Indiz dafür, daß sich an diesen Berufszielen die journalistischen Geister scheiden, während bei den Informationszielen ein gewisser Deckeneffekt, also ein weitgehender inhaltlicher Konsens zu verzeichnen ist. Die Beurteilungen der erfolgreichen Umsetzung solcher Ziele belegt zusätzlich, daß politisch aktiver Journalismus nicht ohne weiteres zum Standard des Berufs gehört. Während Ziele, die mit einem basalen Informationsjournalismus konform gehen und unstrittig sind, leicht im redaktionellen Alltag umzusetzen sind, hängt die Umsetzung politischer Absichten von speziellen organisatorischen Bedingungen und der jeweiligen redaktionellen Linie ab (→ Kapitel 5.2.4).

Im mittleren Zustimmungsbereich rangieren Kommunikationsabsichten, die auf Ratgeber- und Servicejournalismus, auf Unterhaltung und Lifestyle, aber auch auf anwaltschaftlichen und auf Meinungsjournalismus abzielen. Bemerkenswert ist auch, daß ‚elitäre' Konzeptionen, welche die intellektuellen und kulturellen Interessen des Publikums berücksichtigen wollen, im gleichen Maß Zustimmung finden wie ‚populäre' Konzeptionen, welche nur Nachrichten bringen wollen für ein möglichst breites Publikum. Die Realisierungschancen werden dabei jedoch ganz unterschiedlich gesehen: Offenbar ist es sehr einfach, Unterhaltung und Entspannung anzubieten und dem Publikum seine eigenen Ansichten zu präsentieren, während anwaltschaftliche und idealistische Absichten schwerer umzusetzen sind.

Es ist zu vermuten, daß sich hinter den verschiedenen Facetten beruflichen Selbstverständnisses unterschiedliche Dimensionen verbergen. In einem zweiten Schritt werden deshalb die 21 Items mit Hilfe einer Hauptkomponentenanalyse gebündelt[13]. Insgesamt lassen sich fünf Faktoren mit einem Eigenwert größer oder gleich

---

[12] Die Mittelwerte bestätigen die Ergebnisse der prozentualen Zusammenfassung sehr großer und weitestgehender Zustimmung (vgl. Weischenberg/Löffelholz/Scholl 1994c: 160 f.).

[13] Alternativ zu diesem Weg bietet sich die Gruppierung und Typologisierung der befragten Journalisten mit Hilfe einer Clusteranalyse an, die aus einer personenzentrierten Perspektive zu vergleichbaren und ebenfalls interessanten Befunden führt (vgl. Weischenberg/Löffelholz/Scholl 1998: 245 ff.).

1 extrahieren, die zusammen gut 55 Prozent der Varianz erklären (→ Tab. 5.2-2).

Als Hauptfaktor mit einer klaren Profilierung erweist sich der politische Journalismus. Dazu gehören skeptische (nicht: gegnerische[14]) Einstellungen gegenüber dem politischen und wirtschaftlichen System, inklusive der kritischen Recherche von Aussagen und Stellungnahmen der Regierung, die gesellschaftliche Kontrolle des Journalismus, die Diskussion von Politik bis hin zur Absicht, die politische Tagesordnung zu beeinflussen. Am geringsten lädt auf diesem Faktor das Rollenverständnis, Kritik an Mißständen üben zu wollen, das zudem Zweitladungen auf den Faktoren „idealistischer Journalismus" und „neutraler Informationsjournalismus" hat.

Dieses Ergebnis belegt nochmals deutlich, daß die „Kritik an Mißständen" nicht einseitig als Bekenntnis zur ‚vierten Gewalt' gedeutet werden kann. Zwei weitere Zweitladungen kennzeichnen diesen journalistischen Kernbereich noch näher: Implizit bedeutet politischer Journalismus auch zum Teil die Übernahme einer anwaltschaftlichen Rolle und die Ablehnung unterhaltender (Infotainment-) Elemente.

Der zweite Faktor beschreibt einen *idealistischen Journalismus*, der eine anwaltschaftliche Komponente ebenso enthält wie die öffentliche Artikulationsmöglichkeit für ‚normale Leute'. Zu diesem Selbstbild gehört es auch (allerdings mit deutlich geringeren Ladungen), positive Ideale zu vermitteln und intellektuelle und kulturelle Interessen des Publikums anzusprechen, sowie (als relativ hohe Zweitladung), Kritik an Mißständen zu üben.

Aufschlußreich ist das scheinbar widersprüchliche Publikumsbild, das hinter solchen Rollenbündeln zu stehen scheint: Wer sich als Anwalt einer unterprivilegierten Bevölkerungsschicht empfindet, die sich nicht selbst äußern kann, will gleichermaßen Sprachrohr normaler Leute sein. Auch die Förderung der intellektuellen

---

[14] Darauf weist eine empirische Studie von Akhavan-Majid (1994: 257) ausdrücklich hin: Weavers und Wilhoits Items ‚adversary of business' und ‚adversary of government', die eine Gegnerschaft der Journalisten zu Wirtschaft und Politik implizieren, seien zu negativ formuliert. Daher resultiere ihr geringer Zustimmungsgrad. Eine positive Beschreibung der Watchdog-Rolle erzielt dagegen mehr Zustimmung und weist zudem keine Konnotation mit dem Aspekt der Gegnerschaft auf, wie faktorenanalytisch nachgewiesen werden kann.

5 Die Kopplung: Akteur und Handlungsorientierung

Faktoren → Kommunikationsabsichten ↓	Faktor 1: Politischer Journalismus	Faktor 2: Idealistischer Journalismus	Faktor 3: Neutraler Informationsjournalismus	Faktor 4: Unterhaltender Servicejournalismus	Faktor 5: Aktueller Informationsjournalismus	Kommunalität
Gegenpart zu offiziellen politischen Stellen durch Skepsis gegen sie	.71	.39				.68
Gegenpart zur Wirtschaft durch Skepsis gegen sie	.71	.34				.64
die Bereiche Politik, Wirtschaft und Gesellschaft kontrollieren	.70					.59
nationale Politik, die sich noch in Entwicklung befindet, diskutieren	.70					.54
Aussagen und Stellungnahmen der Regierung recherchieren	.70					.61
politische Tagesordnung beeinflussen, Themen auf Agenda setzen	.69	.34				.60
Kritik an Mißständen üben	.50	.47	.36			.61
‚normalen Leuten' eine Chance zur öffentlichen Artikulation geben		.67				.57
sich für die Benachteiligten in der Bevölkerung einsetzen	.31	.59	.33			.57
positive Ideale vermitteln		.51		.41		.45
intellektuelle und kulturelle Interessen des Publikums ansprechen		.48				.33
das Publikum möglichst neutral und präzise informieren			.72			.64
die Realität genauso abbilden, wie sie ist			.65			.51
komplexe Sachverhalte erklären und vermitteln	.41		.64			.67
neue Trends aufzeigen und neue Ideen vermitteln				.73		.56
Unterhaltung und Entspannung anbieten	-.38			.57		.60
dem Publikum eigene Ansichten präsentieren				.57		.45
Lebenshilfe für das Publikum anbieten		.40		.54		.49
nur für weitest mögliches Publikum interessante Nachrichten bringen					.71	.55
dem Publikum möglichst schnell Informationen vermitteln					.60	.53
nur Nachrichten mit Bestätigung des faktischen Inhalts bringen					.60	.43
Eigenwert/KMO	5.3	2.4	1.8	1.1	1.0	KMO=.86
erklärte Varianz	25.3 %	11.5 %	8.5 %	5.4 %	4.6 %	55.3 %

Tabelle 5.2-2: Dimensionen journalistischen Rollenselbstverständnisses

5.2 Rollenselbstverständnis, Rolle und Handlungsrelevanz

Interessen beim Publikum und die Vermittlung positiver Ideale enthält beide Komponenten: die aktive (erzieherische?) Aufgabe *und* das Vertrauen in das Publikum, daß es sich mit anspruchsvollen Inhalten ansprechen läßt.

Daß diese Art idealistischer Journalismus auch eine politische Komponente enthält, läßt sich an den Zweitladungen auf dem ersten Faktor ‚politischer Journalismus' ablesen. Darüber hinaus gibt es die eher unpolitische Komponente, dem Publikum Lebenshilfe anzubieten, die in Richtung Dienstleistung zu interpretieren ist.

Der dritte und der fünfte Faktor beziehen sich auf zwei Aspekte des Informationsjournalismus: Zum einen geht es um die neutrale, authentische und komplexitätsreduzierende Vermittlung von Informationen auf der *inhaltlichen Ebene* (neutraler Informationsjournalismus). Neutralität ist jedoch nicht mit Passivität zu verwechseln und durchaus in gewissem Maße mit Kritik an Mißständen und einer anwaltschaftlichen Komponente vereinbar, wie die – allerdings geringen – Zweitladungen dieser Items andeuten. Zum anderen geht es auf der *operativen Ebene* eher um das tägliche Geschäft des Journalismus, dem Publikum schnell, gut recherchierte und interessante Nachrichten zu liefern (aktueller Informationsjournalismus).

Schließlich wird mit dem vierten Faktor ein *unterhaltender Servicejournalismus* beschrieben, der ebenfalls verschiedene Aspekte umfaßt: Das Aufzeigen neuer Trends und Ideen deutet eine Lifestyle-Komponente an, die auch einen Ratgeber- und Serviceanteil beinhaltet und gleichermaßen unterhaltsam präsentiert wird. In diesem Kontext eines ‚soft news'-Journalismus siedeln die befragten Journalisten die Präsentation eigener Ansichten an, während die ‚hard news'-Varianten des politischen und des Informationsjournalismus mit dieser subjektiven Komponente nicht konnotiert werden.[15]

Zu untersuchen ist in einem weiteren Analyseschritt, inwiefern die dargestellten Dimensionen journalistischen Selbstverständnisses mit verschiedenen *Publikumsbildern* korrespondieren. Zu erwar-

---

[15] Das bedeutet nicht, daß *politische* und informierende Journalisten nicht auch ihre eigenen Ansichten in die Berichterstattung einfließen lassen könnten, sondern nur, daß diese subjektive Variante im Kontext eines unterhaltenden Service-Journalismus gesehen wird.

5 Die Kopplung: Akteur und Handlungsorientierung

ten ist, daß Journalisten, die einen idealistischen Journalismus anstreben, ein eher anspruchsvolles Publikumsbild haben. Dies gilt auch für die Befürworter eines politischen Journalismus, die voraussetzen, daß mündige Staatsbürger ihre diskursiven Anregungen aufnehmen. Neutraler und aktueller Informationsjournalismus benötigt keine speziellen Publikumsbilder, weil es sich hierbei um rein angebots- und produktionsorientierte Berichterstattungsmuster handelt. Für Journalisten, die unterhalten und Serviceleistungen anbieten wollen, wäre kein ‚anspruchsvolles' Publikumsbild notwendig.[16]

Die Daten entsprechen weitgehend diesen Erwartungen (→ Tabelle 5.2-3), auch wenn die Korrelationen durchweg niedrig sind. Diejenigen Journalisten, die einen politischen Journalismus anstreben, haben durchschnittlich ein leicht positives Bild vom Rezipienten als informiertem, kritischem, engagiertem und verantwortungsvollem Staatsbürger (→ Kapitel 4.3.3). Journalisten, die einen idealistisch-anwaltschaftlichen Journalismus vertreten wollen, haben die Vorstellung eines armen, einflußlosen und ängstlichen und damit eher hilfsbedürftigen Rezipienten.

Unterhaltungsorientierte Journalisten halten ihr Publikum tendenziell für ideologisch weltoffen und jung. Dies ist ein weiteres Indiz dafür, daß dieser Unterhaltungsjournalismus einen ‚Lifestyle-Aspekt' beinhaltet. Ein eher negatives Publikumsbild in der staatsbürgerlichen und in der ideologischen Dimension haben einzig die Journalisten, die einen aktuellen Informationsjournalismus (schnelle, interessante, faktisch bestätigte Nachrichten) für wichtig halten.

Publikumsbild/ Rollenverständnis (n = 1485)	Staatsbürgerliches Publikumsbild	ideologisches Publikumsbild	Schichtenbezogenes Publikumsbild
politischer Journalismus	.13	n.s.	n.s.
idealistischer Journalismus	n.s.	n.s.	–.22
aktiver Unterhaltungsjournalismus	n.s.	.14	n.s.
neutraler Informationsjournalismus	n.s.	n.s.	n.s.
aktueller Informationsjournalismus	–.14	–.13	n.s.

Tabelle 5.2-3: Journalistisches Rollenverständnis und Publikumsbild (Pearson's r)

---

[16] Mit Absicht wird die generelle Formulierung ‚positives' oder ‚negatives' Publikumsbild vermieden, denn im Kontext einer funktionalen Fragestellung erweist sich die Beschreibung und Analyse verschiedener Dimensionen von Publikumsbildern als angemessener, wie die Analyse in Kapitel 4.3.3 zeigte.

5.2 Rollenselbstverständnis, Rolle und Handlungsrelevanz

In einem weiteren Schritt sollen nun die wichtigsten Dimensionen journalistischen Rollenverständnisses durch die auch bei den vorherigen Analysen benutzten Aufrißvariablen erklärt werden. Der *politische Journalismus* ist nicht nur die Dimension journalistischen Rollenverständnisses mit dem klarsten Profil, sondern läßt sich auch durch die Systemvariablen mit einem Drittel der Varianz am besten erklären (→ Tabelle 5.2-4).

Vergleicht man die verschiedenen Segmente des Journalismus, ist das Rollenverständnis ‚politischer Journalismus' vor allem negativ bestimmt. Zeitschriften-, Agenturen- und Anzeigenblattjournalisten lehnen dieses anspruchsvolle Rollenverständnis ab; nur die Redakteure des privaten Fernsehens stimmen ihm überdurchschnittlich zu, wie bivariate Korrelationen bereits erkennen ließen (vgl. Weischenberg/Löffelholz/Scholl 1994a: 196). Ein ähnliches Bild ergibt sich auch im Hinblick auf die Ressortaufteilung: Während politischer Journalismus vor allem im politischen Ressort angestrebt wird, sind Kultur-, Sport- und Unterhaltungsjournalisten diesbezüglich zurückhaltend.

Weitere einzelne Befunde rücken das Bild vom ‚Politiker mit anderen Mitteln' in ein neues Licht: Politischer Journalismus impliziert gleichermaßen intensivere Umweltkontakte und stärkere Selbstreferenz. Den Umweltkontakt bilden organisiert-institutionelle Reaktionen und Einflüsse sowie Bekanntschaften mit Entscheidungsträgern. Die Selbstreferenz kommt durch kollegiales Gegenlesen, längeres Recherchieren sowie durch gewerkschaftliche Mitgliedschaft und berufliche Nutzung anderer Medien zustande.

Gegen die Vorwürfe eines publikumsverachtenden, missionarischen, die Fakten den eigenen ideologischen Vorstellungen unterordnenden Journalismus spricht darüber hinaus das positive Bild vom eigenen Publikum als Staatsbürger (→ Tabelle 5.2-3) sowie die Tatsache, daß Journalisten mit diesem Rollenverständnis häufiger ein Fachstudium absolviert haben. Freiberufler können sich politischen Journalismus weniger leisten, weil ihnen dazu die Ressourcen fehlen, während Redakteure in Leitungspositionen dieses Berufsverständnis favorisieren, weil sie innerredaktionell dazu eher die Möglichkeit haben und vielleicht aufgrund ihrer Position auch stärkeren (politischen) Einfluß nehmen wollen.

Eine Komplementärrolle zum politischen scheint der *idealistische Journalismus* zu sein. Er wird besonders von Anzeigenblatt-

5 Die Kopplung: Akteur und Handlungsorientierung

Journalistisches Rollenselbstverständnis → Aufrißvariablen ↓	Politischer Journalismus	Idealistischer Journalismus	Neutraler Informationsjournalismus	Aktueller Informationsjournalismus	Unterhaltender Journalismus
bekannt mit Entscheidungsträgern***	.09	.08			
Anzahl von Ämtern***			.07		
Geschlecht (männlich/weiblich)*					
DDR-Sozialisation*	−.12		−.10		
Journalistik-/Publizistikstudium*			−.08		
Fachstudium*	.08				
Volontariat*		.13			
Anzahl verschiedener Ausbildungen***					
Medienbereich:					
Tages-/Wochenzeitung*				.13	
Zeitschrift*	−.18		−.10	−.09	.10
Nachrichtenagentur*	−.13	−.17	.10	.18	−.20
Anzeigenblatt*	−.18	.09	.09	.19	
öffentlich-rechtlicher Hörfunk*					−.11
öffentlich-rechtliches Fernsehen*					−.11
privater Hörfunk*				.17	.11
privates Fernsehen*	.09			.09	
Größe/Komplexität der Medienorganisation***		−.13		.14	
Verbreitung/Reichweite des Mediums**					
Ressort:					
Lokalressort*		.10	.15		
Politikressort*	.19		.16	−.10	−.11
Wirtschaftsressort*		−.13			
Kulturressort*	−.09		−.10	−.12	.13
Sportressort*	−.19			.13	
Unterhaltungsressort*	−.11		−.09		.10
Organisation/Produktion*			.10	.12	
gewerkschaftliche Organisation*	.11			−.09	
Redaktionsstatut/Statut für Frauenförderung*		.13			
Anstellungsverhältnis (fest/frei)*	−.08		−.08		−.08
Position in der Hierarchie**	.09				−.08
Erfahrung (Alter/Dauer beruflicher Tätigkeit)***		.11	.15		−.13
Wochenarbeitszeit***		−.10			.16
Anzahl beruflich genutzter Medien***	.12			.08	
Tätigkeiten:					
Dauer recherchieren***	.09				
Dauer Texte verfassen***			.09		
Dauer andere Texte redigieren***					
Dauer Nachrichten redigieren***			.08		
Dauer Verwaltungstätigkeiten***					
Dauer technischer Tätigkeiten***					
heterarchisches Gegenlesen***	.08				
hierarchisches Gegenlesen***					.08
politische Differenz zur Redaktion***					
redaktionelle Reaktionen***					.13
organisierte Reaktionen***	.14	.08			
lebensweltliche Reaktionen***		.09	−.08	−.09	.12
redaktionelle Einflüsse***		.14			
institutionelle Einflüsse***	.13				
lebensweltliche Einflüsse***		.12	−.09	−.09	.12
erklärte Varianz	adj. R² = .32	adj. R² = .19	adj. R² = .13	adj. R² = .14	adj. R² = .20

* = dichotome Variablen, ** = ordinale Variablen, *** = metrische Variablen; standardisierte Betas

Tabelle 5.2-4: Erklärungsfaktoren für journalistisches Rollenselbstverständnis

5.2 Rollenselbstverständnis, Rolle und Handlungsrelevanz

und von Lokalredakteuren angestrebt, während Agentur- und Wirtschaftsjournalisten dieses Selbstverständnis nicht teilen. Auch für dieses Berufsverständnis gilt eine starke Fremd- *und* Selbstreferenz. Die Umweltbezüge betreffen neben der Bekanntschaft mit Entscheidungsträgern nicht nur den organisiert-institutionellen, sondern auch den lebensweltlichen Bereich.

Die innermedialen Bezüge äußern sich in organisatorischen Bedingungen, denn vorwiegend in Medien mit Redaktionsstatuten oder Frauenförderungsmaßnahmen sowie in kleineren und einfacheren Organisationen wird ein idealistischer Journalismus propagiert. Dasselbe gilt für die redaktionellen Bedingungen, denn die redaktionellen Einflüsse sind hier überdurchschnittlich hoch. Außerdem haben Journalisten mit diesem beruflichen Selbstverständnis weniger Zeitdruck. Schließlich scheint der idealistische Journalismus vor allem im Volontariat, also im Anfangsstadium der Berufssozialisation, vermittelt zu werden. Dies korrespondiert mit dem Befund, daß vor allem ältere und berufserfahrene Journalisten, die innerhalb ihrer Ausbildung nur das Volontariat absolviert haben, ein idealistisches Rollenverständnis vertreten.

Eine andere Komplementärkategorie zum politischen ist der *unterhaltende Servicejournalismus*, der insbesondere im Zeitschriftenbereich und beim privaten Hörfunk avisiert wird. Vor allem freie, jüngere und berufsunerfahrene, in der Hierarchie niedriger positionierte Redakteure, die sehr viel arbeiten, wollen Unterhaltung und Service anbieten. Dagegen können sich die im öffentlich-rechtlichen Rundfunk sowie bei Agenturen Beschäftigten eine solche Berufsauffassung nicht vorstellen. Es ist plausibel, daß dieses Rollenverständnis im Unterhaltungs- und Kulturressort vorherrscht, während Politikjournalisten sich davon abgrenzen. Die selbstreferentiellen Bezüge beschränken sich auf innerredaktionelle Reaktionen und auf das Gegenlesen der eigenen Beiträge durch Vorgesetzte, während sich die Umweltbezüge im lebensweltlichen Bereich abspielen.

Die Differenzierung des Informationsjournalismus in eine auf das Berichterstattungsobjekt bezogene *neutrale Repräsentationsdimension* und eine *prozedurale Aktualitätsebene* erweist sich als fruchtbar zur Kennzeichnung verschiedener Segmente im Journalismus. Auf Neutralität und Aktualität sind insbesondere Agenturen und Anzeigenblätter bedacht. Tageszeitungs- und Zeitschriftenjournalisten lehnen das (einseitig) auf Fakten und Schnelligkeit bezogene Konzept hingegen ab, da sie in dieser Hinsicht gegenüber den Funkmedien ohnehin benachteiligt sind und darüber hinaus eher auf Hintergrundberichterstattung Wert legen. Komplementär betonen die Vertreter des privaten Rundfunks die aktuelle Dimension des Informationsjournalismus, ohne die Neutralitätskomponente überdurchschnittlich programmatisch einzuschließen.

Auch auf der Ressortebene unterliegen die beiden Aspekte des Informationsjournalismus unterschiedlichen Bedingungen. Lokaljournalisten wollen in erster Linie neutral informieren, während Sportjournalisten Wert auf aktuelle Berichterstattung legen. Insofern spiegeln sich die medialen Bedingungen in den Kommunikationsabsichten der Akteure wider. Dies gilt auch für die Redakteure, die für Produktion und Organisation verantwortlich sind und sowohl neutrale als auch aktuelle Informationen liefern wollen. Komplementär verhält es sich bei den Kulturjournalisten, die beiden Formen des Informationsjournalismus eher ablehnend gegenüberstehen.

Im Unterhaltungsbereich ist lediglich die neutrale Informationsübermittlung nicht gefragt. Ein interessanter Fall sind die Politikjournalisten, die neutral berichten wollen, aber die auf Schnelligkeit und reine Faktenorientierung abzielende Information negieren. Dies ist ein erneuter Beleg dafür, daß politischer und neutraler Informationsjournalismus keine Gegensätze sind oder sein müssen. Allerdings ist politischer Journalismus mit Hintergrundberichterstattung verbunden und verträgt sich nicht mit der aktualitätsfixierten Berichterstattung.

Neutraler Journalismus wird vor allem von Journalisten für wichtig befunden, die selbst Texte schreiben und Nachrichten redigieren. Unter den Publizistik- und Journalistikabsolventen finden sich weniger Anhänger dieser Berufsauffassung. Dies hängt möglicherweise damit zusammen, daß Journalisten, welche diese Fächer studiert haben, für die Objektivitäts- und Neutralitätsproblematik im Journalismus besonders sensibilisiert sind und von vornherein das Ziel einer realitätsgetreuen Wiedergabe für illusorisch halten. Auch Journalistinnen und Journalisten, die in der DDR ihren Beruf gelernt haben, streben keinen neutralen Journalismus an, haben allerdings auch kein politisches Rollenverständnis (→ Kapitel 6.4).

Sowohl Befürworter des neutralen als auch des Aktualitätsjournalismus berichten weniger von lebensweltlichen Reaktionen und

Einflüssen auf ihre Arbeit und nutzen häufiger andere Medien. Insbesondere Journalisten mit einem aktualitätsbezogenen Rollenverständnis arbeiten für größere und komplexere Medienorganisationen, sind aber unterdurchschnittlich häufig gewerkschaftlich organisiert.

Gerade dieser Befund verdeutlicht noch einmal, daß sich hinter den genannten Dimensionen journalistischen Selbstverständnisses völlig verschiedene Segmente des Systems Journalismus verbergen. Andererseits spiegeln die unterschiedlichen Kommunikationsabsichten die Bedingungen der Medienbereiche wider. Ihre Erklärung erschöpft sich jedoch nicht darin und muß um weitere konkrete Arbeitsbedingungen ergänzt werden. Darüber hinaus müssen die Kommunikationsabsichten mit den tatsächlich ausgeübten Rollen, die sich in der Berichterstattung niederschlagen, verknüpft werden. Diese Verknüpfung leistet das Konzept der *Handlungsrelevanz*.

5.2.3 Kommunikationsabsichten und Handlungsrelevanz

Ein erster Schritt, das berufliche Selbstverständnis auf den tatsächlichen Niederschlag in den aktuellen Massenmedien zu überprüfen[17], ist mit Hilfe einer Gegenüberstellung von empirisch ermittelten Dimensionen journalistischer Rolleninterpretation und den in Journalistik-Lehrbüchern präsentierten *Berichterstattungsmustern* (vgl. Weischenberg 1995: 114 ff.) möglich. Dabei lassen sich Entsprechungen, aber auch Unterschiede erkennen. Das Berichterstattungsmuster des *Informationsjournalismus* findet sich in zwei Ausprägungen wieder: in der neutral-vermittelnden und in der aktuellen Variante. Beiden Aspekten inhärent ist auch ein Element aus der Konzeption des *Präzisionsjournalismus* – die präzise und faktenüberprüfende Informationsdarbietung – ohne daß sich jedoch eine klare eigenständige Profilierung dieses Berichterstattungsmusters erkennen ließe.

Was in Lehrbüchern als *Interpretativer Journalismus* beschrieben wird, ist ebenfalls in den Rollenbeschreibungen der Journalisten nicht ausdifferenziert, sondern auf die Faktoren des neutralen

---

[17] Die Analyserichtung ist jetzt umgekehrt: Nachdem im vorigen Kapitel die unterschiedlichen Dimensionen journalistischen Selbstverständnisses durch verschiedene Prädiktoren erklärt wurde, soll nun ermittelt werden, ob diese Dimensionen selbst handlungsrelevant für die tatsächliche Berichterstattung werden.

Informationsjournalismus und des politischen Journalismus verteilt. In der Tat sind die theoretischen Konzeptionen logisch nicht getrennt ausgerichtet, sondern bestehen aus überlappenden Bereichen. Interpretativer Journalismus setzt gut recherchierte Informationen und Fakten voraus, die es dann politisch-gesellschaftlich zu analysieren gilt.

Aus diesem Grund ist die empirisch vorzufindende Dimension nicht identisch mit dem theoretischen Konzept des *Investigativen Journalismus*, obwohl viele Übereinstimmungen zu verzeichnen sind. Einerseits ist sie enger gefaßt und auf den politischen Bereich konzentriert, während sich Investigativer Journalismus mit jeder Art von gesellschaftlichen Mißständen befaßt. Andererseits umfaßt politischer Journalismus auch das diskursive Element („nationale Politik, die sich noch in Entwicklung befindet, diskutieren") sowie die Absicht, Einfluß auf das politische System zu nehmen („politische Tagesordnung zu beeinflussen, Themen auf die Agenda zu setzen"). Dies ist, wie an der Formulierung des Items zu sehen ist, nicht dahingehend mißzuverstehen, daß sich die Journalisten für ‚Politiker mit anderen Mitteln' halten, denn der beabsichtigte Einfluß bezieht sich auf die Herstellung von Öffentlichkeit, auf die Themensetzung und gerade nicht auf die (politische) Entscheidungsfindung und -bildung selbst.

Was unter dem Berichterstattungsmuster *Neuer Journalismus* firmiert, ist am ehesten dem Rollenverständnis des unterhaltenden Servicejournalismus zuzuordnen. Allerdings bestehen auch hier Unterschiede, denn der neue oder ‚literarische Journalismus' beinhaltet nicht die Ratgeber- und Serviceaspekte, während dem unterhaltenden Servicejournalismus der alternative und literarische Aspekt fehlt, auch wenn er ebenfalls von dem Subjektivismus geprägt ist, welchen auch das Berichterstattungsmuster kennzeichnet.

Der Vergleich zwischen den empirisch ermittelten beruflichen Absichten der Journalisten (Rollenselbstverständnis) mit theoretisch beschriebenen Berichterstattungsmustern kann in einem zweiten Schritt auf einen empirischen Vergleich ausgeweitet werden. Zum einen werden die Kommunikationsabsichten der Journalisten der jeweiligen von ihnen selbst eingeschätzten Handlungsrelevanz gegenübergestellt; zum anderen wird die Berichterstattung der befragten Journalisten hinsichtlich der Kommunikationsabsichten inhaltsanalysiert und mit diesen verglichen.

5.2 Rollenselbstverständnis, Rolle und Handlungsrelevanz

Theoretisch zu erwarten wäre: Wenn ein bestimmtes Rollenverständnis von den Journalisten als im beruflichen Alltag gut umsetzbar empfunden wird, wenn es also eine hohe Handlungsrelevanz hat, müßte es auch inhaltlich in der Berichterstattung der betreffenden Journalisten wiederzufinden sein. Die Ergebnisse sind jedoch widersprüchlich (→ Tabelle 5.2-5).

In der Tat kommt die neutrale und präzise Berichterstattung am häufigsten vor, allerdings deutlich weniger, als aufgrund der hohen Zustimmung zu diesem Rollenverständnis zu erwarten gewesen wäre. Gleichermaßen dominiert in der Berichterstattung die Meinungskundgabe der Journalisten, die von relativ wenigen Journalisten überhaupt angestrebt wird, dafür aber sehr leicht im Tagesgeschäft umzusetzen ist. Relativ häufig üben Journalisten in ihren Artikeln Kritik, obwohl sie laut eigenen Aussagen die Handlungsrelevanz dieser Kommunikationsabsicht etwas skeptisch beurteilen.

Darüber hinaus spielen in der Berichterstattung die gesellschaftliche Kontrolle und die politische Diskussion eine gewisse Rolle, die nur bei einem Drittel bzw. einem Viertel der Journalisten zum Berufsverständnis gehören und darüber hinaus nicht so leicht umzusetzen sind. Auch intellektuelle und kulturelle Interessen des Publikums werden in der Berichterstattung relativ oft berücksichtigt. Selten findet sich dagegen in den untersuchten Medieninhalten eine Berichterstattung, die auf eine ‚vierte Gewalt' hinausläuft oder anwaltschaftliche oder idealistische Absichten vermuten läßt.

Ein anderes Bild ergibt sich, wenn man statt der Häufigkeiten die Korrelationen zwischen den verschiedenen Items zum Rollenverständnis und den dazugehörigen Berichterstattungsinhalten berechnet. Entgegen der theoretischen Erwartung, nach der die neutrale Informationsvermittlung hochgradig handlungsrelevant sein müßte, fällt die Korrelation nicht signifikant aus. Das gleiche gilt für die beruflichen Ziele, die mit einem idealistischen Ratgeber- und einem Unterhaltungsjournalismus verbunden sind. Statt dessen korreliert die Kommunikationsabsicht der verschiedenen Varianten des politischen Journalismus hoch mit dessen Realisierung in den Medieninhalten. Diese Befunde sind erklärungsbedürftig, weil die Journalisten selbst die Realisierungsmöglichkeiten des politischen Journalismus vergleichsweise skeptisch einschätzen.

5 Die Kopplung: Akteur und Handlungsorientierung

Journalistische Rollen	Rollenselbst-verständnis* (1) in %	Handlungs-relevanz* (2) in %	Berichter-stattung*/** (3) in %	Korrelation (1) und (3)** Spearman's Rho
das Publikum möglichst neutral und präzise informieren	74	83	38	n.s.
komplexe Sachverhalte erklären und vermitteln	74	75	9	.26
dem Publikum möglichst schnell Informationen vermitteln	73	85	–	–
die Realität genauso abbilden, wie sie ist	66	73	–	–
Kritik an Mißständen üben	63	66	29	.36
nur Nachrichten mit Bestätigung des faktischen Inhalts bringen	61	86	–	–
nur für weitest mögliches Publikum interessante Nachrichten bringen	54	80	–	–
intellektuelle und kulturelle Interessen des Publikums ansprechen	53	75	19	.25
neue Trends aufzeigen und neue Ideen vermitteln	51	72	6	n.s.
Unterhaltung und Entspannung anbieten	47	83	7	n.s.
sich für die Benachteiligten in der Bevölkerung einsetzen	43	52	8	.20
normalen Leuten eine Chance zur öffentlichen Artikulation geben	41	66	2	.22
positive Ideale vermitteln	38	63	3	n.s.
die Bereiche Politik, Wirtschaft und Gesellschaft kontrollieren	37	53	19	.35
Lebenshilfe für das Publikum anbieten	36	65	3	n.s.
Gegenpart zu offiziellen politischen Stellen durch Skepsis gegen sie	36	66	5	.25
Aussagen und Stellungnahmen der Regierung recherchieren	33	69	6	.31
Gegenpart zur Wirtschaft durch Skepsis gegen sie	27	64	2	n.s.
dem Publikum eigene Ansichten präsentieren	27	76	38	n.s.
nationale Politik diskutieren, die sich noch in Entwicklung befindet	24	67	17	.38
politische Tagesordnung beeinflussen	19	51	–	–

* Die Zahlen geben den prozentualen Anteil derer wieder, welche der jeweiligen Aussage weitgehend oder völlig zustimmen.
** N = 222

Tabelle 5.2-5: Rollenselbstverständnis, Handlungsrelevanz und tatsächlich ausgeübte Rolle

5.2 Rollenselbstverständnis, Rolle und Handlungsrelevanz

Der geringe Rücklauf gelungener Artikel und Sendemanuskripte (n = 222) deutet bereits an, daß diese Teilgruppe innerhalb der Stichprobe nicht repräsentativ ist. In der Tat haben diejenigen Journalistinnen und Journalisten, welche einen gelungenen Artikel zurückgeschickt haben, in mehreren Aspekten des politischen Journalismus ein anspruchsvolleres Rollenverständnis. Überdurchschnittlich häufig vertreten sind unter ihnen Lokal- und Regionaljournalisten, Zeitungsredakteure und Journalisten, die in der DDR ihren Beruf gelernt haben.

Unabhängig von der individuellen Kooperationsbereitschaft der Befragten ist zu vermuten, daß die neutrale Information als Basis journalistischer Berichterstattung so selbstverständlich ist, daß ihre Erfüllung nicht als besonderes Gelingen der eigenen Tätigkeit empfunden wird. Profilieren kann man sich journalistisch erst durch sekundäre Kommunikationsabsichten, die durch anwaltschaftliche, kontrollierende, ratgebende, idealistische oder unterhaltende Aspekte geprägt sind. Von daher wird deutlich, daß insbesondere Journalisten mit politisch anspruchsvollen Kommunikationsabsichten ihre Artikel, in denen sie diese als umgesetzt betrachten, für gelungen halten. Wahrscheinlich spiegelt sich in dem Rücklauf die soziale Anerkennung für einen anwaltschaftlichen, kontrollierenden und investigativen Journalismus wider. Nur so ist zu erklären, warum die Korrelationen zwischen Kommunikationsabsichten und Medieninhalten im Bereich des idealistisch-ratgebenden und des unterhaltenden Journalismus nicht signifikant ausfallen.

Schließlich ist zu berücksichtigen, daß der Vergleich von Befragungs- und Inhaltsanalysedaten verschiedene Beobachterperspektiven vermischt: Die Befragung von Journalisten ermöglicht eine Selbstbeobachtung und -beschreibung des journalistischen Systems, während die Inhaltsanalyse aus einer wissenschaftlichen (Fremd-)Beobachtung resultiert. Es ist von daher zu erwarten, daß Journalisten die Fragen nach ihren Kommunikationsabsichten nicht unbedingt in der gleichen Weise verstehen und interpretieren, in welcher die wissenschaftliche Kodierung der Medieninhalte erfolgt.

Methodisch ließen sich diesbezüglich zwei Auswege denken: Einerseits könnte in einer erneuten Befragung unter Einbeziehung der gelungenen Artikel oder Sendemanuskripte eine Verständigung über die Realisierung journalistischer Kommunikationsabsichten erzielt werden. Andererseits könnte die Berichterstattung der befragten Journalisten kontinuierlich und nicht nur aufgrund selbstselektierter gelungener Berichterstattung inhaltsanalysiert werden.

Dennoch sollten die vorliegenden Befunde nicht als methodische Artefakte abgewertet werden. Sie zeigen auf einer Meta-Ebene, welche Art von Journalismus als gut und anspruchsvoll eingeschätzt wird. Auch die Tatsache, daß neutrale Information in der Berichterstattung relativ am häufigsten vorkommt – unabhängig davon, ob die Journalisten dies als Kommunikationsabsicht formulieren oder nicht – belegt, daß es sich dabei um eine grundlegende journalistische Kategorie handelt.

5.3 Journalistisches Handeln und Verantwortung

5.3.1 Theoretische Vorbemerkungen und Operationalisierungen

Es wäre einseitig, Journalisten nur nach ihrem Rollen(selbst)verständnis (Wollen) und der dazugehörigen Handlungsrelevanz (Können) zu fragen. Journalistisches Handeln erfordert immer auch die Thematisierung der Grenzen und der Verantwortlichkeit oder Verantwortbarkeit (Dürfen, Sollen) und provoziert damit eine *Ethikdebatte*[18]. Im Mittelpunkt steht dementsprechend das Verhältnis von professionellen Zielen und den zu ihrer Umsetzung verwendeten professionellen Mitteln. Damit ist die Verantwortungsproblematik journalistischen Handelns allgemein umrissen.

Auf der Zielebene steht konkret das Problem journalistischer Objektivität im Vordergrund der Ethikdebatte. Bentele (1982: 122, 128 f.) besteht aus einer kritisch-realistischen Sichtweise[19] heraus

---

[18] Es geht an dieser Stelle nicht darum, die Ethikdebatte um richtiges Handeln im Journalismus nachzuzeichnen (vgl. dazu die Darstellungen von Müller-Schöll/ Ruß-Mohl 1994 und Weischenberg 1992: 170-225; 232-236).

[19] Bentele (1993: 166 ff.) selbst bezeichnet seine Position als rekonstruktiv. Dies ist jedoch etwas irreführend, da er realistischen Vorstellungen näher steht als konstruktivistischen. Eine grundsätzliche Debatte um Konstruktivismus und Realismus soll hier allerdings nicht angestrengt werden. Diese Positionen sollen

darauf, daß (soziale) Realität relativ unabhängig und eigenständig gegenüber dem beobachtenden Subjekt sei. Daraus folgte, daß trotz subjektiver Erkenntnisanteile wie Selektivität, Perspektivität und Konstruktivität eine partielle Isomorphie zwischen medialer Berichterstattung und außermedialer Realität möglich sei.

Die Vertreter einer solchen Auffassung sind sich aber nicht darüber einig, ob sich die Objektivitätsforderung auf alle informierenden Berichterstattungsmuster – also auch auf interpretierende Hintergrundberichterstattung – beziehen soll (vgl. Ruoff 1982: 12) oder nicht (vgl. Bentele 1994: 305). Entscheidend ist, daß die Objektivitätsnorm aus der Wahrheitsnorm deduzierbar ist und einen prozessualen sowie einen objektbezogenen Aspekt beinhaltet. Mit dem prozessualen Aspekt ist die journalistische Objektivität gemeint, die sich auf journalistisches Handeln bezieht und Kriterien wie Wahrheit, Vollständigkeit, Transparenz und Neutralität umfaßt. Bei dem objektbezogenen Aspekt geht es um Medienobjektivität, also um die verzerrungsfreie Darstellung, aber auch um Adäquatheit, Vielfalt und Ausgewogenheit (vgl. ebd.: 305 ff.).

Während Bentele bei seinem ‚rekonstruktivistischen Ansatz' übersieht, daß der von ihm postulierte Vergleich der beiden Wirklichkeitsebenen, nämlich die direkt erfahrbare soziale Wirklichkeit und die ebenfalls direkt erfahrbare Medienwirklichkeit, schon aus praktischen Gründen gar nicht möglich ist, spitzt Neuberger (1996) das Objektivitätsproblem zu, um dann Rettung durch den *Kritischen Rationalismus* anzubieten. Bei diesem zweifellos erkenntnisfördernden, aber immer wieder von normativen Passagen überlagerten Versuch wird zunächst zwischen dem Wichtigen (Relevanz) und dem Richtigen (Objektivität) fein unterschieden, um dann den „Journalismus als Problembearbeitung" sozusagen vor den Inkonsistenzen einer konstruktivistischen Systemtheorie zu retten. Dabei nimmt der Autor freilich selbst zahlreiche Inkonsistenzen und Ungenauigkeiten in Kauf: die Gleichsetzung der *Erkenntnistheorie* (des Radikalen Konstruktivismus) mit der *Wissenschaftstheorie* (des Kritischen Rationalismus), ein vorwissenschaftliches Verständnis von Konstruktion und die Vermischung der Beobachtungsebenen Erkenntnisobjekt (Journalismus), Erkenntnissystem (Kommunikationswissenschaft) und Erkenntnistheorie (Kritischer Rationalis-

---

allenfalls im Hinblick auf ihre Brauchbarkeit für eine empirische Journalismusstudie debattiert werden. Zum grundsätzlichen (erkenntnistheoretischen) Streit vgl. diverse Beiträge in Bentele/Rühl 1993.

mus vs. Radikaler Konstruktivismus). Das von Neuberger aus „kritisch-rationaler Perspektive" entwickelte Regelwerk (vgl. ebd.: 170 f.) ist zudem durch Praxisferne und fehlende Operationalisierbarkeit gekennzeichnet und fällt hinter einschlägige Lehrbücher und Pressekodizes zurück, die ohne den Kritischen Rationalismus auskommen.

Ein gutes Beispiel dafür, wie sich die Argumentation für eine ‚realistische Auffassung' von Objektivität im Kreis dreht, liefert Donsbach (1990). Er plädiert zunächst für realistische und damit gegen relativistische Objektivitätsmodelle, um am Schluß dennoch zu fordern, daß Objektivität nicht am journalistischen Endprodukt, also an der Veröffentlichung, gemessen werden soll, sondern an dem Weg, wie Journalisten zu ihrer Erkenntnis gekommen sind (vgl. ebd.: 27).

Offenbar wäre demnach allenfalls der prozessuale Aspekt von Objektivität empirisch operationalisierbar. Eine solche, ebenfalls an der Erkenntnistheorie des Kritischen Rationalismus orientierte operationalistische Position, die nach dem *Wie* statt nach dem *Was* der Erkenntnis forscht, ist aber eher aus einer konstruktivistischen als aus einer ‚realistischen' Perspektive möglich.

Aus einer *radikal*konstruktivistischen Perspektive ist eine Kontrastierung und damit der Vergleich von Realität und journalistischer Abbildung dieser Realität[20] bereits aus erkenntnistheoretischen Gründen und nicht erst aufgrund praktischer Erwägungen unmöglich, da die Konstruktion von Wirklichkeit notwendig an *Beobachter* und Beobachtung gebunden ist (vgl. Weischenberg/ Scholl 1995: 220 ff.). Ein Verständnis von Objektivität als Abbildung von Realität wäre in diesem Sinn regelrecht verantwortungslos, weil es den Ort von Verantwortung in einen Bereich außerhalb der Kognition, also in den von Spencer Brown (1969: 4) so bezeichneten „unmarked space" verlegt.

Die konstruktivistische Gegenposition zum ‚realistischen Objektivismus' verlagert die Verantwortung vom Handlungsobjekt (der Wirklichkeit) auf das Handlungssubjekt (den Beobachter). Diese Auffassung könnte jedoch – wenn sie nicht an ein systemtheoretisches Fundament rückgebunden wird – leicht als einseitiges Plädoyer für eine individualistische Ethik mißverstanden wer-

---

[20] Mit dieser Problematik beschäftigt sich speziell die Nachrichtenwertforschung (vgl. z.B. Eilders 1997; Loosen 1998).

5.3 Journalistisches Handeln und Verantwortung

den[21]. Der einzelne Journalist hätte dann mehr Verantwortung, als er tragen kann, denn Journalismus vollzieht sich im institutionellen und professionellen Rahmen. Unter das ‚Handlungssubjekt' sind demzufolge sowohl der einzelne Journalist als auch die Redaktion bis hin zur Profession zu fassen, also der gesamte Prozeß der Wirklichkeitskonstruktion; dieser Prozeß ist letztlich abhängig von der Funktion des Systems Journalismus.[22]

Die Objektivitätsdebatte ist damit wegen ihrer Abstraktion unbrauchbar für einen ethischen Diskurs im Journalismus; die realistische Position hat enorme Probleme mit der Operationalisierung, weil die Qualitätsmaßstäbe nicht hinreichend begründet werden können (vgl. Neuberger 1997: 315 ff.). Dagegen verweist die systemtheoretisch-konstruktivistische Perspektive auf das grundlegende erkenntnistheoretische und kognitive Problem der Wirklichkeitskonstruktion. Ihr fehlt aber der konkrete Bezug zum journalistischen Handeln, denn der alleinige Hinweis auf die (rein) operative Funktion von Objektivität ist zirkulär und reicht nicht aus. Die empirische Erforschung ethischer Probleme im Journalismus muß deshalb unterhalb der Objektivitätsproblematik ansetzen, und zwar bei systemisch bedingten Zielkonflikten oder im System-Umwelt-Verhältnis.[23]

---

[21] Konstruktivisten wie Ernst von Glasersfeld (1996: 335 ff.), die ausschließlich aus der Perspektive des Individuums heraus argumentieren, haben mit dem Thema Ethik bezeichnenderweise erkennbar große Probleme.

[22] Diese Funktion ist nicht identisch mit der wissenschaftlichen Wahrheitssuche, obwohl Journalisten selbstverständlich ebenfalls ‚wahre' Aussagen über Fakten treffen. Eine Vermischung der systemspezifischen Funktionen führt zu unzulässigen Forderungen an das System Journalismus – etwa im Fall des Wissenschaftsjournalismus zur Forderung, wissenschaftliche Erkenntnisse so abzubilden, daß sie im wissenschaftlichen Sinn wahr sind (vgl. z.B. Kepplinger/Ehmig/Ahlheim 1991: 211; kritisch: Kohring 1997).

[23] Im Rahmen einer Journalismusstudie und Journalistenbefragung scheint ersteres der leichter gangbare Weg zu sein. Aber auch theoretisch gibt es für diese Vorgehensweise Gründe, denn für Systeme sind Probleme, die sie in der Umwelt durch ihr Handeln erzeugen, nur durch ein re-entry erfahrbar und in Korrekturhandlungen überführbar. Eine umwelttheoretische Perspektive erfordert dagegen die Untersuchung eben dieser Umwelt. Der Vergleich der Wirklichkeiten von System und Umwelt (bzw. eines anderen Systems in der Umwelt des zur Debatte stehenden System) läuft zudem stets Gefahr, die Wirklichkeit der Umwelt als (alleinigen) Maßstab zu setzen (vgl. beispielhaft Kepplinger et al. 1993: 211 ff.; überblickshaft Bentele 1993: 157 f.).

5 Die Kopplung: Akteur und Handlungsorientierung

Ein solcher Zielkonflikt entsteht im Journalismus bei der Abwägung zwischen der Notwendigkeit zur *Aktualität* (hier verstanden als Zeitgröße) und der Pflicht zur sorgfältigen Berichterstattung. Auf der zeitlichen Ebene ist Aktualität maximal, wenn sich die zeitliche Differenz zwischen zu berichtendem Ereignis und der tatsächlichen Berichterstattung null nähert – wie bei der Live-Reportage. Welche Probleme dies unter den heutigen technischen und ökonomischen Gegebenheiten aufwirft, ist beim Gladbecker Geiseldrama erstmals deutlich geworden (vgl. Weischenberg 1997: 75 ff.).

Durch Vor- und Nachbereitung ist es immerhin möglich, reflektierende Instanzen einzuschieben, indem die ereignisbezogene Berichterstattung in Hintergrundberichte eingebettet wird. Zum Problem wird eine zeitlich beschleunigte Aktualität also vor allem dann, wenn diese Einbettung nicht möglich ist, weil die Ereignisfolge zu schnell ist oder weil – auf der sachlichen Dimension – die Informationslage umfassende Berichterstattung nicht zuläßt, wie etwa im Kriegsfall (vgl. Löffelholz 1993a; Ruhrmann 1993; Weischenberg 1993).

Aber auch im Normalfall ist der Zielkonflikt zwischen Aktualität und Sorgfalt in das journalistische System eingebaut. Durch das hauptsächlich ökonomisch bedingte *Konkurrenzverhältnis* entsteht ein Zwang, relevante oder sogar sensationelle Informationen schnell und vor der Konkurrenz zu veröffentlichen – mit dem Risiko, falsche Informationen später dementieren zu müssen. Die redaktionellen Programmcodes (vgl. Rühl 1989) lösen das Problem medienspezifisch auf der organisatorischen Ebene der Redaktion. So wird eine Qualitätszeitung relativ mehr Gewicht auf die Sorgfaltpflicht als auf das Aktualitätsgebot legen, wohingegen in einer Boulevardzeitungs-Redaktion eher die umgekehrte Handlungsmaxime dominieren dürfte; Nachrichtenagenturen wiederum werden jeweils von Fall zu Fall entscheiden müssen.

In der „JouriD"-Studie wurde aus Vergleichsgründen auf eine *Liste von möglichen Meldungen* zurückgegriffen, die Kepplinger und Vohl (1976: 318) verwendet hatten. Die Befragten sollten angeben, ob sie diese jeweils veröffentlichen würden, auch wenn sie keine Zeit mehr für eine faktenüberpüfende Recherche hätten.

Drei Meldungen beziehen sich auf bekannte Persönlichkeiten (bekannter Politiker, anerkannter Wissenschaftler und berühmter Schauspieler), drei auf Berufsangehörige ohne Bekanntheitsgrad

(Inhaber einer Firma, Kassierer einer Bank, Lehrer eines Gymnasiums). Die Meldung über den Parteiaustritt eines Politikers ist zwar spektakulär, aber kein Skandal; die Meldung über einen Wissenschaftler, der ein Heilmittel gegen Krebs gefunden hat, hat positive Konsequenzen. Die Meldung über einen Schauspieler, der Selbstmord begangen hat, ist negativ, hat aber für andere keine Konsequenzen. Die drei verbleibenden Meldungen über die Steuerhinterziehung eines Firmeninhabers, die Unterschlagung eines Bankkassierers und den Betrugsskandal eines Gymnasiallehrers sind Skandale mit negativen Folgen für andere. Eine voreilige Veröffentlichung ohne Überprüfung der Fakten hätte demnach unterschiedliche Konsequenzen.

Ethische Fragestellungen treten noch deutlicher hervor bei der Wahl der Mittel, konkreter: bei den Methoden der Informationsbeschaffung. Vor dem Hintergrund der journalistischen Primärfunktion, für die Öffentlichkeit Informationen bereitzustellen, stößt journalistische Recherche immer dann an die Grenzen der Legalität oder sogar der Legitimität[24], wenn diese Informationen schwer zugänglich sind oder geheimgehalten werden. Solche Konflikte in der Ziel-Mittel-Relation sind jedoch nicht alltäglich und außerdem an bestimmte berufliche und arbeitsbezogene Rollen gebunden. Sie treten vermutlich hauptsächlich im Investigativen und im Sensationsjournalismus auf und betreffen weniger die Quantität als vielmehr die Qualität der Recherche.

Die Einstellungen der Journalisten zu umstrittenen Recherchemethoden, sind in der nordamerikanischen Journalismusforschung bereits zum Standardinstrument geworden (vgl. Weaver/Wilhoit 1991: 231 f.; Weaver/Wilhoit 1996: 263). Diese Recherchemethoden beziehen sich ebenso auf die Informationsbeschaffung selbst wie auf das Verhältnis zu den Informanten. Einige bewegen sich am Rande der Legalität und erfordern mutige oder schauspielerische Leistungen, gehören also nicht zum beruflichen Alltagsgeschäft, sondern eher zu den Besonderheiten des Investigativen Journalis-

---

[24] Zahlreiche Beispiele lassen sich in diesem Kontext aufzählen. Zwei Arten illegaler oder illegitimer Methoden der Berichterstattung sind besonders intensiv diskutiert worden: zum einen die Verletzung der Privatsphäre im Fall der Berichterstattung über den toten Politiker Uwe Barschel, zum anderen die Fälschung von Berichten und Bildern im Dienste einer höheren Wahrheit im Fall des TV-Filmemachers Michael Born, der verschiedenen Fernsehmagazinen erfundene Geschichten andrehte (vgl. Weischenberg 1997).

mus. Eine Befürwortung solcher Methoden steht für harte journalistische Recherche, kann aber auch Ausdruck für skrupellose Sensationsgier sein.

5.3.2 Empirische Befunde

Kepplinger (1979b: 17) behauptet in seinem Einleitungsaufsatz über die „angepaßten Außenseiter", daß Journalisten ihren angeblich großen Einfluß auf die öffentliche Meinung bestreiten und daß sie – sofern sie ihren Einfluß überhaupt wahrnehmen – keine Verantwortung für die Folgen ihrer Berichterstattung übernehmen wollen. Die Ergebnisse der „JouriD"-Studie deuten jedoch in eine andere Richtung.

Auf einer elfstufigen Skala von 1 (= sehr geringer Einfluß) bis 11 (= sehr großer Einfluß) sollten die befragten Journalisten den tatsächlichen Einfluß der Medien auf die Öffentlichkeit einschätzen. Der Mittelwert liegt bei 8,4 – die Journalisten glauben also, daß die Medien einen hohen Einfluß auf die Öffentlichkeit haben. In einer Anschlußfrage sollten sie – ebenfalls auf der elfstufigen Skala – einschätzen, wie hoch der Einfluß der Medien sein *sollte*. Der Mittelwert ist deutlich niedriger und liegt bei 6,8. Die Journalisten sind demnach keineswegs unsensibel, was den Einfluß der Medien angeht, und sie schätzen diesen hohen Einfluß kritisch ein.[25]

Solche allgemeinen Einschätzungen sind jedoch nur von begrenzter Aussagefähigkeit; sie geben allenfalls Auskunft über die Reflexionsfähigkeit der befragten Journalisten und nicht über ihr tatsächliches Handeln. Die Abwägung zwischen Aktualitätsgebot und Sorgfaltspflicht in einer Entscheidungssituation gibt diesbezüglich bessere Auskünfte. Fast die Hälfte der deutschen Journalisten würde veröffentlichen, daß ein bekannter Politiker aus seiner Partei ausgetreten sei, auch wenn diese Meldung nicht mehr auf ihre Richtigkeit überprüft werden könnte.

---

[25] Diese Ergebnisse haben auch Bestand, wenn man aus Vergleichsgründen zu Kepplinger/Vohls (1976) Umfrage von ZDF-Journalisten nur die Fernsehjournalisten heranzieht. Ob diese Untersuchung methodische Mängel hat oder ob sich die Journalisten in ihrer Einschätzung tatsächlich geändert haben, läßt sich an dieser Stelle nicht entscheiden. Der seinerzeit geäußerte Vorwurf kann auf jeden Fall heute nicht mehr aufrechterhalten werden.

In allen anderen beispielhaften Situationen waren die Befragten vorsichtiger. Die positive Meldung, daß ein anerkannter Wissenschaftler ein Heilmittel gegen Krebs gefunden hat, würde immer noch fast ein Drittel bringen; bei den negativen Meldungen über Skandale waren die Redakteure noch zurückhaltender (→ Tabelle 5.3-1)[26].

Für diesen Befund gibt es mehrere – möglicherweise gegensätzliche – Erklärungsmöglichkeiten: Zum einen tendieren Journalisten offenbar bei relevanten Ereignissen dazu, die Sorgfalt auf Kosten

Meldungen	Veröffentlicher	
	in %	N
bekannter Politiker soll aus Partei ausgetreten sein	46	1480
anerkannter Wissenschaftler soll Heilmittel gegen Krebs gefunden haben	31	1480
berühmter Schauspieler soll Selbstmord begangen haben	26	1478
Inhaber einer Firma soll jahrelang Steuern hinterzogen haben	24	1479
Kassierer einer Bank soll hohe Geldsummen unterschlagen haben	19	1477
Lehrer eines Gymnasiums soll in einen Betrugsskandal verwickelt sein	16	1478

Tabelle 5.3-1: Veröffentlichungspraxis zwischen Aktualität und Sorgfalt

der Aktualität zu vernachlässigen, denn der Austritt aus einer Partei und das Heilmittel gegen Krebs sind wichtiger als der Selbstmord eines Schauspielers, und dieser wiederum erscheint ihnen wichtiger als die eher lokalen Skandale. Zum anderen sind sie zurückhaltender, wenn die Veröffentlichung persönliche Konsequenzen für einzelne Personen hätte. Die Ausnahme bildet der Politiker; allerdings ist hier die Folge einer Falschmeldung weder für den Politiker noch für das Medium gravierend.

Die Segmentierungsvariablen ‚Medienbereich', ‚Ressortzugehörigkeit' und ‚Position in der Hierarchie' erfordern weitere Differenzierungen (→ Tabelle 5.3-2). Besonders schnell zur Veröffentlichung bereit sind Journalisten, die bei Anzeigenblättern und beim privaten Hörfunk arbeiten – in einigen der Beispiele gilt das auch für Privatfernseh-Journalisten (Selbstmord des Schauspielers, Unterschlagung durch einen Kassierer und Betrug des Gymnasiallehrers). Zurückhaltender sind in allen Fällen die Vertreter des öf-

---

[26] Bei Kepplinger/Vohl (1976: 318) ist die Reihenfolge die gleiche, aber die absoluten Anteile unterscheiden sich: Den Parteiaustritt des Politikers würden zwei Drittel der Journalisten veröffentlichen, ohne vorher die Richtigkeit überprüfen zu können.

5 Die Kopplung: Akteur und Handlungsorientierung

Meldung/ Medienbereich, Position, Ressort	Partei- austritt in %	Krebs- heilmittel in %	Selbst- mord in %	Steuerhin- terziehung in %	Unter- schlagung in %	Betrugs- skandal in %
Zeitung (n=696)	48	29	25	23	18	14
Anzeigenblatt (n=163)	54	50	40	35	32	39
Agentur/Dienste (n=114)	35	31	28	17	13	13
Zeitschrift (n=225)	44	34	29	23	17	14
öffentl.-rechtl. HF (n=118)	44	19	13	23	11	10
öffentl.-rechtl. TV (n=90)	37	23	14	17	15	10
privater HF (n=58)	59	37	36	33	26	22
privates TV (n=34)	40	37	35	23	25	23
Chefredaktion (n=83)	50	22	15	13	11	9
Ressortleitung (n=162)	46	28	22	17	12	11
Redakteure (n=1171)	46	32	28	25	20	17
Volontäre (n=82)	46	34	28	35	23	20
Politik (n=270)	48	25	19	20	12	9
Wirtschaft (n=85)	55	35	33	37	26	24
Kultur (n=180)	34	23	22	18	16	14
Sport (n=104)	48	34	26	23	18	11
Lokales (n=276)	48	29	23	23	19	11
Unterhaltung (n=55)	37	33	26	20	21	20

Tabelle 5.3-2: Veröffentlichungspraxis nach Medienbereich, Position und Ressort

fentlich-rechtlichen Rundfunks und oft auch die Agenturjournalisten (Parteiaustritt eines Politikers, Steuerhinterziehung eines Firmeninhabers, Unterschlagung durch einen Kassierer).

▷ In der Regel lassen insbesondere die Chefetagen Vorsicht walten bei der Veröffentlichung ungeprüfter Meldungen, außer wenn es um den Parteiaustritt eines Politikers geht. Bei den wirtschaftlichen Meldungen (Steuerhinterziehung und Unterschlagung) trifft
▷ dies auch für die Ressortleitungen zu.

Dazu steht scheinbar im Widerspruch, daß die Wirtschaftsredakteure durchgehend schnell bei der Hand sind, Meldungen zu publizieren, deren Richtigkeit sie nicht mehr kontrollieren können. An zu hohem Vertrauen gegenüber Pressemitteilungen dürfte dies nicht liegen (→ Kapitel 4.4.2); möglicherweise aber an der Flut von eingehendem Material, dem Wirtschaftsjournalisten in besonderem Maß ausgesetzt sind. Andererseits gibt es in der Wirtschaftsberichterstattung weniger spektakuläre Ereignisse, so daß die Verführung in diesem Ressort, einen ‚Knüller' publizieren zu können, besonders groß ist.

5.3 Journalistisches Handeln und Verantwortung

Einige weitere Differenzierungen sind plausibel, aber nicht konsistent: Kultur- und Unterhaltungsredakteure sind bei der Veröffentlichung des Parteiaustritts eines Politikers ‚vorsichtiger'. Dies läßt sich zwar damit erklären, daß das Ereignis für diese Ressorts nicht besonders relevant ist und somit der Zielkonflikt zwischen Aktualität und Sorgfalt leicht aufgelöst werden kann. Der Befund ist jedoch nicht übertragbar auf andere Meldungen, die ebenfalls nicht ressorttypisch sind. Das gleiche gilt für Politikredakteure, die sich bei der Unterschlagung und beim Betrugsskandal besonders zurückhalten; sie liegen allerdings bei weiteren ressortfremden Meldungen ebenso wie bei dem Parteiaustritt eines Politikers nur im Durchschnitt.

Der Zwang, zwischen Aktualitätsgebot und Sorgfaltspflicht entscheiden zu müssen, erfordert Risikobereitschaft und Entscheidungsroutinen, die im Journalismus nicht einheitlich geregelt sind und wahrscheinlich einen großen individuellen Spielraum für kasuistische Problemlösungen offenlassen. Ähnliche ethische Probleme gibt es wohl auch bei dem Ziel-Mittel-Konflikt, der bei der Recherche auftritt, wenn Informationen schwer zu beschaffen sind.

Allerdings ist die Verwendung oder Ablehnung ungewöhnlicher Recherchemethoden kein eindeutiger Indikator für ethisches Verhalten: Einerseits steht sie für harte Recherche, andererseits aber auch für skrupellose Sensationsgier von Journalisten. In der Tradition des Investigativen Journalismus ist diese Ambivalenz bereits angelegt (vgl. Redelfs 1996: 29).

Insgesamt sind die deutschen Journalisten eher zurückhaltend: Keine Maßnahme der Informationsbeschaffung erreicht einen durchschnittlichen Wert auf der fünfstufigen Skala (→ Tabelle 5.3-3). Am ehesten halten es die Journalisten für gerechtfertigt, vertrauliche Regierungsunterlagen ohne Genehmigung zu nutzen oder sich wie Günter Wallraff als Mitarbeiter in einem Betrieb oder einer Organisation zu betätigen, um an interne Informationen zu gelangen. Die vergleichsweise höhere Standardabweichung zeigt aber, daß diese Methoden durchaus umstritten sind.

Im Hinblick auf den Umgang mit den Informanten ziehen die Redakteure klare Grenzen: Sie befürworten die Äußerung falscher Meinungen, um den Informanten Vertrauen einzuflößen, sich als eine andere Person auszugeben oder den Informanten Geld für Informationen zu zahlen (Scheckbuchjournalismus), lehnen es aber

5 Die Kopplung: Akteur und Handlungsorientierung

Recherchemethoden	x̄*	s	N
vertrauliche Regierungsunterlagen ohne Genehmigung nutzen	2.58	1.35	1493
sich als Mitarbeiter in einem Betrieb, in einer Organisation betätigen, um an interne Informationen zu gelangen	2.53	1.22	1494
eine andere Meinung oder Einstellung vorgeben, um Informanten Vertrauen einzuflößen	2.42	1.19	1492
sich als eine andere Person ausgeben	2.32	1.24	1494
Leuten für vertrauliche Informationen Geld bezahlen	2.30	1.25	1494
versteckte Kameras oder Mikrofone benutzen	1.93	1.07	1494
unwillige Informanten unter Druck setzen, um Informationen zu bekommen	1.50	0.77	1494
private Unterlagen ohne Zustimmung verwenden	1.44	0.76	1494
Informanten versprochene Verschwiegenheit nicht einhalten	1.37	0.72	1494

* Der Mittelwert wird aus einer Skala von 1 (= überhaupt nicht vertretbar) bis 5 (= voll und ganz vertretbar) gebildet.

Tabelle 5.3-3: Ungewöhnliche Recherchemethoden

ab, die Informanten unter Druck zu setzen oder die versprochene Verschwiegenheit nicht einzuhalten. Dies könnte man als ungeschriebenen Ehrenkodex bezeichnen, der sich auch auf die Privatsphäre bezieht. Eine Sonderstellung nimmt die Rechtfertigung versteckter Kameras und Mikrophone ein. Sie gehört zwar zum Inventar investigativer Recherche, erfordert aber Geschick und Mut.

Eine Hauptkomponentenanalyse bestätigt die sich in der univariaten Auszählung bereits andeutende Zweidimensionalität (→ Tabelle 5.3-4): Man kann klar zwischen Methoden *harter* Recherche und *skrupelloser* Recherche unterscheiden. Zur *harten* Recherche gehören die Maßnahmen der Informationsbeschaffung, die zwar nicht alltäglich vorkommen, aber mit dem Wert der erhaltenen Informationen offenbar gerechtfertigt werden können. Als skrupellos empfinden die Journalisten dagegen die unfaire Behandlung von Informanten sowie die Verletzung der Privatsphäre. Interessant sind die Doppelladungen von zwei Items auf dem Faktor ‚skrupellose Recherche': Die Bezahlung der Informanten und die Vortäuschung einer anderen Meinung, um den Informanten Vertrauen einzuflößen, haben demnach einen skrupellosen Aspekt. Harte oder gar skrupellose Recherche mit den konkreten journalistischen Bedingungsfaktoren zu erklären, dürfte schwer fallen, denn die Wahl einer umstrittenen Recherchemethode hängt wahrscheinlich in erster Linie vom persönlichen Mut und der Konfliktbereitschaft der Journalisten ab.

5.3 Journalistisches Handeln und Verantwortung

Faktoren → Recherchemethoden ↓	Harte Recherche	Skupellose Recherche	Kommunalität
sich als Mitarbeiter in einem Betrieb, einer Organisation betätigen, um an interne Informationen zu gelangen	.81		.67
sich als eine andere Person ausgeben	.77		.66
eine andere Meinung oder Einstellung vorgeben, um Informanten Vertrauen einzuflößen	.73	.34	.65
vertrauliche Regierungsunterlagen ohne Genehmigung nutzen	.72		.53
versteckte Kameras oder Mikrofone benutzen	.68		.51
Leuten für vertrauliche Informationen Geld bezahlen	.59	.39	.51
Informanten versprochene Verschwiegenheit nicht einhalten		.77	.62
unwillige Informanten unter Druck setzen, um Informationen zu bekommen		.73	.58
private Unterlagen ohne Zustimmung verwenden		.71	.58
Eigenwert/KMO	4.3	1.1	KMO=.75
Erklärte Varianz (in %)	47.5	11.6	59.1

Tabelle 5.3-4: **Dimensionierung der Recherchemethoden**

Die Regressionsanalysen bestätigen diese individualistische Perspektive. Weder die Strukturvariablen Medienbereich und Ressort noch die Arbeitsrollen (journalistische Tätigkeiten) können skrupelloses Recherchieren erklären. Vielmehr hängt das Ausmaß von dessen Befürwortung von der journalistischen Berufsausbildung und einigen redaktionellen Variablen ab (→ Tabelle 5.3-5): So rechtfertigen es insbesondere Journalistik- und Publizistikabsolventen, Informanten unter Druck zu setzen oder die ihnen zugesagte Verschwiegenheit nicht einzuhalten, private Unterlagen ohne Erlaubnis zu veröffentlichen und ähnliche Recherchemethoden, wohingegen Journalisten mit Volontariat oder Fachstudium diesbezüglich eher zurückhaltend sind. Auch jüngere und männliche Journalisten sind draufgängerisch.

Außerdem wirken sich einige redaktionelle Bedingungen auf die Befürwortung skrupelloser Mittel der Informationsbeschaffung aus. Hierarchisches Gegenlesen und (andere) redaktionelle Einflüsse enthemmen die Journalisten, vor allem jene, die viel arbeiten, aber wenig andere Medien nutzen. Redaktionelle Reaktionen wirken sich dagegen negativ auf die Anwendung skrupelloser Recherchemethoden aus. Dieser Befund belegt noch einmal, daß Reaktionen und Einflüsse auf verschiedenen Ebenen angesiedelt

191

5 Die Kopplung: Akteur und Handlungsorientierung

Recherchemethoden → Aufrißvariablen ↓	Hartes Recherchieren	Skrupelloses Recherchieren
bekannt mit Entscheidungsträgern***		
Anzahl von Ämtern***		
Geschlecht (männlich/weiblich)*	–.10	–.09
DDR-Sozialisation*		–.13
Journalistik-/Publizistikstudium*		.11
Fachstudium*		–.08
Volontariat*		–.09
Anzahl verschiedener Ausbildungen***		
Medienbereich:		
Tages-/Wochenzeitung*	–.17	
Zeitschrift*		
Nachrichtenagentur*	–.14	
Anzeigenblatt*	–.13	
öffentlich-rechtlicher Hörfunk*		
öffentlich-rechtliches Fernsehen*		
privater Hörfunk*		
privates Fernsehen*		
Größe/Komplexität der Medienorganisation***		
Verbreitung/Reichweite des Mediums**		
Ressort:		
Lokalressort*	–.08	
Politikressort*		
Wirtschaftsressort*		
Kulturressort*		
Sportressort*		
Unterhaltungsressort*		
Organisation/Produktion*		
gewerkschaftliche Organisation*	.09	
Redaktionsstatut/Statut für Frauenförderung*		
Anstellungsverhältnis (fest/frei)*		
Position in der Hierarchie**		
Erfahrung (Alter/Berufsjahre)***	–.18	–.13
Wochenarbeitszeit***		.09
Anzahl beruflich genutzter Medien***	.12	–.09
Tätigkeiten:		
Dauer recherchieren***		
Dauer Texte verfassen***		
Dauer andere Texte redigieren***		
Dauer Nachrichten redigieren***		
Dauer Verwaltungstätigkeiten***		
Dauer technischer Tätigkeiten***		
pragmatische Beurteilung von Pressemitteilungen***		–.11
optimistische Beurteilung von Pressemitteilungen***		–.09
kritische Beurteilung von Pressemitteilungen***	.10	.08
heterarchisches Gegenlesen***		
hierarchisches Gegenlesen***		.08
politische Differenz zur Redaktion***		
redaktionelle Reaktionen***	–.08	–.08
organisierte Reaktionen***		
lebensweltliche Reaktionen***	–.08	
redaktionelle Einflüsse***		.15
institutionelle Einflüsse***		.08
lebensweltliche Einflüsse***		
erklärte Varianz	adj. R^2 = .11	adj. R^2 = .18

* = dichotome Variablen, ** = ordinale Variablen, *** = metrische Variablen; standardisierte Betas

Tabelle 5.3-5: Erklärungsfaktoren für ‚hartes' und ‚skrupelloses' Recherchieren

5.3 Journalistisches Handeln und Verantwortung

sind. Redaktionelle Reaktionen sind sowohl kollegial als auch hierarchisch zu verstehen, während Einflüsse eher vertikal erfolgen (→ Kapitel 4.2.2). Das deutet darauf hin, daß skrupellose Recherchemethoden in erster Linie ‚von oben' geduldet werden.

Äußere Bedingungen haben ebenfalls einen Einfluß. Wenn Pressemitteilungen negativ beurteilt werden und organisierte Einflüsse spürbar werden, tendieren die Journalisten – möglicherweise als Reflex oder Kompensation – dazu, auch extreme Recherchemethoden zu legitimieren; dies jedoch nicht, wenn private Reaktionen erfolgen.

Insgesamt erklären die berücksichtigten Aufrißvariablen fast 18 Prozent der Varianz, während sich hartes (aber faires) Rechercheverhalten nur zu elf Prozent erklären läßt. Hier spielen andere Faktoren eine Rolle. Gewerkschaftlich organisierte Journalisten, solche, die viele andere Medien beruflich nutzen und diejenigen, die Pressemitteilungen als gefährlich für die eigene Rechercheleistung einschätzen, präferieren harte Recherchemethoden. Auch in diesem Fall sind jüngere und männliche Journalisten schneller bei der Hand, ungewöhnliche Mittel der Informationsbeschaffung zu rechtfertigen. Außerdem hemmen redaktionelle und lebensweltliche Reaktionen deren Anwendung.

Im Gegensatz zu den Befürwortern unfairer Recherche nutzen die Befürworter harter, aber fairer Recherche häufiger andere Medien. Nimmt man den Befund hinzu, daß redaktionelle Bedingungen so gut wie keinen Einfluß auf die Legitimation harter Recherche haben, kann daraus geschlossen werden, daß hier nicht *redaktionsspezifische* Eigenheiten, sondern das *journalistische System* betreffende Normen wirksam werden. Allerdings gibt es Binnendifferenzierungen im System: Journalisten, die bei Zeitungen, Anzeigenblättern und Agenturen beschäftigt sind, halten ebenso wie Lokaljournalisten weniger von harter Recherche. Demnach handelt es sich offenbar nicht um generelle oder generalisierbare Normen, sondern um subsystemspezifische Ausprägungen.

193

5.4 Journalistisches Handeln zwischen Akteur und System

Journalismusforschung ist in der kommunikationswissenschaftlichen Praxis in erster Linie *Journalisten*forschung (vgl. Böckelmann 1993: 18 ff.). Man mag eine solche Reduktion beklagen und – wie Manfred Rühl (z. B. 1980) – eine kompromißlose Wende hin zu *strukturellen* Ansätzen einfordern, wie sie die Systemtheorie Luhmanns anbietet. Oder man nutzt die Systemtheorie als *Supertheorie*, unter deren Dach durchaus auch andere – eher am Akteur orientierte – Ansätze ihren Platz bekommen können.

Diese Sichtweise hätte den Vorteil, daß der Anschluß an die traditionelle Journalismusforschung möglich wäre – vorausgesetzt, die alten Fragestellungen werden im neuen systemtheoretischen Kontext reformuliert. Ein enge Interpretation der systemtheoretischen Perspektive dagegen hätte den Nachteil, auf die Ergebnisse prominenter Forschungszweige komplett verzichten zu müssen – wie etwa auf die zahlreichen Befunde zum journalistischen Rollen- und Berufsverständnis.

Doch auch im Rahmen der Systemtheorie erscheint es als sinnvoll, das Bewußtsein der (journalistischen) Akteure zu untersuchen, und zwar mit Hilfe des Konzepts der ‚strukturellen Kopplung'. Dabei wird die Beziehung zwischen kognitivem und sozialem System aber nicht kausal verstanden, sondern als Korrespondenzverhältnis mit wechselseitigem Irritationspotential.

Im Bereich der Journalismusforschung läßt sich der Kopplungsbegriff durch das Konzept der Handlungsrelevanz präzisieren. Handlungsrelevanz koppelt die journalistischen *Kommunikationsabsichten* (= Rollenselbstverständnis) mit der *Berichterstattung* (= tatsächlich ausgeübte Arbeitsrolle). Die Kommunikationsabsichten lassen sich dabei als berufliche Ziele bzw. als Verständnis der eigenen beruflichen Rolle operationalisieren, während die Berichterstattung mittels der von den Berufszielen übertragenen Kategorien als deren Niederschlag inhaltsanalytisch untersucht werden kann[27].

---

[27] In der Rezeptionsforschung finden wir die gleiche Theoriefigur in Form der Kopplung medialer Inhalte mit den Bewußtseinen der Rezipienten (vgl. Schmidt 1994: 275, 295 f.).

5.4 Journalistisches Handelns zwischen Akteur und System

Der Gewinn dieser theoretischen Modellierung besteht nun darin, daß die Untersuchung journalistischen Handelns als wechselseitiges Verhältnis von Kommunikationsabsichten und Berichterstattung empirisch fruchtbarer und theoretisch weniger voraussetzungsreich ist als eine einseitige Reduktion auf eine der beiden Komponenten. Dafür gibt es zwei Gründe: Erstens sind die Kommunikationsabsichten der Journalisten nicht nur Ursachen für ihre tatsächliche Berichterstattung, sondern werden ihrerseits durch strukturelle Bedingungen (,constraints') beeinflußt; der Schluß von den Kommunikationsabsichten auf die Berichterstattung ist unter bestimmten, variierenden Bedingungen aber nicht als generelle, übersituationale Determination möglich. Zweitens lassen sich die Kommunikationsabsichten nicht auf eine voluntaristische Dimension in Form von persönlich motivierten Zielvorstellungen reduzieren, sondern sind auch als Produkt von Sozialisationsergebnissen des beruflichen Alltags und Arbeitsprozesses zu verstehen. Das Bewußtsein der journalistischen Akteure ist folglich kein rein individuelles; es besteht vielmehr aus bereits berufssozialisierten Kognitionen.

Journalistisches Handeln wäre jedoch nicht hinreichend erklärt mit dem alleinigen Rekurs auf die beruflichen Ziele (Wollen) und deren Handlungsrelevanz (Können) – eine dritte Komponente ist erforderlich: die *Selbstverpflichtung* (Sollen/Dürfen). Damit ist der Anschluß an die normativ-ethische Debatte innerhalb der Journalismusforschung möglich. Somit gehört zur beruflichen Selbstdefinition von Journalisten nicht nur das weitgehend voluntaristische Rollenselbstverständnis, sondern auch die (ethische) Selbstbeschränkung.

Auch in diesem Bereich liegen nun Kopplungen vor: zwischen persönlich-individuellen Merkmalen und allgemein-journalistischen Werten sowie den etwas spezifischeren organisatorisch-redaktionellen Erfordernissen, die zusammen das sichtbare (tatsächliche) journalistische Handeln charakterisieren. Mit Hilfe von empirischen Untersuchungen solcher Kopplungen kann eine *strukturelle* Binnendifferenzierung und Segmentierung des Systems vorgenommen werden, die notwendig ist, um dessen Operationsweisen zu erklären.

Allerdings ist – jedenfalls auf dieser Basis – der Schluß auf die *Funktion* des Gesamtsystems logisch nicht haltbar. Denn aus der Journalisten-Befragung geht zwar hervor, daß die Mehrheit in erster Linie neutral und präzise informieren will, und nach den Ergebnissen der Inhaltsanalyse ist die Berichterstattung ebenfalls mehrheitlich neutral-informierend. Die Funktionsbeschreibung muß demgegenüber aber viel abstrakter gefaßt werden, um alle Facetten des Journalismus einzuschließen, die über dieses konkrete Berichterstattungsmuster hinausgehen.

Damit ist jedoch eine (system)theoretische Aufgabe beschrieben, die vor der Strukturbeschreibung erfolgen muß und aus dieser auch nicht induzierbar ist.

6 Die Gesellschaft(en):
Distinktionen von Journalismus-Systemen

6.1 Grundlagentheoretischer Überblick

Zu den härtesten Nüssen, welche Niklas Luhmann der scientific community zu knacken gegeben hat, gehören – neben der Modellierung von Kommunikation ohne Akteure (vgl. Esser 1994; Schmidt 1996: 29 ff.) – sein System- und sein Gesellschaftskonzept. Der Systembegriff, den er gleich zu Beginn seines Hauptwerks „Soziale Systeme" präsentiert, läßt sich geradezu als *Re-Ontologisierung* der Systemtheorie lesen: „Die folgenden Überlegungen gehen davon aus, daß es Systeme gibt." (Luhmann 1984: 30) Die erkenntnistheoretische Naivität, die aus diesem Satz zu sprechen scheint, forderte massive Kritik (nicht nur) von Konstruktivisten heraus. So macht z. B. Siegfried J. Schmidt (vgl. 1989: 28) darauf aufmerksam, daß ‚soziales System' ein Beobachterinstrument sei, das nach seiner wissenschaftlichen Brauchbarkeit und nicht nach seiner Übereinstimmung mit der ‚Realität' beurteilt werden müsse.

Auf jeden Fall bedarf es erheblicher Anstrengungen auf dem Gebiet der ‚Entparadoxierung', um den epistemologischen Status dieses Systembegriffs zu retten. So unternimmt Armin Nassehi eine lange Reise durch die Philosophiegeschichte, um herauszuarbeiten, daß Kommunikation der *einzige* Realitätsmodus sei, den soziale Systeme kennen:

> „Systeme haben ihr Realitätsverständnis durch den Umweltkontakt, den sie sich selbst ermöglichen – und den sie verkraften können. Der Systemtheoretiker ist nur ein Beobachter unter vielen – und er kann wahrlich viel verkraften." (Nassehi 1992: 70).

Noch mysteriöser erscheint allerdings der Gesellschaftsbegriff, den Luhmann dem Systemtheoretiker (und vor allem: dem Empiriker) zumutet. Worauf, so ist zu fragen, rekurriert er eigentlich, wenn die Wirtschaft, die Wissenschaft, das Recht, die Kunst *der* Gesellschaft beobachtet werden sollen – oder auch die Realität der Massenmedien (vgl. Luhmann 1988, 1990a, 1993b, 1996)? Unterstellt die Beschäftigung mit solchen sozialen Funktionssystemen einen – wie auch immer gearteten – *Idealtypus* von Gesellschaft, den man für irgendwie empirisch vorfindbar hält? Postuliert sie eine *Isomorphie* von Gesellschaften; geht es, wie man annehmen könnte, um die moderne, funktional ausdifferenzierte Gesellschaft (etwa zumindest im überschaubaren Bereich von Demokratien westlichen Typs), oder werden sogar stillschweigend die Verhältnisse in der Gesellschaft der *Bundesrepublik Deutschland* vorausgesetzt, deren Beobachtung hinreichend Anhaltspunkte für *die* moderne Gesellschaft und ihre Systemverhältnisse liefern soll?

Luhmann, dessen Sozialtheorie einen *universalistischen* Anspruch erhebt, meint nichts Derartiges. Wenn er überhaupt einmal – wie im folgenden Beispiel – ‚seine' Gesellschaft empirisch kleinarbeitet, findet man Angaben des folgenden Typs:

> „Die Frage ist: wie die Wissenschaft beschreiben kann, welche Gesellschaft sich Wissenschaft leisten kann, also unter den heutigen Bedingungen: wie man einen Verleger findet, wie man vermeidet, daß der Computer den Text nicht aus Versehen löscht, daß nicht zu viele sinnentstellende Druckfehler passieren etc." (Luhmann 1990a: 656)

Dabei hat der Autor *ernsthaft* einen Gesellschaftsbegriff im Sinn, der nun wirklich gründlich de-ontologisiert ist: „Weltgesellschaft" (Luhmann 1986 [1975]: 51 ff.) bzw. „World Society as a Social System" (Luhmann 1982). Diese Weltgesellschaft sei unter den heutigen Umständen das *einzige* Gesellschafts*system*. Zwar müsse man den Begriff als noch ungeklärt bezeichnen, jedoch:

> „Auch wenn die meisten Soziologen diesem Globalsystem den Titel ‚Gesellschaft' verweigern, ist es erst recht unmöglich, nationale Systeme (wenn hier der Systembegriff überhaupt angebracht ist) als Gesellschaftssysteme zu bezeichnen. Dafür fehlt jedes Abgrenzungskriterium, wenn man einmal von den Staatsgrenzen absieht, die für diese Frage denkbar ungeeignet sind." (Luhmann 1993b: 571)

Damit bietet Luhmann – seit inzwischen mehr als 20 Jahren – ein Beobachterinstrument an, das im Zeitalter von Globalisierung und Informatisierung zweifellos an Plausibilität gewonnen hat. Inzwischen läßt sich allerdings ein interdisziplinärer Diskurs zur „Identizifierung eines ‚Phantoms'" (Forschungsgruppe Weltgesellschaft 1996) beobachten, bei dem unter ‚Weltgesellschaft' und ‚Globalisierung' offensichtlich ganz Unterschiedliches verstanden wird. Wir müßten uns damit hier nicht ausführlicher beschäftigen, wenn

6.1 Grundlagentheoretischer Überblick

dabei nicht – auch von Luhmann selbst – nachhaltig Medien und Kommunikation in diversen Begründungszusammenhängen bemüht und diskutiert würden.

Politologen interessieren sich bei der Beschäftigung mit ‚Weltgesellschaft' vor allem für den Prozeß der internationalen Vergesellschaftung und den dabei wirksam werdenden Steuerungsfaktoren. Sie untersuchen Interaktionen und Verflechtungen von nationalen Akteuren und Institutionen, problematisieren die Handlungsfähigkeit des Nationalstaats und hinterfragen Bestimmungsfaktoren und Relevanz transnationaler kollektiver Identitäten. ‚Weltgesellschaft' wird somit als komplexer Gesamtzusammenhang grenzüberschreitender Beziehungen betrachtet. (Vgl. Forschungsgruppe Weltgesellschaft 1996)

Soziologen hingegen gehen im Rahmen einer Theorie der Weltgesellschaft von einer Makroordung aus und beobachten von diesem Standpunkt aus die offensichtlichen Unterschiede in den Existenzbedingungen auf der Erde als interne Differenzierungen des Gesamtsystems – in Abgrenzung von einer Theorie der *Globalisierung* als Ausweitungs- bzw. Delokalisierungsprozeß, welche das Verschwinden von Systemgrenzen im Visier hat und offenbar ohne eindeutige Systemreferenz auskommt. Daß bei soziologischen Auseinandersetzungen mit ‚Weltgesellschaft' Theoriebau-Aspekte und empirisch gestützte Argumente leicht durcheinandergehen, wird besonders deutlich, wenn Fragen nach dem Nachweis einer ‚Weltkultur' oder *einem* politischen System dieser ‚Weltgesellschaft' beantwortet werden sollen. (Vgl. Stichweh 1995)

Theorie-Bau-Aspekte haben Luhmann offensichtlich dazu veranlaßt, seiner Sozialtheorie die Annahme eines *einzigen* Weltgesellschaftssystems zugrundezulegen, welches alle Kommunikationen umfaßt. Wahrscheinlich ging es dabei zunächst nur um „das theoretische Konstrukt der Möglichkeit von Weltgesellschaft" (Kriener/ Meckel 1996: 14); damit wäre auch das empirische Argument zu unterlaufen, daß in der ‚wirklichen Welt' die Unterschiede in den Lebensbedingungen nicht zu übersehen sind, während das Postulat nur *eines* Gesellschaftssystems hier Einheitlichkeit von vornherein zu unterstellen scheint.

Andererseits ist – auch von *Philosophen* – nicht zu übersehen, daß sich „hinter dem Rücken der Nationalbevölkerungen in allen Weltgegenden" (Sloterdijk 1994: 87) Ansätze einer ‚Weltgesellschaft' herausbilden und daß dies vor allem auf die ‚Weltnachrichtenmedien' zurückzuführen ist:

> „Die Massen sind *de facto* und *de jure* die Instrumente, durch die die semiosphärische Kohärenz der effektiv schon gebildeten, wie auch immer inhomogenen Weltgesellschaft Proben ihrer Wirklichkeit ablegt" (Ebd.: 92; kurs. im Orig.)

Diese ‚Wirklichkeit der Weltgesellschaft' ist zuletzt in besonders auffälliger Weise beim Golfkrieg (vgl. Weischenberg 1993), aber auch in den Fällen länder- oder kontinentübergreifender Ökologie-Berichterstattung vorgeführt worden. Journalismus ‚funktionierte' dabei weltweit ähnlich, mobilisierte mit seinen Medienangeboten temporär Integrationspotentiale und erwies sich so als Muster der Globalisierung.

Offenbar angespornt durch solche Evidenzen, rekurriert Luhmann in seinem abschließenden Werk „Die Gesellschaft der Gesellschaft" in deutlich prononcierterer Weise auf ‚Weltgesellschaft'. Er verteidigt sein Konstrukt nun nicht nur mit theoretischen und methodologischen Argumenten, sondern auch unter Verweis auf die Erfahrungswirklichkeit einer sich ausbildenden Globalität nach allen Seiten, wobei das Ungleichheitsargument nun sogar *zugunsten* der Annahme einer ‚Weltgesellschaft' gewendet wird. (Vgl. Luhmann 1997: 158 ff.)

Immer wieder spielt dabei der Aspekt einer ‚Welt-Kommunikationsgemeinschaft' auf medientechnologischer Grundlage eine zentrale Rolle[1] (vgl. z. B. auch ebd.: 78, 145, 304, 930 f., 1096 ff.):

> „[...[Argumente für Weltgesellschaft lassen sich empirisch gut absichern. Es fehlt bisher nur eine Theorie, die sie aufnehmen und verarbeiten könnte. Das viel diskutierte Konzept des kapitalistischen Weltsystems [...] geht von einem Primat der kapitalistischen Wirtschaft aus und unterschätzt damit den Beitrag anderer Funktionssysteme, vor allem der Wissenschaft sowie der Kommunikation durch Massenmedien. [...] Erst wenn man die sehr verschiedenen Globalisierungstendenzen in den einzelnen Funktionssystemen zusammenfassend vor Augen führt, wird das Ausmaß der Veränderung gegenüber traditionalen Gesellschaften erkennbar. Angesichts so heterogener Quellen der ‚Globalisierung' fehlt

---

[1] Auch in seinem Beitrag zum „Lexikon der Soziologie" verknüpfte Luhmann den Begriff ‚Weltgesellschaft' direkt mit den globalen Kommunikationsverhältnissen (vgl. Fuchs-Heinritz et al. 1994 [1973]: 738).

ein einheitlicher Gesellschaftsbegriff. Das systemtheoretische Konzept der Gesellschaft als eines operativ geschlossenen autopoietischen Sozialsystems, das alle anderen Sozialsysteme, also alle Kommunikation in sich einschließt, versucht, diese Lücke zu füllen." (Ebd.: 170 f.,)

6.2 Journalismus und ‚Weltgesellschaft'

6.2.1 Die Nation als Referenz

Niklas Luhmann hat seine Konstruktion einer ‚Weltgesellschaft' zuletzt durch Erfahrungswissen über eine sich ausbildende Globalität abzusichern versucht. Dies ist insofern konsequent, als er nie einen Zweifel daran gelassen hat, daß es im Rahmen der Systemtheorie um „eine Analyse realer Systeme der wirklichen Welt" (1984: 30) geht, wobei die Beobachtung im Rahmen von empirischen Operationen erfolgt (vgl. 1990b: 31 ff.); (auch) seine Soziologie soll eine empirische Wissenschaft sein.

Am Beispiel des Rechtssystems hat sich Luhmann deshalb freilich konkret vorhalten lassen müssen, daß seine ‚Weltgesellschaft' eine Leerformel sei. Er habe ja selbst (vgl. Luhmann 1986 [1975]: 53 ff.) hervorgehoben,

> „daß die Soziologie bis heute mit der ‚Vorstellung einer Mehrheit menschlicher Gesellschaften gearbeitet' habe und dementsprechend das ‚Fehlen welteinheitlicher Moral, Rechtsbildung und Politik' diagnostiziert. Fehlt aber auf der Ebene der Weltgesellschaft ein einheitliches Rechtssystem, was ist dann der epistemologische Status dieses Systems der Rechtssysteme bzw. der epistemologische Status des Begriffs Rechtssystem?" (Krawietz 1992: 289)[2]

Zwar mag der Abschied von der Nation als Referenz für Gesellschaft im Fall des global vernetzten Wirtschaftssystems allmählich einen Sinn machen – und dort, wo, wie im Fall der Ökologie (vgl. Luhmann 1986), Probleme vor allem transnational zu lösen sind. Wenn als „Gesellschaft der umfassende Zusammenhang des

---

[2] Luhmann hat diese Kritik in einer Stellungnahme an gleicher Stelle durchaus ernstgenommen (und später auch seinen Satz „es gibt Systeme" relativiert; vgl. Krawietz/Welker 1992: 371 ff.) - um dann in seinem Werk „Das Recht der Gesellschaft" (mit u. E. nach wie vor wenig überzeugenden Argumenten) auf dem Konstrukt ‚Weltgesellschaft' zu beharren; das Rechtssystem bilde dabei eben eine Besonderheit (vgl. Luhmann 1993b: 555, 571 ff.).

aufeinander bezogenen und füreinander relevanten sozialen Handelns" (Willke 1989: 23) verstanden werden kann, so ist darüber hinaus auch zu fragen, ob die Festlegung auf politisch-territoriale Definitionen von Gesellschaft da noch aufrechtzuerhalten ist, wo Kommunikationen und Aktionen immer mehr im weltweiten Maßstab vernetzt sind. Allein Zeitungslektüre belehrt darüber, daß dies in besonderem Maße auch bei Systemen wie Wissenschaft, Kunst, Sport und insbesondere Tourismus gegeben ist.

In den Sog der Globalisierung geraten also nicht nur die Nationalökonomien, sondern z. B. auch die Kultursysteme und die Medien. Auch insofern erscheint Luhmanns ‚Weltgesellschaft' mit ihrem Rekurs auf die *Möglichkeit* weltweiter Interaktion und Kommunikation als nachvollziehbares Konstrukt, läßt sich ‚Weltgesellschaft' in Form von Kommunikationsstrukturen modellieren.

Unter empirischen Aspekten gibt es jedoch erneut eine Menge Fragezeichen. Die SPIEGEL-Redakteure Hans-Peter Martin und Harald Schumann (1997: 37 f.) werden in ihrem Bestseller „Die Globalisierungsfalle" ganz konkret; sie setzen da an, wo die praktischen Folgen unterschiedlicher Kultur- und Rechtssysteme spürbar werden und stellen vor allem die technizistische Idee einer ‚Weltkommunikations-Gemeinschaft' in Frage:

> „Die Vision des kanadischen Vordenkers Marshall McLuhan vom ‚global village', von der Welt als homogenem Dorf, hat sich keineswegs erfüllt. Während Kommentatoren und Politiker diese Metapher unablässig strapazieren, zeigt sich, wie wenig die wirkliche Welt zuammenwächst. Zwar verfolgen mehr als eine Milliarde Fernsehkonsumenten beinahe zeitgleich den Boxkampf zwischen Axel Schulz und Michael Moorer im Juni 1996 im Dortmunder Westfalenstadion. […] Aus einer universalen Bilderwelt beim Schlagabtausch und Sportwettkampf entsteht jedoch noch lange kein wechselseitiger Austausch, keine Verständigung untereinander. Mediale Nähe und Gleichzeitigkeit erzeugen noch lange keine kulturelle Verbundenheit, erst recht keine ökonomische Angleichung."

Selbst Systemtheoretiker wie Helmut Willke machen nun darauf aufmerksam, daß es sich bei der modernen Gesellschaft (bis auf weiteres) um eine „territorial und normativ delimitierte Einheit sozialer Selbstorganisation" handelt. Nur solche Einheiten könnten überhaupt für die – von der Theorie operativ geschlossener

Systeme vorausgesetzte – Tiefenstruktur sorgen, die eine autonome Eigensteuerung zuläßt. Für die ‚Weltgesellschaft' sei diese Selbstorganisation und Selbstreferenz schon aufgrund der Kommunikationsverhältnisse ‚im System' nicht gegeben:

> „Solange es keine Instanz, kein Verfahren und keine Regel gibt, welche für die Welt insgesamt verbindliche Normen der Selbststeuerung setzen, macht die Rede von der Weltgesellschaft keinen Sinn. Das gegenwärtige Aufbrechen fundamentalistischer Strömungen in einigen Teilen der Welt macht sogar fraglich, ob heute auch nur Kommunikationen [trotz z. B. Reuters und CNN, d. Verf.] füreinander erreichbar sind." (Willke 1995: 284)

Das sind empirische Argumente eines Beobachters zweiter Ordnung. Der Autor geht aber noch weiter und beharrt darauf, daß nur eine an Territorien und Normen orientierte Begriffsauffassung von Sozialsystemen erlaube,

> „in einer vergleichenden Perspektive die systemischen Qualitäten der Selbstorganisation und Selbststeuerung unterschiedlicher Gesellschaften auf Angemessenheit, Leistungsfähigkeit und Kosten/ Nutzen-Relationen zu prüfen. Will sich systemtheoretische Analyse nicht ganz von praktisch relevanten Fragen verabschieden, dann kann sie ihre Begriffsbildung nicht nur am theoretischen Spieltrieb ausrichten." (Ebd.: 285)

‚Weltgesellschaft' als theoretisches Konstrukt droht sich also sogar in den Augen von Systemtheoretikern als eines der „vielen terminologischen Verwirrnisse des Luhmannschen Sprachsystems" (Esser 1994: 190) zu erweisen; der Begriff abstrahiert nicht nur im erwähnten Fall (Rechtssystem) weitgehend von konkreten Erscheinungsformen sozialer Prozesse in (z. B. regionalen oder nationalen) Zusammenhängen, die sich mit Hilfe der Unterscheidung System/Umwelt beobachten lassen. Diese Kontexte gelten, so ist anzunehmen, zunächst einmal (und bis auf weiteres) ebenfalls für die Massenmedien und den Journalismus, auch wenn Luhmann seine ‚Weltgesellschaft' immer wieder gerade darauf bezogen hat:

> „[Es] kann als gesichert gelten, daß das soziale System der Weltgesellschaft für seine kommunikative Integration Massenmedien voraussetzt [...] Weltgesellschaft wäre ohne Massenmedien nicht möglich." (Luhmann 1981: 313)

In seinem 1981 publizierten, luziden Aufsatz über „Veränderungen im System gesellschaftlicher Kommunikation und die Massenmedien" hatte der Autor übrigens schon die ganze Versuchsanordnung beisammen, die er in den Jahren danach in immer neuen Variationen für die diversen sozialen Funktionssysteme einsetzte. Mittendrin befinden sich *Kommunikation* als dreistelliger Selektionsprozeß aus Information, Mitteilung und Verstehen und die *Massenmedien* mit ihren an Aufmerksamkeit und Aktualität ausgerichteten Selektionsstrukturen. Luhmann schreibt dabei zwar von den „Temporalstrukturen unseres [sic!] Gesellschaftssystems", geht dann aber schnell über zur

> „Chance der Weltgesellschaft, trotz unterschiedlicher kulturgeschichtlicher Vergangenheiten eine gemeinsame Zukunft zu finden. Insofern ist die Selektionsweise von Presse und Funk durch gesamtgesellschaftliche Strukturen gedeckt." (Ebd.: 317)

Sollte ‚gesamtgesellschaftlich' hier tatsächlich ‚weltgesellschaftlich' bedeuten, so wäre nach den *nationenübergreifenden* Strukturen zu fragen, auf die sich eine solche Aussage empirisch bezieht. Wäre damit aber schlicht ‚gesellschaftlich' gemeint, so bedeutete dieser Satz zunächst einmal kaum etwas anderes als das, was den vielzitierten „Four Theories of the Press" als normative Formel zugrundeliegt:

> „The thesis [...] is that the press always takes on the form and coloration of the social and political structures within which it operates. Especially, it reflects the system of social control." (Siebert et al. 1956: 1 f.).

Diese Strukturen wären aber (hier: für das System Journalismus) zunächst einmal vergleichend zu beobachten, um die jeweiligen Selektions- und Konstruktionsmuster beschreiben zu können – und nicht durch die allgemeine Annahme einer ‚Weltgesellschaft' a priori für zumindest isomorph zu erklären. So ist z. B. J. Herbert Altschull (1984) durch den *Vergleich von Mediensystemen* und ihren Basisfaktoren zu seiner These gelangt, daß man bis zu einem gewissen Grade von einer „global symphony" sprechen könne[3].

---

[3] Altschull (vgl. 1984: 277 ff.) fundierte und illustrierte die Berechtigung dieser Metapher durch den Vergleich von Aufgaben/Zielen der Medien, von ‚Glaubensartikeln' und von Begriffen der Pressefreiheit und spitzte seinen ‚empirischen Konvergenz-Ansatz' (vgl. Weischenberg 1992: 97 ff.) auf die vor allem ökono-

6.2 Journalismus und ‚Weltgesellschaft'

Auch im Fall des Journalismus-Systems ließe sich – trotz der beschreibbaren Isomorphien – wohl nur in sehr abstrakter Form auf eine ‚Weltgesellschaft' rekurrieren, etwa, wenn man seiner Aktualitätsproduktion metaphernhaft die Funktion als globales „Metronom" (Görke/Kollbeck 1996: 267 ff.) zuschreibt. Denn der Journalismus orientiert sich mit seinen Selektionsprogrammen womöglich sogar noch stärker als andere soziale Systeme an lokalen, regionalen und nationalen Grenzen. Dies hat u. a. den funktionalen Grund, daß sich diese Programme – umgesetzt über Nachrichtenfaktoren und Nachrichtenwerte (vgl. z. B. Weischenberg 1995: 173 ff.) – in bezug auf jeweilige Publika bewähren müssen, die nach aller Erfahrung insbesondere dem Faktor *Nähe* eine große Relevanz zuweisen.

Primär national präsentiert sich bis auf weiteres vor allem *politisches Handeln* als Berichterstattungsgegenstand; ähnliches gilt auch z. B. für Sport (vgl. Loosen 1998) und Kultur. Es wäre also – ganz abgesehen von den Sprachbarrieren – geradezu desaströs, wenn sich die aktuellen Medien ohne weiteres von ihren regional abgrenzbaren Märkten ab- und internationalen Märkten zuwenden würden (vgl. Kohring et al. 1996: 291 f.). Journalismus kommt in der jeweiligen Gesellschaft zustande.

Ganz anders sieht die Situation freilich – und nicht erst heute – im Bereich *internationaler Kulturvermarktung* aus (vgl. Brinkemper et al. 1994), wo vor allem die Hollywood-Studios und weltweit operierende Unternehmen wie Time-Warner, Disney und Sony, aber auch Bertelsmann die multimediale globale Distribuierung ihrer Ware betreiben: ein globaler Supermarkt, der auf der kreativen Seite durch Leute wie den Komponisten Lord Andrew Lloyd Webber und den Regisseur Steven Spielberg personifiziert und ökonomisch vom Produktionszentrum USA dominiert wird.

Bei der *aktuellen Medienkommunikation* ist jedoch zu berücksichtigen, daß sich journalistische Angebote nur in begrenztem Ausmaß und mit erheblichen Kosten global umschlagen lassen. Die Akteure sind hier – allenfalls – nationale Größen, und das Publikum ist auf vielfältige Weise und beharrlich segmentiert – was u. a. auch durch die erkennbar schleppende Europäisierung nationaler

---

misch und ideologisch begründete These zu, daß die Nachrichtenmedien in allen Mediensystemen „Agents of Power" seien.

Öffentlichkeiten (vgl. Sievert 1998) und etwa das Fehlen einer repräsentativen europäischen Tageszeitung deutlich wird.

Trotz solch naheliegender Einwände hat Luhmanns Weltidee inzwischen auch in der systemtheoretisch und/oder konstruktivistisch inspirierten Medien- und Journalismusforschung Resonanzen ausgelöst. Insbesondere Manfred Rühl (1992: 128 f.) weist ihr in seiner zusammenfassenden Darstellung zur „Theorie des Journalismus" einen prominenten Rang zu, wenn er Journalismus als „strukturiertes Sozialsystem der Weltgesellschaft" klassifiziert, wobei im folgenden dann ‚Weltgesellschaft' und nationale Gesellschaften aber ohne weitere Erläuterung parallelisiert und nur von einer stratifikatorischen Gesellschaftsformation abgegrenzt werden:

> „Als ausdifferenziertes Teilsystem der Weltgesellschaft leistet der Journalismus eine spezifische Funktion. Anders als die klassischen Schichten- und Klassenmodelle gehen wir davon aus, daß einzelne, etwa nationale Gesellschaften Teilsysteme (und davon Teil-Teil-Systeme) ausbilden, vorneweg: Politik, Wirtschaft, Wissenschaft, Religion, Kunst, Freizeit und, neben weiteren, auch Journalismus. [...] Diese Teilsysteme sind es, die für die Gesamtgesellschaft oder für einzelne Gesellschaftsordnungen spezifische Funktionen leisten."

Hier fallen der hinter die ‚autopoietische Wende' zurückgehende Funktionsbegriff und der changierende Gesellschaftsbegriff gleichermaßen auf. Blöbaum (1994: 261) wiederum attestiert dem Journalismus voraussetzungslos, er leiste „einen Beitrag zur Synchronisation der Weltgesellschaft", während Spangenberg (1993: 70 f.) diese Synchronisationsfunktion der Massenmedien immerhin als notwendigen Effekt der Reduktion von Komplexität ausweist:

> „An den Beobachtungsprozessen der massenmedialen Transformation der Gleichzeitigkeit in Aktualität sind recht viele Instanzen beteiligt. [...] Die Menge des gleichzeitigen Geschehens, also Weltkomplexität, ist als Ganzes unüberschaubar und somit für einzelne Systeme, auch für die Gesellschaft, unsichtbar. Erst die Beobachtung konstituiert [...] neben anderen Unterscheidungen ‚Welt' und auch die der ‚Zeit'."

Auch Görke/Kollbeck (1996) schreiben von der „Funktion, die Medien für die (Welt-) Gesellschaft haben", schränken jedoch ein:

> „Mediale Wirklichkeitsentwürfe sind [...] in hohem Maße kontingent [...]. Weder integrieren sie durch Konsens, noch taugen sie als Hort und Hüter von Anstand und Sitte, von universaler Weltmoral ganz zu schweigen." (Ebd.: 267)

Einstweilen muß offenbleiben, ob die Medien nun – im Weltmaßstab – synchronisieren oder integrieren, ob sie nicht eher – und zwar system(at)isch – irritieren (vgl. Kohring et al. 1996: 298) – oder ob hier nicht ein sehr akademisches Sprachspiel veranstaltet wird. Zu beobachten ist jedenfalls bis heute, daß der Journalismus bis zu einem gewissen Grade an nationale Normen, nationale Institutionen, nationale Publika und vor allem: nationale Themen gebunden ist.

Gewiß gehen – in Europa und anderswo – politische Nationalsemantiken zunehmend verloren, entstehen transnationale Öffentlichkeitsstrukturen. Und gewiß kann man sich fragen, ob im Prozeß der Dekonturierung staatlicher Gebilde streng nationale Medien- und Journalismus-Systeme noch zeitgemäß sind. Solange es aber diese Medien- und Journalismus-Systeme – auch für den wissenschaftlichen Beobachter – *gibt*, ist nach dem Nutzen zu fragen, den es hätte, Journalismus a priori als *globales* System zu modellieren, das nach demselben binären Code seine operative Schließung besorgt. Das Argument der *potentiellen* Existenz weltweiter Kommunikation eines globalen Systems, das Normen durch permanente Lernbereitschaft ersetzt (vgl. Luhmann 1975), wirkt jedenfalls nicht überzeugend.

Für theoriegeleitete empirische Forschung erscheint es bis auf weiteres sinnvoller, bei der Beobachtung von aktueller Medienkommunikation geographische, nationale oder wirtschaftliche Grenzen zwischen Gesellschaften zu ziehen, deren jeweilige Journalismus-Systeme zu beschreiben und zu typologisieren – statt das Konstrukt einer ‚Weltgesellschaft' als Referenz einzuführen. Nur so gelingt dem Erfahrungswissenschaftler das, was auch Luhmann (1984: 30) seinem Systembegriff abverlangt: sich „auf eine Verantwortung für Bewährung seiner Aussagen an der Wirklichkeit" einzulassen.

6.2.2 Beobachtungen von Medienordnungen und Journalismus-Systemen

Wir gehen also von der Annahme aus, daß es *kein* ‚welteinheitliches' Journalismus-System *gibt*. Oder, mit anderen Worten: Es gibt nicht *den* Journalismus *der* Gesellschaft, sondern Journalismus *in* Gesellschaft(en). Für die wissenschaftliche Vorgehensweise bedeutet dies *Differenzorientierung* statt Identitätsorientierung: Ein Journalismus-System läßt sich nur in Unterscheidung von anderen Journalismus-Systemen beschreiben und bewerten. Gute Gründe für diese Annahme liefern schon Fallstudien zu einigen ausgewählten Ländern und ihren Medienordnungen und Journalismus-Systemen. Sie machen deutlich, wie vielfältig die normative Basis und aktuelle Situation für den Journalismus ausfällt.

Diese Unterschiede ließen sich nur dann als *interne* Differenzierungen im Rahmen der ‚Weltgesellschaft' modellieren, wenn man die Theorie von der Empirie völlig abkoppeln wollte. Diese weist aus, daß die funktional ausdifferenzierte Gesellschaft westlichen Typs keineswegs weltweit vorfindbar ist, sondern ‚in Konkurrenz' steht mit zum Teil äußerst brutalen Diktaturen. Wenn westliche Staaten inzwischen weltweit Einfluß nehmen und eine ökonomische und kommunikative Globalisierung betreiben, ändert dies nichts an der Tatsache, daß es Gesellschaft*en* gibt; Luhmanns „world society" ist eine Gespenstergesellschaft.

Ein Schlaglicht auf die ‚internationale Lage' wirft schon die Zusammenstellung von Zahlen über Journalisten, die in Ausübung ihres Berufes ermordet oder gefangengenommen wurden. Aktuelle Informationen dazu tragen die Menschenrechtsorganisation *Reporters sans frontières* (RSF) und das *New Yorker Committee to Protect Journalists* (CPJ) regelmäßig in die Öffentlichkeit.

Zusammenfassende Auswertungen auf der Grundlage von Berichten der Nachrichtenagenturen Reuters und Agence France Presse zeigen, daß in den 47 Jahren von 1934 bis 1981 in verschiedenen Staaten der Erde 208 Journalisten den Tod fanden. Im Jahre 1989 zählte man 77 getötete Journalisten, aber gleichzeitig auch 1.045 Fälle der Einschränkung journalistischer Arbeit in 89 verschiedenen Ländern. (Vgl. Sussman 1991)

Diese und andere aktuelle Zahlen[4] sind in den Zusammenhang mit Bedingungen und Verhältnissen in bestimmten Gesellschaften, Medienordnungen und Journalismus-Systemen zu stellen, die von Machteliten kontrolliert und/oder Fundamentalisten terrorisiert werden, so daß dort Journalisten nicht nur nicht geschützt, sondern sogar verfolgt werden. Dies gilt zur Zeit in besonderem Maße für Algerien[5] (vgl. Mouffok 1996) und die Türkei[6], wo die Islamisten den rechtlichen und ökonomischen Spielraum der Medien immer weiter einengen wollen.

Insbesondere aus Afrika (z. B. aus Sambia und Simbabwe) gibt es immer wieder Nachrichten über Einschränkungen der Pressefreiheit und Verhaftungen von Journalisten. In China werden die Journalisten öffentlich an die Kandare genommen und z. B. durch detaillierte Anweisungen der Staats- und Parteikontrolle unterworfen; politischer Journalismus ist hier nur als „Kunst der Andeutung"[7] möglich. Auch in Lateinamerika (z. B. Kuba und Mexiko) droht Journalisten Gefahr, die sich nicht an die Spielregeln der Machthaber halten (vgl. z. B. Süddeutsche Zeitung v. 21.10.1997).

Komplizierter stellt sich die Situation in Osteuropa dar. In Rußland zum Beispiel ist zwar die Pressezensur, für die in der Sowjet-

---

[4] Ende 1995 saßen insgesamt 182 Journalisten wegen mißliebiger Berichterstattung im Gefängnis. Daß Journalisten nicht vor allem im Zusammenhang mit Kampfhandlungen ums Leben kommen, zeigt eine andere Zahl: Von 456 Journalisten, die von 1985 bis 1995 getötet wurden, gelten rund 300 als Opfer vorsätzlicher politischer Morde. Von 45 politischen Morden an Journalisten im Jahre 1995 wurden allein 24 in Algerien verübt. Die vier Länder mit den meisten inhaftierten Journalisten waren: Türkei (51), Äthiopien (31), China (20) und Kuweit (18). (Vgl. Frankfurter Allgemeine Zeitung v. 15.3.1996)

[5] Über die Situation in Algerien wird seit mehreren Jahren – z. T. durch Darstellung von Einzelschicksalen) – in aktuellen Publikationen berichtet (vgl. z. B. Alexander Smoltczyk: Der Tod ist so banal. Wie eine algerische Journalistin ihren Alltag zwischen Bombenanschlägen der Islamisten, Staatsterror und Selbstzensur erlebt, in: Der Spiegel 1997/9: 182-186).

[6] Paragraph 28 der türkischen Verfassung garantiert zwar die Pressefreiheit, aber in der Praxis findet Zensur vor allem bei der Berichterstattung über das Kurdenproblem statt, wobei die Maßnahmen – auf der Grundlage des Artikels 3 des Antiterrorgesetzes – bis hin zu physischen Repressionen gegen mißliebige Journalisten reichen. Im Sommer 1997 kündigte die neue türkische Regierung gegenüber westlichen Journalisten eine Wende in der ‚Medienpolitik' an (vgl. z. B. Süddeutsche Zeitung v. 16.7.1997).

[7] Zhou Derong: Goldene Prinzipien. Politischer Journalismus in China – eine Kunst der Andeutung, in: Frankfurter Allgemeine Zeitung v. 6.2.1997; vgl. auch FAZ v. 30.1.1997.

union von 1922 bis zum Glasnost-Zeitalter die Zensurbehörde *Glavlit* zuständig war (vgl. Weischenberg 1992: 110 ff.), aufgehoben; inzwischen gibt es eine pluralistische Medienlandschaft. Nach wie vor tobt aber der „Kampf um die Pressefreiheit, der Kampf ums Geld" (Frankfurter Allgemeine Zeitung v. 3.3.1995). Für Irritationen sorgen immer wieder Vorfälle wie 1994/95 die Morde an dem jungen Militärreporter Dmitrij Cholodow und an dem prominenten Fernsehmoderator Wladislaw Listjew, für die im einen Falle die Armee und im anderen Falle die Mafia verantwortlich gemacht wurden. Als aktuelle Probleme werden die Abhängigkeit der Medien von der wirtschaftlichen und politischen Elite, Konzentrationsprozesse sowie die Korrumpierbarkeit von Journalisten beschrieben.[8]

In den Gesellschaften ‚westlich-pluralistischen' bzw. marktwirtschaftlichen Typs muß man hingegen schon genauer hinschauen, um konkrete Auswirkungen der normativen und strukturellen Unterschiede wahrzunehmen, welche für den Journalismus Relevanz besitzen. Der ‚Eigensinn der Sozialsysteme' hat hier jeweils eher das Liberalismus- oder das Sozialverantwortungs-Modell (vgl. Weischenberg 1992: 86 ff.) begünstigt oder zu spezifischen Mischformen geführt. Dies läßt sich paradigmatisch anhand von vier Staaten illustrieren: Schweiz, Israel, Japan und Frankreich.

Die *Schweiz*, in ihren wirtschaftlichen Verhältnissen geradezu ein Musterspiel für liberalistische Strukturen, leistet sich bis heute ein strikt gemeinwohlorientiertes Rundfunksystem, das dem großen Bedarf des Landes an Diskurs und Integration mit Hilfe von Massenmedien sichtbaren Ausdruck verleiht. Insgesamt, so wird behauptet, weist das Mediensystem geradezu eine „Parallelstruktur zum politischen System" (Saxer 1993: 91) auf, so daß die funktionalen Bedürfnisse dieses politischen Systems offenbar in starkem Maße erfüllt werden. Mit ‚Bedürfnissen' ist dabei gemeint: Leistungen der Politik nicht nur bekannt zu machen, also der Vermittlungsaufgabe der Medien gerecht zu werden, sondern auch für Transparenz und Akzeptanz zu sorgen und womöglich die Chance zu Korrekturen zu bieten. (Vgl. Schanne/Schulz 1993)

Dies ist ein *soziales Konkordanzmodell*, bei dem das Verhältnis von Politik und Medien als symbiotisch betrachtet wird. Man kann

---

[8] Vgl. z. B. die Korrespondentenberichte in der Frankfurter Allgemeinen Zeitung v. 13.1.1995, v. 22.4.1997 und v. 16.7.1997.

6.2 Journalismus und ‚Weltgesellschaft'

nun fragen, ob zu einem solchen Modell ein kritisch-kontrollierender Journalismus nach angelsächsischem Muster überhaupt passen würde, der als ‚investigative reporting' auch die Aufdeckung von Affären unter Nutzung vertraulicher Dokumente aus dem Apparat zumindest billigend in Kauf nimmt; jedenfalls ist er in der Schweiz unerwünscht[9]. Vermutlich gibt es in der Konkordanzdemokratie Schweiz nach wie vor einen weitgehenden Konsens darüber, daß ein ‚rücksichtslos informierender Journalismus' gar nicht wünschenswert wäre.

Andererseits bleibt auch diese Medienordnung nicht gegen inneren (ökonomischen) wie auch gegen äußeren Druck geschützt: Konzentrationsprozesse bei der Tagespresse, Informatisierungsprozesse, welche die Berichterstattungsmonopole der Medien unterlaufen und die Legitimation des Integrationsrundfunks in Frage stellen, Kommerzialisierungsprozesse im internationalen Maßstab, die externe Abhängigkeiten schaffen und die kulturelle Identität der Medienangebote gefährden, sowie Segmentierungsprozesse im Bereich der Medienrezeption, die jeden Anspruch von Medien, weiterhin ‚staatstragend' sein zu wollen, ad absurdum führen können. Roger Blum (1993: 223 f.) konstatiert für die Schweiz

> „Bedrohungen aus allen Richtungen – vom Staat und von der Wirtschaft, von außen und von innen, von unten und von oben. Der Spielraum der Massenmedien ist eingeengt, guter Journalismus ist schwieriger geworden."

Eine besondere Situation findet die Beobachtung von Medien und Journalismus offenbar auch in *Israel* vor. Der israelisch-arabische Dauerkonflikt führt hier dazu, daß der Herstellung und Vergewisserung gemeinsamer Normen und Werte in der Gesellschaft eine zentrale Bedeutung zukommt und daß die Medien dabei in besonderem Maße in die Pflicht genommen werden.

Wie sich dies in der Selbstbeschreibung von professionellen Orientierungen ihrer Journalisten niederschlägt, hat Jacob Shamir (1988) in einer empirischen Studie untersucht. Interviewt wurden dabei 97 ‚Elite-Journalisten' (ermittelt über das Kriterium Reputa-

---

[9] Darauf deuten Durchsuchungsaktionen von Redaktionen und Telefonüberwachungsaktionen gegen Journalisten, die von der Bundesanwaltschaft angeordnet worden waren (vgl. Neue Zürcher Zeitung v. 7.12.1994 und Süddeutsche Zeitung v. 25.2.1997).

tion) von Presse, Radio und Fernsehen. Vor allem die Älteren und Konservativeren unter den Befragten zeigten dabei die deutliche Tendenz, basale professionelle Werte im Zweifelsfall gegenüber nationalen Interessen zurückzustellen. Im Vergleich zu nordamerikanischen Journalisten betonten sie sehr viel eher die nationale Moral und das Image des Landes in den Augen der Welt als relevante Dimensionen für ihre journalistische Verantwortung.

Diese Art intrinsischer Kontrolle führt somit eine sehr spezielle Variation des Sozialverantwortungs-Modells der Medien und seiner Journalisten vor – wenn eben der Begriff der gesellschaftlichen Verantwortung sehr weit ausgelegt wird. Shamir macht dabei in Generalisierung seiner Befunde darauf aufmerksam, daß sich konsistente professionelle Wertesysteme im Journalismus offenbar insofern querlegen zu einer internationalen Synchronisierung, als sie in starkem Maße von den jeweiligen sozialen, politischen und kulturellen Bedingungen in einer Gesellschaft abhängig sind:

> „From a broader theoretical perspective, this study shows that perceptions concerning the role of the press in society are culture bound. Israeli elite journalists perceive freedom of the press and social responsibility as two largely unrelated dimensions compared to American journalists who conceive them to be unidimensional. Moreover, the content of what constitutes socially responsible practices may greatly differ among societies." (Shamir 1988: 594)

Strukturell integriert in das Wertesystem der Gesellschaft sind die Medien in *Japan*, wie von verschiedenen Beobachtern insbesondere in Hinblick auf die politische Kommunikation beschrieben worden ist (vgl. zusammenfassend Weischenberg 1995: 248 ff.). Es gibt dadurch nicht nur eine (zu) große Nähe zwischen den Politikern und den Journalisten, die zu einem passiven Rechercheverhalten und insgesamt besonderer Vorsicht bei der Berichterstattung führen (vgl. Muzik 1996: 55 ff.), sondern auch zahlreiche Überschneidungen zwischen der Industrie und den Nachrichtenmedien.

Gilt insbesondere für die politische Kommunikation, daß sich bei der Nachrichtensammlung die „Presseclubs als institutioneller Spiegel des japanischen Journalismus" (ebd.: 212) erweisen, so sind die Kommunikationsverhältnisse insgesamt durch eine engmaschige Verknüpfung der Machteliten aus Wirtschaft, Politik und Medien gekennzeichnet, welche eine gesellschaftliche Kontrolle durch die Medien auf ein Minimum reduzieren. Dabei spielt offenbar die Erziehung dieser Machteliten in denselben Ausbildungseinrichtungen und die Kombination von Leitungspositionen und Clubmitgliedschaften quer durch alle Systeme eine besondere Rolle. Das Pendant zu diesem Funktionskontext bilden die normativen Bedingungen, zu denen u. a. die fehlende Sicherung des Informationszugangs durch die Journalisten bzw. das Fehlen einer Informationspflicht durch die Bürokratie gehört. (Vgl. Akhavan-Majid 1990)

Auf der institutionellen Ebene gibt es hingegen – etwa im Vergleich mit angelsächsischen Medienbetrieben – zahlreiche Synchronisierungsformen. Dazu gehört die starke Rollendifferenzierung in den Redaktionsorganisationen, die von den Amerikanern und Briten als den ersten Zeitungsgründern in Japan etabliert wurde. Das berufliche Selbstverständnis der Medienakteure entspricht jedoch nicht der angelsächsischen Tradition, denn die Journalisten sehen sich eher als Beschützer des sozialen Systems denn als Kritiker oder Kontrolleure. (Vgl. Muzik 1996: bes. 214 f.)

Der Journalismus wurde in Japan, anders als etwa in Europa, nicht mühsam gegen die Obrigkeit durchgesetzt, sondern als fertiges Konzept aus dem Ausland übernommen. Dies mag mit dazu beigetragen haben, daß wir im Land der weltweit größten Zeitungsdichte[10] nach wie vor eine sehr spezifische Variation des Liberalismus-Modells der Medien vorfinden (vgl. Akhavan-Majid 1990: 1014), deren Dysfunktionalität sich erweist, wenn die Medien nicht in der Lage sind, historische, politische und kulturelle Probleme auf die öffentliche Agenda zu setzen: „Japan ist eine verstummte Gesellschaft."[11]

In *Frankreich* ist der Journalismus traditionell charakterisiert durch die Konzentration auf die Metropole Paris mit ihrer starken Verschränkung der Machteliten aus Politik, Wirtschaft und Publizistik; im Großraum der Stadt arbeiten zwei Drittel der französischen Journalisten. Der geographischen Konzentration entspricht

---

[10] In Japan kommen auf je 1.000 Einwohner 576 Tageszeitungsexemplare, in Deutschland 324, in der Schweiz 404, in Frankreich 154 und in den USA 233 Exemplare (vgl. Die Zeitung 1995/1-2: 17).

[11] John David Morley: Die verstummte Gesellschaft. Im Bruttosozialprodukt sucht Japan seine Identität, in: Süddeutsche Zeitung v. 3.3.1997. Vgl. auch: Florian Coulmas: Verbotene Früchte. Wie offen ist die japanische Gesellschaft, in: Frankfurter Allgemeine Zeitung v. 22.7.1997.

eine starke Konzentration und damit auch Vermischung dieser Machteliten. Die meisten leitenden Journalisten stammen aus gehobenen sozialen Schichten; sie haben dieselben Eliteschulen wie wichtige Politiker besucht und teilen deren soziale und politische Einstellungen, so daß auch hier die System-Umwelt-Beziehungen bei der politischen Kommunikation strukturell angelegt sind. Rémy Rieffel bezeichnet diese einflußreiche Journalistengruppe in seinem Buch „L'élite des journalistes" (1984) als die „Herolde der Information" (Untertitel) und beklagt eine Homogenisierung der Medieninhalte und einen Trend zum Konformismus unter den Medienakteuren als Folge der Eliteorientierung, die an die japanischen Verhältnisse erinnert. Charon (1991: 342) gebraucht zur Situationsbeschreibung das Kunstwort „bourgeoisocratie".

Insgesamt werden Krisensymptome des Journalismus heute in Frankreich besonders genau beobachtet und ihre Konsequenzen für die Existenz der Republik im historischen Längsschnitt sorgfältig eingeordnet (vgl. Martin 1997). Unübersehbar ist das Unbehagen gegenüber dem „nouveau journalisme à la française". Häufig wird dabei aus dem Geist des frühen 19. Jahrhunderts gegen die „médiocratie" des späten 20. Jahrhunderts argumentiert, wie z. B. aus dem an Balzacs großen Journalistenroman erinnernden Titel „Splendeurs et Misères des Journalistes" (Roucaute 1991) deutlich wird.

Mit starken Worten wird insbesondere das Elend der Presse beschrieben (vgl. z. B. Charon 1991): Inzwischen erreicht die Zeitungsdichte in Frankreich kaum mehr als ein Viertel der japanischen Zahl. In ihrer Not gehen zahlreiche Verlage mit ‚Fastfood'-Produkten auf die Suche nach einem neuen Publikum, während die seriösen Blätter alle Anstrengungen unternehmen müssen, um nicht noch mehr Leserinnen und Leser zu verlieren.

Auffällig ist auch der ausgeprägte Meinungsjournalismus, der auf der politisch-philosophischen Tradition Frankreichs beruht und, anders als in Deutschland nach dem Zweiten Weltkrieg, keinem Paradigmenwechsel nach angelsächsischem Muster unterworfen wurde. Es gibt in den französischen Medien heute zahlreiche sichtbare Beispiele für biederen Chronisten-Journalismus (Hofberichterstattung) und für eine zunehmende Boulevardisierung der Inhalte (vgl. Rieffel 1996), aber kaum Beispiele für Investigativen Journalismus (vgl. z. B. Thomaß 1996) und, jedenfalls im

Fernsehen, nicht einmal Ansätze eines kritischen politischen Journalismus:

> „Einige wenige Meinungsführer beherrschen die Szene. Sie sind allgegenwärtig: in Presse, Hörfunk und Fernsehen zugleich. [...] Diese omnipräsenten Journalisten interpretieren das Tagesgeschehen, sie liefern das Koordinatensystem, nach dem sich Hörer, Zuschauer und Leser richten. Aus ihrem Kreis wählt auch der Staatspräsident diejenigen aus, die ihn interviewen dürfen. [...] Der Kommentar ist wichtiger als die Fakten selbst. Der Journalist versteht sich als Wegweiser." (Bourgeois 1996: 4 f.)

6.3 Eine komparative System-Analyse

Im folgenden sollen nun die Ergebnisse von ähnlich angelegten nationalen Kommunikatorstudien miteinander verglichen und in Hinblick auf Isomorphien und Heteromorphien, auf Divergenzen und Konvergenzen abgeklopft werden, um weitere Antworten auf die Frage zu erhalten, welche Gesellschaften sich welchen Journalismus leisten. Solche ‚cross national comparisons' sind auch von deutschen Kommunikationswissenschaftlern in der Vergangenheit mehrfach vorgenommen worden. Solange hier die Datenlage karg war, wurde der deutsche Journalismus dabei immer wieder mit dem nordamerikanischen und auch dem britischen verglichen. Diese Vergleiche hoben erstens auf die unterschiedlichen rechtlichen und politischen Traditionen und Rahmenbedingungen ab (vgl. Weischenberg 1983), zweitens auf unterschiedliche professionelle Kulturen, die z. B. bei der Trennungsnorm zwischen Nachricht und Kommentar deutlich würden (vgl. Erbring 1988, 1989), und drittens und vor allem auf die unterschiedlichen Einstellungen von deutschen und nordamerikanischen, aber auch britischen Journalisten (vgl. zusammenfassend Weischenberg 1995: 460 ff.).

Häufig gab es dabei den Versuch, auf komparativem Wege dysfunktionale Strukturen im deutschen Journalismus-System nachzuweisen, wofür Befragungsdaten, mit deren Hilfe eine Abnormität der deutschen Journalisten nachgewiesen werden sollte, scheinbar Munition lieferten. Dies konnte schon seinerzeit nicht überzeugen, weil die Beweisführung auf unzureichendem Datenmaterial und zum Teil sehr anfechtbaren Interpretationen beruhte (vgl. Weischenberg 1989).

6 Die Gesellschaft(en): Distinktionen von Journalismus-Systemen

Wer nun *heute* den Journalismus in der Gesellschaft mit Hilfe des internationalen Vergleichs identifizieren will, kann zahlreiche nationale Journalismus-Studien aus den letzten Jahren auswerten und aufeinander beziehen[12], verschiedene ‚cross national comparisons' verwenden, die in neuerer Zeit auf einer breiteren Datenbasis entstanden sind[13] und insbesondere theoretisch anspruchsvollere Differenzierungen auf den verschiedenen Referenzebenen vornehmen. Diese Differenzierungen sind in einem *Journalismus-Modell* als Normen-, Struktur-, Funktions- und Rollenkontexte systematisiert (→ Kapitel 1) und als Imperative bzw. ‚constraints' (→ Kapitel 3.1.1) für das journalistische Handeln beschrieben worden (vgl. Weischenberg 1992, 1995).

Dem Modell liegt eine Beschreibung von Journalismus zugrunde, die sich unter Rekurs auf sozial ‚ausgehandelte' Wirklichkeitsmodelle (und ihre Referenzmechanismen) explizit auf die funktional ausdifferenzierten pluralistischen Gesellschaften (westlichen Typs) bezieht (vgl. Weischenberg 1992: 66); es spricht jedoch nichts dagegen, das Raster erkenntnisleitend für die vergleichende Beobachtung und Beschreibung von Medien- und Journalismus-Systemen in unterschiedlichsten Gesellschaftsformationen zu verwenden.

Die verschiedenen Kontexte können hier allein schon aufgrund der Materiallage nicht systematisch durchdekliniert werden, um den Grad der Synchronisierung von Journalismus-Systemen umfassend zu beobachten, zu beschreiben und zu bewerten. Wir konzentrieren uns deshalb im folgenden auf einige zentrale, weitgehend empiriegesättigte Bereiche und schicken der Darstellung jeweils theoretische Vorbemerkungen voraus.

---

[12] Eine groß angelegte Zusammenschau von 21 nationalen Journalismus-Studien, die auf insgesamt rund 20.000 Interviews mit Journalistinnen und Journalisten beruht, ist in einem Sammelband publiziert worden, der uns bis zum Abschluß des Manuskripts aber nicht vorlag (vgl. Weaver 1998).

[13] Dazu zählt das „Media and Democracy Project", in dessen Zentrum eine vergleichende, nicht repräsentative Befragung von Nachrichtenjournalisten in USA, Deutschland, Großbritannien, Italien und Schweden steht; die Befunde sind – im Hinblick auf Aspekte politischer Kommunikation – bisher in mehrere Aufsätzen publiziert worden (vgl. Donsbach 1993a, 1993b; Donsbach/Klett 1993; Donsbach 1995; Patterson/Donsbach 1996).

6.3.1 Normen- und Strukurkontexte: Hetero- und Isomorphien

6.3.1.1 Theoretische Vorbemerkungen

Grundsätzlich ist davon auszugehen, daß unterschiedliche normative Bedingungen für den Journalismus in den verschiedenen Medienordnungen eher Heteromorphien zur Folge haben, die sowohl in den Selbstbeschreibungen der Medienakteure als auch in den Medienaussagen sichtbar werden. Man muß aber auch annehmen, daß bei der Identifizierung des Journalismus der Gesellschaft an der Schwelle zum dritten Jahrtausend Konsequenzen der – ökonomisch und politisch bedingten – Globalisierung, Internationalisierung und Europäisierung von Medien und Kommunikation sichtbar werden, die zu Isomorphien in den Journalismus-Systemen führen. Sie müßten sich besonders auf der institutionellen Ebene – aber auch bei den Berichterstattungspraktiken (Funktionskontext) und beim Selbstverständnis (Rollenkontext) – zeigen.

Insofern könnte der Strukturkontext, in dem die Kommerzialisierung der Medien im weltweiten Maßstab in besonderem Maße wirksam wird, als Erklärung für Prozesse der Aussagenentstehung gegenüber dem Normenkontext (mögliche historische, rechtliche, politische Unterschiede) und dem Funktionskontext (Unterschiede etwa hinsichtlich Nachrichtenwerten und Darstellungsformen) dominieren. Unter dem Strich müßte es dabei – zumindest in vergleichbaren, funktional ausdifferenzierten und pluralistischen Gesellschaften – zu einer Reduktion von Divergenzen und sogar zu Konvergenzen der Journalismus-Systeme kommen. Das nordamerikanische Medien- und Journalismus-System mit seinen kommerziell-liberalen Strukturen dient dabei schon jetzt offenbar als Modell, wie auf der Programmebene etwa durch das ‚Infotainment' deutlich wird.

Der hohe Grad an (wirtschaftlicher) Freiheit hat in den USA zwar einen kritischen, kontrollierenden Journalismus durchaus begünstigt, aber immer wieder auch Fragen nach dem Grad von *Sozialverantwortung* herausgefordert, der diesem Journalismus abverlangt werden kann und muß. Deshalb wird gerade in den USA permanent eine Diskussion über eine Selbstverpflichtung der Medien geführt, ihr Handeln an ethischen Standards auszurichten. (Vgl. Weischenberg 1992: 161 ff., 170 ff.)

Der Aufgabenzuweisung an den nordamerikanischen Journalismus, die (politisch) Herrschenden zu überwachen und Mißstände aufzudecken, entspricht das Berichterstattungsmuster des Investigativen Journalismus (→ Kapitel 6.3.2.1), das in den USA seine Heimat hat (vgl. Redelfs 1996). Dieses Muster besitzt dort bestimmte (historische, rechtliche, politische) Voraussetzungen, die (zum Beispiel) in Deutschland nicht gegeben sind. Normative Basis ist das Element der *Machtkontrolle*, das sich bis zum First Amendment der Verfassung zurückverfolgen läßt und im Rollenselbstverständnis der Journalisten offenbar fest verankert ist (vgl. ebd.: 311). Journalismus spielt sich in dieser Gesellschaft innerhalb eines Normenkontextes ab, der zudem durch günstige juristische Rahmenbedingungen (etwa beim Zugang von Journalisten zu Dokumenten) gekennzeichnet ist; darüber hinaus wird Kontrolle in den USA z. B. auch über ‚government watchdog organizations' umgesetzt.

Die einzelnen rechtlichen Regelungen bieten Maßstäbe zur ‚Feinmessung' der normativen Bedingungen des Journalismus. Eine wichtige Rolle spielt dabei z. B. die Existenz eines *Zeugnisverweigerungsrechtes*, das in Deutschland in allen Bundesländern Gegenstand des Presserechts ist, in den USA nur in bestimmten Bundesstaaten und in der Schweiz (bisher) gar nicht. Gerade das Recht, die Nennung von Quellen zu verweigern und sich dabei auf den Informantenschutz berufen zu können, ist wesentliche – aber keineswegs hinreichende – Grundlage für den Investigativen Journalismus.

Extreme Formen der Boulevardisierung des Journalismus, die in Deutschland vor allem im Fernsehen zu beobachten sind (vgl. Weischenberg 1997), lassen sich in den einzelnen Mediensystemen in unterschiedlicher Weise auf nationale Traditionen und Strukturen zurückführen. In *Großbritannien* zum Beispiel, wo der journalistische Qualitätsverlust von TIMES und BBC, vor allem aber der offenbar unaufhaltsame Niedergang der gesamten Presse beklagt wird (vgl. Frankfurter Allgemeine Zeitung v. 23.1.1997), läßt sich die Existenz besonders skrupel- und geschmackloser Boulevardblätter bis zur zweiten Hälfte des 19. Jahrhunderts zurückverfolgen. Blut und Klatsch waren schon immer die Verkaufsschlager der Massenzeitungen, die in der Fleet Street produziert wurden.[14]

---

[14] Vgl. dazu: Peter Münder: Amüsieren und Auflage machen, in: MediumMagazin 1996/12: 58-61. Befunde einer *aktuellen repräsentativen britischen Kommuni-*

Massenblätter wie SUN oder BILD sind wiederum in *Italien* völlig unnötig, weil dort die ‚normale Tagespresse', insbesondere aber das Fernsehen alle populären Interessen hinreichend bedient und vor allem ein Werbe-Trommelfeuer veranstaltet. Der italienische Staat war mit seiner liberalistischen Mediengesetzgebung europäischer Vorreiter für das hemmungslose Kommerzfernsehen; die tägliche Lektüredauer für Zeitungen hat in Italien inzwischen den negativen europäischen Spitzenwert von 14 Minuten erreicht. Kritiker der Verhältnisse beklagen vor allem die Abhängigkeit der Medien von der Wirtschaft und das Fehlen einer professionellen journalistischen Tradition und Kultur nach angelsächsischem Vorbild, die ein Mindestmaß an Seriösität und Neutralität bei der Nachrichtenproduktion sicherstellen würde. In Italien – wie in anderen Ländern – bestraft das Publikum die Medien und ihre Journalisten durch Glaubwürdigkeitsentzug.[15]

Auch in *Frankreich* ist der traditionelle Meinungsjournalismus inzwischen begleitet von einer zunehmenden Tendenz zur Entertainisierung vor allem auch der journalistischen Angebote im Hörfunk – eine Entwicklung, die vom Direktor des *Institut français de Presse* als Indikator für eine Erosion des Journalismus-Systems und seiner professionellen Struktur und Identität interpretiert wird:

> „Dieser Wandel beim Radiojournalismus während des letzten Jahrzehnts drängt den Gedanken auf, daß die Trennung zwischen den traditionellen Funktionen des Hörfunks (informieren, unterhalten, bilden) heute immer unklarer wird. Zweifelsohne spiegelt das die Umbruchstimmung im französischen Journalismus schlechthin. Der nämlich steckt in einer Identitätskrise, ausgelöst durch eine Vielzahl von Faktoren. Der auffallendste ist unumstritten die Aufsplitterung des Berufsbildes, hervorgerufen durch das Aufkommen immer neuer Kommunikationsberufe. In dieser Hinsicht ähnelt der Radiomacher nun einem ‚Kommunikator' im weitgefaßten Sinn, anders gesagt: einem Profi, der über ein sehr spezielles Können verfügt, angesiedelt auf der halben Strecke zwischen einem Vermessungsingenieur und einem Gaukler." (Rieffel 1996: 134 f.)

---

katorstudie, die sich auf andere nationale Untersuchungen beziehen lassen, standen uns für diesen internationalen Vergleich nicht zur Verfügung.

[15] Vgl. dazu den Report von Jens Petersen: Im Schußfeld von Bildern und Werbung schreibt es sich schlecht. Von einer vierten Gewalt findet sich weit und breit keine Spur: Die aktuelle italienische Medienlandschaft gleicht einer Wüste des Geistes, in: Frankfurter Allgemeine Zeitung v. 10.6.1997: 38.

6.3.1.2 Empirische Vergleiche

Die vorliegenden empirischen Ländervergleiche kommen hinsichtlich des Synchronisierungsgrades von Journalismus-Systemen insgesamt zu uneinheitlichen Einschätzungen – nicht zuletzt deshalb, weil sie auf eine theoriegeleitete Zuordnung der Befunde zu den verschiedenen Referenzebenen durchweg verzichten. So behaupten Zhu et al. (1997) nach ihrem Vergleich des Journalismus in den *USA*, in *China* und *Taiwan*, daß letztlich die Strukturen des politischen Systems entscheidend seien für Ähnlichkeiten und Unterschiede, die sich in den erhobenen Rollenselbstbeschreibungen ausdrücken; dahinter verschwänden kulturelle Faktoren, organisatorische Zwänge oder individuelle Merkmale der Akteure. Splichal und Sparks (1994) hingegen fanden bei ihrem internationalen Vergleich der *Journalistenausbildung* in 22 Ländern Anhaltspunkte für universelle ethische und berufliche Standards; insgesamt seien die Ähnlichkeiten größer als die Unterschiede.

Vor allem Differenzen hinsichtlich der ethischen Normen wies wiederum Verena Wiedemann (1990) in ihrer vergleichenden Untersuchung von *Presseräten* in fünf europäischen Ländern nach, und zwar in Hinblick auf die Entstehungsgeschichte, die Organisationsform, die inhaltlichen Standards und die Wirksamkeit der Maßnahmen. Die von ihr zusammengestellten „10 Todsünden der freiwilligen Presse-Selbstkontrolle" konnte sie paradigmatisch jeweils unter Rekurs auf die Situation von nationalen Presseräten in Europa und Amerika belegen (vgl. Wiedemann 1994).

Noch größer als die Zahl der Presseräte ist die der *Presse-Kodizes*; allein in Europa gibt es mehr als 30, formuliert meistens von Berufsorganisationen der Journalisten. Ein inhaltlicher Vergleich zeigte, daß von 61 untersuchten Prinzipien nur knapp ein Viertel in mehr als der Hälfte der Normenkataloge auftauchte (vgl. Laitila 1995). Ein eher disparates Bild ergibt auch die Synopse zur Verwirklichung von Sozialverantwortung durch das Fernsehen in zehn Ländern. Deutlich wird vielmehr, daß jeweils auf nationaler Ebene vielfältige Bedingungen und Einflüsse wirksam und verschiedene Ziele und Mittel sichtbar werden. Dies gilt insbesondere für Traditionen und Prozeduren der Selbstregulierung und -kontrolle zur Wahrnehmung publizistischer Verantwortung. (Vgl. Lange/ Woldt 1995)

Trotz der damit im Normenkontext bereits deutlich gewordenen Unterschiede läßt sich der moderne Journalismus in charak-

6.3 Eine komparative System-Analyse

teristischem Maße aber jeweils erst auf der Ebene der Institutionen näher identifizieren und differenzieren. Im *Strukturkontext* werden die ökonomischen, organisatorischen, politischen und technologischen Einflüsse wirksam und vor allem sichtbar, die letztlich die Berichterstattung prägen: Institutionen organisieren die (betriebliche) Ausbildung, die Rekrutierung des Personals, die Arbeitsbedingungen u. a. m.; Institutionen und ihre Beauftragten entscheiden über die Schichtenrekrutierung, den Frauenanteil, die Positionen, das Einkommen und z. B. das Alter des Personals. Heteromorphien und Isomorphien der Journalismus-Systeme müßten im Grunde vor allem auf dieser Ebene diskutiert werden.

Vieles von dem, was bei Journalistenstudien traditionell abgefragt wird, gehört aus systematischen Gründen also hierher. Methodisch lassen sich mit Hilfe von Befragungen zunächst zwar nur Merkmale und Einstellungen in Form einer Selbstbeschreibung erfassen. Gerade in der Studie „Journalismus in Deutschland", welche die – nun durch Vergleichsstudien zu erweiternde – empirische Basis unserer Überlegungen bildet, ist aber versucht worden, auch weiterreichende Hinweise zum Strukturkontext und auch zum Funktionskontext zu gewinnen, soweit dies mit Hilfe von Interviews möglich ist (→ Kapitel 2.2.2.1 und 9.2).

Die Studien, welche zum *direkten* internationalen Vergleich von Strukturdaten herangezogen werden können (→ Tabelle 6.3-1), sind methodisch ähnlich angelegt[16]. Dabei hat sich die nordamerikani-

---

[16] Die aktuelle Studie von Weaver und Wilhoit (1996) ist die zweite Replikation der Pionier-Untersuchung von Johnestone et al. (1976); sie beruht auf einer medienvermittelten Stichprobe von n = 1.156 Befragten (Hauptsample). Im Rahmen der australischen Studie (vgl. Henningham 1996) wurden n = 1.068 Journalisten, und zwar gleichfalls ‚news people', befragt. Die französische Untersuchung (vgl. Devillard et al. 1992) basiert erstens auf einer Vollerhebung für einige Grunddaten, zweitens auf einer Stichprobe von 1.559 Fällen aus der halbamtlichen Journalistendatei und drittens – für eher einstellungsbezogene Daten - aus einer Befragung von 57 Personen. Die – weitergefaßte – Journalisten-Definition entspricht derjenigen, welche der Studie „Journalismus in Deutschland" zugrundelag; allerdings schließt sie auch die „assimilés aux journalistes professionels" mit ein, also z. B. Redaktions-Stenographen. Die türkische Studie (vgl. Altun 1995) basiert auf Daten des Presse- und Informationsamtes der türkischen Regierung sowie der schriftlichen Befragung von 595 Journalisten. Die deutschsprachige Zusammenfassung wesentlicher Befunde dieser Untersuchung verdanken wir Süheylâ Akçsay, die 1996 an der Universität Münster mit der Studie „Das Bild der Frauen in den türkischen Massenmedien" den Magistergrad erwarb.

sche Untersuchung (vgl. Weaver/Wilhoit 1991 [1986], 1996), deren Fragestellungen in anderen Projekten z. T. übernommen wurden (Australien, Deutschland, Türkei) als Pionierstudie erwiesen. Wichtig sind aber – neben dem engeren, auf die Nachrichtenmedien bezogenen (USA, Australien), oder weiteren (Deutschland, Frankreich) Journalismus-Begriff – einige weitere Unterschiede: die Einbeziehung von hauptberuflich tätigen freien Journalisten (nur Deutschland, Frankreich), die Stichprobenbildung und die Art der Befragung (persönlich, telefonisch oder schriftlich). Auch durch diese methodischen Differenzen sind einzelne Abweichungen in den Ergebnissen zu erklären.

Zunächst ist bemerkenswert, daß die Zahl der *Journalistinnen und Journalisten* – auch in Relation zur jeweiligen Bevölkerungszahl – eine außerordentliche Bandbreite aufweist. Aus dem Rahmen fällt dabei die kleine Berufsgruppe in der Türkei (mit ihrer besonderen normativen Tradition und Situation und der Konzentration der Medien auf die Städte Ankara und Istanbul); hier kommen auf 100.000 Einwohner nur 8 Journalisten.

Relativ klein ist die Berufsgruppe auch in Australien. Auf dem Fünften Erdteil, von wo Rupert Murdoch seine medienökono-

	Deutschland	USA*	Australien*	Frankreich	Türkei
Zahl der Einwohner	81.539.000	260.529.000	17.841.000	57.726.000	60.771.000
Zahl der Journalisten	53.700	122.000	4.200	26.600	5.000
	(= 0,07 %)	(= 0,05 %)	(= 0,02 %)	(= 0,05 %)	(= 0,008 %)
Durschnittsalter	37	36	32	26-45 Jahre: 69 %	30 - 35
Frauenanteil	31 %	34 %	33 %	33 %	16 %
Schichtenrekrutierung	(obere) Mittelschicht	(obere) Mittelschicht	(obere) Mittelschicht	(obere) Mittelschicht	(obere) Mittelschicht
Hochschulabschluß	65 %	82 %	39 %	69 %	63 %
Anstellung					
Feste	66,5 %	n. F. **	n. F. **	85 %	n. F. **
Freie	33,5 %			15 %	
Medien					
Presse	73 %	75 %	68 %	75 %	68 %
Rundfunk	20 %	20 %	29 %	17 %	25 %

* nur Journalisten in Nachrichtenmedien erhoben   ** nur Festangestellte erhoben

Tabelle 6.3-1: Strukturmerkmale des Journalismus im internationalen Vergleich

mischen Feldzüge nach Europa und Nordamerika startete, gibt es aufgrund des hohen Konzentrationsgrades eine ziemlich öde Medienlandschaft. So erscheinen in Sydney, mit rund vier Millionen Einwohnern Berlin vergleichbar, nur noch zwei Tageszeitungen.[17]

In Deutschland, Frankreich und den USA ist die Zahl der Journalistinnen und Journalisten in den vergangenen Jahren ganz erheblich gewachsen. In Nordamerika stieg sie zwischen 1971 und 1982/83 von 69.500 um 61 Prozent auf 112.000 und bis 1992 dann noch einmal um 9 Prozent auf 122.000 (nur ‚news people') (vgl. Johnstone et. al. 1976, Weaver/Wilhoit 1986, 1996). In Frankreich, wo die Journalisten Professionsstatus genießen[18], wuchs die Zahl zwischen 1980 und 1990 um rund 60 Prozent von 16.600 auf 26.600 (vgl. Devillard et al. 1992). Auch in Deutschland gab es einen erheblichen Anstieg (vgl. Weischenberg 1995: 421), vermutlich ebenfalls um rund zwei Drittel; hier fehlen exakte Angaben für die Zeit Anfang der 80er Jahre. In diesen drei Ländern kommen 50 bis 70 Journalisten auf 100.000 Einwohner.

Synchronisierungstendenzen zeigen sich im Ländervergleich insbesondere beim Durchschnittsalter, dem Frauenanteil und der Schichtenrekrutierung, aber auch bei der Aufteilung der Arbeitsplätze zwischen Presse und Rundfunk (ca. 3/4 zu 1/4). Daß der Journalismus immer mehr zum ‚Beruf jüngerer Menschen' wird, mag zum einen mit seinem gerade durch das Fernsehen vorgeführten Image von Freiheit und Abenteuer zu tun zu haben, das junge Menschen anlockt – aber auch ein erhebliches Desillusionierungspotential enthält, das zum vorzeitigen Berufsausstieg führen kann, der gleichfalls das Durchschnittsalter senkt. Dies gilt,

---

[17] Wegen der Konzentrationsprozesse auf dem Pressemarkt wurde in Australien eine parlamentarische Untersuchungskommission eingesetzt. Sie legte im März 1992 sechs Empfehlungen vor, die von Fachleuten aber als unbefriegend bezeichnet werden (vgl. Grundy 1992).

[18] Am 29. März 1935 wurde in Frankreich der Stand des ‚professionellen Journalisten' gesetzlich festgeschrieben (vgl. Cayrol 1991: 189 ff.). Bis zum Oktober 1996 war dieser damit amtlich definierte Professionstatus, der dem einzelnen Journalisten beim Antrag auf den Presseausweis attestiert werden muß, mit erheblichen Steuervorteilen verbunden. Auf die Streichung dieses Privilegs durch die Regierung reagierten die Journalisten mit einem – erfolglosen – Streik (vgl. Rudolph Chimelli: Keine Bilder, keine Zeitungen. Frankreichs Journalisten streiken für Steuerprivileg, in: Süddeutsche Zeitung v. 17.10.1996).

wie zuerst in den USA deutlich wurde (vgl. Weaver/Wilhoit 1996), vor allem für Frauen. Zum anderen gibt es für das Durchschnittsalter eine strukturelle Erklärung: Vor allem privat-kommerzielle Medieninstitutionen brauchen belastbares und begeisterungsfähiges Personal, das sich veränderten Marktverhältnissen schnell anpassen kann.

Durchweg groß ist im Journalismus offenbar die *Arbeitszufriedenheit*. Darauf deuten zumindest die Zahlen aus Deutschland (vgl. auch Weischenberg 1995: 429 ff.), Frankreich (vgl. Devillard et al. 1991: 103) und den USA, wo aber inzwischen geringere Werte ermittelt werden als vor 20 Jahren (vgl. Weaver/Wilhoit 1996: 100). Eine Ausnahme bildet hier die Türkei mit einem Anteil von 41 Prozent eher unzufriedener Journalisten (vgl. Altun 1995). Die Gründe können hier sowohl im Bereich der normativen Bedingungen des Journalismus in der Türkei, wo kritische Berufsvertreter offensichtlich Sanktionen ausgesetzt sind, wie auf der institutionellen Ebene zu finden sein.

Der *Frauenanteil* liegt in den einzelnen Journalismus-Systemen inzwischen durchweg bei einem Drittel; nur in der Türkei ist er signifikant niedriger. Die – im Schnitt besser ausgebildeten – Journalistinnen sind dabei durchweg jünger als ihre männlichen Kollegen: 27 Prozent der Frauen im türkischen Journalismus wurden nach 1960 geboren; auch in Frankreich, Deutschland und den USA sind Frauen in der jüngeren Berufsgruppe (bis 30 Jahre) fast zu fünfzig Prozent vertreten. Generell kann der Journalismus als Beruf von Personen bezeichnet werden, die aus der (oberen) Mittelschicht stammen.

Journalismus in Deutschland läßt sich auf der Akteursebene – bringt man die Befunde auf eine knappe Formel – als Beruf von Personen zusammenfassen, die aus der Mittelschicht stammen, im Durchschnitt etwa 37 Jahre alt und zu zwei Dritteln Männer sind. Sie haben zu zwei Dritteln einen Hochschulabschluß und sind durchschnittlich seit 10 Jahren im Beruf; zu fast 50 Prozent arbeiten sie bei einer Zeitung und zu mehr als 60 Prozent in einem ‚klassischen' Ressort, und zwar zu fast 70 Prozent als ‚normale' Redakteure. Politisch stehen sie etwas links von der Mitte und gehören mehrheitlich einer Journalisten-Organisation an.

Der direkte Vergleich zeigt bei den Basischarakteristiken insbesondere eine Reihe von Übereinstimmungen mit der Struktur der *nordamerikanischen Berufsgruppe* (vgl. Weaver/Wilhoit 1996: 1 ff.).

6.3 Eine komparative System-Analyse

Die nordamerikanischen Journalistinnen und Journalisten sind im Durchschnitt 36 Jahre alt[19]. Der Anteil der Frauen ist gegenüber 1982/83 (33,8 Prozent) nicht mehr gestiegen; er liegt mittlerweile bei 34 Prozent. Nach wie vor rekrutieren sich die meisten US-Journalisten aus den etablierten und dominierenden ethnischen und religiösen Gruppen in der Gesellschaft. Der Anteil der Journalistinnen und Journalisten mit einem Hochschulabschluß (mindestens B.A.) ist inzwischen auf mehr als 80 Prozent gestiegen. Insgesamt ist der ‚typische amerikanische Journalist' im Jahre 1992 ein 36jähriger weißer männlicher Protestant, der mindestens einen Bachelor-Abschluß hat und verheiratet ist. Als Journalist arbeitet er seit ungefähr zwölf Jahren; er gehört keiner Journalisten-Organisation an und arbeitet für eine Tageszeitung mittlerer Größe (Redaktion mit 42 Journalisten), die zu einer Zeitungskette gehört.

Der ‚typische nordamerikanische Journalist' weist damit zwar große Ähnlichkeiten zum ‚typischen deutschen Journalisten' auf, die sich am besten auf der Ebene der Medieninstitutionen und ihrer Bedingungen erklären lassen. In beiden Fällen werden aber durch eine Generalisierung von Strukturmerkmalen der Berufsgruppe wesentliche ‚Minderheiten' unterschlagen; in den USA wie der Bundesrepublik ist eine beträchtliche Ausdifferenzierung des Journalismus festzustellen. Ähnliche Tendenzen zeigen sich bei der australischen Kommunikatorstudie, die sich methodisch stark an der Untersuchung von Weaver und Wilhoit orientierte (vgl. Henningham 1996), und bei den Studien, welche in Frankreich (vgl. Devillard et al. 1992) und der Türkei (vgl. Altun 1995) sowie in Österreich[20] durchgeführt wurden.

Als Thema von besonderer Brisanz in der öffentlichen Diskussion haben sich immer wieder die *politischen Einstellungen* der Journalisten erwiesen. Kontroversen lösten dabei vor allem in den USA und der Bundesrepublik Befunde aus, die angeblich eine Linksorientierung der Kommunikatoren und damit eine dysfunktionale

---

[19] 1982/83 – nach dem erheblichen Anwachsen der Berufsgruppe – hatte das Durchschnittsalter sogar bei nur 32,4 Jahren gelegen.

[20] Dabei handelt es sich allerdings um eine Befragung von nicht mehr als n = 206 Journalisten, deren Mehrheit eine leitende Position innehat; die Stichprobenbildung wird nicht transparent gemacht, und es fehlen Angaben zur Grundgesamtheit (vgl. Karmasin 1996).

Entfernung vom politischen Denken der Bevölkerungsmehrheit nachzuweisen schienen (vgl. Weischenberg 1989). Inzwischen rücken jedoch nach dem Vorliegen neuerer Daten auch einstige Vertreter dieser Anschauung von solchen früher dogmatisch vertretenen Thesen ab (vgl. z. B. Patterson/Donsbach 1996[21]) und rekurrieren auf Herbert J. Gans, der schon Ende der 70er Jahre in der bis heute wohl besten Studie zum Nachrichtenjournalismus folgende Erklärung für die Werthaltungen von Journalisten angeboten hatte:

> „Journalists generally describe themselves as liberals, but liberalism is a synonym for being independent, open-minded, or both. [...] The conventional ideological spectrum is not always an accurate representation of people's values, however, partly because it does not take into account class position. In America, liberalism is often associated with upper-middle-class values [...]. On ‚social' issues, many of the journalists were clearly liberal, even while they were, at the same time, less interested in, or more conservative on, economic issues or government welfare policies." (Gans 1980: 211 f.)

6.3.2 Funktions- und Rollenkontexte: Divergenzen und Konvergenzen

6.3.2.1 Theoretische Vorbemerkungen

Die USA haben im 19. Jahrhundert zwei Berichterstattungsmuster entwickelt, die inzwischen für die meisten Journalismus-Systeme westlichen Typs (mehr oder weniger) prägend sind: den Informationsjournalismus und den Investigativen Journalismus (vgl. zusammenfassend Weischenberg 1995: 111 ff., 154 ff.). Der *Informationsjournalismus* korrespondiert mit den organisatorischen und technologischen Bedingungen moderner Medieninstitutionen. Zu seiner Realisierung im nordamerikanischen und deutschen Journalismus hat Lutz Erbring eine Reihe von vergleichenden Anmerkungen gemacht, die zwar unter Rekurs auf das früher behauptete unterschiedliche Rollenselbstverständnis die Differenzen hervorhoben; dem deutschsprachigen Nachrichtenjournalismus wur-

---

[21] Die Autoren bestätigen auch den von uns für die deutschen Journalisten erhobenen Befund, daß das eigene Medium weiter rechts eingeordnet wird als die eigene politische Einstellung, im internationalen Vergleich mit Journalisten aus den USA, Großbritannien, Italien und Schweden (vgl. ebd.: 458).

de dabei ein häufiger Verstoß gegen die Norm der Trennung von Nachricht und Meinung vorgehalten (vgl. Erbring 1988). Der Autor machte aber auch auf Synchronisierungstendenzen in institutionellen Kontexten aufmerksam:

> „Aktualität [...] bedeutet unter heutigen Bedingungen, daß die Printmedien, also Tageszeitungen, in ihrer Funktion als reine Nachrichtenträger zunehmend durch die elektronischen Medien ersetzt werden. Das wiederum bedeutet zweierlei: Erstens schwindet mit den Print-Nachrichten die klassische Domäne der (angelsächsischen) Trennungsnorm [...]. Zweitens entwickelt sich mit magazinierten O-Ton-Beiträgen und kontextualisierten Fernsehberichten zunehmend eine neue elektronische Nachrichtenkultur, für die aus medienimmanenten Gründen die Trennungsnorm zumindest in ihrer klassischen Form nicht praktikabel ist [...]." (Erbring 1989: 312)

Der *Investigative Journalismus* hingegen scheint bis auf weiteres eine nordamerikanische Spezialität zu bleiben. Dieses Berichterstattungsmuster kann sich in den USA offenbar auf einen Grundkonsens in der Bevölkerung stützen, daß politische und wirtschaftliche Macht öffentlich kontrolliert werden muß:

> „Ein Selbstverständnis der Presse als „Vierte Gewalt", wie es für IR [Investigative Reporting, d. Verf.] konstitutiv ist, läßt sich schlüssig aus der politischen Kultur der USA herleiten, denn die Offenlegung von Machtzusammenhängen gilt als notwendige Vorbedingung für die demokratische Kontrolle." (Redelfs 1996: 311)

Auf der Institutionenebene wird dieser – ökonomisch aufwendige – Investigative Journalismus in den USA vor allem durch finanzstarke Medienunternehmen (Zeitungsverlage) umgesetzt; er ist damit aber auch in besonderem Maße konjunkturabhängig (ökonomische Imperative). Andererseits kann er neuerdings hilfreiche Technologien nutzen (‚Computer-Assisted Reporting'). (Vgl. ebd.: 313)

Insgesamt kann man aus einer international vergleichenden Perspektive den nordamerikanischen Journalisten nach wie vor einen besonderen professionellen Status zuweisen, wie Wolfgang Donsbach in einem Aufsatz mit dem Titel „Lapdogs, Watchdogs and Junkyard Dogs" – unter Einbeziehung institutioneller Aspekte – hervorhebt:

> "They are aggressive defenders of press freedom, sometimes at the expense of the rights of those covered in the news. They have by far the highest degree of division of labor between the different journalistic tasks, and they face the strongest editorial control for the sake of factual accuracy and balance. [...] Most journalists in the United States still uphold norms of objectivity, fairness and neutrality." (Donsbach 1995: 30)

Von der Tradition dieses nordamerikanischen Journalismus unterscheidet sich der *deutsche* Journalismus in verschiedener Hinsicht. Die Basisnorm der Trennung von Nachricht und Kommentar wurde erst nach dem Zweiten Weltkrieg von den angelsächsischen Alliierten eingeführt, und in der Tat kann man bis heute Anhaltspunkte für unterschiedliche professionelle Kulturen finden. Neuere Daten aus einer international vergleichenden Studie zeigen jedoch nur unterschiedlich starke Ausprägungen ähnlicher Tendenzen, die in den USA im Zweifelsfall eher einen Recherche- und in Deutschland eher einen *Meinungsjournalismus* begünstigen (vgl. Donsbach 1993a). Charakterisierend ist aber im Lichte der Befunde aus der Studie „Journalismus in Deutschland" wohl eher ein passiveres Kommunikationsverhalten der deutschen Journalisten im Vergleich zu ihren nordamerikanischen Kollegen. Dies wäre auf jeden Fall keine günstige Voraussetzung für einen Journalismus, der sich hartnäckig um Enthüllungen bemüht.

Investigativer Journalismus trifft in Deutschland – zumindest galt dies noch in den 80er Jahren – auf Barrieren hoheitsstaatlicher Traditionen in den Köpfen (vgl. Weischenberg 1985); er hat sich bis heute nur in Nischen (Der Spiegel, politische TV-Magazine) etablieren können. Hinzu kommt ein rechtlich restriktiver geregelter Zugang von Journalisten zu Regierungsunterlagen. Redelfs (1996: 321) sieht kaum ein Veränderungspotential, denn die meisten der Einflußfaktoren sind dem unmittelbaren journalistischen Handeln entzogen. Aber: Es gibt vor allem beim privaten Rundfunk offenbar zunehmenden ökonomischen Druck, ‚Enthüllungen' zu publizieren – die freilich eher im Bereich des boulevardesk Spektakulären und redaktioneller Marketingstrategien angesiedelt sind (vgl. Weischenberg 1997). Dabei kann inzwischen eine deutliche *Konvergenz* der nationalen Fernsehprogramme beobachtet werden, deren Struktur von den USA vorgegeben wurde (vgl. Weischenberg 1995: 279 ff.).

Insgesamt gibt es aber für den Investigativen Journalismus in den USA und der Bundesrepublik Deutschland unterschiedliche Bedingungen, die im Funktionskontext erst konkret sichtbar werden; sie berühren in besonderem Maße das System/Umwelt-Problem der politischen Kommunikation. Soziale und kulturelle Faktoren und Traditionen, vor allem aber die rechtlichen Bedingungen der Medienordnung werden z. B . auch in *Irland* – zumal von den Journalisten selbst – als Barrieren für Investigativen Journalismus als Berichterstattungs*muster* betrachtet (vgl. Marron 1995).

6.3.2.2 Empirische Vergleiche

Den nationalen Untersuchungen, die für Vergleiche im Funktions- und Rollenkontext zur Verfügung stehen, liegt durchweg ein engerer Journalismus-Begriff zugrunde als der Studie „Journalismus in Deutschland", denn diese – hinsichtlich Methode und Repräsentativität unterschiedlichen – Befragungen konzentrierten sich auf die klassischen Nachrichtenmedien, während in der „JouriD"-Studie auch Journalistinnen und Journalisten berücksichtigt wurden, die bei Mediendiensten, Anzeigenblättern und Monatszeitschriften arbeiten. Für die Vergleiche im Funktions- und Rollenkontext ist die Stichprobe deshalb angeglichen worden[22].

Auf den ersten Blick scheinen die Ergebnisse der vier Kommunikatorstudien, die alle Anfang bis Mitte der 90er Jahre durchgeführt wurden, ein großes Spektrum von Handlungsdispositionen in *ethischen Konfliktsituationen* auszuweisen (→ Tabelle 6.3-2); wo sie besonders unterschiedlich ausgeprägt sind, liegt es nahe, die Ursachen eher im Normenkontext der Medienordnung zu suchen als im Funktionskontext des Journalismus-Systems (vgl. Weischen-

---

[22] n = 1.192 gegenüber n = 1498 in der Gesamtstichprobe; aus Gründen methodischer Exaktheit wurden aber die Gewichtungen beibehalten, welche aufgrund von Differenzen zwischen Grundgesamtheit und Stichprobe in den einzelnen Medienbereichen vorgenommen worden waren. Alles dies führt jedoch zu keinen wesentlich anderen Häufigkeitsverteilungen. So entspricht der Frauenanteil unter den deutschen ‚news people' mit 32,1 Prozent in etwa dem der Gesamtstichprobe (31 Prozent). Beim Arbeitsverhältnis steigt der Grad der Festanstellung von 66,5 Prozent (Gesamtstichprobe) auf 70,3 Prozent. Geringfügig höher liegt mit 66,2 Prozent auch die Zahl derjenigen, die ein Studium abgeschlossen haben (Gesamtstichprobe: 64,9 Prozent), und der Grad der gewerkschaftlichen Organisation (58,2 Prozent gegenüber 55,5 Prozent).

berg 1995: 464 f.). Andererseits gibt es unter den Journalisten zumindest tendenziell ähnliche Einstellungen zu der Frage, welche Methoden eher zu billigen sind und welche nicht: Ersteres gilt für die Nutzung vertraulicher (Regierungs-) Dokumente, letzteres für den Informantenschutz.

Länder/ Recherchemethode	BRD* n = 1.192	USA n = 1.156	Australien n = 1.068	Türkei** n = 595
vertrauliche Dokumente benutzen	26 (53)	81	79	94
unter falschem Namen arbeiten	21 (53)	63	46	95
falsche Identität benutzen	19 (46)	22	13	89
für vertrauliche Informationen bezahlen („Scheckbuchjournalismus')	19 (42)	20	31	65
Informanten unter Druck setzen	2 (13)	49	55	86
persönliche Unterlagen ohne Erlaubnis benutzen	2 (12)	47	39	58
Informantenschutz nicht einhalten	1 (9)	5	4	28

Die Zahlen geben den prozentualen Anteil derer wieder, welche die Methode rechtfertigen bzw. vertreten.
* in Klammern: incl. Antwortkategorie „teils/teils"
** incl. Antwortkategorie „unter Umständen"

Tabelle 6.3-2: Einstellungen zu Recherchemethoden im internationalen Vergleich

‚Aus dem Rahmen' fallen freilich die Antworten der *türkischen* Journalisten[23]; dies mag – neben den schon im Normen- und Strukturkontext erörterten Aspekten – auch Ausdruck einer noch wenig entwickelten professionellen Kultur sein. Die *deutschen* Journalisten wiederum sind bei einer Reihe von Items besonders vorsichtig, was mit der fehlenden Tradition eines enthüllenden Journalismus in Deutschland zu tun haben kann.

Diese Zurückhaltung der deutschen Journalisten bei der Recherche kann aber auch strukturelle Gründe haben: Während in den USA durch die strikte Rollentrennung zwischen Redakteuren und Reportern sozusagen eine eigene Rechercheinstanz besteht, ist für den deutschen Journalismus nach wie vor ein Rollenmix kennzeichnend; dadurch wird das Recherchieren zu einer Tätigkeit unter anderen (vgl. Donsbach 1993b: 145 ff.). Deshalb überrascht auch kaum, daß die deutschen Journalisten bei ihrer Berichterstattung

---

[23] Wie die der Briten beim Vergleich von Befunden, die Anfang der 80er Jahre erhoben wurden (vgl. Weischenberg 1995: 464).

6.3 Eine komparative System-Analyse

mit deutlich weniger Quellen auszukommen glauben als die nordamerikanischen (vgl. Donsbach 1993a: 287 ff.).

Jenseits aller Differenzen aber gibt es eine wichtige Übereinstimmung zumindest zwischen den Akteuren im nordamerikanischen, australischen und deutschen Journalismus-System: Die *jüngeren Journalisten* billigen eher als die älteren umstrittene Praktiken; dies kann man als eine Tendenz zu einem Journalismus interpretieren, bei dem die Akteure eher bereit sind, Risiken einzugehen (vgl. Henningham 1996: 215).

Prädispositionen von Journalisten für eine bestimmte Rollenwahrnehmung sind erkenntnisleitend für einen international vergleichend arbeitenden Zweig der Journalismusforschung, der dem berufssoziologischen Ansatz der *Professionalisierung* verpflichtet ist (vgl. zusammenfassend Weischenberg 1985: 489). Im Rahmen solcher Studien sind inzwischen auch die verschiedenen Ausbildungssysteme für Journalisten und ihre Effekte fallstudienartig oder international vergleichend (vgl. z. B. Becker et al. 1987; Stephenson/Mory 1990; Weischenberg 1990; Reus/Becker 1993) untersucht worden.

Splichal und Sparks (1994) legten bei der Einordnung der Befunde ihrer Befragung von ca. 1.800 Journalistik-Studenten in 22 Ländern den Schwerpunkt auf die angebliche weltweite Evolution einer journalistischen Profession. Die Autoren fanden in ihrer Untersuchung keine Bestätigung für die These, daß Journalistenausbildung und berufliche Sozialisation überall von der herrschenden Ideologie geprägt wird, wie Altschull (1984) in seinem kritischen Buch über die Welt der Nachrichtenmedien behauptet.

Insgesamt deuten die Ergebnisse der journalistischen Professionalisierungsforschung sowohl auf Konvergenzen als auch auf historisch, kulturell und sozial bedingte Divergenzen. Diese dürften zumindest in den europäischen Ländern, welche das System der hochschulgebundenen Journalistenausbildung in den USA nicht übernehmen wollen und weiterhin das ‚training on the job' bevorzugen, Bestand haben (vgl. Gaunt 1988).

Eine andere Frage ist, inwieweit sich die unterschiedliche Sozialisation von Journalistinnen und Journalisten konkret auf die journalistische Praxis in den verschiedenen Staaten auswirkt. Wu et al. (1996: 544) resümieren nach ihrem Vergleich von Rollenselbstbeschreibungen nordamerikanischer und russischer Journalisten,

„that there are no fixed models of professional journalism. Journalists' perceptions of professional roles differ with different social and political systems and media organizations."

Übereinstimmungen und Unterschiede zwischen den Medienakteuren sind hinsichtlich ihrer Merkmale (Alter, Geschlecht usw.) und Einstellungen (Recherchemethoden) schon im Struktur- und Funktionszusammenhang deutlich geworden. Besonders gute Aufschlüsse über Ähnlichkeiten und Unterschiede in den Journalismus-Systemen verspricht auch der direkte Vergleich von Kommunikationsabsichten der ‚news people' in *Deutschland*, den *USA*, in *Australien* und in *Rußland* (→ Tabelle 6.3-3). Gegenübergestellt sind dabei Antworten auf die Frage, ob die Befragten bestimmte Ziele journalistischer Arbeit extrem wichtig finden bzw., wie in unserer Studie gefragt wurde, ob sie ihnen voll und ganz zustimmen.

Die meiste Zustimmung fanden in allen vier Befragungen vor allem Rollenselbstbeschreibungen, die auf typische Merkmale des Informationsjournalismus zielen. Die nordamerikanischen wie die australischen und deutschen, vor allem aber auch die russischen Journalistinnen und Journalisten, verstehen sich demnach vor allem als ‚neutrale Vermittler', die ihr Publikum schnell und präzise informieren, ihm aber auch komplexe Sachverhalte erklären wollen. Bei all diesen Antwortvorgaben gab es jeweils die insgesamt stärkste Zustimmung, wobei die Deutschen – womöglich z. T. auch aus methodischen Gründen[24] – noch insgesamt die größte Zurückhaltung zeigten.

Rollenselbstbeschreibungen, welche auf den Journalismus als Infotainment zielen, fanden hingegen durchweg keine *starke* Zustimmung. Eher wurde hingegen akzeptiert, daß die intellektuellen und kulturellen Interessen des Publikums angesprochen werden sollen. Die australischen Journalisten tendieren dabei noch etwas stärker als die nordamerikanischen dazu, die Rolle des Widersachers, zumindest aber des Kontrolleurs der Regierung zu übernehmen. Mit der Wirtschaft hingegen geht man offenbar vorsichtiger um; bei dieser Widersacher-Rolle äußerten gerade die deutschen Journalisten die größte Zurückhaltung.

---

[24] In unserer Studie mußten hier insgesamt 21 Items bewertet werden. Die Befragten hatten also erheblich mehr Antwortmöglichkeiten zur Verfügung als die Befragten in den Vergleichsstudien.

6.3 Eine komparative System-Analyse

Länder/ Kommunikationsabsicht	BRD* n = 1.192	USA** n = 1.156	Australien** n = 1.068	Rußland** n = 1.000
dem Publikum (möglichst) schnell Informationen vermitteln	41	69	74	82
komplexe Sachverhalte erklären und vermitteln	38	48	71	43
Nachrichten nicht bringen, deren faktischer Inhalt nicht bestätigt ist	36	49	45	49
intellektuelle und kulturelle Interessen des Publikums ansprechen	20	18	37	48
sich auf Nachrichten konzentrieren für das weitest mögliche Publikum	19	20	38	43
dem Publikum Unterhaltung und Entspannung bieten	18	14	28	18
sich als Gegenpart zu offiziellen (politischen) Stellen verstehen	15	21	30	27
Aussagen und Stellungnahmen der Regierung recherchieren	13	67	81	37
sich als Gegenpart zur Wirtschaft verstehen	8	14	27	20
nationale Politik diskutieren, die noch in Entwicklung ist	8	39	56	37
die politische Tagesordnung beeinflussen	7	5	–	53

Die Zahlen geben den prozentualen Anteil derer wieder, welche der Kommunikationsabsicht weitgehend oder völlig zustimmen.
* fünfstufige Skala verwendet (sehr geringe bis sehr große Zustimmung)
** vierstufige Skala verwendet

Tabelle 6.3-3: Beschreibung journalistischer Aufgaben als extrem wichtig

Das Selbstverständnis der russischen Journalisten[25] weist ihnen deutlich einen Platz in der Gruppe der ‚bemühten Allrounder' zu, die alle möglichen Kommunikationsabsichten äußern. Sie wollen nicht nur informieren, sondern auch – wenn auch in weit geringerem Maße – den Gegenpart von Wirtschaft und Politik spielen und sogar – jedenfalls eher als die deutschen Journalisten – Recherchejournalismus betreiben.

Insbesondere aber fällt auf, daß das Item „Die politische Tagesordnung beeinflussen" in Rußland das zweithöchste Ranking er-

---

[25] Die Ergebnisse beruhen auf der schriftlichen Befragung einer medienvermittelten Stichprobe von 1.000 Journalisten; sie wurde von Oktober bis Dezember 1992 durchgeführt, also in der ersten Phase der Umstrukturierung der russischen Gesellschaft (vgl. Wu et al. 1996).

hielt, während es in Deutschland und den USA auf den letzten Platz kam. Die Interpretation dieses Befunds durch die Autoren Wu, Weaver und Johnson (1996: 538) rekurriert hier stark auf die normativen Traditionen aus der Zeit der sowjetischen Medienordnung:

> „The support of Russian journalists for the role of political agenda probably grows out of the tradition that elite journalists are members of the intelligentsia, and therefore are independent societal leaders. In effect, they share leadership with state officials. [...] Russian journalists' respect for the role of disseminator carries over from Soviet days when information and facts were highly valued commodities, too often inaccessible."

In Rußland finden wir das Beispiel eines Journalismus-Systems im Übergang: mit Arbeitsweisen und Genres aus den alten Zeiten und neuen Zwängen aufgrund der marktförmigen Produktionsverhältnisse. Noch rangiert Meinung vor Recherche und Planung vor Aktualität. (Vgl. Geißlinger 1997)

6.4 Journalismus in Ost- und Westdeutschland (Exkurs)

6.4.1 Zwei Gesellschaften – zwei Arten von Journalismus?

Die internationalen Vergleiche von Medienordnungen und Journalismus-Systemen haben Hetero- und Isomorphien, Divergenzen und Konvergenzen aufgezeigt. Deutlich wurde, daß es nach wie vor verschiedene Arten von Journalismus gibt. In Deutschland liegt aufgrund der über 40jährigen politischen Teilung eine besondere Situation vor, da sich zwei ganz verschiedene Gesellschaftssysteme entwickelten – mit Auswirkungen auf die gesellschaftlichen Teilsysteme: Nicht nur Politik, Wirtschaft und Kultur funktionierten in den beiden deutschen Staaten nach unterschiedlichen Regeln, sondern auch das Verständnis von Journalismus war in der *Deutschen Demokratischen Republik* völlig anders als in der *alten Bundesrepublik Deutschland* (vgl. z. B. Pannen 1992; Mosebach 1996; Reck 1997). Durch die Wiedervereinigung ist Deutschland politisch eine Nation; dies bedeutet aber noch keine gesellschaftliche Integration. Es stellt sich die Frage, ob es in Deutschland (noch) zwei verschiedene Arten von Journalismus gibt, obwohl die Medienordnung bereits seit Jahren vereinheitlicht ist.

6.4 Journalismus in Ost- und Westdeutschland (Exkurs)

Die politisch-gesellschaftlichen Unterschiede beider Systeme haben zu eigenständigen Sozialisationsverläufen der Bevölkerungen in Ost- und Westdeutschland geführt, und die beiden Journalismusmodelle haben diese gesellschaftlich bedingten Unterschiede in den Beruf hinein verlängert. So hat die vorherrschende berufliche Ideologie in beiden Teilen Deutschlands die gesellschaftliche Wirklichkeit verdoppelt – nicht im Sinne einer repräsentativen Abbildung gesellschaftlicher Verhältnisse, aber immerhin als gesellschaftlich bedingte Prägung. Dabei wurden in Ost- und Westdeutschland unterschiedliche *mediale Wirklichkeiten* konstruiert, die eine kulturelle Integration verlangsamen können. Des weiteren wäre möglich, daß der sozialistische Journalismus in den ostdeutschen Redaktionen weiterwirkt, zumal wenn die Redaktionen noch mit Journalisten besetzt wären, die schon zu DDR-Zeiten in diesem Beruf arbeiteten oder zumindest damals ihr journalistisches Handwerkszeug gelernt haben.

Läßt sich der heutige ostdeutsche Journalismus durch einen radikalen Bruch mit den vor der Vereinigung gültigen gesellschaftlichen und journalistischen Normen charakterisieren, oder wirken die historisch-politisch bedingten Unterschiede in Ost- und Westdeutschland auch nach der Wende noch weiter? Mit dieser Frage war die „Sozialenquête"-Studie (vgl. Schneider/Schönbach/Stürzebecher 1993b: 353 f.) in erster Linie beschäftigt.

Die generelle Unsicherheit über die eigene berufliche Zukunft könnte nun einerseits dazu führen, daß sich die ostdeutschen Journalisten eilig den westlichen Berufskollegen und -konkurrenten anpassen. Andererseits wäre es aber auch möglich, daß sie in einer Art Trotzreaktion auf einem eigenständigen, in der DDR geprägten oder zumindest an die im heutigen Ostdeutschland geltenden gesellschaftlichen Bedingungen angepaßten, Journalismus beharren.

Ein Vergleich zwischen ost- und westdeutschen Journalisten bietet sich in erster Linie im Rollenkontext an: Aktuelle Vergleiche von Einstellungen und Verhaltensweisen könnten den determinierenden Anteil sozialistischer Sozialisation extrahieren. Mögliche Unterschiede im Berufsverständnis und Publikumsbild sowie im Hinblick auf Recherchemethoden wären so als Spuren der ehemaligen gesellschaftlichen Systemdifferenz zu deuten. Allerdings besteht bei einer Querschnittsbefragung die Gefahr einer schnellen Deaktualisierung der Ergebnisse; deshalb kann im Prinzip – methodisch konsequent – der Integrations- oder Konvergenzverlauf nur mit Längsschnittdaten nachvollzogen werden.

Ein weiteres (methodisches) Problem besteht darin, daß ostdeutsche Journalisten nicht ohne weiteres sozialistischen Journalismus praktizieren können (selbst wenn sie wollten), da sie unter den Bedingungen einer Medienordnung westlichen Typs und zudem mit westdeutschen Kollegen in einer Redaktion arbeiten. Am ehesten sind noch Unterschiede zu erwarten zwischen westdeutschen Journalisten, die in Westdeutschland, und ostdeutschen Journalisten, die in Ostdeutschland tätig sind.[26]

Für die folgende Analyse definieren wir zwei Gruppen für einen Kontrastgruppenvergleich: Als ‚ostdeutsche' Journalisten sollen nur diejenigen gelten, die a) bereits vor der Wende 1989 in der DDR gelebt haben[27] und die b) in einer Medienorganisation arbeiten, deren Hauptsitz sich in der ehemaligen DDR befindet. Analog dazu sind ‚westdeutsche' Journalisten in der alten Bundesrepublik aufgewachsen und in einer Medienorganisation in Westdeutschland tätig. Aus der Analyse ausgeschlossen werden Journalisten ostdeutscher Herkunft, die bei westdeutschen Medien und Journalisten westdeutscher Herkunft, die bei ostdeutschen Medien arbeiten.

Als Testfall für mögliche Unterschiede wurden drei Bereiche ausgewählt: berufliches Selbstverständnis, Verwendung ungewöhnlicher Recherchemethoden und Publikumsbild der Journalisten. Das berufliche Selbstverständnis ist in diesem Fall ein Indikator für Spuren des sozialistischen oder liberalen Journalismus. Die Anwendung ungewöhnlicher Recherchemethoden zeigt an, ob und inwiefern ostdeutsche Journalisten Handlungsweisen aus dem westlichen Journalismusmodell übernommen haben. Das Publikumsbild trägt ebenfalls eher der aktuellen Situation Rech-

---

[26] Auf diese und weitere theoretische und methodische Schwierigkeiten eines ‚System'-Vergleichs wurde bereits an anderer Stelle hingewiesen (vgl. Scholl 1994a; Scholl 1994b; Scholl 1995a).

[27] An anderer Stelle (vgl. Scholl 1994b: 30) wurde die Definition ostdeutscher Journalisten noch enger gefaßt; sie schloß berufliche Neuanfänger nach der Wende aus. Obwohl diese enge Definition exakter ist, geht sie ‚auf Kosten' der jüngeren Journalisten. Dadurch werden die Ergebnisse in Richtung älterer und erfahrener Journalisten verzerrt. Insofern stellt die hier verwendete weite Definition einen Kompromiß dar.

nung und ist ein Reflex auf nach wie vor bestehende gesellschaftliche Differenzen zwischen Ost- und Westdeutschland.

6.4.2 Divergenzen und Konvergenzen

6.4.2.1 Rollenselbstverständnis und Handlungsrelevanz

Bereits im Kontext der *Berufsausbildung* fallen gesellschaftsbedingte Unterschiede auf. Journalisten absolvierten in der DDR zu über 60 Prozent ein Studium an der Sektion für Journalistik der Universität Leipzig, an der Fachschule in Leipzig oder an der Hochschule für Film und Fernsehen in Babelsberg[28]. Dahingegen sind die hoch- oder fach(hoch)schulgebundenen Ausbildungsmöglichkeiten westdeutscher Journalisten vielfältiger. Ähnlichkeiten ergeben sich dagegen beim Volontariat, das in Ost- wie in Westdeutschland eine nach wie vor große Rolle spielt (etwa 60 Prozent), und beim Fachstudium, das in beiden Teilen Deutschlands von knapp 30 Prozent der Journalisten absolviert wird.[29] Die Journalistenausbildung in der DDR war somit stärker akademisiert, zentralisiert und inhaltlich fixiert (auf die Idee und Praxis des sozialistischen Journalismus) als die in der alten Bundesrepublik.

Mit diesem nur insofern überraschenden Ergebnis, als die Unterschiede nicht deutlicher ins Gewicht fallen, lassen sich nur vorsichtig Vermutungen über ein unterschiedliches berufliches Selbstverständnis ableiten. Unterstellt, die journalistische Ausbildung in der DDR wirkt auch unter den neuen gesellschaftlichen und beruflichen Bedingungen im vereinigten Deutschland weiter, sind (mindestens) drei mögliche Handlungsstrategien ostdeutscher Journalisten in Betracht zu ziehen: Erstens könnten die neuen Anforderungen als Entfremdung im Vergleich zur gewohnten und gelernten (sozialistischen) Berufspraxis empfunden werden und Reaktanzphänomene auslösen; ostdeutsche Journalisten würden sich demnach eher als Widersacher zum (für sie neuen) politischen und wirtschaftlichen System verstehen und einen aktiven politi-

---

[28] Der Anteil erhöht sich nicht wesentlich auf knapp zwei Drittel, wenn man nur diejenigen Journalisten berücksichtigt, die bereits in der DDR ihren Beruf ausgeübt haben. Die „Sozialenquête"-Studie kommt diesbezüglich in etwa zum gleichen Ergebnis (vgl. Schneider/Schönbach/Stürzebecher 1993b: 363).

[29] Die Zahlen addieren sich zu mehr als 100 Prozent, da in der Regel Kombinationen vorkommen.

schen und anwaltschaftlichen Journalismus anstreben. Zweitens könnte die neue Situation als Befreiung von der bisher erfahrenen Zensur verstanden werden und zu einer (Über-) Anpassung an westliche Maßstäbe von Journalismus – vielleicht sogar zu einer Entpolitisierung der Berichterstattung – führen, und drittens wäre möglich, daß die von viel Hoffnung begleiteten Erwartungen auf gesellschaftliche und berufliche Befreiung sich nicht erfüllen, weil andere Zwänge als die direkte Zensur den Freiraum schnell wieder einschränken. Die Folge wäre Resignation bezüglich der eigenen Ansprüche an Journalismus und Zynismus gegenüber dem Publikum.

Die Zahlen ergeben jedoch kein einheitliches Bild (→ Tabelle 6.4-1): Einerseits beabsichtigen weniger ostdeutsche Journalisten einen aktiven politischen Journalismus als ihre westdeutschen Kollegen. Die erstgenannte Vermutung politischer Reaktanz läßt sich somit leicht falsifizieren. Aber auch Resignation in Form einer Reduktion auf neutralen Informations- oder Verlautbarungsjournalismus läßt sich mit den Daten nicht nachweisen, denn Rollenbeschreibungen in diesem Bereich vertreten die westdeutschen Journalisten ebenfalls häufiger als ihre Ostkollegen. Selbst wenn man Resignation in Form generell anspruchsloserer Zielvorstellungen vermutet, wird man nicht fündig, denn die ostdeutschen Journalisten haben durchaus ein eigenständiges Profil im beruflichen Selbstverständnis. Vergleichsweise mehr Redakteure wollen nämlich Anwalt Benachteiligter in der Bevölkerung sein, dem Publikum Lebenshilfe anbieten oder ihre eigenen Ansichten präsentieren. Von einer Überanpassung kann demzufolge nicht die Rede sein.[30]

---

[30] Die „Sozialenquête"-Studie kommt zu ähnlichen Ergebnissen, allerdings auf einem höheren Prozentsatzniveau: Den meisten Items wird von 80 Prozent oder mehr zugestimmt, so etwa auch die Unterhaltungsfunktion (vgl. Schneider/Schönbach/Stürzebecher 1993b: 371). Dieses Ergebnis ist – auch im internationalen Vergleich (vgl. Weaver/Wilhoit 1996:136; → Kapitel 6.3.2.2) – inhaltlich nicht gut interpretierbar. Vielleicht ergeben sich solche hohen Zustimmungswerte schon allein durch die dichotome Antwortvorgabe, die nur die Alternativen Nennung oder Nichtnennung zuließ. Informieren und (ein bißchen) unterhalten will fast jeder Journalist. Eine mehrstufige Skala läßt hier genauere Differenzierungen zu. Mit methodischen Unterschieden nicht erklären läßt sich allerdings die höhere Zustimmung ostdeutscher Journalisten zu dem Item ‚Ein Journalist sollte sich als Politiker mit anderen Mitteln sehen' im Vergleich zur „JouriD"-Studie, die im Bereich des aktiven, politischen Journalismus – zwar mit anderen, aber durchaus vergleichbaren Vorgaben – zu entgegengesetzten Ergebnissen gelangt.

6.4 Journalismus in Ost- und Westdeutschland (Exkurs)

Kommunikationsabsichten	Ziel: Journalisten Ost (n = 287)	Ziel: Journalisten West (n = 1082)	Erfolg: Journalisten Ost*	Erfolg: Journalisten West*
neutrale, präzise Informationen	63	78	80	84
Realität abbilden, wie sie ist	59	68	71	73
komplexe Sachverhalte erklären	61	78	64	77
schnelle Informationen liefern	75	73	75	87
keine Nachricht ohne Bestätigung	57	62	77	87
nur für alle interessante Nachrichten	56	54	74	80
Kritik an Mißständen üben	57	65	70	64
Politik und Gesellschaft kontrollieren	32	39	48	53
Regierungsaussagen recherchieren	23	35	64	70
Gegenpart zu politischen Stellen	31	37	66	66
Gegenpart zur Wirtschaft	19	28	63	65
nationale Politik diskutieren	18	25	59	68
politische Themenordnung beeinflussen	13	19	42	53
Einsatz für Benachteiligte	50	39	50	51
Sprachrohr ‚normaler' Leute	37	43	66	65
eigene Ansichten präsentieren	33	24	80	75
Lebenshilfe anbieten	41	34	61	66
positive Ideale vermitteln	33	40	60	62
neue Trends und Ideen vermitteln	46	52	59	75
intellektuelle Bedürfnisse befriedigen	47	55	75	74
Unterhaltung und Entspannung	51	46	73	86

Die Zahlen geben die Prozentwerte derer wieder, die den Items „voll und ganz" oder „weitgehend" zustimmen. Der Vergleich mit den Journalisten aus USA berücksichtigt dagegen nur die volle Zustimmung (vgl. Kapitel 6.3.2)

* Die Anzahl der zur erfolgreichen Umsetzung ihrer Ziele befragten Journalisten hängt davon ab, wie viele Befragte das betreffende Ziel überhaupt anstreben, variiert also von Item zu Item.

Tabelle 6.4-1: Rollenselbstverständnis und -verwirklichung ost- und westdeutscher Journalisten

Hinsichtlich der Realisierungsmöglichkeiten beruflicher Ziele (Handlungsrelevanz) ergeben sich nicht so viele Unterschiede: Einzig die Kritik an Mißständen schätzen ostdeutsche Journalisten als leichter realisierbar ein. Von diesem Befund sollte nicht vorschnell auf eine unkontrollierte redaktionelle Freiheit geschlossen werden – dafür ist die Vorgabe ‚Kritik an Mißständen üben' zu pauschal. Außerdem sind ostdeutsche Journalisten weniger optimistisch, was die Umsetzung eines aktiven politischen Journalismus angeht. Bemerkenswert ist die Bescheidenheit im Hinblick auf eher handwerkliche, neutralen Informationsjournalismus betreffende, Rollen. In den Redaktionen ostdeutscher Medien wird der Erfolg, Informationen schnell zu bringen, nur Nachrichten zu veröffentlichen, deren faktischer Gehalt überprüft werden konnte, sowie komplexe Sachverhalte zu vermitteln, skeptischer beurteilt[31]. Solche Befunde liegen quer zu den oben formulierten Vermutungen.

6.4.2.2 Rechercheverhalten und Publikumsbild

Die Unterschiede in Ausbildung und Rollenselbstverständnis könnten auch Auswirkungen haben auf die Art und Weise, wie sich Journalisten Informationen beschaffen. Die in der DDR übliche einseitige Kontrolle des Journalismus durch das politische System führte zu wesentlich restriktiveren Bedingungen für die Recherche als in der alten (und neuen) Bundesrepublik, wo prinzipiell nur rechtliche Bestimmungen Grenzen setzten. Die ideologische Einbindung in das sozialistische Gesellschaftssystem hat darüber hinaus die Unterschiede zwischen Legalität und Legitimität verwischt. Nach westlichem Journalismus kann es durchaus legitim sein, bei der Recherche gegen bestimmte Gesetze zu verstoßen, wenn der Zweck die Mittel (moralisch) rechtfertigt. Würden diese gesellschaftlich unterschiedlichen Praktiken auch nach der Vereinigung Deutschlands weiterwirken, sollte sich dies in vorsichtigeren Verhaltensweisen ostdeutscher Journalisten bemerkbar machen.[32]

Die Daten belegen diese Annahme eindeutig (→ Tabelle 6.4-2). In nahezu allen Bereichen sind ostdeutsche Journalisten zurückhaltender. Nur bei Maßnahmen, die generell von allen Journalisten abgelehnt werden, ergeben sich keine signifikanten Unterschiede (Bodeneffekt).

Da aus den bisherigen Analysen (→ Kapitel 5.3.3) deutlich wurde, daß insbesondere jüngere Journalisten zu ungewöhnlichen Recherchemethoden greifen, muß überprüft werden, ob dieser Effekt den Ost-West-Unterschied möglicherweise überlagert. Jour-

---

[31] Es ist durchaus möglich – mit Selbstauskünften von Befragten aber nicht zu ermitteln –, daß westdeutsche Journalisten diesbezüglich zu wenig Distanz zum beruflichen Alltag haben und sich überschätzen. Der Vergleich erlaubt nur relative Aussagen – westdeutsche Journalisten als (absoluten) Maßstab zu behandeln, ist theoretisch wie methodisch unangemessen.

[32] An dieser Stelle sei nochmals angemerkt, daß bereits westdeutsche Journalisten im Vergleich mit nordamerikanischen Journalisten viel zurückhaltender sind, wenn es darum geht, harte oder illegale Recherchemethoden anzuwenden (vgl. Kapitel 6.2.2.2).

6.4 Journalismus in Ost- und Westdeutschland (Exkurs)

Recherchemethoden	Journalisten in Ostdeutschland (n = 287)	Journalisten in Westdeutschland (n = 1082)
geheime Regierungsunterlagen veröffentlichen	19 (47)	27 (55)
sich als Mitarbeiter einer Organisation betätigen	16 (40)	24 (58)
sich als eine andere Person ausgeben	12 (36)	20 (47)
eine andere Meinung vortäuschen	9 (37)	23 (51)
für vertrauliche Informationen Geld bezahlen	9 (32)	21 (43)
versteckte Mikrophone und Kameras benutzen	10 (35)	8 (30)
unwillige Informanten unter Druck setzen	* (5)	3 (14)
private Unterlagen ohne Zustimmung veröffentlichen	1 (6)	2 (13)
versprochene Verschwiegenheit nicht einhalten	* (6)	2 (11)

Die Zahlen geben die Prozentwerte derer wieder, die die jeweilige Recherchemethode für „voll und ganz" oder „weitgehend" vertretbar halten. Die Zahlen in Klammern addieren zusätzlich diejenigen, die mit „situationsabhängig, teils/teils" geantwortet haben. Die mit * markierten Zahlen liegen deutlich unter einem Prozent.

Tabelle 6.4-2: Ungewöhnliche Recherchemethoden ost- und westdeutscher Journalisten

nalisten aus Westdeutschland sind zwar mit 37 Jahren nur ein Jahr jünger als ihre ostdeutschen Kollegen, haben aber mit durchschnittlich knapp 10 Jahren weniger Berufserfahrung als die bereits 12 Jahre beschäftigten ostdeutschen Redakteure. Dennoch haben Alter und Berufsjahre keinen Effekt auf den Unterschied zwischen ost- und westdeutschen Journalisten.[33]

Die Unterschiede im Rollenselbstverständnis korrespondieren aber möglicherweise nicht nur mit dem jeweiligen Rechercheverhalten, sondern können ihrerseits in einem unterschiedlichen Publikumsbild begründet liegen. Wenn die gesellschaftlichen Bedingungen in Ost- und Westdeutschland nach wie vor verschieden sind, müßte sich dies auch in der journalistischen Einschätzung der Rezipientinnen und Rezipienten widerspiegeln.

Das *Publikumsbild* der ostdeutschen Journalisten ist auf der Ebene staatsbürgerlicher Eigenschaften in der Tat deutlich positiver oder idealistischer als das der westdeutschen Kollegen (das aber ebenfalls im positiven Bereich liegt). Auf der Dimension ‚Einfluß'

---

[33] Der Netto-Unterschied zwischen ost- und westdeutschen Journalisten im Rechercheverhalten kann durch die Einführung von Alter und Berufsjahren als Kovariaten in eine Varianzanalyse getestet werden. Dabei wird deutlich, daß der ursprüngliche Effekt nicht geringer wird. Nur bei zwei Recherchemethoden haben die Kovariaten überhaupt einen (leichten) Effekt: ‚sich als eine andere Person ausgeben' und ‚eine andere Meinung vortäuschen'.

6 Die Gesellschaft(en): Distinktionen von Journalismus-Systemen

sind die ostdeutschen Journalisten dagegen pessimistischer. Außerdem halten sie ihr Publikum für politisch weiter links stehend als die westdeutschen Journalisten (→ Tabelle 6.4-3)[34]. Zu diesem Ergebnis paßt nicht, daß die ostdeutschen Journalisten weniger an aktivem politischen Journalismus interessiert sind bzw. daß die westdeutschen Journalisten einen aktiven politischen Journalismus mit einem (nur) gemäßigt positiven Publikumsbild verbinden. Tatsächlich sind jedoch die direkten Korrelationen zwischen Rollenselbstverständnis und Publikumsbild leicht positiv. Das bedeutet: Journalisten, die ihrem Publikum staatsbürgerliche Eigenschaften zuschreiben, verfolgen berufliche Ziele in Richtung auf einen aktiven politischen Journalismus (→ Kapitel 5.2.2).

Im Detail lassen sich zahlreiche Unterschiede zwischen ost- und westdeutschen Journalisten erkennen, die sich durch kulturelle, gesellschaftliche und berufliche *Sozialisation* erklären lassen. Dennoch fallen diese Unterschiede nicht so gravierend aus, wie erwartet wurde (vgl. Schneider/Schönbach/Stürzebecher 1993b: 380). Berücksichtigt man ferner, daß die Spuren gesellschaftlicher Differenzen – international wie innerdeutsch – zunehmend verwi-

1	Journalisten Ost (n=287)	Journalisten West (n=1082)	5
politisch uninteressiert	3,54	3,39	politisch interessiert
unkritisch-anspruchslos	3,61	3,27	kritisch-anspruchsvoll
schlecht informiert	3,63	3,33	gut informiert
unengagiert	3,29	3,10	engagiert
ungebildet	3,69	3,33	gebildet
oberflächlich	3,44	3,12	gewissenhaft
verantwortungslos	3,52	3,27	verantwortungsbewußt
konservativ	3,32	3,10	fortschrittlich
kleinbürgerlich	3,30	3,07	weltoffen
engstirnig	3,67	3,39	aufgeschlossen
intolerant	3,14	3,08	tolerant
politisch links	2,76	3,14	politisch rechts
alt	3,09	3,00	jung
einflußlos	2,68	2,84	einflußreich
ängstlich	3,08	3,21	selbstsicher
arm	2,58	3,01	reich

Die Zahlen geben die Mittelwerte eines fünfstufigen semantischen Differentials wieder (1 = linker Begriff trifft zu, 5 = rechter Begriff trifft zu).

Tabelle 6.4-3: Publikumsbild von ost- und westdeutschen Journalisten

---

[34] Zum gleichen Ergebnis kommt die „Sozialenquête"-Studie (vgl. Schneider/Schönbach/Stürzebecher 1993b: 372).

schen, könnte ein Längsschnittvergleich die jetzigen Daten im Hinblick auf den Ost-West-Vergleich rasch deaktualisieren. Die noch nicht erfolgte Integration von Ost- und Westdeutschland läßt im deutschen Journalismus Binnendifferenzen erkennen, die – so ist zu vermuten – durch eine Assimilation ostdeutscher Journalisten an westliche Formen des Journalismus in Zukunft kaum mehr eine Rolle spielen werden[35].

6.5 Geschlecht als Distinktion

6.5.1 Theoretische Vorbemerkungen

Im Zentrum der Theoriebau-Anregungen von Konstruktvismus und Systemtheorie steht der Vorschlag, die Beobachtung von Identitäten auf Distinktionen umzustellen. „Konstruktivismus als Theorie des Unterscheidens" (Schmidt 1994: 20) ist dabei von Niklas Luhmann konsequent, wenngleich widersprüchlich, oft empiriefern und letztlich auch ontologisierend (vgl. ebd.: 65 ff.) in seine Sozialtheorie umgesetzt und dann auch auf die Medienkommunikation angewendet worden.

Basale Bedeutung hat dabei bekanntlich die Unterscheidung *System/Umwelt;* die Gesellschaft beobachtet Luhmann mit Hilfe der Unterscheidung *Kognition/Kommunikation,* Kommunikation wiederum mit Hilfe der Unterscheidung *Information/Mitteilung/Verstehen* und sein „System der Massenmedien" mit Hilfe der Unterscheidung von *Information/Nichtinformation.* (Vgl. z. B. Luhmann 1984, 1996) Rodrigo Jokisch (1997: 45) bringt einen solchen Zugriff auf die Formel: „Sage mir, welche Distinktion du verwendest, und ich sage dir, was du dabei (konstruktiv) siehst!"

Die *feministische Geschlechterforschung* rückt die Distinktion Frau/Mann ins Zentrum und wendet diese Beobachterperspektive inzwischen auch konsequent auf die Beschäftigung mit Medien

---

[35] Daß es sich bei diesen Prozessen um eine einseitige Assimilation und nicht um eine beidseitige Konvergenz oder Integration handelt, kann durch die allgemeine gesellschaftliche Entwicklung, aber auch durch diachrone Vergleiche erklärt werden: Die westdeutschen Journalisten sind gegenüber der Vergangenheit nicht systemkritischer geworden, also müssen die ostdeutschen Journalisten eine Änderung vollzogen haben, die logisch nur als Angleichung zu verstehen ist.

und Journalismus an (vgl. Klaus 1998). Dabei hat die Auseinandersetzung mit der Situation von Frauen im Journalismus gelegentlich Anregungen der konstruktivistischen Systemtheorie aufgegriffen und für die theoretische Weiterentwicklung der Geschlechterforschung zu nutzen versucht (vgl. Lünenborg 1996); im Zentrum ihres Perspektivenwechsels steht aber die Neuorientierung „vom Defizit- zum Differenzansatz" (Klaus 1995: 6).

Ob damit ein Erkenntnisfortschritt verbunden ist, welcher zu einem differenzierteren Umgang mit den ansehnlichen Befunden der geschlechtsbezogenen Medien- und Journalismusforschung (vgl. Fröhlich/Holtz-Bacha 1995) führen kann, soll hier nicht beurteilt werden (vgl. dazu Keuneke et al. 1997). Vielmehr wird es darum gehen, die vorliegenden Daten zur Situation von Journalistinnen systematisch (und systemtheoretisch) auf den Journalismus der Gesellschaft(en) zu beziehen[36]. Dabei sind zunächst theoretische Probleme zu diskutieren.

Für das System Journalismus – egal, wie man es modelliert (→ Kapitel 3.1) – besitzt die Unterscheidung Mann/Frau zunächst keine Bedeutung. Was im operativ geschlossenen System Journalismus passiert, orientiert sich z. B. an professionellen Normen, an institutionellen oder ökonomischen Imperativen oder an bestimmten Auswahl- und Bearbeitungsprozeduren. Andererseits ist zu berücksichtigen, daß (auch) unsere Daten zeigen, wie unterschiedlich die Merkmale von Männern und Frauen sind, deren Handlungen und Kommunikationen das System Journalismus konstituieren, und wie unterschiedlich ihre professionellen Selbstbeschreibungen zum Teil ausfallen (vgl. Weischenberg 1995: 466 ff.).

Der Versuch, dies zusammenzubringen, kann davon profitieren, die für den Journalismus in der Gesellschaft insgesamt zugrundegelegte Differenzierung von Normen-, Struktur-, Funktions- und Rollenkontexten (→ Kapitel 1 und 6.3) nun ebenfalls für die Einordnung und Bewertung von geschlechtsbezogenen Befunden zu nutzen. Eine solche Perspektive ist im Grunde auch bei einem komparativen Blick auf die Situation von Journalistinnen in vier ausgewählten Staaten (Deutschland, Dänemark, Spanien, Italien) gewählt worden; er ermögliche,

---

[36] Wir greifen damit Vorschläge auf, die Susanne Keuneke, Markus Kriener und Miriam Meckel (1997) – im Kontext unserer theoretischen Überlegungen und auf der Basis unserer Daten – gemacht haben.

„das System Journalismus im Kontext unterschiedlich ausgeprägter sozialpolitischer und Mediensysteme zu betrachten. Wird das System Journalismus im Wirkungszusammenhang mit dem sozialen, technischen und kulturellen Kontext betrachtet, so bietet die kulturell vergleichende Forschung Gelegenheit, die Intensität des System-Umwelt-Austausches im Hinblick auf das *Gendering* zu betrachten. Geschlechterstrukturen in einem solchen System werden damit im Kontext ihrer kulturellen und historischen Entwicklung sichtbar." (Lünenborg 1997: 51; kurs. im Orig.)

Durch unsere Vorgehensweise sollen die zweifellos nach wie vor nachweisbaren Benachteilungen von Frauen (auch) im Journalismus keineswegs systemtheoretisch relativiert werden; vielmehr gilt es zu klären, welche *Erklärungskraft* das Geschlecht auf der jeweiligen Referenzebene besitzt. Nur eine solche Differenzierung zwischen systemspezifischen und geschlechtsspezifischen Faktoren erlaubt u. E. hinreichend valide Aussagen zu den Geschlechterdifferenzen, die im Zusammenhang mit der Frage nach einer ‚Feminisierung des Journalismus' inzwischen eine beachtliche Fülle von Literatur provoziert haben. Dabei ist freilich wiederum zu unterscheiden zwischen Geschlecht als unabhängiger Variable, die als kultureller Faktor sichtbare Auswirkungen (auch) auf den Journalismus hat, und Geschlecht als abhängiger Variable, die als geschlechtsspezifische Differenz aufgrund von Strukturen im System Journalismus sichtbar wird.

Diese Differenzierung fehlt in den zahlreichen empirischen Studien der nordamerikanischen Gender-Forschung zum Journalismus, die deutlich in der Tradition der dortigen *mikroanalytischen* Vorgehensweise stehen (→ Kapitel 2.1.2). Sie zeigen wenig Interesse an systemischen Faktoren, die in Hinblick auf die Qualität der Aussagentstehung eine Rolle spielen, sondern laufen durchweg auf Deskriptionen von einzelnen weiblichen Berufsgruppen in den Medien hinaus; im Fokus steht dabei meistens ein monokausaler Zusammenhang. *Methodisch* handelt es sich in der Regel um die (schriftliche oder telefonische) Befragung von Frauen, die bei Tageszeitungen arbeiten.

Ermittelt wurden auf diese Weise ab Mitte der 80er Jahre z. B. die *Arbeitszufriedenheit* von Redakteurinnen, wobei das später zentral werdende Thema der sexuellen Belästigung am Rande Beachtung fand (vgl. Barrett 1984), und die *Karriereerwartungen* von Zeitungsmanagerinnen (vgl. Sohn 1984), später dann auch die Situation und Arbeitszufriedenheit von *Sportjournalistinnen* (vgl. Eberhard/Myers 1988; Miller/Miller 1995). Gefragt wurde des weiteren (vgl. Liebler 1994), ob Redakteurinnen glauben, genausoviel *Autonomie* bei der Arbeit zu haben wie ihre männlichen Kollegen (ja), und (vgl. Splichal/Garrison 1995) ob Frauen, die redaktionelle Entscheidungspositionen innehaben, mit der *Privatsphäre von Politikern* anders umgehen als Männer (nein). Und schließlich ist dann allgemein das Thema *berufliche Diskriminierung* (vgl. Walsh-Childers et al. 1996a) und speziell das Thema *sexuelle Belästigung* in Redaktionen (vgl. Walsh-Childers 1996b; Brown/Flatow 1997) zum Gegenstand empirischer Studien geworden.

6.5.2 Normen- und Strukturkontext: Differenzen

Normen-, Struktur-, Funktions- und Rollenkontexte definieren in jeweils typischer Weise den Handlungsspielraum der Medienakteure. Dabei macht insbesondere der Normenkontext darauf aufmerksam, daß das System Journalismus Teil einer ausdifferenzierten Gesellschaft mit sozialen, rechtlichen und politischen Rahmenbedingungen und historisch gewachsenen Grundlagen ist. Insofern ist die Unterscheidung Mann/Frau auch für das System Journalismus in vielfältiger – je nach Referenzebene freilich unterschiedlich relevanter – Beziehung wirksam. Eine systemische Betrachtung von Journalismus unterstellt dabei, daß Geschlecht (als Distinktion Frau/Mann) im gesellschaftlich bestimmten Normenkontext und im Strukturkontext eine größere Bedeutung besitzt als zum Beispiel im Funktionskontext. Aspekte des Rollenselbstverständnisses, des Professionalisierungsgrades oder des Publikumsimages müßten dagegen weitgehend unabhängig von sozialen Einflüssen sein; sie betreffen das System Journalismus direkt und unterliegen damit den innersystemischen ‚Spielregeln'. (Vgl. Keuneke et al. 1997: 31 f.)

Selbstverständlich beeinflussen nach wie vor sozial relevante Geschlechterdifferenzen auch die Berufsarbeit von Journalistinnen und Journalisten. Dies gilt z. B. für die unterschiedlichen Positionen im familiären Gefüge, wo Männer auch in Sozialsystemen westlichen Typs nach wie vor häufiger einer Erwerbsarbeit nachgehen und Frauen eher für Hausarbeit und Kinderpflege zuständig sind. Aus dieser Situation resultieren prinzipiell unterschiedliche *Selbstverwirklichungschancen*, wobei häufig Sachzwänge den Weg zu alternativen Regelungen verstellen.

6.5 Geschlecht als Distinktion

Derartige Mechanismen werden mit umso größerer Wahrscheinlichkeit wirksam, je schwieriger es ist, in einem bestimmten Berufsfeld Erwerbs- und Familienarbeit miteinander zu verbinden. Im Journalismus gilt dies offenbar weiterhin in hohem Maße; allein die beträchtlichen Arbeitszeiten – bei der „JouriD-Studie" wurde eine durchschnittliche Wochenarbeitszeit von 45 und mehr Stunden ermittelt – und ihre Unkalkulierbarkeit sprechen gegen eine Koordination von familiären und beruflichen Pflichten. Diese Situation wird auch durch den internationalen Vergleich bestätigt, wobei freilich – etwa in Hinblick auf soziale Einrichtungen zur Kinderbetreuung – beträchtliche Differenzen bestehen (vgl. Lünenborg 1997: 60 ff.).

In früheren deutschen Untersuchungen haben die Befragten immer wieder darauf hingewiesen, daß die Doppelrolle in Beruf und Familie gerade für Journalistinnen mit erheblichen Schwierigkeiten verbunden ist (vgl. z. B. Neverla/Kanzleiter 1984: 171). Offensichtlich hat sich jedenfalls in der Bundesrepublik in dieser Hinsicht während der letzten Jahre noch keine entscheidende Wende vollziehen können: Unsere Daten belegen, daß nach wie vor Journalistinnen eher als ihre Kollegen auf ein Familienleben völlig verzichten. So gingen bereits rund zwei Drittel der Männer, aber nur etwa die Hälfte der Frauen einmal in ihrem Leben zum Standesamt. Auch bei der Elternschaft liegen die Journalisten vorn: 49,5 Prozent von ihnen haben mindestens ein leibliches Kind, bei den Journalistinnen sind es lediglich 38,0 Prozent.

Die *Zugangschancen* zum Berufsfeld Journalismus werden also durch die sozialen Verhältnisse in erheblichem Maße geschlechtsabhängig beeinflußt; offenbar müssen sich Frauen häufiger zwischen Erwerbstätigkeit und Familie entscheiden. Möglicherweise wird ihnen diese Entscheidung mitunter aber auch ‚abgenommen', indem bei Stellenbesetzungen bestimmte Mechanismen der Benachteiligung wirksam werden. Dafür spricht, daß sich bei Journalistinnen eine umgekehrte Alterspyramide erkennen läßt: Fast 60 Prozent von ihnen sind jünger als 35 Jahre und nur knapp 14 Prozent sind älter als 45 Jahre. Bei den Männern gehören zur ersten Gruppe lediglich rund 40, zu der zweiten immerhin noch mehr als 22 Prozent.

Beim *Strukturkontext* des Journalismus, der vor allem in den Medieninstitutionen wirksam wird, ergeben die vorliegenden Befunde auch im internationalen Vergleich ein recht eindeutiges Bild.

Zunächst: Der Frauenanteil liegt durchweg bei knapp einem Drittel, wobei in Deutschland – wie auch in Frankreich (vgl. Devillard et al. 1992) – im letzten Jahrzehnt eine Steigerung um vermutlich rund 50 Prozent stattgefunden hat[37]. Darüber hinaus gibt es auch übereinstimmende geschlechtsspezifische Unterschiede je nach Medientyp; Zeitschriften und Magazine sind noch am ehesten geschlechtsparitätisch besetzt (vgl. Lünenborg 1997: 93 ff.; Weaver/ Wilhoit 1996: 177 ff.).

Deutlich lassen sich aber vor allem *vertikale Segregationslinien* des Berufsfeldes erkennen. Unseren Ergebnissen zufolge werden rund 80 Prozent der leitenden Funktionen in Medienbetrieben von Männern ausgeübt, während Frauen am stärksten unter den Volontär(inn)en vertreten sind. Diese Verteilung im hierarchischen Gefüge steht im Gegensatz zu einer höheren formalen Qualifikation, welche die Journalistinnen mitbringen. Offenbar wird diese als Kriterium für die Beförderung eher vernachlässigt. Dagegen korrespondiert die relativ geringe Zahl von Berufsjahren der weiblichen Befragten – ein systeminterner Faktor – mit ihrer Stellung auf der Karriereleiter; als Erklärung bietet sich an, daß die durchschnittliche Frau mit ihrer Beförderung schlicht noch nicht ‚an der Reihe ist'. Tatsächlich wurde durch die JouriD-Studie ermittelt, daß Journalisten im Durchschnitt bereits fast 11 Berufsjahre vorweisen können, während ihre Kolleginnen erst seit durchschnittlich fast 9 Jahren journalistisch tätig sind.

Wenn man allerdings die Zusammenhänge zwischen den Faktoren ‚Geschlecht', ‚Berufsjahre' und ‚Position' betrachtet, fällt auf, daß sich zwischen Männern und Frauen bereits in der Zeit vom fünften bis zum siebten Berufsjahr eine Schere auftut: Es sind in dieser Phase vorwiegend Männer, die höhere Hierarchiestufen erreichen, während Frauen in ihrer beruflichen Entwicklung mehrheitlich stagnieren. Die Gründe hierfür mögen vielfältig sein und können durch unsere Daten nicht geklärt werden; die Verteilung von Männern und Frauen über die einzelnen Arbeitsbereiche könnte genauso eine Rolle spielen wie ihre Möglichkeiten, Berufs- und Privatleben miteinander zu verbinden.

Grundsätzlich ist aber anzunehmen, daß bei Personalentscheidungen auch Geschlechter-Images eine Rolle spielen. Hinzu

---

[37] Dabei ist in Deutschland allerdings der größere Frauenanteil im ostdeutschen Journalismus zu berücksichtigen (39 Prozent).

kommt, daß die Journalistinnen insgesamt offenbar an einem *beruflichen Aufstieg* weniger interessiert sind als ihre Kollegen: Nach der Zufriedenheit mit den Karrierechancen gefragt, kamen sie trotz ihrer relativ niedrigen Positionierung zu fast denselben Bewertungen wie die befragten Männer.

Die Geschlechterdifferenzen zeigen sich erwartungsgemäß dann auch beim *Durchschnittseinkommen* von Journalisten und Journalistinnen; hier gibt es eine Differenz von 700 DM (netto) zugunsten der Männer. Dies kann nur zum Teil durch systemisch herleitbare Faktoren wie die hierarchische Position oder die Medien- und Ressortzugehörigkeit erklärt werden. Rechnet man diese Einflüsse in einer Varianzanalyse heraus, so bleibt immer noch eine Differenz von 500 DM, die sich allein durch das Merkmal ‚Geschlecht' erklären läßt.

Diese vertikale Segregation des journalistischen Arbeitsfeldes weist freilich deutliche Gemeinsamkeiten mit Strukturen in den meisten Berufsfeldern auf. Es ist daher anzunehmen, daß sie weniger das Ergebnis innersystemischer ‚Spielregeln', sondern vielmehr auf übergeordnete soziale und kulturelle Strukturierungsprinzipien zurückzuführen sind.

Umstritten ist jedoch, ob es (nach wie vor) ähnlich große Unterschiede bei der *funktionalen Differenzierung* (horizontale Struktur) gibt. So behauptet Lünenborg (1995: 368 ff.) mit Hilfe einer eigenwilligen Zusammenfassung bzw. Neuberechnung unserer Daten, daß es hinsichtlich der Ressortaufteilung eine tendenzielle *Annäherung* der Geschlechter gegeben habe; die von uns behaupteten Differenzen seien im wesentlichen durch methodische Vorgaben, die am klassischen System der Ressortaufteilung festhielten, zu erklären. Tatsächlich aber liegen unserer Zusammenfassung der Differenzierung von Ressorts und Arbeitsrollen (→ Tabelle 6.5-1) fast dreißig verschiedene Kategorien zugrunde, die weit über die übliche Aufteilung in Politik, Wirtschaft, Lokales, Kultur und Sport hinausreichen und keineswegs den „Dualismus von Unterhaltung und Information" (Klaus 1996: 402) fortschreiben[38].

---

[38] Übrigens gäbe es für diesen ‚Dualismus' nach wie vor gute Gründe, die u. E. jedenfalls gerade nicht durch Rekurs auf Programmrichtlinien des öffentlich-rechtlichen Fernsehen (vgl. Klaus 1996: 404) wegzudiskutieren sind, denn deren Trilogie Information/Unterhaltung/Bildung bezieht sich auf das *Gesamt*programm, also auch auf die nichtjournalistischen Angebote. Hier erweist sich ein weiteres Mal, daß die Gleichsetzung von Medien und Journalismus problematisch ist.

Medientyp/Ressort	Männer (n = 1034) in %	Frauen (n = 464) in %	n
Tageszeitungen	70.0	30.0	607
Sonntags-/Wochenzeitungen	74.0	26.0	89
Anzeigenblätter	79.5	20.5	162
Nachrichtenagenturen/Dienste	63.5	36.5	114
Zeitschriften/Beilagen	58.7	41.3	170
Stadtmagazine	70.1	29.9	56
Privater Hörfunk	66.9	33.1	58
Privates Fernsehen	60.2	39.8	34
Öffentlich-rechtlicher Hörfunk	66.3	33.7	118
Öffentlich-rechtliches Fernsehen	72.8	27.2	90
Aktuelles/Politik	74.2	25.8	270
Wirtschaft	77.5	22.5	85
Feuilleton	56.4	43.6	180
Sport	92.0	8.0	104
Lokales/Regionales	70.5	29.5	276
Unterhaltung	48.2	51.8	55
Wissenschaft	75.5	24.8	33
Soziales/Familie	46.1	53.9	25
Ratgeber/Service	35.5	64.4	21
Organisation/Produktion	79.6	20.4	88
Ohne Ressortzuordnung	65.3	34.7	361

Tabelle 6.5-1: Geschlechterverhältnisse nach Medientyp und Ressort

Nach wie vor gibt es ‚typisch weibliche' und ‚typisch männliche' Medien, die außerdem in ihrer Binnenorganisation ‚männliche' und ‚weibliche Arbeitsplätze' aufweisen. Geschlechterdifferenzen, so zeigen die Daten deutlich, lassen sich aber besonders auf der Ebene der *Ressorts* ausmachen. Die ‚klassischen Ressorts' (mit Ausnahme des Feuilletons) erweisen sich als männlich dominiert – bis hin zu einem Männeranteil von 92 Prozent im Sportressort. Frauen hingegen sind in Ressorts wie ‚Unterhaltung' und ‚Soziales/ Familie' überrepräsentiert; bei ‚Ratgeber/Service' ist ihr Anteil mehr als doppelt so groß wie im Gesamtdurchschnitt.

Als Ursache dafür lassen sich erneut auch gesellschaftliche Normierungen anführen, die Stereotype wie etwa ‚Härte' und ‚Nüchternheit' auf seiten der Männer versus ‚Weichheit' und ‚Empathie' auf seiten der Frauen reproduzieren – sozial konstruierte Geschlechterimages, die sich auch im System Journalismus auswirken. Von diesen Images können sowohl Aspiranten, die sich für einen bestimmten Arbeitsbereich bewerben, als auch die für Rekrutierungen Zuständigen beeinflussen lassen. (Vgl. auch Keuneke et al. 1997: 37) Als Mythos muß jedenfalls die Vorstellung bezeichnet werden, die Verteilung der Geschlechter über die verschiedenen Arbeitsbereiche entspreche von vornherein ihrer Veranlagung.

Die empirisch nicht belegte Gegenthese der weitgehenden Aufhebung einer horizontalen Geschlechterdifferenzierung ist nun auf der Basis des internationalen Vergleichs wiederholt und ausgebaut worden (vgl. Lünenborg 1997: 112 ff.). Zwar gebe es noch einige ‚Frauen'- bzw. ‚Männerressorts'; insgesamt aber wichen Journalistinnen keineswegs mehr in Randressorts aus. So wählten in Spanien die Journalistinnen inzwischen *relativ* sogar geringfügig häufiger als Männer einen Arbeitsplatz im Politik-, Reportage- oder Kommentarressort; die Autorin räumt aber dann doch ein, daß diese Ressorts nach wie vor „stark männlich dominiert" sind. Was zu beweisen war.

6.5.3 Funktions- und Rollenkontext: Konsonanzen

Der Funktionskontext des Journalismus umfaßt insbesondere die vielfältigen Relationen zwischen der Initiierung und Produktion von Medienangeboten und den Rezeptions- und Verarbeitungsprozessen beim Publikum. Dabei geht es in besonderem Maße um System-Umwelt-Relationen, deren Effekte auch inhaltsanalytisch nachzuweisen wären. Eine solche inhaltsanalytische Untersuchung von Medienaussagen erfolgte im Rahmen unserer Studie allerdings nur unter einer spezifischen Fragestellung (→ Kapitel 9.3).

Es ist aber zu vermuten, daß die ungleiche Verteilung der Journalistinnen und Journalisten auf die verschiedenen Ressorts Geschlechterdifferenzen im Bereich der Medienaussagen schafft, und zwar sowohl auf inhaltlicher als auch auf formaler Ebene. Das Politikressort beispielsweise ist zu drei Vierteln mit Männern besetzt; auf der anderen Seite stellen die Frauen rund zwei Drittel des Personals in den ‚Ratgeber'-Rubriken und dürften damit relativ häufiger Themen aufgreifen, die Bezug zum Alltag des Publikums bieten. Ferner könnten mit den ‚harten' und ‚weichen' Ressorts traditionell bestimmte Darstellungsformen verbunden sein: Nachricht, Reportage und Kommentar auf der einen, Feature, Portrait und Essay auf der anderen Seite. Weitere Differenzen scheinen hier vorprogrammiert.

Doch bei den Tätigkeiten und Recherchemethoden, auf deren Grundlage die Leistungen des Journalismus zustandekommen, zeigen sich erstmals starke Ähnlichkeiten zwischen den Geschlechtern: Sowohl Männer als auch Frauen nennen – zu fast gleichen Anteilen – als häufigste Tätigkeiten das Recherchieren und das Texten. Journalisten sind allerdings stärker damit beschäftigt als ihre Kolleginnen, Material zu selektieren, was aber mit ihrer Überrepräsentation in gehobenen und leitenden Positionen zusammenhängt. Anhand des Beispiels ‚Recherche' läßt sich somit schon nachweisen, daß im Funktionszusammenhang des Journalismus innersystemische ‚Spielregeln' greifen, welche die Differenz nach Geschlecht in Hinblick auf die Produktion von Medienaussagen reduziert.

Auch bei den Reaktionen auf illegitime oder ethisch zweifelhafte *Recherchemethoden* kommen in der Tendenz Journalistinnen und Journalisten zu ähnlichen Einschätzungen. So betrug die Differenz in der Kategorie ‚voll und ganz/weitgehend vertretbar' bei sechs der elf Items nur einen Prozentpunkt oder weniger. Dies gilt u. a. auch für die Frage, ob Namen von Vergewaltigungsopfern veröffentlicht werden dürften. Obwohl an dieser Stelle eine Polarisierung der Geschlechter hätte erwartet werden können (im Sinne einer größeren ‚Betroffenheit' auf seiten der Frauen), nehmen die Journalisten und Journalistinnen auch hier fast identische Bewertungen vor. Allein beim Diskussionspunkt ‚Scheckbuchjournalismus' liegen die Einschätzungen der Journalistinnen und Journalisten mehr als fünf Prozentpunkte auseinander: 22 Prozent der Männer, aber nur 14 Prozent der Frauen halten es für voll und ganz bzw. weitgehend vertretbar, für vertrauliche Informationen Geld zu bezahlen.

Derartige Entscheidungen stehen offenbar in engem Zusammenhang mit den Funktionsweisen des Systems Journalismus; sie bilden eine Grundlage der Aussagenproduktion:

> „Die tendenzielle Einigkeit der Journalistinnen und Journalisten zeigt, daß systemische Anforderungen im Sinne professioneller Berufsausübung in den Mittelpunkt gerückt sind und Rückbezüge auf gesellschaftliche Strukturen wie die Geschlechtsrollen weitgehend unterbleiben." (Keuneke et al. 1997: 39)

Diese professionellen Aspekte werden dann im *Rollenkontext* besonders deutlich. Den Befragten waren dabei 21 Items vorgelegt worden, die mögliche berufliche Ziele beschrieben; diese sollten auf einer Fünferskala bewertet werden (→ Kapitel 5.2) Hier zeigen die Befunde insgesamt, daß die beruflichen Rollenselbstverständnisse von Journalisten und Journalistinnen kaum voneinander abweichen. Beide Geschlechter tendieren stark zum Informationsjournalismus, wobei sich die Journalisten diesem Konzept noch etwas stärker verpflichtet fühlen als ihre Kolleginnen; Journalistinnen orientieren sich dagegen bei ihrem beruflichen Selbstverständnis etwas stärker an eigenen Einstellungen bzw. an den Interessen des Publikums. Alles in allem ergibt sich beim Rollenselbstverständnis aber ein konsonantes Bild (→ Tabelle 6.5-2).

Aus der Perspektive einer *feministischen* Journalismusforschung könnte hier nun eingewendet werden, daß unsere Studie – womöglich aus einem ‚falschen Bewußtsein' heraus (vgl. Lünenborg 1996: 364 f.) – nicht speziell als Beitrag zur Geschlechterforschung konzipiert wurde, so daß der Fragebogen z. B. gar nicht berücksichtigen konnte, wie man im Bereich des Rollenselbstverständnisses zu einer präzisen Beobachtung und Beschreibung der Geschlechterverhältnisse gelangt. Elisabeth Klaus (1997: 89 f.) entwickelt dabei aus der Vermutung, das Befragungsinstrument sei wegen einseitig auf den Nachrichtenjournalismus bezogener Antwortvorgaben „der gegenwärtigen Berufsstruktur und dem heutigen Berufsbild" nicht gerecht geworden, eine fundamentale *Theorie- und Methodenkritik*:

> „Die journalistische Selbstverständnisdiskussion zeigt exemplarisch: Wer Geschlecht lediglich als ein demographisches Merkmal begreift, als eine zusätzlich in Kommunikatorstudien einzuführende Variable, vergibt Chancen einer methodischen und theoretischen Weiterentwicklung der Disziplin. [...] Geschlecht hat sich als Strukturmerkmal in die Organisationen der Massenmedien und den Prozeß der Aussagenentstehung eingeschrieben. [...] Wir können den Journalismus als Zwiebel sezieren, aber wenn der Saft uns dabei nicht beißt, wenn uns davon nicht die Augen tränen, ist das Modell noch nicht ausgereift [...]." (Ebd.: 91 f.)

Die Basis für diese Kritik ist schlecht gewählt. Anders wäre es gewesen, wenn sich *tatsächlich*, wie behauptet wird (vgl. auch Lünenborg 1996: 365), fast alle Antwortvorgaben auf den Nachrichtenjournalismus beziehen würden und nicht mindestens die Hälfte auch auf für andere Arbeitsrollen typische Kommunikationsabsichten. Oder auch, wenn bei den 21 verwendeten Items gerade diejenigen beruflichen Ziele nicht berücksichtigt worden wären, in denen sich Journalistinnen von Journalisten unterschei-

6 Die Gesellschaft(en): Distinktionen von Journalismus-Systemen

Kommunikationsabsichten	Männer			Frauen		
	voll/ überw. in %	teils/ teils in %	wenig/ nicht in %	voll/ überw. in %	teils/ teils in %	wenig/ nicht in %
komplexe Sachverhalte erklären und vermitteln	76.0	14.6	9.4	70.0	20.0	10.0
das Publikum möglichst neutral und präzise informieren	76.3	5.5	18.2	70.1	21.9	8.0
die Realität genauso abbilden, wie sie ist	67.2	21.3	11.5	62.4	24.9	12.7
Nachrichten nicht bringen, deren faktischer Inhalt nicht bestätigt wurde	61.1	17.3	21.6	60.3	12.8	26.9
dem Publikum (möglichst) schnell Informationen vermitteln	73.3	16.3	10.4	72.3	15.2	12.5
dem Publikum eigene Ansichten präsentieren	26.9	31.2	41.9	25.7	31.6	42.7
positive Ideale vermitteln	35.3	36.3	28.4	44.4	29.2	26.4
neue Trends aufzeigen und neue Ideen vermitteln	50.1	31.0	18.9	53.0	26.9	20.1
Lebenshilfe für das Publikum bieten	33.9	30.4	35.7	41.1	27.7	31.2
dem Publikum Unterhaltung und Entspannung bieten	45.7	25.0	29.3	51.0	24.7	24.3
sich auf Nachrichten konzentrieren, die für ein weitest mögliches Publikum interessant sind	55.2	22.8	22.0	51.4	22.5	26.1
intellektuelle und kulturelle Interessen des Publikums ansprechen	52.0	23.7	24.3	55.7	27.7	16.6
sich für die Benachteiligten in der Bevölkerung einsetzen	42.5	31.9	25.6	43.7	31.9	24.4
‚normalen' Leuten eine Chance geben, ihre Meinung zum Ausdruck bringen	40.2	31.3	28.5	43.2	26.3	30.5
Kritik an Mißständen üben	63.6	23.4	13.0	62.4	21.4	16.2
die Bereiche Politik, Wirtschaft und Gesellschaft kontrollieren	38.3	23.8	37.9	33.2	24.1	42.7
Aussagen und Stellungnahmen der Regierung recherchieren	33.8	18.1	48.1	29.8	20.0	50.2
nationale Politik diskutieren, die sich noch in der Entwicklung befindet	24.3	26.4	49.3	22.9	26.9	50.2
sich als Gegenpart zu offiziellen (politischen) Stellen verstehen	36.4	27.5	36.1	34.1	22.0	43.9
sich als Gegenpart zur Wirtschaft verstehen	27.6	24.7	47.7	25.0	21.7	53.3
die politische Tagesordnung beeinflussen und Themen auf die politische Tagesordnung setzen	17.7	28.7	53.6	20.3	23.7	56.0

Tabelle 6.5-2: Rollenselbstverständnis nach Geschlecht

6.5 Geschlecht als Distinktion

den. Einer solchen möglichen Verkürzung wurde allerdings durch eine offene Frage zu den wichtigsten Aufgaben des Journalismus vorgebeugt; hier sollten die Befragten ihre Prioritäten frei formulieren können. Da bei den Antworten keine Differenzen zwischen den Geschlechtern zu verzeichnen waren, die nicht auch – zumindest sinngemäß – durch den geschlossenen Fragekomplex erfaßt worden wären, kann angenommen werden, daß die verwendeten Items in der Tat die Geschlechterdifferenzen hinreichend abbilden.

Elisabeth Klaus macht an anderer Stelle darauf aufmerksam, daß das Auftreten oder Fehlen ‚typisch weiblicher' Einstellungen stets in Abhängigkeit von einem ‚männlichen' Journalismus zu sehen sei, und lenkt damit den Blick vom Abstrakten zum Konkreten:

> „Einen ‚weiblichen' Journalismus per se kann es deshalb nicht geben, sondern allenfalls unterschiedliche – historisch und kulturell zu verortende – Praxen von Männern und Frauen und ein bewußtes Agieren innerhalb dieser Praxen." (Klaus 1995: 9)

Methodisch gewendet: Ein weitgehend homogenes Rollenselbstverständnis von Frauen und Männern wäre in der Tat kein hinreichender Beleg dafür, daß auch ihr berufliches Handeln identisch ist. Aber dies bleibt ein Grundproblem von Befunden, die auf *Selbstbeschreibungen* beruhen und deren Handlungsrelevanz nicht explizit nachweisen können (→ Kapitel 5.2).

Insgesamt deuten die Ergebnisse darauf hin, daß die Mitgliedsrolle der Journalistinnen und Journalisten in den Medieninstitutionen ihre jeweilige Rolle als ‚Mann' und ‚Frau' zumindest in bezug auf das berufliche Selbstverständnis überlagert. Damit würden also im System Journalismus tatsächlich die internen ‚Spielregeln' dominieren; ‚systemfremde' Unterscheidungen (in diesem Fall nach ‚männlich' und ‚weiblich') besäßen für diesen Bereich kaum mehr eine Bedeutung. Dies würde dann aber auch bedeuten, daß eine Steigerung des Frauenanteils in den Redaktionen in Hinblick auf die Wirklichkeiten, welche Medien konstruieren, *per se* wenig verändern könnte. In ähnlicher Weise schließen Weaver und Wilhoit (1996: 191) aus den Befunden ihrer beiden 1982/83 bzw. 1992 durchgeführten Studien für den nordamerikanischen Journalismus

> „that a larger representation of women in journalism will not automatically result in changes in news coverage of politics or other

subjects unless the culture of newsrooms, the structure of news work, and the traditions of journalism change."

Unsere Daten bestätigen dies systematisch, indem sie zeigen, daß die Differenzen im System Journalismus von den ‚äußeren' und somit enger mit der übergeordneten Bezugsebene ‚Gesellschaft' verbundenen hin zu den ‚inneren' Kontexten des journalistischen Funktions- und Rollenkontextes eher abnehmen. Gerade die Spezifika der journalistischen Berufsausübung sind offenbar weniger von der Unterscheidung Mann/Frau geprägt als durch Strukturen und professionelle Standards – die allerdings, folgt man der feministischen Theorie, die typisch männlichen sind.

Aus den Befunden könnte man also einerseits den Schluß ziehen, daß sich ein ‚anderer Blick' von Frauen im Journalismus als eine besondere Ausprägung journalistischen Berufsverständnisses (vgl. Fröhlich 1992) nicht erwarten läßt; er wandelt sich vielmehr im Funktions- und Rollenkontext zu einem ‚professionalisierten Blick', der sich an konkreten innersystemischen Spielregeln orientiert. Andererseits könnte man argumentieren, daß ja gerade dieser ‚professionalisierte Blick' der männlichen Dominanz in den Medien unterliegt und insofern nicht unabhängig ist von der Geschlechterdifferenz.

Feministische Medienforscherinnen fordern, die Verhaltensweisen und Lebensentwürfe von Männern und Frauen als gleichberechtigt anzusehen und zugleich ihre Verschiedenheit zu akzeptieren (vgl. z. B. Klaus 1995: 7). Wenn jedoch eine Unterscheidbarkeit von Männern und Frauen *von vornherein* als gegeben angesehen wird, besteht die Gefahr, daß sie in einer Art ‚self-fulfilling prophecy' ständig bestätigt wird. Dieser Prozeß kann schon bei der Formulierung der Forschungsfragen beginnen, nämlich dann, wenn sie allein auf die Differenzen abzielen und die Perspektive den Blick auf die Konsonanzen gar nicht zuläßt. Und er kann bis in die Auswertungen hineinreichen, wenn andere Gruppeneinteilungen neben derjenigen nach ‚Männern' und ‚Frauen' zweitrangig erscheinen und zum Beispiel die berechtigte Forderung, bei Studien über Journalistinnen auch die jeweiligen medieninstitutionellen Bedingungen zu berücksichtigen (vgl. U. Schulz 1993: 554), nicht erfüllt wird.

Geschlechtsspezifische Festlegungen werden aber nur dann an Gültigkeit verlieren, wenn sich journalistische Arbeit – egal, ob sie von Frauen oder Männern ausgeführt wird – an einheitlichen Kriterien messen läßt. Dabei muß es sich nicht um eine Angleichung von ‚weiblichen' Zielen an ‚männliche' Wertemuster handeln; denkbar ist auch ein umgekehrter Prozeß:

> „Eine kritische Diskussion der journalistischen Standards könnte somit fruchtbarer für die Bemühungen um Gleichstellung sein als die Suche und das Erklären von Geschlechterdifferenzen, die auf diese Weise allzu schnell konstruiert und festgeschrieben werden." (Keuneke et al. 1997: 43)

6.6 Zur Synchronisierung von Journalismus-Systemen

Die Systemperspektive hat sich auch bei dem Versuch bewährt, durch den Vergleich von nationalen Journalismus-Systemen mehr über Prozesse der Aussagenentstehung zu lernen. Doch nach wie vor wissen wir über die zahlreichen Faktoren, welche auf den verschiedenen Referenzebenen greifen, nur unterschiedlich gut Bescheid.

Insgesamt konnte gezeigt werden, daß es jeweils *unterschiedliche Arten* von Journalismus in Gesellschaften gibt: divergierende Normen- und Strukturkontexte, die sich im Funktions- und Rollenkontext als unterschiedliche Berichterstattungskonzepte und Aufgabenbeschreibungen niederschlagen. Auf der anderen Seite sind aber auch eine Reihe von *Synchronisierungstendenzen* festzustellen. Sie betreffen, wie zuletzt dargestellt, z. B. auch die Situation von Frauen im Journalismus: Hier gibt es in den meisten Vergleichsländern ähnliche quantitative Zuwächse und qualitative Verbesserungen. In allen vergleichbaren Journalismus-Systemen stehen Frauen aber weiterhin die drei Hürden im Wege, welche in einer Studie über australische Journalistinnen beschrieben wurden: Benachteiligung bei der Rekrutierung, Benachteiligung am Arbeitsplatz und Behinderung des beruflichen Aufstiegs (vgl. Turner 1993).

Weaver (1996) hält die pauschale These einer Synchronisierung der Journalismus-Systeme jedoch nicht für empiriegesättigt. Seine Zusammenschau der Daten aus 21 nationalen Journalisten-Studien macht eine gewisse Ratlosigkeit deutlich, die entsteht, wenn man sich vom Niveau der Deskription nicht wegbewegt. Beispiel dafür ist der mit Erstaunen präsentierte Befund, daß die deutschen

Journalisten an der Wachhund-Rolle genausowenig Gefallen finden wie die algerischen – obwohl es doch in Deutschland seit dem Zweiten Weltkrieg eine Demokratie gebe (vgl. ebd.: 86). So bleibt unter dem Strich nicht mehr als die Addition von mehr oder weniger großen Ähnlichkeiten (Alter, Frauen, Hochschulausbildung) und mehr oder weniger großen Unterschieden (professionelle Standards, Rollenselbstverständnis, gewerkschftlicher Organisationsgrad, Arbeitsbedingungen, Publikumsbild). Bei der Berufsethik (Recherchemethoden) gibt es sowohl auffallende Gemeinsamkeiten als auch auffallende Unterschiede. Weavers Resümee (ebd.: 90): „Further analysis is needed to uncover some of the reasons behind the differences [...]."

Diese ‚Ursachen hinter den Unterschieden' erschließen sich, wenn, wie gezeigt werden sollte, nach Synchronisierungstendenzen der Journalismus-Systeme auf den verschiedenen *Referenzebenen* gesucht wird. Dabei wird zunächst deutlich, daß die Unterschiede von der Gesellschaft über das Mediensystem (Normenzusammenhang), die Medieninstitutionen (Strukturzusammenhang), System-Umwelt-Beziehungen (Funktionszusammenhang) zu den Medienakteuren ‚weitergereicht' werden und sich in deren beruflichem Bewußtsein niederschlagen (Rollenzusammenhang). Divergenzen im Rollenselbstverständnis haben also Ursachen, die auf unterschiedliche historische Entwicklungen und Rahmenbedingungen der Gesellschaft, unterschiedliche Organisationsformen von Redaktionen und unterschiedliche Recherchemethoden, Berichterstattungsmuster und Darstellungsformen zurückzuführen sein können.

Ein typisches Beispiel für solche Unterschiede ist eine stärkere Tendenz im US-Journalismus zu einem faktenorientierten Recherchejournalismus und zu einem Meinungsjournalismus im französischen Journalismus. Dort – aber auch in der Bundesrepublik Deutschland – gibt es jeweils unterschiedliche normative Hintergründe, vor allem aber auch eine unterschiedliche Redaktionsorganisation (etwa die stärkere Rollentrennung in den USA), die eine stärkere Profilierung z. B. von Recherchemethoden begünstigt bzw. verhindert.

Heteromorphien finden wir somit vor allem da, wo das Journalismus-System von Einflüssen wie kulturellen Traditionen und Werten sowie rechtlichen und politischen Bedingungen in besonderem Maße geprägt ist. *Isomorphien* finden wir da, wo Marktein-

6.6 Zur Synchronisierung von Journalismus-Systemen

flüsse, institutionelle und organisatorische sowie technologische Einflüsse eine besonders große Rolle spielen. *Divergenzen* können wir im Funktions- und Rollenzusammenhang besonders dort nachweisen, wo die Bedingungen der Medienordnungen und ihre Traditionen Spuren in den Medienangeboten hinterlassen. Dies ist zum Beispiel beim Berichterstattungsmuster des Investigativen Journalismus der Fall, der bestimmte historische, rechtliche, politische und kulturelle Voraussetzungen hat. *Konvergenzen* werden dort – in mehr oder weniger starkem Ausmaß – sichtbar, wo, wie im Falle des Informationsjournalismus, die Bedingungen der Medieninstitutionen und ihre ökonomischen und technologischen Voraussetzungen dominieren und somit auch ein Rollenselbstverständnis des ‚Vermittlers' definieren können.

Die Forderung, daß bei all diesen Analysen „die Einarbeitung des Geschlechts als vieldimensionale Kategorie" (Klaus 1997: 97) geleistet werden sollte, rennt offene Türen ein. In der Praxis empirischer Forschung müssen diese ‚vieldimensionalen Kategorien' jedoch operationalisiert und nach unabhängigen und abhängigen Variablen differenziert werden. Dafür hat auch die kommunikationswissenschaftliche Geschlechterforschung bisher keine *innovativen* Konzepte präsentieren können (vgl. z. B. Lünenborg 1997; Klaus 1998).

Die *Globalisierung* von Information und Kommunikation (Satelliten, Internet usw.) sowie vor allem die Existenz international tätiger und ökonomisch, organisatorisch und technisch ähnlich operierender Medienunternehmen (Reuters, Murdock, Bertelsmann usw.) könnten die Synchronisierungstendenzen der Journalismus-Systeme in der Zukunft noch verstärken. Heute schon werden Isomorphien deutlich durch Merkmalsähnlichkeiten beim Personal (Alter, Schichtzugehörigkeit, Geschlecht) und bei den Produktionsweisen (Strukturzusammenhang), Konvergenzen durch geringer werdende Unterschiede bei den professionellen Mustern und Standards (Funktionszusammenhang) und eben durch ähnliche Aufgabenselbstbeschreibungen (Rollenzusammenhang). Die Tatsache, daß der Journalismus zunehmend ein Beruf jüngerer Leute ist, die eine recht homogene Gruppe bilden und offenbar gut zu den Operationsweisen der heutigen Medienunternehmen passen, läßt erwarten, daß sich dieser Trend fortsetzt.

Die Beschäftigung mit internationalen Vergleichen im Rahmen der Medien- und Journalismusforschung geht traditionell offenbar davon aus, daß es unterschiedliche, aber auch ähnliche Medien- und Journalismus-Systeme gibt, die sich vergleichen und typologisieren lassen. Typenbildungen werden aber sehr stark von den erkenntnisleitenden Kategorien mitbestimmt, welche der Beobachtung zugrundeliegen. Insofern kommt der komparativen Betrachtung im Rahmen von differenzierten Referenzebenen besondere Bedeutung zu.

Die Vergleiche können im Moment nur unterschiedlich empiriegesättigt ausfallen. Allgemein gefaßt, gibt es aber hinreichende Evidenz für die Annahme, daß die Frage nach dem Ausmaß von Synchronisierungstendenzen nationaler Journalismus-Systeme in besonderem Maße von dem jeweiligen Normen- und Strukturkontext abhängen. Ersterer verstärkt offenbar Heteromorphien und letzterer Isomorphien, und zwar vor allem unter dem Einfluß von Marktmechanismen in pluralistischen Gesellschaften westlichen Typs; auf diesen Referenzebenen werden die Handlungen der Medienakteure und die daraus resultierenden Medienangebote wesentlich vorbestimmt.

Dabei sind dann sehr unterschiedliche Erscheinungsformen vorfindbar, die sich auf unterschiedliche Einflußfaktoren zurückführen lassen. Auch insofern gibt es mehr oder weniger synchrone Journalismus-Systeme in den Gesellschaften. Der Apriorismus eines sachlich, sozial und temporal universellen Journalismus in einer ‚Weltgesellschaft' würde hingegen zurück in den Käfig der *Ontologie* führen.

7 Die Zukunft:
Tendenzen des Journalismus – Perspektiven der Forschung

Der Journalismus befindet sich, so legen einschlägige (Selbst-) Beobachtungen nahe, am Scheidewege. David Weaver und G. Cleveland Wilhoit (1996) halten diesen Befund für so zentral, daß sie ihrer repräsentativen Journalisten-Studie den Untertitel „U.S. News People at the End of an Era" gegeben haben. Evidenzen dafür liefern nicht nur ihre Daten, sondern vielfältige Hinweise aus der Medienindustrie und aus der journalistischen Tagespraxis. Da gibt es z. B. bei den Tageszeitungen Tendenzen, Grenzen zwischen Redaktion und Marketing aufzuheben und sogar Anzeigenabteilung und Vertrieb direkt in die redaktionelle Planung einzubeziehen. Im Gefolge des „USA-Today"-Gründers Al Neuharth (1991 [1989]), der seinem Blatt einen „journalism of hope" oktroyierte, wird den Journalistinnen und Journalisten eine ‚positive Berichterstattung' – insbesondere über die ‚Helden des Kapitalismus' – abverlangt. (Vgl. Süddeutsche Zeitung v. 28.10.1997: 19)

Dieser ‚market-driven journalism' ist charakterisiert von ‚corrupting the news' durch Anzeigenkunden, durch ‚news as entertainment' und den ‚newscaster as celebrity' – Erscheinungen, die auch in Deutschland nicht unbekannt sind. Der Medienkritiker Leo Bogart (1995) hat sie in seinem Buch „Commercial Culture" aber als *amerikanische Krankheit* ausgemacht, die insbesondere durch eine ständige Entwicklung weg von der Information hin zur fiktionalen Unterhaltung gekennzeichnet sei. Dabei würden von den Medien und ihren Journalisten keine Informations- und Kommunikationsbedürfnisse mehr bedient, sondern – wie bei Verbrauchsgütern – gezielt geweckt; das Publikum spiele nur noch als *Konsument* eine Rolle und der Journalist nur noch als Entertainer. Die Kommerzialisierung der Programme lasse – nicht zuletzt aufgrund des Einflusses der Werbeindustrie – die Grenzen zwischen Fakten und Fiktionen verschwimmen; diese Unterscheidung sei aber nicht ‚natürlich', sondern müsse vom Rezipienten sozusagen erworben werden.

Nicht nur in den USA, sondern auch in Europa ist zu erkennen, welch großen Aufwand der Journalismus inzwischen treiben muß, um beim Kampf um Geld und Zeit mit anderen Einrichtungen konkurrieren zu können. Dies führt offensichtlich (insbesondere beim Fernsehen) dazu, daß die traditionellen Leistungen des Systems, die als Information, Bildung und Unterhaltung kategorisiert wurden, vermischt werden – mit dem Ziel zu suggerieren, daß ‚Infotainment' alles auf einmal schafft und Wissen ohne Anstrengung erworben werden kann. Dieser Trend zur *Faszinierung* anstelle von *Orientierung* bedeutet für seriösen Journalismus ohne Zweifel die zentrale Herausforderung für die Zukunft. Er wird sie wohl nur da bestehen können, wo nicht ausschließlich ökonomische Faktoren die Selektionsprozeduren bestimmen.

In der Neuorientierung des Journalismus unter gewandelten sozialen und ökonomischen Bedingungen besteht die größte Herausforderung jedoch offensichtlich in den Perspektiven, welche Internet, Multimedia und Online-Kommunikation eröffnen. Extreme Szenarien verkünden sogar die „Geburt eines Völlig Neuen Journalismus" (Quittner 1996) mit radikal veränderten Formen der Berichterstattung und der Nachrichtenpräsentation. Dieser neue Journalismus profiliere sich z. B. als „Große Talk Show im Netz", nutze alle technischen Möglichkeiten konsequent und werde zu einem riesigen Geschäft:

> „Wenn nur eine Million Menschen einen ‚Time'-Bericht über O. J. Simpson lesen, entstünde allein für den einen Artikel ein Umsatz von 100 000 Mark. Das hieße, bald über richtiges Geld zu sprechen. […] Man stelle sich vor, was diese neuen Journalisten mit Video und Ton, mit Hypertext-Links und grenzenlosen Möglichkeiten getan hätten: Ein Journalismus, der die besten Techniken der Erzählung nutzt – und den Film! – und das Radio! – und CD-ROM! – und Netzwerk-Kommunikation! – um Geschichten zu erzählen." (Ebd: 434 f.)

Einstweilen werden durchweg noch bescheidener angelegte Dimensionen des Wandels im Journalismus diskutiert. Themen sind dabei die professionellen Möglichkeiten, welche das Internet als ‚journalistisches Medium' etwa in Hinblick auf die Recherche eröffnet (vgl. Blittkowsky 1997), die Qualifikationsprofile, welche „Journalisten auf der Datenautobahn" (Mast et al. 1997) abverlangt werden, oder der „Wandel journalistischer Professionsrollen" in Hinblick auf die Frage, „ob angesichts zunehmender technischer und ökonomischer Fremdbestimmung die klassische Journalistenrolle nicht im Abstieg begriffen ist und durch neue Positionen, etwa durch Software-Ingenieure und Computerspezialisten, ersetzt wird" (Kaase et al. 1997: 15). Empirisch wird begleitet, wie emsig sich die Journalisten inzwischen im Cyberspace bewegen (vgl. Ross/Middleberg 1997), wie eifrig Tageszeitungsredakteure Online-Medien nutzen (vgl. Petersen/Stadthoewer 1997), wie nachhaltig die ‚elektronischen Realitäten' die Beziehungen zwischen Reportern und Redakteuren beeinflussen können (vgl. Endres/ Schierhorn 1995) und wie skeptisch unterschiedliche Gruppen von Journalisten die Online-Zukunft unter Berufsrollen-Aspekten einschätzen (vgl. Singer 1997). Unter dem Strich deutet dabei in der Tat manches auf einen grundlegenden Wandel der journalistischen Programme:

> „The idea that *sense-making* is becoming increasingly vital is in line with the suggestion that a paradigm shift is occuring, in which the journalist's core function is changing from mere transportation of information to its processing – a change, it has been suggested, as profound as the shift in the food economy of hunting and gathering to agriculture. [...] Interactive media represents a shift in the whole concept of what is information, who provides it, and what can be done with it." (Ebd.: 15 f.; kurs. im Orig.)

Mit Szenarien zur Zukunft des „Journalismus in der Computergesellschaft" (Weischenberg 1982) beschäftigt sich die Kommunikationswissenschaft inzwischen seit mehr als anderthalb Jahrzehnten. Dabei wurde schon früh darüber reflektiert, was es bedeuten würde, wenn sich Texte, Bilder und Töne, wenn sich Telekommunikation, Unterhaltungselektronik und Computertechnik technisch integrieren lassen. Damals war in Hinblick auf den bevorstehenden Medien-Mix von ‚Amalgamierung' und ‚Elektronischer Aussagenproduktion' die Rede (vgl. Weischenberg 1983); heute nennt man das Ergebnis ‚Multimedia'. Thematisiert wird auch seit langem (vgl. Weischenberg 1985a) – und nun immer öfter (vgl. Klaus 1996: 114; Meckel 1996: 318 f.; Dernbach 1998: 55 f.) – der drohende Monopolverlust der Journalisten als ‚Schleusenwärter' sozialer Kommunikationsprozesse. Tatsächlich haben die Wirklichkeitsentwürfe der Medien inzwischen deutlich an Verbindlichkeit verloren und sind somit als markantes Kennzeichen der ‚Postmoderne' ausgewiesen.

Der kommunikationswissenschaftliche Zugriff auf die Aspekte der Technisierung und Informatisierung, welche den *Journalismus* betreffen, war ab den 80er Jahren zunächst ein eher induktiver; von aktuellen Einzelbeobachtungen bzw. aus empirischen Fallstudien wurde auf mögliche allgemeine Entwicklungstendenzen geschlossen. Eine solche aktuelle Einzelbeobachtung, deren Ergebnisse Verallgemeinerungsmöglichkeiten für Strukturen einer ‚Informationsgesellschaft' zu versprechen schienen, offerierte z. B. das Informationsunternehmen Reuters, das mit seinen gewaltigen Umsatz- und Gewinnsteigerungen damals zu einem der institutionellen Symbole der ‚Informationsgesellschaft' aufstieg und zahlreiche Einblicke in die Zukunft des (Nachrichten-) Journalismus, seine Produkte und seine ökonomischen Dimensionen eröffnete (vgl. Weischenberg 1985b). Dies lenkte den Blick darauf, daß sich die (stille) Revolution, welche von der Computertechnik und Datenübertragung ausgelöst wurde, vor allem im Bereich der Geschäftskommunikation abspielte – auch wenn die neuen Kabelmedien und ihre Unterhaltungsangebote weit größere öffentliche Aufmerksamkeit erregten.

Was sich seinerzeit (fast exklusiv) bei Reuters' elektronischen Dienstleistungen beobachten ließ, gehört heute zum Potential des *Internet* und der damit verknüpften *Online-Dienste*: Abruf von Informationen, elektronische Post und elektronischer Handel nach den Prinzipien der *Börse*, die neuerdings wieder als Metapher bemüht wird (vgl. Jokisch 1997: 51; Görke/Kohring 1997: 11). Damit verbunden sind Versuche, das Internet in seinen Dimensionen für die traditionellen ‚Massenmedien' und den Journalismus auszumessen.

Nachdem das Fach einen großen Bogen um nahezu das ganze Feld der ‚computer-mediated communication' gemacht hatte (vgl. Morris/Ogan 1996: 40), kümmert es sich im Zusammenhang mit dem „Netz-Medium" (Neverla 1998) auch wieder um den Begriff ‚Medien' als fachlicher Orientierungsgröße. Durch diverse Veröffentlichungen zu den einzelnen Dimensionen von Informationsgesellschaft, Internet und Multimedia (vgl. Tauss et al. 1996; Münker/Roesler 1997; Ruhrmann/Nieland 1997; Dernbach et al. 1998) wird zudem deutlich, wie sehr die Kommunikationswissenschaft neuerdings bemüht ist, sich ihrer Gegenstände, Ansätze und Begriffe zu vergewissern. Dabei scheint Eile geboten.

> „Die Relevanz von Internet scheint in dieser Phase vor allem darin zu liegen, daß man davon spricht, und daß man von der Kommunikation und ihren Formen spricht. Die erste Wirkung der Evolution der sog. ‚neuen Medien' scheint also die zu sein, daß sie die

Unzulänglichkeit der laufenden Begriffe und Unterscheidungen in bezug auf Kommunikation, ihre Verbreitung und ihre Verarbeitung hervorhebt – mit Folgen, die dann auch andere mittlerweile ‚traditionellere' Medien betreffen. Die Telematik rückt Fragen in den Vordergrund, die auch andere Kommunikationsformen betreffen, aber bisher unbemerkt bleiben konnten – und die insbesondere diejenigen Kommunikationen betreffen, die von den Massenmedien im eigentlichen Sinne (Fernsehen, Zeitschriften usw.) verbreitet werden." (Esposito: 1997: 61)

Nach dem jahrelangen Vorlauf einschlägiger Forschung und ihren erkennbaren Bemühungen um eine Erfassung von organisatorischen und technologischen Einflußfaktoren muß eine fachhistorisch angelegte Analyse, welche die „Publizistische Arbeit im Internet" (Rühl 1998a) erfassen soll, zwar inzwischen schon außerordentlich weite Wege zurücklegen. Ein Teil der vorfindbaren Antworten zu Fragen nach den neuen Kommunikationsformen überträgt aber nur theoretische Altlasten der Kommunikationswissenschaft auf die gewandelten Verhältnisse, was in der Forschungspraxis auf die Dichotomisierung zwischen empirieloser Theorie und theorieloser Empirie hinauslaufen kann. So wird das Internet einerseits offensichtlich als Vehikel für den *Ausbau empirischer Forschung* begriffen, ohne daß dabei konzeptionelle und/oder terminologische Revisionen eine Rolle spielen (vgl. Brosius 1997); der Kommunikationsforscher gerät somit quasi in die Rolle eines Buchhalters der medientechnischen Entwicklung.

Dies korrespondiert mit dem nordamerikanisch-pragmatischen Zugriff auf die neuen Herausforderungen (vgl. N.N. 1996), der z. B. nahelegt, anhand der ‚news story' konkret zu untersuchen, was die neuen technischen Potentiale für die Geschichten, welche die Journalisten erzählen, bedeuten und damit für die Funktion des Journalismus in der Gesellschaft (vgl. Fredin 1997). Immer wieder wird dabei in recht vordergründiger Weise die Renaissance des Nutzenansatzes hervorgehoben (vgl. z. B. auch December 1996: 29 ff.) und sehr nahe an den aktuellen Erscheinungen argumentiert, die offenbar in der Tradition von Theorien mittlerer Reichweite kleingearbeitet werden sollen.

Zwar wird andererseits das Internet durchaus als Chance gesehen, neue Fragen zur technisch vermittelten Kommunikation zu stellen und alte Antworten zu überdenken; dies soll jedoch dadurch geschehen, daß man das *Netz als Massenmedium* konzipiert

7 Die Zukunft

(vgl. Morris/Ogan 1996). Das sei freilich nur möglich „based on revised ideas of what constitutes a mass audience and mediating technology", da die alte Idee von Massenmedien an ihre Grenzen gestoßen sei (ebd.: 39 ff.). Damit fällt die Theorie-Entscheidung also so aus, daß der Begriff – über eine quantitative Neudefinition von ‚Masse' als Netzwerk (ebd.: 45) – dem neuen Gegenstand Internet *angepaßt* wird. Andere Möglichkeiten – die *differenzierte Beobachtung* unterschiedlicher technisch geprägter Kommunikationsformen oder die Integration der alten und neuen Gegenstände in ein *(system-) theoretisches Modell* - werden offenbar gar nicht in Erwägung gezogen.

Doch es erscheint wenig überzeugend, die alten Begriffe den neuen Verhältnissen durch (quantitative) Neufassungen anzupassen. Ausgangspunkt wissenschaftlicher Beobachtungen sollten statt dessen kommunikative Aktivitäten in Sinnzusammenhängen sein. Hier wäre mit der Beobachtung zu starten, daß der Journalismus mit der Verbreitung (‚Push') von selektiertem Material an ein mehr oder weniger bestimmbares Publikum beschäftigt ist. Dies ist etwas anderes als das, was in kommerziellen Informationsnetzen und was im Internet geschieht; für den ‚Pull' von Informationen braucht man prinzipiell keine ‚Massenmedien' und keinen Journalismus, sondern nur bestimmte technische Artefakte, welche den Zugriff erlauben. Es liegt deshalb nahe, die modellhafte Darstellung dieser Verhältnisse (bis auf weiteres) differenziert anzulegen und Versuche aufzugeben, das Internet ins ‚Massenmedien-System' integrieren oder zu einer Art Supersystem hochstilisieren zu wollen (vgl. Weischenberg 1998).

Wenn nach *Handlungs- und Sinnzusammenhängen* gefragt wird, die sich etwa seit dem 18. Jahrhundert als Literatursystem (vgl. Schmidt 1989) oder seit dem 19. Jahrhundert als Journalismus-System (vgl. Weischenberg 1995) identifizieren lassen, werden die Wandlungsprozesse deutlicher. Diese Zusammenhänge sind zwar bisher eine Domäne der ‚Massenmedien', gewinnen insbesondere aber im Internet Land (vgl. Schmidt 1998) – womit sich hinsichtlich der Beobachtung von neuen Produktions- und Rezeptionsformen bisher noch kaum befriedigend abschätzbare Fragestellungen für die Kommunikationswissenschaft verbinden. Vielleicht wird das Internet demnächst *neue Sinnzusammenhänge* aus Fakten und Fiktionen kreieren und in einer progressiven Weise institutionalisieren. Eine wesentliche Voraussetzung dafür, daß das Internet zu einem ,journalistischen Medium' wird, wäre aus heutiger Sicht aber das vergleichsweise wesentlich stärkere Selektieren und Arrangieren des Materials durch entsprechende professionelle Instanzen, welche entsprechend ausgerüstete Nutzer bedienen.

Verschiedene Autoren erklären das Internet und sein World-Wide-Web inzwischen ohne Zögern zum empirischen Testfall dafür, wie „Konstruktivismus und Systemtheorie die ,Objekte der Beschreibung' des Faches neu erhellen können" (Weber 1997: 42). Vorher gebe es jedoch – so wird gleichzeitig hervorgehoben – theoretischen Klärungsbedarf, der mehr denn je dem *Medienbegriff* und im Falle des Rückgriffs auf das systemtheoretische Paradigma der Klärung von *System/Umwelt-Grenzen* geschuldet sei. Also: „Worüber reden wir?" (Görke/Kohring 1997)

Wenn wir von ,Medien' bzw. ,Massenmedien' reden, meinen wir offenbar sehr Unterschiedliches. Das Internet scheint hier in besonderer Weise für die unterschiedlichen Dimensionen des Begriffs zu sensibilisieren und sehr breit angelegte Exegesen (vgl. z. B. Jokisch 1997), die weit über den Gegenstandsbereich der Kommunikationswissenschaft hinausführen, zu provozieren. Geradezu süffisant hat Manfred Rühl (1998b: 97 ff.) vorgeführt, in welch unreflektierter – auf Umweltbezüge verzichtenden – Weise der Begriff verwendet und kategorisiert werden kann. Er moniert die Praxis fast ausschließlich technisch gefaßter Definitionen von Medien und thematisiert das Problem darin implizierter *Transport- und Kanal-Metaphern*.

Auf jeden Fall sind Medien, die kommunikationswissenschaftliche Relevanzansprüche anmelden, *mehr* als Technik. Kubicek et al. (1997: 32 ff.) haben in diesem Sinne vorgeschlagen, zwischen Medien erster und zweiter Ordnung zu unterscheiden. Medien erster Ordnung sind Techniken ohne Hintergrund und Organisation; die Autoren zählen dazu Telefon und Telefax und eben auch das WWW des Internet. Medien zweiter Ordnung (i. S. von Massenmedien) hingegen selektieren, strukturieren und präsentieren Aussagen – auf der Grundlage von sozial konsentierten Wirklichkeitsmodellen – und haben dabei ein mehr oder weniger deutlich konturiertes Publikum im Auge:

> „In der Verwischung des Unterschieds zwischen Medien erster und zweiter Ordnung – indem man etwa das ,Telefonnetz', das ,Internet' oder eine Tageszeitung gleichermaßen als ,Medium' bezeichnet – liegt nach unserer Ansicht die Ursache für ein permanentes Miß-

verständnis, gerade auch in der Diskussion um die Zukunft der digitalen Medien. Denn die Entwicklung und Etablierung technisch vermittelter Interaktionssysteme – Medien erster Ordnung – stellt allenfalls eine Möglichkeitsbedingung für die Entwicklung von Medien zweiter Ordnung, im Sinne ‚sozialer Institutionen', dar." (Ebd.: 34 f.)

Es geht bei einem solchen Medienbegriff im einzelnen um normative Grundlagen der vermittelten Kommunikation (bis auf weiteres) im Rahmen von ‚Mediensystemen' (genauer: *Medienordnungen*); es geht um *Medienangebote*, die wiederum auf bestimmte Kommunikationsmittel zurückgreifen. Und es geht schließlich und vor allem um die Ergebnisse von *Institutionalisierung* in ökonomischer, technologischer, organisatorischer und professioneller Hinsicht (→ Kapitel 1); Medien (‚Massenmedien') sind vor allem als solche Institutionen kommunikationswissenschaftlich von Belang. In dieser oder ähnlicher Weise ist in den letzten Jahren in einem interdisziplinären Diskurs für einen komplexeren, weniger technikfixierten Medienbegriff plädiert worden, wobei solch unterschiedliche Beobachtungsbereiche wie der *Journalismus*, die *Literatur* oder eben auch das *Internet* die Folie bildeten (vgl. Weischenberg 1992, 1995; Schmidt, z. B. 1994; Kubicek et al. 1997).

Diese Modellierung von Medien primär als institutionalisierte soziale Kommunikations- und Handlungskontexte – mit Zulieferbetrieben, Produktionsapparaten und differenzierten Berufsrollen – setzt der Selbstorganisation neuer Techniken hin zu ‚neuen Medien' enge Grenzen; dies gilt auch für das Internet (vgl. Schmid/ Kubicek 1994: 403 f.). Daran hat sich durch die Existenz von Net-Browsern und die erhebliche Vergrößerung des Zugriffs auf das Netz nichts verändert – es sei denn, man folgt Argumentationsfiguren eines medientechnologischen Determinismus.

Der Versuch, das Internet unter das Dach von ‚Massenmedien' zu bringen und darunter dann voraussetzungslos auch den Journalismus zu plazieren, wirft also erhebliche theoretische und empirische Probleme auf. Dabei geht es insbesondere um den Aspekt der *Institutionalisierung*: Die ‚klassischen' Medien richten sich in der Regel gar nicht mit allen möglichen Angeboten an alle möglichen Menschen, sondern mit *spezifischen Aussagen*, die in *Organisationszusammenhängen* quasi industriell produziert werden, an ein bestimmtes, geographisch oder demographisch *abgrenzbares Pu-*

blikum. Folgt man einem engen, über Technik und Quantitäten gefaßten Medienbegriff, wäre paradoxerweise das Internet im Vergleich dazu sogar eher als ‚Massenmedium' zu bezeichnen, weil es sich *mit allem an alle* wendet und prinzipiell keine ‚Zielgruppen' kennt; ein solcher Medienbegriff ist kommunikationswissenschaftlich untauglich.

Statt dessen erscheint es mehr denn je sinnvoll, ‚Medien' an Ordnungszusammenhänge, an (insbesondere: journalistische) Institutionen, an (insbesondere: journalistische) Aussagen und auch: an (insbesondere: journalistische) *Akteure* zu koppeln. Mit anderen Worten: Medien sind mehr als die ‚provisorischen Techniken', auf denen sie beruhen. Dies bedeutet aber auch, daß sie *Sinn* brauchen, so daß allein aus diesem Grunde systemtheoretische Modellierungen, welche die ‚Massenmedien' per se als Funktionssystem konfigurieren (vgl. Luhmann 1996), besonders begründungsbedürftig erscheinen.

Noch weniger nachvollziehbar aber erscheint es, mit Argumentationsfiguren wie der folgenden das World-Wide-Web zum „Kommunikationsbereich" und als solchen zum Teil des ‚sozialen Funktionssystems Massenmedien' auszurufen:

> „Das WWW bietet einen voluminösen Resonanzkörper für das ungewöhnlich frequenzreiche Sozialsystem Gesellschaft. Es ist ein internationales und globalisiertes Kommunikationsgeflecht und dahingehend ein Selbstbeschreibungsmodus der Weltgesellschaft." (Bornmann 1997: 77)

Um diesen großen Wurf in Schwung zu bringen, müssen Selektionskategorien wie *Aktualität* und *Aufmerksamkeit* mitlaufen, die freilich kaum plausibel in das ‚neue Medium' eingearbeitet werden können. Andererseits würde das Internet dann fast völlig auf die Aktivitäten der klassischen Massenmedien und ihrer Akteure reduziert, um das Argument vom WWW als Teilbereich der Massenmedien zu stützen.

Die vielfältigen Formen von Begriffskosmetik, welche durch das Internet offenbar neu inspiriert werden, stützen die Auffassung, daß es sich bei ‚Medien' um einen kaum (noch) wissenschaftsfähigen Begriff handelt. Rühl (1998b: 101) schlägt deshalb vor, nicht die Medien, sondern die Publizistik als „Forschungsproblematik" ins Visier zu nehmen und mit dieser Perspektive auch das Internet in sozialer, zeitlicher und sachlicher Hinsicht zu beobachten. Da-

7 Die Zukunft

mit aber führt uns das Internet zurück zu den bekannten Fragen, die bestimmte konstruktivistisch-systemtheoretische Modellierungen aufwerfen (→ Kapitel 3.1). Strittig erscheint zudem, ob man mit Kollektivsingularen wie ‚Publizistik' oder auch ‚Öffentlichkeit' und ‚Publikum' den Verhältnissen der Netzkommunikation mit all ihren Aspekten der Segmentierung und Interaktivität optimal gerecht werden kann (vgl. Maresch 1997: 194).

Alexander Görke und Matthias Kohring (1997) ziehen aus den Problemen, welche entstehen, wenn die Kommunikationswissenschaft ihrem Forschungsgegenstand primär über das Kriterium des technischen Verbreitungsmediums beikommen will, den Schluß, bei der Theoriebildung künftig auf Begriffe wie ‚Massenmedien' und ‚Massenkommunikation' ganz zu verzichten (→ Kapitel 3.1.1). Statt dessen sollten die Beobachtungsobjekte des Fachs über Sinnzusammenhänge identifiziert werden. Die Autoren resümieren:

> „Als These wird man formulieren können: Publizistikwissenschaft ist im Spannungsfeld von Journalismus- und Öffentlichkeitsforschung zu verorten. [...] Publizistische Kommunikation muß sich – so sie als Funktionsystem ausgewiesen werden soll – durch einen bestimmten, eindeutig abgrenzbaren Sinngehalt auszeichnen. [...] Eine solche Vorgehensweise wird z. B. auch dagegen immunisieren, im Aufkommen eines neuen Verbreitungsmediums wie Internet vorschnell den Übergang zu gänzlich neuen Kommunikationsverhältnissen zu erblicken." (Ebd.: 13)

Unsere Studie, die auf das Funktionssystem Journalismus gerichtet war, hat gezeigt, daß die Identifizierung von kommunikationswissenschaftlichen Beobachtungsobjekten über Sinnzusammenhänge zwar durchführbar, aber mit einer Reihe von besonderen theoretischen und method(olog)ischen Herausforderungen verbunden ist. Im Fall repräsentativer Journalismusforschung wäre dabei insbesondere das Problem zu lösen, wie sich das System theoriegeleitet identifizieren und von seiner Umwelt abgrenzen läßt. Des weiteren ginge es – wegen der Heterogenität des Forschungsfeldes – darum, eine gestufte Stichprobe zu ziehen: für Befragungen von journalistischen Akteuren, für Beobachtungen von journalistischen Handlungen und für Inhaltsanalysen von journalistischen Aussagen.

Die Definition von Journalismus wird zunehmend schwieriger, da das System an den Rändern ‚zerfranst'. Hier ist nun die These vom ‚Scheidewege' theoretisch zu präzisieren: Besteht die Funktion des Journalismus für die Gesellschaft auch in Zukunft darin, die Teilsysteme als Fremdbeobachtung zu beschreiben und diese Beschreibungen der Umwelt (dem Publikum, aber auch den funktionalen Teilsystemen) wieder zur Verfügung zu stellen? Oder wird vom Journalismus nur noch erwartet, Informationsangebote bereitzustellen, die sich das Publikum selbständig neu komponiert? In Richtung dieser zweiten Frage ließen sich die systemtheoretischen Entwürfe von Blöbaum (1994) und Luhmann (1996) zum Journalismus bzw. zu den Massenmedien interpretieren. Die Konsequenz daraus könnte möglicherweise sein, daß der Journalismus tatsächlich in einem publizistischen oder massenmedialen System ‚verschwindet'.

Dagegen sprechen aber zwei Beobachtungen: Das Publikum ist nicht „hyperaktiv" (vgl. Schönbach 1997) – der ‚Pull-Kanal' wird nie vollständig genutzt bzw. als ausreichend empfunden. Außerdem sorgt gerade der Informationsüberfluß für stärkere Selektions- und Konstruktionszwänge und somit für eine „Unberechenbarkeit des Gatekeepers" (Weischenberg 1985a).

Die Tatsache, daß Information offenbar in Unterhaltung eingebettet werden muß (Infotainment), um überhaupt noch wahrgenommen zu werden und öffentliche Diskurse anzuregen, wird zwar gemeinhin als Degeneration des Journalismus beschrieben, ist aber gleichzeitig ein Indiz dafür, daß Informationsangebote nicht selbstverständlich gesucht werden – jedenfalls nicht solche Informationsangebote, die notwendig für die Herstellung von Öffentlichkeit sind. Journalismus könnte somit letzter Garant für einen ‚publizistischen Raum' sein, weil andere Formen (wie ‚Internet-Kommunikation') nicht in der Lage sind, Öffentlichkeit herzustellen.

Die Diskussion darüber, ob das Internet ein Massenmedium ist oder nicht (vgl. Weischenberg 1998), wäre also insofern nicht überflüssig, als Journalismus nur unter den Bedingungen massenmedial hergestellter Öffentlichkeit möglich und notwendig erscheint. Bliebe die Kommunikation mit Hilfe des Internet auf Privatbereiche oder nur auf spezielle (teilöffentliche) Zirkel beschränkt, gäbe es keinen Bedarf für journalistische Leistungen in diesem Medium. Internet-Kommunikation wäre dann komplementär zum Journalismus oder könnte ihn – längerfristig – möglicherweise sogar substituieren.

Die Journalismusforschung hat sich in diesem Kontext mit dem praxisrelevanten Problem zu beschäftigen, wie Journalismus unter den veränderten technischen Gegebenheiten (noch) möglich ist; dies gilt auch für die Medien, welche herkömmlich mit Journalismus in Verbindung gebracht werden wie das Fernsehen. Dessen (technische) Beschleunigung gefährdet den Journalismus und setzt ihn partiell außer Kraft – etwa durch Manipulationen am Bildmaterial, die als solche nicht mehr erkennbar sind.

Man kann aber auch diese technischen Entwicklungen – positiv gewendet – als Herausforderungen und Bestätigung der Notwendigkeit von Journalismus verstehen: Gerade der technisch ungehinderte Zugang zu Informationen erfordert sinnvolle Selektionen, Aufbereitungen und Eigenrecherchen; er läßt den Anstoß und die Moderation von Diskussionen notwendig erscheinen. Denn all dies sind Aufgaben, die (jedenfalls bis auf weiteres) nur von professionellen Journalisten erfüllt werden können.

Neue Differenzierungen und Entdifferenzierungen entstehen jedoch nicht nur aufgrund technologischer Veränderungen; auch strukturelle und organisatorische Veränderungen beeinflussen die Produktion aktueller Medienangebote. So wird die Differenz zwischen Journalismus und Public Relations zunehmend schwieriger zu beobachten sein, da sich die *Interpenetrationszonen* ausweiten und somit die Strukturen des Journalismus immer mehr durch Überlagerungen von anderen Systemen (Wirtschaft, Technik, Politik) und deren Selbstbeschreibungen gekennzeichnet sind.

Diese gesellschaftlich notwendigen Interpenetrationen der Funktionssysteme bewirken aber auch *Interferenzen*. Ein Indiz dafür ist im Rundfunkbereich die Operationalisierung der *Publikumsinklusion* mit Hilfe von Einschaltquoten. Dieser Indikator hat einen ambivalenten Charakter, weil er sich sowohl wirtschaftlich als auch publizistisch verstehen läßt. In diesem Zusammenhang ist die Überlagerung des Journalismus durch politisch-administrative Einflüsse hervorzuheben: Politik und Medien waren schon immer stärker aufeinander bezogen als Journalismus und andere Systeme; diese (wechselseitige) Instrumentalisierung hat auch in der ‚Informationsgesellschaft' nicht nachgelassen.

Aufgrund dieser Funktions- und Strukturveränderungen entstehen neue Berufsbilder insbesondere an der Systemgrenze, also im Bereich der Informationsbeschaffung. Ein Beispiel dafür ist das vielfältige Angebot der einstigen Nachrichtenagentur Reuters, das unter einem *organisatorischen* Dach sowohl journalistische Aussagenproduktion enthält als auch reine Dienstleistungs-Informationsangebote (vgl. Weischenberg 1985b). Journalismus wird angesichts solcher Interpenetrationen und Interferenzen auf den drei relevanten Ebenen – Technik der Massenmedien, Organisation der Massenmedien sowie gesellschaftliche Sinn- und Handlungszusammenhänge (journalistische Aussagenproduktion und Informationsdienstleistung) – zunehmend profilloser und damit *in seiner Einheit* kaum noch beobachtbar.

Diese Entwicklung hat natürlich unmittelbare Auswirkungen auf die Durchführung von repräsentativen Journalismus- oder Journalistenerhebungen; die Grundgesamtheit wird künftig *noch* schwieriger zu bestimmen sein als bei unserer Untersuchung. Die „JouriD"-Studie kann dagegen den Anspruch einer deduktiven Stichprobenbildung aus der Kenntnis der Grundgesamtheit aufrecht erhalten und daraus einen Erkenntnisgewinn ziehen, der bei einer induktiv-empirischen Vorgehensweisen verborgen bliebe.

Wenn die Prognose künftiger Probleme bei der Definition und der Stichprobenbildung zutrifft, dann dürfte es sinnvoll werden, vor allem *Kernbereiche des Journalismus* näher zu erforschen und diese mit den Randbereichen und mit der ‚nahen' und relevanten Umwelt (etwa Public Relations) zu vergleichen. Dazu müßten Fallstudien durchgeführt werden – mit allen Reichweitenproblemen, die man sich einhandelt, weil solche Ergebnisse nicht direkt vergleichbar und addierbar sind; ihr (methodologischer) Stellenwert wäre im Vergleich zur Repräsentativstudie demnach eher komplementär als substitutiv. Die Fülle von Anschlußfragen, die sich aus der Repräsentativerhebung ergeben, ermöglichen auf jeden Fall die tiefergehende Untersuchung spezieller Forschungsfelder.

Ein derartiger Vorschlag soll jedoch nicht in die Vergangenheit zurückweisen, denn die Forschungssynopse „Journalismus als Beruf" (Weiß et al. 1977) hatte bereits Mitte der 70er Jahre deutlich gemacht, daß die bis dahin zusammengetragenen Ergebnisse repräsentativ und systematisch aktualisiert werden müßten. Künftige Fallstudien könnten also möglicherweise wiederum Repräsentativstudien für einen späteren Zeitpunkt vorbereiten und Hinweise auf die Lösung von Definitions- und Stichprobenproblemen geben.

Eine solche aufwendige Studie, die im beschriebenen Sinne für eine fallorientierte Erforschung journalistischer Aussagenentstehung und -wirkung steht, ist im Zusammenhang mit dem Test der Einstellungen und Verhaltensweisen von Rezipienten, Politikern und Journalisten gegenüber investigativem Journalismus durchgeführt worden. Die dabei in quasi-experimentellen Designs erprobte originelle Art der Feldforschung kombinierte verschiedene quantitative und qualitative Methoden. (Vgl. Protess et al. 1991: 261 ff.).

Ein weiteres Beispiel ist die Fallstudie, in deren Rahmen Redakteure einer nordrhein-westfälischen Zeitungsredaktion anläßlich der Einführung von Bildschirmarbeitsplätzen beobachtet und befragt wurden (vgl. Hienzsch 1990). Diese Untersuchung steht in der Tradition der *Redaktionsforschung*, welche in Deutschland durch Manfred Rühl (1969), Ilse Dygutsch-Lorenz (1971, 1973) und weitere Vertreter der Nürnberger Forschungsvereinigung angestoßen wurde.

Daß es durchaus möglich ist, Repräsentativerhebungen direkt mit weiterführenden Instrumenten zu ergänzen, belegt die Studie von Weaver und Wilhoit (1991 [1986]: 194 ff., 258 ff., 1996: 217 ff.) über die nordamerikanischen Journalisten; sie diente insofern methodisch als Vorbild für die „JouriD"-Studie. Die Forscher hatten dabei im Anschluß an die standardisierte Befragung die Journalisten um redaktionelle Beiträge aus den letzten zwei Wochen gebeten, welche diese als gute und gelungene Arbeiten empfanden. Diese Artikel und Sendemanuskripte wurden dann inhaltsanalysiert, um die Befragungsdaten außenvalidieren zu können.

Während sich mit Hilfe von Befragungen die *Kontextbedingungen* der Entstehung öffentlicher Aussagen erforschen lassen, erweisen sich Beobachtungen und Inhaltsanalysen dann als besonders sinnvoll, wenn es darum geht, den *Prozeß* und das *Produkt* der Aussagenentstehung rekonstruieren und analysieren zu können. Gerade die „permanente Transformation von Wirklichkeit", die Werner Früh (1994) im Bereich der Medienwirkungsforschung untersucht hat, könnte mit dieser Methodenkombination auch im Bereich der Kommunikatorforschung beleuchtet werden.

Es genügt allerdings nicht, die Anstrengungen nur im Bereich der Entwicklung von Methoden der Datenerhebung zu verstärken. Vielmehr sollte auch die Auswertung mit statistischen Verfahren den gestiegenen Anforderungen gerecht werden. Dazu gehört etwa der Ausbau nicht-linearer Verfahren, um systemtheoretische Modellierungen selbstreferentieller Effekte einholen zu können. Auch wenn solche formalen Modelle in der Mathematik längst bekannt sind, gehören sie bisher kaum zum Standard der in den Sozialwissenschaften üblichen Software.

Schließlich, und das belegt die Verweigerungsquote in der „JouriD"-Studie, ist die Kooperation mit den Journalistinnen und Journalisten verbesserungsbedürftig. Der Nutzen wissenschaftlicher Untersuchungen sollte auch für die Forschungsobjekte so gut wie möglich erkennbar sein, um sie zur Mitarbeit zu motivieren. Dies muß jedoch über Vorschläge zum erfolgreichen *Redaktionsmarketing* hinausgehen, da hiervon in erster Linie die Leitungspositionen profitieren und damit lediglich organisatorische Probleme angesprochen werden. Als nicht unproblematisch haben sich deshalb auch die bisherigen Untersuchungen zur Qualität journalistischer Berichterstattung erwiesen, da sie (ohne vorherige diskursive Auseinandersetzung mit den Redaktionen) externe, wissenschaftlich geprägte Vorstellungen zum Maßstab erheben.

Ohne die Partizipation der am Journalismus beteiligten Akteure dürfte es zunehmend schwieriger werden, Prozesse der Aussagenentstehung zu verstehen. Der Versuch dazu muß jedoch – im Interesse der Qualität von Orientierungen durch aktuelle Medienkommunikation – immer wieder unternommen werden.

8 Die Literatur

Ajzen, Icek/Martin Fishbein (1980): Understanding Attitudes and Predicting Social Behavior, Englewood Cliffs, NJ: Prentice Hall.

Akhavan-Majid, Roya (1990): The Press as an Elite Power Group in Japan, in: Journalism Quarterly, Vol. 67, 1990/4: 1006-1014.

Akhavan-Majid, Roya (1994): An Adversary Press? Questionnaire Wording and Editor's Perceptions, in: Mass Communications Review, Vol. 21, 1994/3-4: 250-258.

Akhavan-Majid, Roya/Timothy Boudreau (1995): Chain Ownership, Organizational Size, and Editorial Role Perspectives, in: Journalism & Mass Communication Quarterly, Vol. 72, 1995/4: 863-873.

Altschull, J. Herbert (1984): Agents of Power. The Role of the News Media in Human Affairs, NewYork: Longman.

Altschull, J. Herbert (1989): Agenten der Macht. Die Welt der Nachrichtenmedien - eine kritische Studie, Konstanz: Universitätsverlag.

Altun, Abdülrezak (1995): Türkiyè de Gazetecilik ve Gazeteciler [Journalismus und Journalisten in der Türkei], Ankara.

Andreß, Hans-Jürgen/Hartmut Popken (1992): Bessere Ergebnisse durch Gewichtung?, in: H.-J. Andreß et al. (Hrsg.): Theorie, Daten, Methoden. Neue Modelle und Verfahrensweisen in den Sozialwissenschaften, München: 221-242.

Baacke, Dieter (1975): Kommunikation und Kompetenz. Grundlegung einer Didaktik der Kommunikation und ihrer Medien, 2. Aufl., München: Juventa.

Backhaus, Klaus et al. (1990): Multivariate Analysemethoden. Eine anwendungsorientierte Einführung. 6., überarb. Aufl., Berlin u. a.: Springer.

Baerns, Barbara (1985): Öffentlichkeitsarbeit oder Journalismus? Zum Einfluß im Mediensystem, Köln: Verlag Wissenschaft und Politik.

Bailey, George A./Lawrence Lichty (1972): Rough Justice on a Saigon Street. A Gatekeeper Study of NBC's Tet Execution Film, in: Journalism Quarterly, Vol. 42, Summer 1972: 221-229.

Bantz, Charles R./Suzanne McCorkle/Robert C. Baade (1981): The News Factory, in: G. C. Wilhoit/H. de Bock (eds.): Mass Communication Review Yearbook, Vol. 2, Beverly Hills/London: 366-389.

Bardeleben, Hans (1995): Conclus 3.0. Professional Cluster Analysis, 2 Bde., o. O.

Barrett, Grace H. (1984): Job Satisfaction Among Newspaperwomen, in: Journalism Quarterly, Vol. 61, 1984/3: 593-599.

Barthenheier, Günter (1982): Zur Notwendigkeit von Glaubwürdigkeit. Ansätze und Elemente einer allgemeinen Theorie der Öffentlichkeitsarbeit, in: G. Haedrich/G. Barthenheier/H. Kleinert (Hrsg.): Öffentlichkeitsarbeit. Dialog zwischen Institutionen und Gesellschaft. Ein Handbuch, Berlin/New York: 15-26.

Baum, Achim (1994): Journalistisches Handeln. Eine kommunikationstheoretisch begründete Kritik der Journalismusforschung, Opladen: Westdeutscher Verlag.

Baumert, Dieter Paul (1928): Die Entstehung des deutschen Journalismus. Eine sozialgeschichtliche Studie, München/Leipzig: Duncker & Humblot.

Becker, Barbara von (1980): Berufssituation der Journalistin. Eine Untersuchung der Arbeitsbedingungen und Handlungsorientierungen von Redakteurinnen bei einer Tageszeitung, München: Minerva.

Becker, Lee B. et al. (1987): The Training and Hiring of Journalists, Norwood, NJ: Ablex Publishing Corporation.

Bentele, Günter (1982): Objektivität in den Massenmedien. Versuch einer historischen und systematischen Begriffsklärung, in: ders./R. Ruoff (Hrsg.): Wie objektiv sind unsere Medien?, Frankfurt a. M.: 111-155.

Bentele, Günter (1993): Wie wirklich ist die Medienwirklichkeit? Einige Anmerkungen zum Konstruktivismus und Realismus in der Kommunikationswissenschaft, in: ders./M. Rühl (Hrsg.): Theorien öffentlicher Kommunikation, München: 152-171.

Bentele, Günter (1994a): Objektivitätsanspruch und Glaubwürdigkeit, in: O. Jarren (Hrsg.): Medien und Journalismus 1. Eine Einführung, Opladen: 295-327.

Bentele, Günter (1994b): Public Relations und Wirklichkeit. Beitrag zu einer Theorie der Öffentlichkeit, in: ders.:/K. R. Hesse (Hrsg.): Publizistik in der Gesellschaft, Konstanz: 237-267.

Bentele, Günter (1995): Public Relations und Öffentlichkeit - ein Diskussionsbeitrag - oder: Über einige Fehlinterpretationen von PR, in: Publizistik, 40. Jg., 1995/4: 483-486.

Bentele, Günter/Michael Haller (Hrsg.) (1997): Aktuelle Entstehung von Öffentlichkeit. Akteure - Strukturen - Veränderungen, Konstanz: UVK.

Bentele, Günter/Tobias Liebert/Stefan Seeling (1997): Von der Determination zur Intereffikation. Ein integriertes Modell zum Verhältnis von Public Relations und Journalismus, in: G. Bentele/M. Haller (Hrsg.): Aktuelle Entstehung von Öffentlichkeit. Akteure, Strukturen, Veränderungen, Konstanz: 225-250.

Bentele, Günter/Manfred Rühl (Hrsg.) (1993): Theorien öffentlicher Kommunikation. Problemfelder, Positionen, Perspektiven (= Schriftenreihe d. DGPuK, Bd. 19), München: Ölschläger.

Berg, Klaus/Marie-Luise Kiefer (Hrsg.) (1996): Massenkommunikation V. Eine Langzeitstudie zur Mediennutzung und Medienbewertung 1964-1995, Baden-Baden: Nomos.

Berry, William D. / Stankey Feldmann (1993): Multiple Regression in Practice, in: M. S. Lewis-Beck (ed.): Regression Analysis, Thousand Oaks, CA: 159-243.

Blittkowsky, Ralf (1997): Online-Recherche für Journalisten. Inclusive Diskette mit 1400 Online-Adressen (= Reihe Praktischer Journalismus Bd. 31), Konstanz: UVK.

Blöbaum, Bernd (1994): Journalismus als soziales System. Geschichte, Ausdifferenzierung und Verselbständigung, Opladen: Westdeutscher Verlag.

Blum, Roger (1993): Medien zwischen Anmaßung und Anpassung, in: M. Schanne/P. Schulz (Hrsg.): Journalismus in der Schweiz. Fakten, Überlegungen, Möglichkeiten, Aarau/Frankfurt a. M.: 223-235.

Böckelmann, Frank (1993): Journalismus als Beruf. Bilanz der Kommunikatorforschung im deutschsprachigen Raum von 1945 bis 1990, Konstanz: Universitätsverlag.

Bogart, Leo (1995): Commercial Culture. The Media System and the Public Interest, New York/Oxford: Oxford University Press.

Bohnen, Alfred (1994): Die Systemtheorie und das Dogma von der Irreduzibilität des Sozialen, in: Zeitschrift für Soziologie, 23. Jg., 1994/4: 292-305.

Bornmann, Lutz (1997): Das World-Wide-Web auf dem Weg zum Massenmedium, in: Medien Journal, 21. Jg., 1997/1: 73-78.

Bourgeois, Isabelle (1996): Der eine sagt's, der andere nicht, in: epd/Kirche und Rundfunk 1996/54: 3-7.

Breed, Warren (1955): Newspaper ‚Opinion Leaders' and Processes of Standardization, in: Journalism Quarterly, Vol. 32, 1955/2: 277-284, 328.

Breed, Warren (1973 [1955]): Soziale Kontrolle in der Redaktion: Eine funktionale Analyse, in: J. Aufermann/H. Bohrmann/R. Sülzer (Hrsg.): Gesellschaftliche Kommunikation und Information, Frankfurt a. M.: 356-378.

Breed, Warren (1980 [1952]): The Newspaperman, News and Society (= Dissertations on Sociology), New York: Arno Press.

Brinkemper, Peter V./Bernhard von Dadelsen/Thomas Seng (Hrsg.) (1994): World Media Park. Globale Kulturvermarktung heute, Berlin: Aufbau-Verlag.

Brosius, Hans-Bernd (1997): Multimedia und digitales Fernsehen: Ist eine Neuausrichtung kommunikationswissenschaftlicher Forschung notwendig?, in: Publizistik, 42. Jg., 1997/1: 37-45.

Brown, Cindy M./Gail M. Flatow (1997): Targets, Effects, and Perpetrators of Sexual Harassment in Newsrooms, in: Journalism & Mass Communication Quarterly, Vol. 74, 1997/1: 160-183.

Burgoon, Judee K. et al. (1987): Communication Practices of Journalists: Interaction with Public, Other Journalists, in: Journalism Quarterly, Vol. 64, 1987/1: 125-132.

Cayrol, Roland (1991): Les médias. Presse écrite, radio, télévision, Paris: Presse Universitaire de France.

Charon, Jean-Marie (1991): La presse en France de 1945 à nos jours, Paris: Éditions du Soleil.

Choi, Yong-Joo (1995): Interpenetration von Politik und Massenmedien (= Beiträge zur Kommunikationstheorie, Bd. 7), Münster/Hamburg: Lit.

Dahrendorf, Ralf (1974): Homo Sociologicus. Ein Versuch zur Geschichte, Bedeutung und Kritik der Kategorie der sozialen Rolle, Opladen: Westdeutscher Verlag.

December, John (1996): Units of Analysis for Internet Communication, in: Journal of Communication, Vol. 46, 1996/1: 14-38.

Dernbach, Beatrice (1994): Die Zeitungsredaktion als organisiertes soziales System. Revisited by Mrs. Gates, in: G. Bentele/K. R. Hesse (Hrsg.): Publizistik in der Gesellschaft. Festschrift für Manfred Rühl, Konstanz: 141-159.

Dernbach, Beatrice (1998): Braucht die Multimedia-Gesellschaft Berufskommunikatoren? Aufgaben und Anforderungen im Wandel, in: dies. et al. (Hrsg.): Publizistik im vernetzten Zeitalter, Opladen/Wiesbaden: 95-107.

Dernbach, Beatrice/Manfred Rühl/Anna Maria Theis-Berglmair (Hrsg.) (1998): Publizistik im vernetzten Zeitalter. Berufe - Formen - Strukturen, Opladen/Wiesbaden: Westdeutscher Verlag.

Devillard, Valérie et al. (Institut Français de Presse) (1992): Les journalistes français en 1990, Paris: La documentation Française.

Donsbach, Wolfgang (1981): Journalisten zwischen Publikum und Kollegen. Forschungsergebnisse zum Publikumsbild und zum in-group-Verhalten, in: Rundfunk und Fernsehen, 29. Jg., 1981/2-3: 168-184.

Donsbach, Wolfgang (1982): Legitimationsprobleme des Journalismus. Gesellschaftliche Rolle der Massenmedien und berufliche Einstellung von Journalisten, Freiburg/München: Alber.

Donsbach, Wolfgang (1987): Journalismusforschung in der Bundesrepublik Deutschland: Offene Fragen trotz „Forschungsboom", in: J. Wilke (Hrsg.): Zwischenbilanz der Journalistenausbildung, München: 105-142.

Donsbach, Wolfgang (1990): Objektivitätsmaße in der Publizistikwissenschaft, in: Publizistik, 35. Jg., 1990/1: 18-29.

Donsbach, Wolfgang (1993a): Redaktionelle Kontrolle im Journalismus: Ein internationaler Vergleich, in: W. A. Mahle (Hrsg.): Journalisten in Deutschland. Nationale und internationale Vergleiche und Perspektiven (AKM-Studien, Bd. 39), München: 143-160.

Donsbach, Wolfgang (1993b): Journalismus versus journalism - ein Vergleich zum Verhältnis von Medien und Politik in Deutschland und in den USA, in: ders. et al. (Hrsg.): Beziehungsspiele - Medien und Politik in der öffentlichen Diskussion. Fallstudien und Analysen, Gütersloh: 283-315.

Donsbach, Wolfgang (1995): Lapdogs, Watchdogs and Junkyard Dogs, in: Media Studies Journal, 1995/3 (Global Views on U.S. Media): 17-30.

Donsbach, Wolfgang/Bettina Klett (1993): Subjective Objectivity. How Journalists in Four Countries Define a Key Term of Their Profession, in: Gazette, Vol. 51, 1993/1: 53-83.

Dovifat, Emil (1967): Zeitungslehre (2 Bde.), 5. Aufl., Berlin: de Gruyter.

Dunteman, George H. (1994): Principal Components Analysis, in: M. S. Lewis-Beck (ed.): Factor Analysis and Related Techniques, Thousand Oaks, CA: 157-245.

Dygutsch-Lorenz, Ilse (1971): Die Rundfunkanstalt als Organisationsproblem. Ausgewählte Organisationseinheiten in Beschreibung und Analyse, Düsseldorf: Bertelsmann Universitätsverlag.

Dygutsch-Lorenz, Ilse (1973): Journalisten und Rundfunk. Empirische Kommunikatorforschung am Beispiel einer Rundfunkanstalt, Düsseldorf: Bertelsmann Universitätsverlag.

Dygutsch-Lorenz, Ilse (1978): Empirische Kommunikatorforschung: Gegenstand - Zielsetzung - Methoden. Eine mehrdimensionale Standortbestimmung praktizierter Forschungstätigkeit, in: M. Rühl/J. Walchshöfer (Hrsg.): Politik und Kommunikation, Nürnberg: 295-354.

Eberhard, Wallace B./Margaret Lee Myers (1988): Beyond the Locker Room: Women In Sports on Major Daily Newspapers, in: Journalism Quarterly, Vol. 65, 1988/3: 595-599.

Eilders, Christiane (1997): Nachrichtenfaktoren und Rezeption. Eine empirische Analyse zur Auswahl und Verarbeitung politischer Information, Opladen: Westdeutscher Verlag.

Endres, Kathleen/Ann B. Schierhorn (1995): New Technology and the Writer/Editor Relationship: Shifting Electronic Realities, in: Journalism & Mass Communication Quarterly, Vol. 72, 1995/2: 448-457.

Erbring, Lutz (1988): Journalistische Berufsnormen in amerikanischen und deutschen Nachrichten, in: ders. et al. (Hrsg.): Medien ohne Moral. Variationen über Journalismus und Ethik, Berlin: 73-104.

Erbring, Lutz (1989): Nachrichten zwischen Professionalität und Manipulation. Journalistische Berufsnormen und politische Kultur, in: M.

Kaase/W. Schulz (Hrsg.): Massenkommunikation. Theorien, Methoden, Befunde, Opladen: 301-313.

Erichson, Bernd (1992): Repräsentanz – ein wachsendes Problem, in: Planung und Analyse,19. Jg., 1992/1: 19-24.

Esposito, Elena (1997): Die Generalisierung der Kommunikation in den Massenmedien, in: Medien Journal, 21. Jg., 1997/1: 60-71.

Esser, Hartmut (1975): Zum Problem der Reaktivität bei Forschungskontakten, in: Kölner Zeitschrift für Soziologie und Sozialpsychologie, 27. Jg., 1975/2: 257-272.

Esser, Hartmut (1994): Kommunikation und „Handlung", in: G. Rusch/S. J. Schmidt (Hrsg.): Konstruktivismus und Sozialtheorie, Frankfurt a. M.: 172-204.

Fabris, Hans Heinz (1979): Journalismus und bürgernahe Medienarbeit. Formen und Bedingungen der Teilhabe an gesellschaftlicher Kommunikation, Salzburg: Neugebauer.

Faulstich, Werner (1992): Grundwissen Öffentlichkeitsarbeit. Kritische Einführung in Problemfelder der Public Relations, Bardowick: Wissenschaftler-Verlag.

Fischer, Klaus (1987): Kognitive Grundlagen der Soziologie, Berlin: Duncker & Humblot.

Forschungsgruppe Weltgesellschaft (1996): Weltgesellschaft: Identifizierung eines Phantoms, in: Politische Vierteljahresschrift, 37. Jg., 1996/1: 5-26.

Fredin, Eric S. (1997): Rethinking the News Story for the Internet: Hyperstory Prototypes and a Model of the User, Journalism Monographs 163, Sept. 1997.

Freise, Heinrich/Jochen Drath (1977): Die Rundfunkjournalistin. Das Bild der Journalistin in der Kommunikationsorganisation (= Rundfunkforschung, Bd. 4), Berlin: Spiess.

Friedrichs, Jürgen (1990): Methoden empirischer Sozialforschung. 14. Auflage, Opladen: Westdeutscher Verlag.

Fröhlich, Romy (1992): Frauen und Medien - Nur ein Thema ‚en vogue'?, in: dies. (Hrsg.): Der andere Blick. Aktuelles zur Massenkommunikation aus weiblicher Sicht, Bochum: 9-24.

Fröhlich, Romy/Christina Holtz-Bacha (1995): Frauen und Medien. Eine Synopse der deutschen Forschung, Opladen: Westdeutscher Verlag.

Früh, Werner (1991): Medienwirkungen: Das dynamisch-transaktionale Modell. Theorie und empirische Forschung, Opladen: Westdeutscher Verlag.

Früh, Werner (1994): Realitätsvermittlung durch Massenmedien. Die permanente Transformation der Wirklichkeit, Opladen: Westdeutscher Verlag.

Früh, Werner/Klaus Schönbach (1984): Der dynamisch-transaktionale Ansatz. Ein neues Paradigma der Medienwirkungen, in: Publizistik, 21. Jg., 1984/1: 74-88.

Fuchs-Heinritz, Werner et al. (Hrsg.) (1994): Lexikon zur Soziologie, 3. völlig neu bearb. u. erw. Aufl., Opladen: Westdeutscher Verlag.

Gabler, Siegfried/Jürgen H. P. Hoffmeyer-Zlotnik/Dagmar Krebs (Hrsg.) (1994): Gewichtung in der Umfragepraxis, Opladen: Westdeutscher Verlag.

Gans, Herbert J. (1980): Deciding What's News. A Study of CBS Evening News, NBC Nightly News, Newsweek and Time, New York: Vintage Books.

Gaunt, Philip (1988): The Training of Journalists in France, Britain and the US, in: Journalism Quarterly, Vol. 65, 1988/3: 582-588.

Geißlinger, Esther (1997): Zwischen Putsch und Preissteigerung. Russische Medien auf dem Weg vom „alten" zum „neuen" Journalismus, in: Publizistik, 42. Jg., 1997/3: 346-360.

Gerhards, Jürgen (1994): Politische Öffentlichkeit. Ein system- und akteurstheoretischer Bestimmungsversuch, in: F. Neidhardt (Hrsg.): Öffentlichkeit, öffentliche Meinung, soziale Bewegungen, Opladen: 77-105.

Gerhards, Jürgen/Friedhelm Neidhardt (1990): Strukturen und Funktionen moderner Öffentlichkeit. Fragestellungen und Ansätze, Berlin: Wissenschaftszentrum Berlin.

Gieber, Walter (1956): Across the Desk: a Study of 16 Telegraph Editors, in: Journalism Quarterly, Vol. 33, 1956/4: 423-432.

Glasersfeld, Ernst von (1996): Radikaler Konstruktivismus. Ideen, Ergebnisse, Probleme, Frankfurt a. M.: Suhrkamp.

Glotz, Peter/Wolfgang R. Langenbucher (1993 [1969]): Der mißachtetete Leser. Zur Kritik der deutschen Presse, Köln/Berlin: Kiepenheuer & Witsch.

Goffman, Erving (1997): Wir alle spielen Theater. Die Selbstdarstellung im Alltag, 6. Aufl., München: Piper.

Görke, Alexander (1997): Risikojournalismus und Risikogesellschaft, phil. Diss., Münster.

Görke, Alexander/Matthias Kohring (1996): Unterschiede, die Unterschiede machen: Neuere Theorieentwürfe zu Publizistik, Massenmedien und Journalismus, in: Publizistik, 41. Jg., 1996/1: 15-31.

Görke, Alexander/Matthias Kohring (1997): Worüber reden wir? Vom Nutzen systemtheoretischen Denkens für die Publizistikwissenschaft, in: Medien Journal, 21. Jg., 1997/1: 3-14.

Görke, Alexander/Johannes Kollbeck (1996): (Welt-) Gesellschaft und Mediensystem. Zur Funktion und Evolution internationaler Medienkommunikation, in: M. Meckel/M. Kriener (Hrsg.): Internationale Kommunikation, Opladen: 263-281.

Görner, Felix (1995): Vom Außenseiter zum Aufsteiger. Ergebnisse der ersten repräsentativen Befragung von Sportjournalisten in Deutschland (= Beiträge des Instituts für Sportpublizistik, Bd. 4), Berlin: Vistas.

Gottschlich, Maximilian (1980): Journalismus und Orientierungsverlust. Grundprobleme öffentlich-kommunikativen Handelns, Wien/Köln/Graz: Böhlau.

Groß, Bernd (1981): Journalisten - Freunde des Hauses? Zur Problematik von Autonomie und Anpassung im Bereich der Massenmedien, Saarbrücken: Verlag Die Mitte.

Gruber, Thomas (1975): Die Übernahme der journalistischen Berufsrolle (= Nürnberger Forschungsberichte 3), Nürnberg: Verlag der Nürnberger Forschungsvereinigung.

Grundy, Bruce (1992): Australia's Print Media Inquiry: A Review, in: Australian Studies in Journalism 1992/1: 184-196.

Habermas, Jürgen (1990): Strukturwandel der Öffentlichkeit. Untersuchungen zu einer Kategorie der bürgerlichen Gesellschaft, Neuauflage, Frankfurt a. M.: Suhrkamp.

Hachmeister, Lutz/Achim Baum/Matthias Schuppe (1983): Praktizismus und kommunikationswissenschaftliches Studium, in: Publizistik, 28. Jg., 1983/2: 187-203.

Haferkamp, Hans (1987): Autopoietisches System oder konstruktives soziales Handeln? Zur Ankunft der Handlungstheorie und zur Abweisung empirischer Forschung in Niklas Luhmanns Systemtheorie, in: ders./M. Schmid (Hrsg.): Sinn, Kommunikation und Differenzierung. Beiträge zu Luhmanns Theorie sozialer Systeme, Frankfurt a. M.: 51-88.

Hagemann, Walter (1950): Die Zeitung als Organismus. Ein Leitfaden, Heidelberg: Vowinkel.

Hardy, Melissa (1993): Regression with Dummy Variables, in: M. S. Lewis-Beck (ed.): Regression Analysis, Thousand Oaks, CA: 69-158.

Hasebrink, Uwe (1997): Ich bin viele Zielgruppen. Anmerkungen zur Debatte um die Fragmentierung des Publikums aus kommunikationswissenschaftlicher Sicht, in: H. Scherer/H.-B. Brosius (Hrsg.): Zielgruppen, Publikumssegmente, Nutzergruppen, München: 262-280.

Heinrich, Jürgen (1996): Qualitätswettbewerb und/oder Kostenwettbewerb im Mediensektor?, in: Rundfunk und Fernsehen, 44. Jg., 1996/2: 165-184.

Hejl, Peter M. (1992): Selbstorganisation und Emergenz in sozialen Systemen, in: W. Krohn/G. Küppers (Hrsg.): Emergenz: Die Entstehung von Ordnung, Organisation und Bedeutung, Frankfurt a. M.: 269-292.

Hendrickson, Laura J./James W. Tankard, Jr. (1997): Expanding the News Frame: The Systems Theory Perspective, in: Journalism & Mass Communication Educator, Vol. 51, 1997/4: 39-46.

Henningham, John (1996): Australian Journalists' Professional and Ethical Values, in: Journalism & Mass Communication Quarterly, Vol. 73, 1996/1: 206-218.

Hienzsch, Ulrich (1990): Journalismus als Restgröße. Redaktionelle Rationalisierung und publizistischer Leistungsverlust, Wiesbaden: Deutscher Universitäts Verlag.

Hintermeier, Josef (1982): Public Relations im journalistischen Entscheidungsprozeß, dargestellt am Beispiel einer Wirtschaftsredaktion, Düsseldorf: Verlag für deutsche Wirtschaftsbibliographien.

Hug, Detlef Matthias (1996): Konflikte und Öffentlichkeit. Zur Rolle des Journalismus in sozialen Konflikten, Opladen: Westdeutscher Verlag.

Hummel, Roman (1990): Die Computerisierung des Zeitungsmachens. Auswirkungen auf Journalisten, graphische Facharbeiter, Verlagsangestellte und Printmedienunternehmen, Wien: Verlag des Österreichischen Gewerkschaftsbundes.

Jacobi, Ursula et al. (1977): Manager der Kommunikation (= AfK-Studien 3), Berlin: Spiess

Janowitz, Morris (1975): Professional Models in Journalism: the Gatekeeper and the Advocate, in: Journalism Quarterly, Vol. 52, 1975/4: 618-626, 662.

Johnstone, John W. C./Edward J. Slawski/William W. Bowman (1976): The News People. A Sociological Portrait of American Journalists and Their Work, Urbana/Chicago/London: University of Chicago Press.

Jokisch, Rodrigo (1996): Logik der Distinktionen. Zur Protologik einer Theorie der Gesellschaft, Opladen: Westdeutscher Verlag.

Jokisch, Rodrigo (1997): Die Form der Medien. Eine distinktionstheoretische Beobachtung, in: Medien Journal, 21. Jg., 1997/1: 44-59.

Kaase, Max/Friedhelm Neidhardt/Barbara Pfetsch (1997): Politik und Ökonomie der Medienkommunikation: Forschungsdesiderate unter veränderten Strukturbedingungen des Mediensystems, in: Publizistik, 42. Jg., 1997/1: 3-15.

Karmasin, Matthias (1996): Journalismus: Beruf ohne Moral? Journalistisches Berufshandeln in Österreich, Wien: Linde.

Kastl, Jörg Michael (1994): Gesellschaftliche Komplexität und redaktionelle Routine. Zur Funktion und Sozialisation freier Mitarbeiter, Opladen: Westdeutscher Verlag.

Kausch, Michael (1988): Kulturindustrie und Populärkultur. Kritische Theorie der Massenmedien, Frankfurt a. M.: Fischer.

Keil, Susanne (1992): Gibt es einen weiblichen Journalismus?, in: R. Fröhlich (Hrsg.): Der andere Blick, Bochum: 37-54.

Kepplinger, Hans Mathias (Hrsg.) (1979a): Angepaßte Außenseiter. Was Journalisten denken und wie sie arbeiten, Freiburg/München: Alber.

Kepplinger, Hans Mathias (1979b): Angepaßte Außenseiter. Ergebnisse und Interpretationen der Kommunikatorforschung, in: H. M. Kepplinger (Hrsg.): Angepaßte Außenseiter. Was Journalisten denken und wie sie arbeiten, Freiburg/München: 7-28.

Kepplinger, Hans Mathias (1986): Begriffe und Modelle langfristiger Medienwirkungen, in: W. A. Mahle (Hrsg.): Langfristige Medienwirkungen, Berlin: 27-38.

Kepplinger, Hans Mathias (1992): Ereignismanagement. Wirklichkeit und Massenmedien, Zürich/Osnabrück: Interfrom/Fromm.

Kepplinger, Hans Mathias/Simone Christine Ehmig/Christine Ahlheim (1991): Gentechnik im Widerstreit. Zum Verhältnis von Wissenschaft und Journalismus, Frankfurt a. M.: Campus.

Kepplinger, Hans Mathias/Inge Vohl (1976): Professionalisierung des Journalismus? Theoretische Probleme und empirische Befunde, in: Rundfunk und Fernsehen, 24. Jg., 1976/4: 309-343.

Kepplinger, Hans Mathias et al. (1986): Medientenor und Bevölkerungsmeinung. Eine empirische Studie zum Image Helmut Kohls, in: Kölner Zeitschrift für Soziologie und Sozialpsychologie, 38. Jg., 1986/2: 247-279.

Kepplinger, Hans Mathias et al. (1993): Am Pranger: Der Fall Späth und der Fall Stolpe, in: W. Donsbach/O. Jarren/H. M. Kepplinger/B. Pfetsch (Hrsg.): Beziehungsspiele - Medien und Politik in der öffentlichen Diskussion, Gütersloh: 159-220.

Keuneke, Susanne/Markus Kriener/Miriam Meckel (1997): Von Gleichem und Ungleichem. Frauen im Journalismus, in: Rundfunk und Fernsehen, 45. Jg., 1997/1: 30-45.

Kim, Min-Sun/John E. Hunter (1993): Attitude-Behavior Relations: A Meta-Analysis of Attitudinal Relevance and Topic, in: Journal of Communication, Vol. 43, 1993/1: 101-142.

Klaus, Elisabeth (1995): Medien und Geschlecht. Theoretische und methodische Perspektiven, in: Medien & Zeit, 7. Jg., 1995/1: 3-11.

Klaus, Elisabeth (1996): Der Gegensatz von Information ist Desinformation, der Gegensatz von Unterhaltung ist Langeweile, in: Rundfunk und Fernsehen, 44. Jg., 1996/3: 402-417.

Klaus, Elisabeth (1997): Neue Perspektiven der Kommunikatorforschung: Geschlecht als Erkenntnisstandpunkt, in: G. Bentele/M. Haller (Hrsg.): Aktuelle Entstehung von Öffentlichkeit, Konstanz: 85-100.

Klaus, Elisabeth (1998): Kommunikationswissenschaftliche Geschlechterforschung. Zur Bedeutung der Frauen in den Massenmedien und im Journalismus, Opladen/Wiesbaden: Westdeutscher Verlag.

Klaus, Elisabeth et al. (1995): Zum Umbruch, Schätzchen (= Frauen, Gesellschaft, Kritik, Bd. 20), Pfaffenweiler: Centaurus.

Kneer, Georg/Armin Nassehi (1991): Verstehen des Verstehens. Eine systemtheoretische Revision der Hermeneutik, in: Zeitschrift für Soziologie, 20. Jg., 1991/5: 341-356.

Knorr-Cetina, Karin (1989): Spielarten des Konstruktivismus. Einige Notizen und Anmerkungen, in: Soziale Welt, 40. Jg., 1989/1-2: 86-96.

Koch, Ursula E. et al. (Hrsg.) (1996): Hörfunk in Deutschland und Frankreich. Journalisten und Forscher im Gespräch, München: Reinhard Fischer.

Köcher, Renate (1985): Spürhund und Missionar. Eine vergleichende Untersuchung über Berufsethik und Aufgabenverständnis britischer und deutscher Journalisten, phil. Diss., München.

Kohring, Matthias (1997): Die Funktion des Wissenschaftsjournalismus. Ein systemtheoretischer Entwurf, Opladen: Westdeutscher Verlag.

Kohring, Matthias/Detlef Matthias Hug (1997): Öffentlichkeit und Journalismus, in: Medien Journal, 21. Jg., 1997/1: 15-33.

Kohring, Matthias/Alexander Görke/Georg Ruhrmann (1996): Konflikte, Kriege, Katastrophen. Zur Funktion internationaler Krisenkommunikation, in: M. Meckel/M. Kriener (Hrsg.): Internationale Kommunikation, Opladen: 283-298.

Koller, Barbara (1981): Lokalredaktion und Autonomie. Eine Untersuchung in Außenredaktionen regionaler Tageszeitungen, Nürnberg: Verlag der Nürnberger Forschungsvereinigung.

Koszyk, Kurt (1974): Professionalisierung durch Wissenschaft. Journalistenausbildung zwischen Berufung und Beruf, in: Aus Politik und Zeitgeschichte, B24/74: 27-37.

Koszyk, Kurt/Karl-Hugo Pruys (Hrsg.) (1981): Handbuch der Massenkommunikation, München: dtv.

Krawietz, Werner (1992): Staatliches oder gesellschaftliches Recht? Systemabhängigkeiten normativer Strukturbildung im Funktionssystem, in: ders./M. Welker (Hrsg.): Kritik der Theorie sozialer Systeme. Auseinandersetzungen mit Luhmanns Hauptwerk, Frankfurt a. M.: 247-301.

Krawietz, Werner/Michael Welker (Hrsg.) (1992): Kritik der Theorie sozialer Systeme. Auseinandersetzungen mit Luhmanns Hauptwerk, Frankfurt a. M.: Suhrkamp.

Kriener, Markus/Miriam Meckel (1996): Internationale Kommunikation. Begriffe, Probleme, Referenzen, in: M. Meckel/M. Kriener (Hrsg.): Internationale Kommunikation, Opladen: 11-18.

Krippendorff, Klaus (1980): Content Analysis. An Introduction to Its Methodology, Beverly Hills: Sage.

Kromrey, Helmut (1991): Empirische Sozialforschung. Modelle und Methoden der Datenerhebung und Datenauswertung, 5. Aufl., Opladen: Leske + Budrich.

Kubicek, Herbert/Ulrich Schmid/Heiderose Wagner (1997): Bürgerinformation durch neue Medien?, Opladen: Westdeutscher Verlag.

Kunczik, Michael (1988): Journalismus als Beruf, Köln/Wien: Böhlau.

Küppers, Günter/Wolfgang Krohn (1992): Zur Emergenz systemspezifischer Leistungen, in: W. Krohn/G. Küppers (Hrsg.): Emergenz: Die Entstehung von Ordnung, Organisation und Bedeutung, Frankfurt a.M.: 161-188.

Kutsch, Arnulf (1988): Max Webers Anregung zur empirischen Journalismusforschung. Die ‚Zeitungs-Enquête' und eine Redakteurs-Umfrage, in: Publizistik, 33. Jg., 1988/1: 5-31.

Laitila, Tiina (1995): Journalistic Codes of Ethics in Europe, in: European Journal of Communication, Vol. 10, 1995/4: 527-544.

Lakatos, Imre (1974): Falsifikation und die Methodologie wissenschaftlicher Forschungsprogramme, in: ders./A. Musgrave (Hrsg.): Kritik und Erkenntnisfortschritt, Braunschweig/Wiesbaden: 89-190.

Lange, Bernd-Peter/Runar Woldt (1995): Fernsehverantwortung im internationalen Vergleich, Gütersloh: Verlag Bertelsmann Stiftung.

Langenbucher, Wolfgang R. (1974/75): Kommunikation als Beruf. Ansätze kommunikationswissenschaftlicher Berufsforschung, in: Publizistik, 19./20. Jg., 1974/3-4, 1975/1-2: 256-277.

Langenbucher, Wolfgang R. (1997): WIR sind die KommunikatorInnen!, in: G. Bentele/M. Haller (Hrsg.): Aktuelle Entstehung von Öffentlichkeit, Konstanz: 19-38.

Langenbucher, Wolfgang R. et al. (1976): Pressekonzentration und Journalistenfreiheit. Zur Entwicklung der Arbeits- und Beschäftigungssituation von Journalisten der Tageszeitungen in der Bundesrepublik Deutschland, Berlin: Spiess.

Lewin, Kurt (1963 [1943]): Psychologische Ökologie, in: ders.: Feldtheorie in den Sozialwissenschaften. Ausgewählte theoretische Schriften, hrsgg. v. D. Cartwright, Bern/Stuttgart: 206-222.

Lewis-Beck, Michael S. (1993): Applied Regression: An Introduction, in: M. S. Lewis-Beck (ed.): Regression Analysis, Thousand Oaks, CA: 1-68.

Lichter, S. Robert/Stanley Rothman/Linda S. Lichter (1986): The Media Elite, Bethesda/Maryland: Adler & Adler.

Liebler, Carol (1994): How Race and Gender Affect Journalists' Autonomy, in: Newspaper Research Journal, Vol. 15, 1994/3: 22-30.

Löffelholz, Martin (1993a): Beschleunigung, Fiktionalisierung, Entertainisierung. Krisen (in) der „Informationsgesellschaft", in: M. Löffelholz (Hrsg.): Krieg als Medienereignis. Grundlagen und Perspektiven der Krisenkommunikation, Opladen: 49-64.

Löffelholz, Martin (Hrsg.) (1993b): Krieg als Medienereignis. Grundlagen und Perspektiven der Krisenkommunikation, Opladen: Westdeutscher Verlag.

Löffelholz, Martin (1995): Beobachtung ohne Reflexion? Strukturen und Konzepte der Selbstbeobachtung des modernen Krisenjournalismus, in: K. Imhof/P. Schulz (Hrsg.): Medien und Krieg – Krieg in den Medien, Zürich: 171-191.

Löffelholz, Martin (1997): Dimensionen struktureller Kopplung von Öffentlichkeitsarbeit und Journalismus. Überlegungen zur Theorie selbstreferentieller Systeme und Ergebnisse einer repräsentativen Studie, in: G. Bentele/M. Haller (Hrsg.): Aktuelle Entstehung von Öffentlichkeit, Konstanz: 187-208.

Löffelholz, Martin/Klaus-Dieter Altmeppen (1994): Kommunikation in der Informationsgesellschaft, in: K. Merten/S. J. Schmidt/S. Weischenberg (Hrsg.): Die Wirklichkeit der Medien, Opladen: 570-591.

Loosen, Wiebke (1998): Die Medienrealität des Sports. Evaluation und Analyse der Printberichterstattung, Wiesbaden: Deutscher Universitäts-Verlag.

Lünenborg, Margret (1996): Geschlecht als soziales und kulturelles Konstrukt. Kritische Anmerkungen zur Geschlechterforschung in neueren Kommunikatorstudien, in: C. Mast (Hrsg.): Markt – Macht – Medien. Publizistik im Spannungsfeld zwischen gesellschaftlicher Verantwortung und ökonomischen Zielen, Konstanz: 363-373.

Lünenborg, Margret (1997): Journalistinnen in Europa. Eine international vergleichende Analyse zum Gendering im sozialen System Journalismus, Opladen: Westdeutscher Verlag.

Luhmann, Niklas (1964): Funktionen und Folgen formaler Organisation (= Schriftenreihe der Hochschule Speyer, Bd. 20), Berlin: Duncker & Humblot.

Luhmann, Niklas (1975): Soziologische Aufklärung 2. Aufsätze zur Theorie der Gesellschaft, Opladen: Westdeutscher Verlag.

Luhmann, Niklas (1981): Soziologische Aufklärung 3. Soziales System, Gesellschaft, Organisation, Opladen: Westdeutscher Verlag.

Luhmann, Niklas (1982): World Society as a Social System, in: F. Geyer/J. van der Zouwen (Hrsg.): Dependence and Equality: A Systems Approach to the Problems of Mexico and Other Developing Countries, Oxford: 295-306.

Luhmann, Niklas (1984): Soziale Systeme. Grundriß einer allgemeinen Theorie, Frankfurt a. M.: Suhrkamp.

Luhmann, Niklas (1986): Ökologische Kommunikation. Kann die moderne Gesellschaft sich auf ökologische Gefährdungen einstellen, Opladen: Westdeutscher Verlag.

Luhmann, Niklas (1988): Die Wirtschaft der Gesellschaft, Frankfurt a. M.: Suhrkamp.

Luhmann, Niklas (1990a): Die Wissenschaft der Gesellschaft, Frankfurt a. M.: Suhrkamp.

Luhmann, Niklas (1990b): Soziologische Aufklärung 5. Konstruktivistische Perspektiven, Opladen: Westdeutscher Verlag.

Luhmann, Niklas (1991 [1970]): Soziologische Aufklärung. Aufsätze zur Theorie sozialer Systeme, Bd. 1, 6. Aufl., Opladen: Westdeutscher Verlag.

Luhmann, Niklas (1992): Wer kennt Will Martens? Eine Anmerkung zum Problem der Emergenz sozialer Systeme, in: Kölner Zeitschrift für Soziologie und Sozialpsychologie, 44. Jg., 1992/1: 139-142.

Luhmann, Niklas (1993a): Bemerkungen zu „Selbstreferenz" und zu „Differenzierung" aus Anlaß von Beiträgen in Heft 6, 1992, der ZfS, in: Zeitschrift für Soziologie, 22. Jg., 1993/2: 141-143.

Luhmann, Niklas (1993b): Das Recht der Gesellschaft, Frankfurt a. M.: Suhrkamp.

Luhmann, Niklas (1994): Gesellschaft als Differenz: Zu den Beiträgen von Gerhard Wagner und Alfred Bohnen in der ZfS Heft 4 (1994), in: Zeitschrift für Soziologie, 23. Jg., 1994/6: 477-481.

Luhmann, Niklas (1995): Die operative Geschlossenheit psychischer und sozialer Systeme, in: N. Luhmann (Hrsg.): Soziologische Aufklärung 6. Die Soziologie und der Mensch, Opladen: 25-36.

Luhmann, Niklas (1996): Die Realität der Massenmedien, 2., erweit. Aufl., Opladen: Westdeutscher Verlag.

Luhmann, Niklas (1997): Die Gesellschaft der Gesellschaft (2 Bde.), Frankfurt a. M.: Suhrkamp.

Mahle, Walter A. (1974): Zukunft ohne Zeitung? Der vernachlässigte Leser zwischen Anzeige und Vertrieb, in: U. Magnus (Hrsg.): Massenmedien in der Prognose. Konzepte und Modelle für die Zukunft, Berlin: 139-149.

Mahle, Walter A./Claus Wilkens (1969): Kritische Anmerkungen zur Methode der Publizistischen Stichprobe, in: Publizistik, 14. Jg., 1969/4: 432-442.

Marcinkowski, Frank (1993): Publizistik als autopoietisches System. Politik und Massenmedien. Eine systemtheoretische Analyse, Opladen: Westdeutscher Verlag.

Marcinkowski, Frank (1996): Rezension von „Achim Baum: Journalistisches Handeln", in: Rundfunk und Fernsehen, 44. Jg., 1996/1: 120-122.

Maresch, Rudolf (1997): Öffentlichkeit im Netz, in: S. Münker/A. Roesler (Hrsg.): Mythos Internet, Frankfurt a. M.: 193-212.

Marron, Maria (1995): How Irish Journalists View Investigative Reporting, in: Newspaper Research Journal, Vol. 16, 1995/4: 87-102.

Martens, Wil (1991): Die Autopoiesis sozialer Systeme, in: Kölner Zeitschrift für Soziologie und Sozialpsychologie, 43. Jg., 1991/4: 625-646.

Martin, Hans-Peter/Harald Schumann (1997): Die Globalisierungsfalle, 10. Aufl., Reinbek b. Hamburg: Rowohlt.

Martin, Marc (1997): Médias et journalistes de la république, Paris: Éditions Odile Jacob.

Maseberg, Eberhard/Sibylle Reiter/Will Teichert (Hrsg.) (1996): Führungsaufgaben in Redaktionen, Güterloh: Verlag Bertelsmann Stiftung.

Mast, Claudia (1984): Der Redakteur am Bildschirm. Auswirkungen moderner Technologien auf Arbeit und Berufsbild der Journalisten, Konstanz: Universitätsverlag.

Mast, Claudia/Manuela Popp/Rüdiger Theilmann (1997): Journalisten auf der Datenautobahn. Qualifikationsprofile im Multimedia-Zeitalter, Konstanz: UVK.

Maturana, Humberto (1985 [1982]): Erkennen: Die Organisation und Verkörperung von Wirklichkeit (= Wissenschaftstheorie, Wissenschaft und Philosophie, Bd. 19), 2. Aufl., Braunschweig/Wiesbaden: Vieweg.

Maturana, Humberto R. (1987): Kognition, in: S. J. Schmidt (Hrsg.): Der Diskurs des radikalen Konstruktivismus, Frankfurt a. M.: 89-118.

Mayntz, Renate et al. (1988): Differenzierung und Verselbständigung. Zur Differenzierung gesellschaftlicher Teilsysteme, Frankfurt a. M.: Campus.

Mead, George H. (1995): Geist, Identität und Gesellschaft. Aus der Sicht des Sozialbehaviorismus, 10. Aufl., Frankfurt a. M.: Suhrkamp.

Meckel, Miriam (1996): Perspektiven der globalen Informationsgesellschaft, in: dies./M. Kriener (Hrsg.): Internationale Kommunikation, Opladen: 299-321.

Meckel, Miriam/Markus Kriener (Hrsg.) (1996): Internationale Kommunikation. Eine Einführung, Opladen: Westdeutscher Verlag.

Merten, Klaus (1991): Artefakte der Medienwirkungsforschung: Kritik klassischer Annahmen, in: Publizistik, 36. Jg., 1991/1: 36-55.

Merten, Klaus (1995 [1983]): Inhaltsanalyse. Eine Einführung in Theorie, Methode und Praxis, 2. korr. Aufl., Opladen: Westdeutscher Verlag.

Merten, Klaus (1996): Reactivity in Content Analysis, in: Communications. The European Journal of Communication Research, Vol. 21, 1996/1: 65-76.

Merten, Klaus/Joachim Westerbarkey (1994): Public Opinion und Public Relations, in: K. Merten/S. J. Schmidt/S. Weischenberg (Hrsg.): Die Wirklichkeit der Medien, Opladen: 188-211.

Meyer, Kurt (1994): Zum Auswahlplan des Mikrozensus ab 1990, in: S. Gabler/J. H. P. Hoffmeyer-Zlotnik/D. Krebs (Hrsg.): Gewichtung in der Umfragepraxis, Opladen: 106-111.

Miller, Phyllis/Randy Miller (1995): The Invisible Woman: Female Sports Journalists in the Workplace, in: Journalism & Mass Communication Quarterly, Vol. 72, 1995/4: 883-889.

Morris, Merrill/Christine Ogan (1996): The Internet as Mass Medium, in: Journal of Communication, Vol. 46, 1996 /1 (Winter): 39-50.

Mosebach, Bernd (1996): Alles bewältigt?, Frankfurt a. M.: Lang.

Mouffok, Ghania (1996): Etre Journaliste en Algerié 1988-1995, Paris: Reporters sans frontières.

Mühlberger, Holger (1979): Stille Teilhaber. Zur gesellschaftlichen Integration von Lokaljournalisten, in: H. M. Kepplinger (Hrsg.): Angepaßte Außenseiter. Was Journalisten denken und wie sie arbeiten, Freiburg/München: 97-114.

Müller-Schöll, Ulrich/Stephan Ruß-Mohl (1994): Journalismus und Ethik, in: O. Jarren (Hrsg.): Medien und Journalismus 1. Eine Einführung, Opladen: 267-294.

Münch, Richard (1991): Dialektik der Kommunikationsgesellschaft, Frankfurt a. M.: Suhrkamp.

Münker, Stefan/Alexander Roesler (Hrsg.) (1997): Mythos Internet, Frankfurt a. M.: Suhrkamp.

Muzik, Michael (1996): Presse und Journalismus in Japan. Yomiuri Shimbun - die auflagenstärkste Zeitung der Welt, Köln/Weimar/Wien: Böhlau.

Nassehi, Armin (1992): Wie wirklich sind Systeme? Zum ontologischen und epistemologischen Status von Luhmanns Theorie selbstreferentieller Systeme, in: W. Krawietz/M. Welker (Hrsg.): Kritik der Theorie sozialer Systeme. Auseinandersetzungen mit Luhmanns Hauptwerk, Frankfurt a. M.: 43-70.

Nayman, Oguz B. (1973): Professional Orientations of Journalists: An Introduction to Communicator Analysis Studies, in: Gazette, Vol. XIX, 1973/4: 195-212.

Negroponte, Nicholas (1995): Being Digital, New York: Knopf.

Neidhardt, Friedhelm (1994): Öffentlichkeit, öffentliche Meinung, soziale Bewegungen, in: Friedhelm Neidhardt (Hrsg.): Öffentlichkeit, öffentliche Meinung, soziale Bewegungen, Opladen: 7-41.

Neuberger, Christoph (1996): Journalismus als Problembearbeitung. Objektivität und Relevanz in der öffentlichen Kommunikation, Konstanz: UVK.

Neuberger, Christoph (1997): Was ist wirklich, was ist wichtig? Zur Begründung von Qualitätskriterien im Journalismus, in: G. Bentele/M. Haller (Hrsg.): Aktuelle Entstehung von Öffentlichkeit, Konstanz: 311-322.

Neuharth, Al (1991 [1989]): S.O.B. Erfolgsgeheimnisse eines Hundesohnes, Frankfurt a. M./Berlin: Ullstein.

Neumann, Sieglinde (1997): Redaktionsmanagement in den USA: Fallbeispiel „Seattle Times", München: Saur.

Neverla, Irene (1979): Arbeitszufriedenheit von Journalisten, München: Minerva.

Neverla, Irene (1983): Arbeitsmarktsegmentation im journalistischen Beruf, in: Publizistik, 28. Jg., 1983/3: 343-362.

Neverla, Irene (1986): Balanceakt zwischen Angleichung und Abweichung im Journalismus. Aspekte beruflicher Sozialisation von Journalistinnen, in: Publizistik, 31. Jg., 1986/1-2: 129-137.

Neverla, Irene (Hrsg.) (1998): Das Netz-Medium. Kommunikative Potentiale eines Mediums in Entwicklung, Opladen/Wiesbaden: Westdeutscher Verlag [im Druck].

Neverla, Irene/Gerda Kanzleiter (1984): Journalistinnen. Frauen in einem Männerberuf, Frankfurt a. M./New York: Campus.

N. N. (1996): The Net (Themenheft), Journal of Communication, Vol. 46, 1996/1.

Noelle-Neumann, Elisabeth (1977a): Umfragen zur inneren Pressefreiheit (= Journalismus, Bd. 7), Düsseldorf: Droste.

Noelle-Neumann, Elisabeth (1977b): Das doppelte Meinungsklima. Der Einfluß des Fernsehens im Wahlkampf 1976, in: Politische Vierteljahresschrift, 18. Jg., 1977/2-3: 408-451.

Noelle-Neumann, Elisabeth (1983): The Effect of Media on Media Effects Research, in: Journal of Communication, Vol. 33, 1983/3: 157-165.

Noelle-Neumann, Elisabeth/Winfried Schulz (Hrsg.) (1971): Publizistik, Frankfurt: Fischer.

Norusis, Marija (1993a): SPSS® for Windows™: Base System User's Guide, Release 6.0, Chicago: SPSS.

Norusis, Marija (1993b): SPSS® for Windows™: Professional Statistics, Release 6.0, Chicago: SPSS.

Pannen, Stefan (1992): Die Weiterleiter, Köln: Wissenschaft und Politik.

Patterson, Thomas E./Wolfgang Donsbach (1996): News Decisions: Journalists as Partisan Actors, in: Political Communication, Vol. 13, 1996/4: 455-468.

Peetz, Sylvia (1993): Rundfunkjournalisten in der Region – Ein neuer Journalismustypus? Eine Darstellung am Beispiel des WDR-Landesstudios Münster, Münster/Hamburg: Lit.

Peters, Bernhard (1994): Der Sinn von Öffentlichkeit, in: F. Neidhardt (Hrsg.): Öffentlichkeit, öffentliche Meinung, soziale Bewegungen, Opladen: 42-76.

Petersen, Jens/Frank Stadthoewer (1997): Ergebnisse der Umfrage: „Redaktionelle Nutzung von Online-Medien bei Zeitungen", http://www.newsaktuell.de (13.8.1997).

Pollard, George (1995): The Influence of Professionalism, Perceptions of Organizational, in: Journalism & Mass Communication Quarterly, Vol. 72, 1995/3: 682-697.

Protess, David L. et al. (1991): The Journalism of Outrage. Investigative Reporting and Agenda Building in America, New York: Guildford Press.

Prott, Jürgen (1976): Bewußtsein von Journalisten. Standesdenken oder gewerkschaftliche Solidarisierung?, Frankfurt a. M./Köln: Europäische Verlagsanstalt.

Prott, Jürgen et al. (1983): Berufsbild der Journalisten im Wandel? Zeitungsredakteure unter den Bedingungen der Bildschirmarbeit, Frankfurt a. M.: Fischer.

Prutz, Robert E. (1971 [1845]): Geschichte des deutschen Journalismus, Erster Theil, Faksimiledruck nach der 1. Auflage, Göttingen: Vandenhoeck & Ruprecht.

Quittner, Joshua (1996): Die Geburt eines Völlig Neuen Journalismus, in: S. Bollmann/C. Heibach (Hrsg.): Kursbuch Internet, Mannheim: 433-436.

Reck, Roland (1996): Wasserträger des Regimes. Rolle und Selbstverständnis von DDR-Journalisten vor und nach der Wende 1989/90 (= Medien & Kommunikation, Bd. 24), Münster: Lit.

Redelfs, Manfred (1996): Investigative Reporting in den USA. Strukturen eines Journalismus der Machtkontrolle (= Studien zur Kommunikationswissenschaft. Bd. 21), Opladen: Westdeutscher Verlag.

Reimann, Horst (Hrsg.) (1992): Transkulturelle Kommunikation und Weltgesellschaft. Theorie und Pragmatik globaler Interaktion, Opladen: Westdeutscher Verlag.

Reiter, Sibylle/Stephan Ruß-Mohl (Hrsg.) (1994): Zukunft oder Ende des Journalismus? Medienmanagement – Publizistische Qualitätssicherung – Redaktionelles Marketing, Gütersloh: Bertelsmann Stiftung.

Requate, Jörg (1995): Journalismus als Beruf. Entstehung und Entwicklung des Journalistenberufs im 19. Jahrhundert. Deutschland im internationalen Vergleich, Göttingen: Vandenhoek & Ruprecht.

Reus, Gunter/Lee B. Becker (1993): The European Community and Professional Journalism Training, in: Journalism Educator, Vol. 47, 1993/4: 4-12.

Rieffel, Rémy (1984): L'élite des journalistes. Les hérauts de l'information, Paris: Presses Universitaires de France.

Rieffel, Rémy (1996): Le journalisme de radio entre information et animation – L'exemple français, in: U. E. Koch et al. (Hrsg.): Hörfunk in Deutschland und Frankreich, München: 123-136.

Robinson, Gertrude Joch (1973): Fünfundzwanzig Jahre Gatekeeper-Forschung: Eine kritische Rückschau und Bewertung, in: J. Aufermann et al. (Hrsg.): Gesellschaftliche Kommunikation und Information, Frankfurt a. M.: 345-355.

Ronneberger, Franz (1988): Sozialisation der Journalisten-Elite, in: Publizistik, 33. Jg., 1988/2-3: 395-405.

Ronneberger, Franz/Manfred Rühl (1992): Theorie der Public Relations. Ein Entwurf, Opladen: Westdeutscher Verlag.

Rösch, Günther (1994): Kriterien der Gewichtung einer nationalen Bevölkerungsstichprobe, in: S. Gabler/J. H. P. Hoffmeyer- Zlotnik/D. Krebs (Hrsg.): Gewichtung in der Umfragepraxis, Opladen: 7-26.

Ross, Steven S./Don Middleberg (1997): The Media in Cyberspace III. A National Survey, http://www.mediasource.com/study/CONT.HTM (6.11.1997).

Rothe, Günter/Michael Wiedenbeck (1994): Stichprobengewichtung: Ist Repräsentativität machbar?, in: S. Gabler/J. H.P. Hoffmeyer-Zlotnik/ D. Krebs (Hrsg.): Gewichtung in der Umfragepraxis, Opladen: 46-61.

Roucaute, Yves (1991): Splendeurs et Misères des Journalistes, Paris: Calmann-Lévy.

Rückel, Roland R. (1975): Lokalredakteure. Eine vergleichende Rollenanalyse. Opladen: Westdeutscher Verlag.

Rühl, Manfred (1969): Die Zeitungsredaktion als organisiertes soziales System (= Gesellschaft und Kommunikation, Bd.1), Bielefeld: Bertelsmann Universitätsverlag.

Rühl, Manfred (1970): Der Forscher als teilnehmender Beobachter der Arbeit und Organisation von Massenmedien, in: Rundfunk und Fernsehen, 18. Jg., 1970/2: 156-168.

Rühl, Manfred (1978): Markt und Journalismus, in: M. Rühl/J. Walchshöfer (Hrsg.): Politik und Kommunikation, Nürnberg: 237-271.

Rühl, Manfred (1979 [1969]): Die Zeitungsredaktion als organisiertes soziales System, 2. verb. u. erw. Auflage, Fribourg: Universitätsverlag.

Rühl, Manfred (1980): Journalismus und Gesellschaft. Bestandsaufnahme und Theorieentwurf, Mainz: von Hase & Köhler.

Rühl, Manfred (1989): Organisatorischer Journalismus. Tendenzen der Redaktionsforschung, in: M. Kaase/W. Schulz (Hrsg.): Massenkommunikation. Theorien, Methoden, Befunde, Opladen: 253-269.

Rühl, Manfred (1992): Theorie des Journalismus, in: R. Burkart/W. Hömberg (Hrsg.): Kommunikationstheorien. Ein Textbuch zur Einführung, Wien: 117-133.

Rühl, Manfred (1993): Marktpublizistik. Oder: Wie alle - reihum - Presse und Rundfunk bezahlen, in: Publizistik, 38. Jg., 1993/2: 125-152.

Rühl, Manfred (1998a): Publizistische Arbeit im Internet, in: B. Dernbach et al. (Hrsg.): Publizistik im vernetzten Zeitalter, Opladen/Wiesbaden: 17-42.

Rühl, Manfred (1998b): Von fantastischen Medien und publizistischer Medialisierung, in: B. Dernbach et al. (Hrsg.): Publizistik im vernetzten Zeitalter, Opladen/Wiesbaden: 95-107.

Ruhrmann, Georg (1993): Ist Aktualität noch aktuell? Journalistische Selektivität und ihre Folgen, in: M. Löffelholz (Hrsg.): Krieg als Medienereignis. Grundlagen und Perspektiven der Krisenkommunikation, Opladen: 81-96.

Ruhrmann, Georg/Jörg-Uwe Nieland (1997): Interaktives Fernsehen, Opladen: Westdeutscher Verlag.

Ruoff, Robert (1982): Erfahrungen mit dem Thema. Objektivität - ein Problemaufriß, in: G. Bentele/R. Ruoff (Hrsg.): Wie objektiv sind unsere Medien?, Frankfurt a. M.: 11-37.

Ruß-Mohl, Stephan (1994): Der I-Faktor. Qualitätssicherung im amerikanischen Journalismus. Modell für Europa?, Zürich/Osnabrück: Interfrom/Fromm.

Russial, John T. (1995): Mixed Messages on Pagination and Other New Skills, in: Newspaper Research Journal, Vol. 16, 1995/1: 60-70.

Rust, Holger (1984): Die Zukunft der Mediengesellschaft: ein ethnologischer Essay über Öffentlichkeit und Kommunikation, Berlin: Spiess.

Rust, Holger (1986): Entfremdete Elite? Journalisten im Kreuzfeuer der Kritik, Wien: Literas.

Saffarnia, Pierre A. (1993): Determiniert Öffentlichkeitsarbeit tatsächlich den Journalismus? Empirische Belege und theoretische Überlegungen gegen die PR-Determinierungsannahme, in: Publizistik, 38. Jg., 1993/4: 412-425.

Saxer, Ulrich (1992): Systemtheorie und Kommunikationswissenschaft, in: R. Burkart/W. Hömberg (Hrsg.): Kommunikationstheorien, Wien: 91-110.

Saxer, Ulrich (1993): Medien und Politik in der Schweiz, in: M. Schanne/P. Schulz (Hrsg.): Journalismus in der Schweiz, Aarau/Frankfurt a. M.: 81-104.

Saxer, Ulrich (1997): Kommunikationsforschung und Kommunikatoren, in: G. Bentele/M. Haller (Hrsg.): Aktuelle Entstehung von Öffentlichkeit, Konstanz: 39-54.

Schanne, Michael/Peter Schulz (Hrsg.) (1993): Journalismus in der Schweiz. Fakten, Überlegungen, Möglichkeiten, Aarau/Frankfurt a. M.: Sauerländer.

Scheuch, Erwin K. (1974): Auswahlverfahren in der Sozialforschung, in: René König (Hrsg.): Handbuch der empirischen Sozialforschung, Band 3a: Grundlegende Methoden und Techniken der emprischen Sozialforschung. Zweiter Teil, 3. Aufl., Stuttgart: 1-96.

Schimank, Uwe (1996): Theorien gesellschaftlicher Differenzierung. Opladen: Leske + Budrich.

Schlosser, Otto (1976): Einführung in die sozialwissenschaftliche Zusammenhangsanalyse, Reinbek: Rowohlt.

Schmid, Ulrich/Herbert Kubicek (1994): Von den ‚alten' Medien lernen, in: Media Perspektiven 1994/8: 401-408.

Schmidt, Siegfried J. (1989): Die Selbstorganisation des Sozialsystems Literatur im 18. Jahrhundert, Frankfurt a. M.: Suhrkamp.

Schmidt, Siegfried J. (1994): Kognitive Autonomie und soziale Orientierung. Konstruktivistische Bemerkungen zum Zusammenhang von Kognition, Kommunikation, Medien und Kultur, Frankfurt a. M.: Suhrkamp.

Schmidt, Siegfried J. (1996): Die Welten der Medien. Grundlagen und Perspektiven der Medienbeobachtung, Braunschweig/Wiesbaden: Vieweg.

Schmidt, Siegfried J. (1998): Wirklichkeiten und Fiktionen in Zeiten des Internet, in: Akten des Deutschen Romanistentages 1997, Jena [im Druck].

Schmidt, Siegfried J./Brigitte Spieß (1997): Die Kommerzialisierung der Kommunikation. Fernsehwerbung und sozialer Wandel 1956-1989, Frankfurt a. M.: Suhrkamp.

Schmidt, Siegfried J./Siegfried Weischenberg (1994): Mediengattungen, Berichterstattungsmuster, Darstellungsformen, in: K. Merten/S. J. Schmidt/S. Weischenberg (Hrsg.): Die Wirklichkeit der Medien, Opladen: 212-236.

Schneider, Beate/Klaus Schönbach/Dieter Stürzebecher (1993a): Westdeutsche Journalisten im Vergleich: jung, professionell und mit Spaß an der Arbeit, in: Publizistik, 38. Jg., 1993/1: 5-30.

Schneider, Beate/Klaus Schönbach/Dieter Stürzebecher (1993b): Journalisten im vereinigten Deutschland. Strukturen, Arbeitsweisen und Einstellungen im Ost-West-Vergleich, in: Publizistik, 38. Jg., 1993/4: 353-382.

Schneider, Wolfgang Ludwig (1994): Die Beobachtung von Kommunikation. Zur kommunikativen Konstruktion sozialen Handelns, Opladen: Westdeutscher Verlag.

Schönbach, Klaus (1997): Das hyperaktive Publikum - Essay über eine Illusion, in: Publizistik, 42. Jg., 1997/3: 279-286.

Schönbach, Klaus/Dieter Stürzebecher/Beate Schneider (1994): Oberlehrer und Missionare? Das Selbstverständnis deutscher Journalisten, in: F. Neidhardt (Hrsg.): Öffentlichkeit, öffentliche Meinung, soziale Bewegungen, Opladen: 139-161.

Scholl, Armin (1993): Die Befragung als Kommunikationssituation. Zur Reaktivität im Forschungsinterview, Opladen: Westdeutscher Verlag.

Scholl, Armin (1994a): Ist der Ost-West-Vergleich im Journalismus obsolet geworden?, in: W. A. Mahle (Hrsg.): Journalisten in Deutschland. Nationale und internationale Perspektiven, München: 81-88.

Scholl, Armin (1994b): Einstellung und Handeln stimmen nicht überein. Zum Selbstbild der Journalisten in Deutschland, in: Adolf-Grimme-Institut (Hrsg.): Unsere Medien - Unsere Republik 2: Deutsche Selbst- und Fremdbilder in den Medien von BRD und DDR, Heft 8: „1994: Aufregende Einheit", Marl: 30-33.

Scholl, Armin (1995a): Rollenselbstverständnis ost- und westdeutscher Journalisten. Einige klärende theoretische Bemerkungen, in: M. Haller/ K. Puder/J. Schlevoigt (Hrsg.): Presse Ost – Presse West. Journalismus im vereinten Deutschland, Berlin: 226-231.

Scholl, Armin (1995b): Namenlose Schreiber, in: Journalist 1995/4: 25-26.

Scholl, Armin (1995c): Schlüsselrolle Chefredakteur, in: Journalist 1995/2: 16-17.

Scholl, Armin (1996): Sampling Journalists, in: Communications. The European Journal of Communication Research, Vol. 21, 1996/3: 331-343.

Scholl, Armin (1997a): Autonomie und Informationsverhalten im Journalismus, in: G. Bentele/M. Haller (Hrsg.): Aktuelle Entstehung von Öffentlichkeit, Konstanz: 127-139.

Scholl, Armin (1997b): Journalismus als Gegenstand empirischer Forschung: Ein Definitionsvorschlag, in: Publizistik, 42. Jg., 1997/4: 468-486.

Scholl, Armin/Christian Bobbenkamp (1993): Gibt es einen Dritten Weg? Alternative Medien und das Konzept „Gegenöffentlichkeit", in: M.

Löffelholz (Hrsg.): Krieg als Medienereignis. Grundlagen und Perspektiven der Krisenkommunikation, Opladen: 229-244.

Schulz, Rüdiger (1974): Entscheidungsstrukturen der Redaktionsarbeit. Eine vergleichende empirische Analyse des redaktionellen Entscheidungshandelns bei regionalen Abonnementzeitungen, rer. pol. Diss., Mainz.

Schulz, Ute (1993): Journalistinnen im Medienvergleich: mal mehr, mal weniger benachteiligt?, in: Publizistik, 38. Jg., 1993/4: 542-556.

Schulz, Winfried (1968): Zur Methode der Publizistischen Stichprobe, in: Publizistik, 13. Jg., 1968/2-4: 330-339.

Schütt, Bernd (1981): Vom Tagesschriftsteller zum technischen Redakteur? Versuch einer logisch-historischen und empirischen Analyse journalistischer Tätigkeit, Frankfurt: Haag + Herchen.

Schweda, Claudia/Rainer Opherden (1995): Journalismus und Public Relations. Grenzbeziehungen im System lokaler politischer Kommunikation, Wiesbaden: Deutscher Universitäts Verlag.

Schwegler, Helmut (1992): Systemtheorie als Weg zur Vereinheitlichung der Wissenschaften?, in: W. Krohn/G. Küppers (Hrsg.): Emergenz: Die Entstehung von Ordnung, Organisation und Bedeutung, Frankfurt a. M.: 27-56.

Shamir, Jacob (1988): Israeli Elite Journalists: Views on Freedom and Responsibility, in: Journalism Quarterly, Vol. 65, 1988/3: 589-594, 647.

Shoemaker, Pamela J./Stephen D. Reese (1991): Mediating the Message. Theories of Influences on Mass Media Content, New York: Longman.

Siebert, Fred S./ Theodore Peterson/Wilbur Schramm (1956): Four Theories of The Press, Urbana: University of Illinois Press.

Sievert, Holger (1998): Europäischer Journalismus. Theorie und Empirie aktueller Medienkommunikation in der EU, Opladen/Wiesbaden: Westdeutscher Verlag.

Singer, Jane B. (1997): Changes and consistencies. Newspaper journalists contemplate online future, in: Newspaper Research Journal, Vol. 18, 1997/1-2: 2-18.

Slife, Brent D./Richard N. Williams (1995): What's Behind the Research? Discovering Hidden Assumptions in the Behavioral Sciences, Thousand Oaks/London/New Delhi: Sage Publications.

Sloterdijk, Peter (1994): Medien-Zeit. Drei gegenwarts-diagnostische Versuche (= Schriftenreihe der Staatlichen Hochschule für Gestaltung Karlsruhe, Bd. 1), Stuttgart: Cantz.

Sohn, Ardyth B. (1984): Goals and Achievement Orientations Of Women Newspaper Managers, in: Journalism Quarterly, Vol. 61, 1984/3: 600-605.

Spangenberg, Peter M. (1993): Stabilität und Entgrenzung von Wirklichkeiten. Systemtheoretische Überlegungen zu Funktion und Leistung der

Massenmedien, in: S. J. Schmidt (Hrsg.): Literaturwissenschaft und Systemtheorie, Opladen: 66-100.

Spencer Brown, George (1969): Laws of Form, London: Allen & Unwin.

Splichal, Sigman L./Bruce Garrison (1995): Gender As a Factor in Newsroom Managers' Views on Covering The Private Lives of Politicians, in: Mass Comm Review, Vol. 22, 1995/1-2: 101-108.

Splichal, Slavko/Colin Sparks (1994): Journalists for the 21st Century. Tendencies of Professionalization Among First-Year Students in 22 Countries, Norwood/New Jersey: Ablex.

Staab, Joachim Friedrich (1990): Nachrichtenwert-Theorie. Formale Struktur und empirischer Gehalt, Freiburg/München: Alber.

Steg, Thomas (1992): Redakteure und Rationalisierung. Betriebliche Strategien bei der Einführung rechnergesteuerter Redaktionssysteme in Tageszeitungen. Eine Fallstudie in drei norddeutschen Zeitungsverlagen, Frankfurt a. M.: Haag + Herchen.

Steinhausen, Detlef/Klaus Langer (1977): Clusteranalyse. Einführung in Methoden der automatischen Klassifikation, Berlin/New York: de Gruyter.

Stephenson, Hugh/Pierre Mory (1990): Journalism Training in Europe, o. O.

Stichweh, Rudolf (1995): Zur Theorie der Weltgesellschaft, in: Soziale Systeme 1995/1: 29-45.

Stocking, S. Holly/Paget H. Gross (1989): How Do Journalists Think? A Proposal for the Study of Cognitive Bias in Newsmaking, Bloomington, IN: ERIC Clearinghouse on Reading and Communication Skills.

Sussman, Leonard R. (1991): Dying (and Being Killed) on the Job: A Case Study of World Journalists 1982-1989, in: Journalism Quarterly, Vol. 68, 1991/1-2: 195-199.

Sylvie, George (1996): Departmental Influences on Interdepartmental Cooperation, in: Journalism & Mass Communication Quarterly, Vol. 73, 1996/1: 230-241.

Szyska, Peter (1997): Bedarf oder Bedrohung? Zur Frage der Beziehungen des Journalismus zur Öffentlichkeitsarbeit, in: G. Bentele/M. Haller (Hrsg.): Aktuelle Entstehung von Öffentlichkeit, Konstanz: 209-224.

Tauss, Jörg/Johannes Kollbeck/Jan Mönikes (Hrsg.) (1996): Deutschlands Weg in die Informationsgesellschaft, Baden-Baden: Nomos.

Thomaß, Barbara (1996): Journalistische Ethik: Die französische Diskussion um die déontologie, in: Publizistik, 41. Jg., 1996/2: 172-186.

Tuchman, Gaye (1978): Making News. A Study in the Construction of Reality, New York: The Free Press.

Tuchman, Gaye (1980): Die Verbannung der Frau in die symbolische Nichtexistenz durch die Massenmedien, in: Fernsehen und Bildung, 14. Jg., 1980/1-2: 10-43.

Turk, Judy VanSlyke (1986): Information Subsidies and Media Context, Journalism Monographs No. 100, Dec. 1986.

Turner, Geoff (1993): Towards Equity: Women's Emerging Role in Australien Journalism, in: Australian Studies in Journalism 1993/2: 124-169.

Turrey, Christian (1990): Wird das Publikum mißachtet? Zum Publikumsbild von Journalisten und seinen medien-ethischen Konsequenzen für die publizistische Praxis, in: Communicatio Socialis, 23. Jg., 1990/4: 276-319.

Uekermann, Heinz (1978): Expertengespräch: Journalismus als Beruf, in: Presse- und Informationsamt der Bundesregierung (Hrsg.): Kommunikationspolitische und kommunikationswissenschaftliche Forschungsprojekte der Bundesregierung (1974-1978), Bonn: 141-148

Varela, Francisco J. (1987): Autonomie und Autopoiese, in: S. J. Schmidt (Hrsg.): Der Diskurs des radikalen Konstruktivismus, Frankfurt a. M.: Suhrkamp: 119-132.

Wagner, Gerhard (1994): Am Ende der systemtheoretischen Soziologie. Niklas Luhmann und die Dialektik, in: Zeitschrift für Soziologie, 23. Jg., 1994/4: 275-291.

Walsh-Childers, Kim/Jean Chance/Kristin Herzog (1996a): Woman Journalists report Discrimination in Newsrooms, in: Newspaper Research Journal, 17. Jg., 1996/3-4: 68-87.

Walsh-Childers, Kim/Jean Chance/Kristin Herzog (1996b): Sexual Harassment of Women Journalists, in: Journalism & Mass Communication Quaterly, 73. Jg., 1996/3: 559-581.

Weaver, David (1996): Journalists in Comparative Perspective: Backgrounds and Professionalism, in: Javnost/The Public, Vol. 3, 1996/4: 83-91.

Weaver, David (ed.) (1998): The Global Journalist, Cresskill, NJ: Hampton Press.

Weaver, David H./G. Cleveland Wilhoit (1991 [1986]): The American Journalist. A Portrait of U.S. News People and Their Work, 2nd ed., Bloomington, IN: Indiana University Press.

Weaver, David H./G. Cleveland Wilhoit (1996): The American Journalist in the 1990s. U.S. News People at the End of an Era, Mahwah, NJ: Lawrence Erlbaum Associates.

Weber, Stefan (1997): Doppelte Differenz. Schritte zu einer „konstruktivistischen Systemtheorie der Medienkommunikation", in: Medien Journal, 21. Jg., 1997/1: 34-43.

Wehrspaun, Michael (1994): Kommunikation und (soziale) Wirklichkeit. Weber, Elias, Goffman, in: G. Rusch/S. J. Schmidt (Hrsg.): Konstruktivismus und Sozialtheorie, Frankfurt a. M.: 11-46.

Weischenberg, Siegfried (1976): Die Außenseiter der Redaktion. Struktur und Funktion des Sportjournalismus: Theorie und empirische Analyse im Rahmen eines allgemeines Konzeptes komplexer Kommunikatorforschung, Bochum: Brockmeyer.

Weischenberg, Siegfried (1977): Berufliche Autonomie und journalistisches Selbstverständnis. Eine Problematisierung der Professionalisierungstheorie am Beispiel der Sportpresseverbände als Standesorganisationen, in: Publizistik, 22. Jg., 1977/2: 150-158.

Weischenberg, Siegfried (1978): Die elektronische Redaktion, München/New York: Saur.

Weischenberg, Siegfried (1982): Journalismus in der Computergesellschaft, München/New York: Saur.

Weischenberg, Siegfried (1983): Zur Dynamik elektronischer Aussagenproduktion, in: Media Perspektiven 1983/3: 159-174.

Weischenberg, Siegfried (1985a): Die Unberechenbarkeit des Gatekeepers. Zur Zukunft professioneller Informationsvermittlung im Prozeß technisch-ökonomischen Wandels, in: Rundfunk und Fernsehen, 33. Jg., 1985/2: 187-201.

Weischenberg, Siegfried (1985b): Marktplatz der Elektronen. Reuters auf dem Weg zurück in die Zukunft. Eine Fallstudie zum Profil künftiger ‚Massenkommunikation', in: Publizistik, 30. Jg., 1985/4: 485-508.

Weischenberg, Siegfried (1989): Der enttarnte Elefant. Journalismus in der Bundesrepublik - und die Forschung, die sich ihm widmet, in: Media Perspektiven 1989/4: 227-239.

Weischenberg, Siegfried (1990 [1988]): Nachrichtenschreiben. Journalistische Praxis zum Studium und Selbststudium, 2. Aufl., Opladen: Westdeutscher Verlag.

Weischenberg, Siegfried (1992): Journalistik. Theorie und Praxis aktueller Medienkommunikation, Bd.1: Mediensysteme, Medienethik, Medieninstitutionen, Opladen: Westdeutscher Verlag.

Weischenberg, Siegfried (1993): Zwischen Zensur und Verantwortung. Wie Journalisten (Kriege) konstruieren, in: M. Löffelholz (Hrsg.): Krieg als Medienereignis, Opladen: 65-80.

Weischenberg, Siegfried (1994): Annäherungen an die ‚Außenseiter'. Theoretische Einsichten und vergleichende empirische Befunde zu Wandlungsprozessen im Sportjournalismus, in: Publizistik, 39. Jg., 1994/4: 428-452.

Weischenberg, Siegfried (1995): Journalistik. Theorie und Praxis aktueller Medienkommunikation. Bd. 2: Medientechnik, Medienfunktionen, Medienakteure, Opladen: Westdeutscher Verlag.

Weischenberg, Siegfried (1997): Neues vom Tage. Die Schreinemakerisierung unserer Medienwelt, Hamburg: Rasch und Röhring.

Weischenberg, Siegfried (1998): Pull, Push und Medienpfusch. Computerisierung – kommunikationswissenschaftlich revisited, in: I. Neverla

(Hrsg.): Das Netz-Medium. Kommunikative Potentiale eines Mediums in Entwicklung, Opladen/Wiesbaden [im Druck].

Weischenberg, Siegfried/Klaus-Dieter Altmeppen/Martin Löffelholz (1994): Die Zukunft des Journalismus. Technologische, ökonomische und redaktionelle Trends, Opladen: Westdeutscher Verlag.

Weischenberg, Siegfried/Susanne von Bassewitz/Armin Scholl (1989): Konstellationen der Aussagenentstehung. Zur Handlungs- und Wirkungsrelevanz journalistischer Kommunikationsabsichten, in: M. Kaase/W. Schulz (Hrsg.): Massenkommunikation. Theorien, Methoden, Befunde, Opladen: 280-300.

Weischenberg, Siegfried/Martin Löffelholz/Armin Scholl (1993): Profile der Aussagenentstehung. Journalismus in Deutschland: Design und erste Befunde der Kommunikatorstudie, in: Media Perspektiven 1993/1: 21-33.

Weischenberg, Siegfried/Martin Löffelholz/Armin Scholl (1994a): Dualisierung des Journalismus? Auswirkungen der Kommerzialisierung des Rundfunksystems auf die Aussagenentstehung bei Hörfunk und Fernsehen, in: O. Jarren (Hrsg.): Medienwandel - Gesellschaftswandel? 10 Jahre dualer Rundfunk in Deutschland. Eine Bilanz, Berlin: 179-196.

Weischenberg, Siegfried/Martin Löffelholz/Armin Scholl (1994b): Journalisten in Deutschland, in: Sage & Schreibe Special 1994/4.

Weischenberg, Siegfried/Martin Löffelholz/Armin Scholl (1994c): Merkmale und Einstellungen von Journalisten. Journalismus in Deutschland II, in: Media Perspektiven 1994/4: 154-167.

Weischenberg, Siegfried/Martin Löffelholz/Armin Scholl (1998): Journalism in Germany, in: D. Weaver (ed.): The Global Journalist, Cresskill, NJ: 229-256.

Weischenberg, Siegfried/Armin Scholl (1995): Konstruktivismus und Ethik im Journalismus, in: G. Rusch/S. J. Schmidt (Hrsg.): Konstruktivismus und Ethik, Frankfurt a. M.: 214-240.

Weiß, Hans-Jürgen (1978): Journalismus als Beruf. Forschungssynopse, in: Presse- und Informationsamt der Bundesregierung (Hrsg.): Kommunikationspolitische und kommunikationswissenschaftliche Forschungsprojekte der Bundesregierung (1974-1978), Bonn: 109-139.

Weiß, Hans-Jürgen et al. (1977): Schlußbericht Synopse ‚Journalismus als Beruf', unveröff. Man., München.

Welsch, Wolfgang (1993): Unsere postmoderne Moderne, 4. Aufl., Berlin: Akademie Verlag.

Westerbarkey, Joachim (1995): Journalismus und Öffentlichkeit. Aspekte publizistischer Interdependenz und Interpenetration, in: Publizistik, 40. Jg., 1995/2: 152-162.

White, David M. (1950): The Gatekeeper: A Case Study In the Selection of News, in: Journalism Quarterly, Vol. 27, 1950/3: 383-390.

White, H. Allen (1996): The Salience and Pertinence of Ethics: When Journalists Do and Don't, in: Journalism & Mass Communication Quarterly, Vol. 73, 1996/1: 17-28.

Wiedebusch, Jutta (1989): Selbstverständnis und Rezipientenbilder von Hörfunkjournalisten. Dargestellt am Beispiel des WDR-Hörfunks. Ein Beitrag zur Kommunikatorforschung, Frankfurt a. M.: Verlag Peter Lang.

Wiedemann, Verena (1990): Freiwillige Selbstkontrolle der Presse in ländervergleichender Sicht, in: E.-J. Mestmäcker (Hrsg.): Selbstkontrolle und Persönlichkeitsschutz in den Medien, Gütersloh: 15-32.

Wiedemann, Verena (1994): Die 10 Todsünden der freiwilligen Presse-Selbstkontrolle, in: Rundfunk und Fernsehen, 42. Jg., 1994/1: 82-94.

Wiesand, Andreas Joh. (1977): Journalisten-Bericht. Berufssituation - Mobilität - Publizistische ‚Vielfalt', Berlin: Spiess.

Wildenmann, Rudolf/Werner Kaltefleiter (1965): Funktionen der Massenmedien (= Demokratische Existenz heute, Heft 12), Frankfurt a. M./Bonn: Athenäum.

Wilensky, Harold L. (1972): Jeder Beruf eine Profession?, in: T. Luckmann/W. M. Sprondel (Hrsg.): Berufssoziologie, Köln: 198-215.

Willke, Helmut (1989): Systemtheorie entwickelter Gesellschaften. Dynamik und Riskanz moderner gesellschaftlicher Selbstorganisation, (= Grundlagentexte Soziologie), Weinheim/München: Juventa.

Willke, Helmut (1991): Systemtheorie. Eine Einführung in die Grundprobleme der Theorie sozialer Systeme, 3. überarb. Aufl., Stuttgart/New York: Gustav Fischer (UTB).

Willke, Helmut (1995): Transformation der Demokratie als Steuerungsmodell hochkomplexer Gesellschaften, in: Soziale Systeme 1995/2: 283-300.

Wrede, Richard (1902): Grundbegriffe, in: ders. (Hrsg.): Handbuch der Journalistik, Berlin: 3-6.

Wu, Wei/David Weaver/Owen V. Johnson (1996): Professional Roles of Russian and U.S. Journalists: A Comparative Study, in: Journalism & Mass Communication Quarterly, Vol. 73, 1996/3: 534-548.

Zeiß, Michael (1981): Bewußtsein von Tageszeitungsredakteuren. Eine Studie über Bedingungen, Struktur und Folgen journalistischen Berufsverständnisses, Berlin: Spiess.

Zhu, Jian-Hua et al. (1997): Individual, Organizational and Societal Constraints on Media Professionalism, in: Journalism & Mass Communication Quarterly, Vol. 74, 1997/4: 84-96.

9 Die Studie (Anhang)
9.1 Die Stichprobe
9.1.1 Grundgesamtheit und Stichprobenbildung

Die Stichprobenbildung erfolgt in der Journalismusforschung in der Regel induktiv, d. h. ohne eine vorherige Bestimmung der Grundgesamtheit. In der Studie „Journalismus in Deutschland" wurde dagegen mit Hilfe einer vorgeschalteten *Personalzahlenerhebung* (→ Tabelle 9.1-1) die Grundgesamtheit bestimmt und nach Segmenten unterteilt (vgl. Scholl 1996; Weischenberg/Löffelholz/Scholl 1993). Damit können die zentralen Parameter (Medienbereich, Geschlecht, Anstellungsverhältnis und Position) unmittelbar auf die Stichprobe abgebildet und als konkrete Schichtenvorgaben benutzt werden.

Bei der geschichteten Stichprobe wird die Grundgesamtheit in einem ersten Schritt in Schichten zerlegt, aus denen in einem zweiten Schritt eine Zufallsauswahl erfolgt. Diese Vorgehensweise ist besonders dann sinnvoll, wenn die Grundgesamtheit in bezug auf die untersuchten Merkmale sehr heterogen ist. Eine Schichtung erhöht folglich die Genauigkeit der Stichprobe (vgl. Erichson 1992: 21).

Wird die Stichprobe zusätzlich *disproportional* geschichtet, können kleine Segmente, die für eine Analyse nicht ausreichen, berücksichtigt werden (vgl. Scheuch 1974: 35). Diese hat aber den Nachteil, daß sich bei mehrstufigen Auswahlverfahren der Standardfehler multipliziert. Das Problem wird umso größer, je homogener die Schichten bezüglich der Erhebungsmerkmale sind, je uneinheitlicher die Größe der Schichten ist und je größer die Schichten überhaupt sind (vgl. Meyer 1994: 106). Die gebildeten Schichten dürften hinsichtlich der Erhebungsmerkmale relativ heterogen sein; sie sind im einzelnen auch nicht zu groß, allerdings unterschiedlich groß.

Ein zweites Problem besteht darin, daß bei disproportionalen Stichproben nicht alle Auswahlelemente die gleiche *Auswahlwahrscheinlichkeit* haben. Allerdings ist die gleiche Auswahlwahrscheinlichkeit nur eine theoretische Annahme, die der (sozialwissenschaftlichen) Praxis nicht angemessen ist. Dagegen spricht bereits die Selbstselektion der Zielpersonen, auch bekannt als nonresponse-Problem. Entscheidend ist nach Erichson (1992:

20) die Gewährleistung einer ‚spezifischen' Repräsentanz: Wenn Informationen über die Verteilung bestimmter Merkmale in der Grundgesamtheit vorliegen, kann man deren Repräsentanz in der Stichprobe überprüfen. Ansonsten muß sich die Beurteilung von Repräsentanz auf die Bedingungen stützen, unter denen eine Stichprobe zustande gekommen ist, also auf den Prozeß der Stichprobenziehung. Es ist daher prinzipiell unsinnig, Repräsentativität generell zu behaupten, ohne zu spezifizieren, für welche Merkmale sie gelten soll.[1]

Die Gruppe der *freien Journalisten* läßt sich nur äußerst ungenau hochrechnen. Dafür gibt es zwei Gründe: Zum einen arbeiten freie Journalisten oft für mehr als einen Medienbetrieb; dies ist über die Personalzahlenerhebung nicht zu ermitteln. Zum anderen sind die Zahlen der freien Journalisten in den Medienbetrieben oft selbst nicht verfügbar; die Medienbetriebe verwenden unterschiedliche Definitionen für regelmäßig freie Journalisten, so daß die Zahlen schwer vergleichbar sind. Außerdem sind die freien Journalisten keine Redaktionsmitglieder, weshalb ihre Zahl selbst den Ressortleitern oft unbekannt ist. Aufgrund dieser Ungenauigkeit der Angaben, die durch die Personalzahlenerhebung ermittelt wurde, konnte die Proportionierung der freien Journalisten noch nicht bei der Stichprobenziehung berücksichtigt, sondern erst im nachhinein durch Gewichtung exakt bestimmt werden.

Die *Personalzahlenerhebung* hat eine Rohzahl von N = 32.731 für die ständigen oder regelmässig beschäftigten freien Journalisten ergeben. In einer vorsichtigen und groben Schätzung, die die Mehrfachzählung aufgrund der medienvermittelten Erhebung und die definitorische Unsicherheit in Rechnung stellte, konnte diese Zahl auf ungefähr 20.000 reduziert werden (vgl. Weischenberg/Löffelholz/Scholl 1993: 28 ff.). Erst die Befragung selbst lieferte zwei, für eine genaue Hochrechnung notwendige Parameter:

- die Anzahl der Medienbetriebe, für die die freien Journalisten arbeiten, und

- die Anzahl der nach der obigen Definition nur nebenberuflich freien Journalisten (ermittelt durch die Anzahl der abgebroche-

---

[1] Prinzipiell kann keine Stichprobe ein exaktes Abbild der Grundgesamtheit sein, weil es auch in der Grundgesamtheit keine zwei identischen Befragten gibt. Rothe/Wiedenbeck (1994: 46 f.) zeigen mathematisch, wie die Möglichkeit auf ein exaktes Abbild sprunghaft mit der Menge der erhobenen Merkmale sinkt.

9.1 Die Stichprobe

nen Interviews wegen Nichtzugehörigkeit zur Grundgesamtheit).

Anzahl Medienbetriebe → Medientyp ↓	Grund- gesamtheit n	Stich- probe n	Rücklaufquote Personalerhebung	
			n	in %
überregionale und große regionale Tageszeitungen	75	75	54	72
mittlere und kleine regionale Tageszeitungen	276	138	97	70
Sonntagszeitungen	4	4	3	75
große Wochenzeitungen	7	7	5	71
mittlere und kleine Wochenzeitungen	84	42	25	60
Anzeigenblätter	804	160	130	81
Nachrichtenagenturen	11	11	8	73
Mediendienste	122	61	38	62
große Zeitschriften	54	54	36	67
mittlere und kleine Zeitschriften	556	278	175	63
Beilagen/Supplements	7	7	5	71
Stadtmagazine	136	68	41	60
öffentlich-rechtlicher Rundfunk	18	18	14	78
privater Hörfunk	147	147	112	76
privates Fernsehen	53	53	38	72
Gesamtzahl	**2.354**	**1.123**	**781**	**70**

Tabelle 9.1-1: Medienbetriebe in Deutschland (Stand: Oktober 1992)

Von der ermittelten Rohzahl der N = 32.731 regelmäßig freien Journalisten mußte zunächst der Anteil der nur nebenberuflich tätigen freien Journalisten, die aufgrund ungenauer Angaben seitens der Medienbetriebe in die Stichprobe geraten sind, abgezogen werden. 11 Interviews mit freien Journalisten mußten abgebrochen werden, weil sich durch eine Kontrollfrage herausstellte, daß sie nur nebenberufliche Journalisten waren. Zählt man diese zu den 258 durchgeführten Interviews und berechnet ihren Anteil an den dann 269 Interviewversuchen mit freien Journalisten, so beträgt dieser Anteil 4,09 Prozent. Für die Grundgesamtheit bedeutet das, daß von den 32.731 freien Journalisten 4,09 Prozent (n = 1.338) nur nebenberuflich tätig sind und deshalb nicht zur Grundgesamtheit gehören. Damit reduzierte sich die unbereinigte Grundgesamtheit auf 31.393 hauptberuflich freie Journalisten.

Im zweiten Schritt mußte die Grundgesamtheit *korrigiert* werden, indem die Zahl der hauptberuflich freien Journalisten durch die jeweilige Anzahl der Medienbetriebe, für die sie arbeiten, geteilt wird, damit diejenigen, die für mehrere Medienbetriebe arbeiten, nicht mehrfach gezählt werden. Die abschließende Summierung ergibt die tatsächliche Anzahl der hauptberuflichen freien Journalisten in der Grundgesamtheit (→ Tabelle 9.1-2).

Index (i)	Anzahl Medien (m_x)	ungewichtete Stichprobe (n_x)	ungewichtete Stichprobe (n %)	unbereinigte Grundgesamtheit $N_{hf} \cdot$ n %	korrigierte Grundgesamtheit $N_{hf} \cdot$ n % / m_x
1	1	88	34,1	10.707	10.707
2	2	71	27,5	8.639	4.319
3	3	47	18,2	5.719	1.906
4	4	13	5,0	1.582	396
5	5	13	5,0	1.582	316
6	6	10	3,9	1.217	203
7	7	2	0,8	243	35
8	8	6	2,3	730	91
9	10	4	1,6	487	49
10	12	2	0,8	243	20
11	13	1	0,4	122	9
12	29	1	0,4	122	4
Summe		**258**	**100,0**	**31.393**	**18.055**

Tabelle 9.1-2: **Grundgesamtheitsberechnung der Anzahl hauptberuflich freier Journalisten**

Diese Berechnung läßt sich wie folgt formalisieren:

(1) $N_{hf} = N_{ges} - n_f / (n_{hf} + n_{nf}) \cdot N_{ges}$

Einsetzen der Werte m_x und n_x ergibt:

$\Rightarrow 32731 - 11 / (258 + 11) \cdot 32731 = 31393$

(2) $N = N_{hf} / n_{hf} \cdot \sum_{i=1}^{12} (\frac{nx}{mx})i$ mit

$m_x \in \{x = 1,2,3,4,5,6,7,8,10,12,13,29\}$, $n_x \in \{x = 1,2,4,6,10,13,47,71,88\}$

Einsetzen der Werte m_x und n_x ergibt nun:

$\Rightarrow$ (88 / 258 · 31393 · 1 / 1) + (71 / 258 · 31393 · 1 / 2) + (47 / 258 · 31393 · 1 / 3)
+ (13 / 258 · 31393 · 1 / 4) + (13 / 258 · 31393 · 1 / 5) + (10 / 258 · 31393 · 1 / 6)
+ (2 / 258 · 31393 · 1 / 7) + (6 / 258 · 31393 · 1 / 8) + (4 / 258 · 31393 · 1 / 10)
+ (2 / 258 · 31393 · 1 / 12) + (1 / 258 · 31393 · 1 / 13) + (1 / 258 · 31393 · 1 / 29)
= 18055

wobei:

9.1 Die Stichprobe

$N =$ korrigierte Grundgesamtheit der 18.055 hauptberuflich tätigen freien Journalisten;

$N_{hf} =$ unkorrigierte Grundgesamtheit der 31.393 hauptberuflich tätigen freien Journalisten;

$N_{ges} =$ Grundgesamtheit der 32.731 freien Journalisten (inkl. Nebenberuflern);

$n_{ges} =$ Stichprobengröße von 269 freien Journalisten (inkl. 11 Nebenberuflern);

$n_{hf} =$ Stichprobe von 258 hauptberuflich freien Journalisten;

$n_{nf} =$ Anzahl der abgebrochenen 11 Interviews mit Nebenberuflern;

$n_x =$ Anteil der hauptberuflich freien Journalisten, die für jeweils m Medien arbeiten;

$m_x =$ Anzahl der Medien, für die die hauptberuflich freien Journalisten arbeiten.

Da diese Daten für die Stichprobenziehung jedoch noch nicht bekannt waren, mußte die Stichprobengröße gesetzt werden. Dazu liegt eine Gleichung mit zwei Unbekannten vor:

Anzahl festangestellter Journalisten + Anzahl freier Journalisten = 1.500 Interviews

Da die Rohzahl der Freien in der Personalzahlenerhebung ($N = 32.731$) eine Überschätzung bedeutete, wurde die Anzahl der zu realisierenden Interviews mit freien Journalisten auf 300 (ein Fünftel der Gesamtstichprobe) festgelegt. Die Bruttostichprobe betrug demzufolge $n = 500$. Im nachhinein erwies sich dieser Stichprobenanteil im Vergleich zum Anteil der freien Journalisten in der Grundgesamtheit als zu gering. Tatsächlich arbeiten freie Journalisten im Durchschnitt für weniger Medienbetriebe als angenommen. Durch die Informationen aus der Befragung war es jedoch möglich, die Freien in der anschließenden Gewichtung zu berücksichtigen und ihre Unterrepräsentanz in der Stichprobe auszugleichen (→ Kapitel 9.1.3).

Da die Zahl der freien Journalisten nicht exakt im vorhinein zu bestimmen war, wurde für den Stichprobenansatz nur die Grundgesamtheit der *festangestellten Journalisten* und ihr jeweiliges quantitatives Abbild der Stichprobe bestimmt. Das Verhältnis zwischen der Grundgesamtheit und der Stichprobe ist nicht proportional.

Dies gilt insbesondere für die Ost-West-Differenzierung: Nur gut ein Zehntel aller Journalisten in Deutschland arbeitet in Ostdeutschland (3.793 von 36.263); in der Stichprobe wurden die ostdeutschen Journalisten aber mit einem Fünftel (300 von 1.500) berücksichtigt. Auch im westdeutschen Journalismus waren Unter- und Überrepräsentationen vorgesehen.

Zunächst war bei der Proportionierung darauf zu achten, daß die Stichprobengröße der drei Großkategorien (Zeitungen, Agenturen und Anzeigenblätter; Zeitschriften, Stadtmagazine und Beilagen; Rundfunk) in etwa die Verteilung in der Grundgesamtheit abbildet. Die Teilstichproben innerhalb dieser Großkategorien wurden aber disproportional gezogen, um die Mindestgröße von fünf Prozent zu erreichen.

Für *Westdeutschland* (→ Tabelle 9.1-3) ergaben sich folgende Disproportionierungen: Da der Zeitschriftensektor wegen der Stadtmagazine und der Rundfunksektor hauptsächlich wegen des privaten Fernsehens überproportioniert werden mußte, wurde der Zeitungssektor etwas unterproportioniert. Dies traf insbesondere die Tageszeitungen und in geringem Maß auch die Anzeigenblätter, da alle anderen Medienbereiche (Sonntags- und Wochenzeitungen, Nachrichtenagenturen und Mediendienste) höher gewichtet werden mußten, um die fünf Prozent Anteil ihres jeweiligen Medienbereichs zu erreichen.

Medientyp	Grundgesamtheit n	in %	Nettostichprobe n	in %	Bruttostichprobe n
Tageszeitungen	13.673	42,1	382	32,0	636
Sonntags-/Wochenzeitungen	631	1,9	60	5,0	100
Anzeigenblätter	2.509	7,7	60	5,0	100
Nachrichtenagenturen	1.071	3,3	60	5,0	100
Mediendienste	410	1,3	60	5,0	100
Zeitungen/Agenturen gesamt	*18.294*	*56,3*	*622*	*52,0*	*1.036*
Zeitschriften/Beilagen	5.558	17,1	212	17,5	354
Stadtmagazine	554	1,7	60	5,0	100
Zeitschriften gesamt	*6.112*	*18,8*	*272*	*22,5*	*454*
öffentlich-rechtlicher Hörfunk	3.266	10,1	106	8,8	177
öffentlich-rechtliches Fernsehen	2.487	7,7	80	6,7	133
privater Hörfunk	1.458	4,5	60	5,0	100
privates Fernsehen	853	2,6	60	5,0	100
Rundfunk gesamt	*8.064*	*24,9*	*306*	*25,5*	*510*
Summe	**32.470**	**100,0**	**1.200**	**100,0**	**2.000**

Tabelle 9.1-3: Grundgesamtheit und Stichprobenplan Westdeutschland

Für *Ostdeutschland* (→ Tabelle 9.1-4) waren nur wenige Korrekturmaßnahmen notwendig. Da es im Erhebungszeitraum nur wenige Anzeigenblätter in Ostdeutschland gab, wurden diese Journalisten den Wochenzeitungen zugerechnet. Mediendienste und private Fernsehanstalten existierten Mitte 1992 überhaupt noch nicht oder waren noch nicht in den verfügbaren Quellen erfaßt, was als Hinweis für ihre unbedeutende Anzahl angesehen werden kann. Das redaktionelle Personal der wenigen Stadtmagazine wurde dem Bereich Zeitschriften zugeordnet. Darüber hinaus mußte nur geringfügig umproportioniert werden.

Medientyp	Grundgesamtheit n	in %	Nettostichprobe n	in %	Bruttostichprobe n
Tageszeitungen	2.635	69,5	190	63,3	316
Sonntags-/Wochenzeitungen	150	4,0	15	5,0	25
Anzeigenblätter	30	0,8	–	–	–
Nachrichtenagenturen	129	3,4	15	5,0	25
Zeitungen/Agenturen gesamt	*2.944*	*77,7*	*220*	*73,3*	*366*
Zeitschriften/Beilagen	204	5,4	20	6,7	34
Stadtmagazine	27	0,7	–	–	–
Zeitschriften gesamt	*231*	*6,1*	*20*	*6,7*	*34*
öffentlich-rechtlicher Hörfunk	349	9,2	30	10,0	50
öffentlich-rechtliches Fernsehen	164	4,3	15	5,0	25
privater Hörfunk	105	2,8	15	5,0	25
Rundfunk gesamt	*618*	*16,3*	*60*	*20,0*	*100*
Summe	**3.793**	**100,0**	**300**	**100,0**	**500**

Tabelle 9.1-4: Grundgesamtheit und Stichprobenplan Ostdeutschland

9.1.2 Ziehung der Journalistenstichprobe

In einem ersten Schritt galt es, die Anzahl der Medienbetriebe zu bestimmen, aus denen Journalisten befragt werden sollten. Dabei handelt es sich um eine Gleichung mit zwei Unbekannten, so daß eine Unbekannte gesetzt werden mußte, um die Gleichung aufzulösen:

$k \cdot j = 2.500$, wobei k = Anzahl der Medienbetriebe und j = Anzahl der Journalisten pro Medienbetrieb.

Bekannt ist nur die *Bruttostichprobe* von n = 2.500 Journalisten, wovon 1.500 Interviews zu realisieren sind. Für die Namensermittlung ist dagegen die Anzahl von 2.500 Journalisten die Nettozahl. Diese Bruttostichprobe von n = 2.500 (→ Tabellen 9.1-3 und

9.1-4) war erforderlich, da damit zu rechnen war, daß nicht alle Anfragen nach den Namen des journalistischen Personals positiv beantwortet würden.

Zwei Möglichkeiten boten sich für den Fall an, daß die Auskünfte verweigert würden: Entweder man nominiert für jeden Medienbetrieb einen Ersatzbetrieb, der zur Namensermittlung aber nur herangezogen wird, wenn der ausgewählte Betrieb komplett verweigert, oder man erhöht die Zahl der zu ermittelnden Journalisten pro Betrieb. Wenn Betrieb x ausfällt (Verweigerung, Betriebsauflösung), müssen entsprechend mehr Namen aus dem Betrieb x + 1 und wenn nötig auch aus x + 2 usw. erhoben werden. Unabhängig von dem Verfahren ist zu berücksichtigen, daß sich die Anzahl der Namen proportional an der Personalzahl des Betriebs auszurichten hat.

Wir haben uns für die zweite Alternative entschieden und nur in Einzelfällen zusätzlich auf die erste Alternative zurückgegriffen. Dafür gibt es folgenden Grund: Es lagen die Personalzahlen von rund 70 Prozent der für die Ermittlung der Grundgesamtheit befragten 1.123 Betrieben vor (→ Tabelle 9.1-1), und nur bei diesen ließ sich überhaupt die beabsichtigte Proportionierung durchführen.

Die Zahl der *Medienbetriebe,* aus denen Journalisten befragt werden sollen, wurde auf 500 festgelegt. Das bedeutet, daß im Durchschnitt drei Personen pro Betrieb befragt bzw. fünf Namen für die Bruttostichprobe ermittelt werden sollten. Insgesamt standen 781 Betriebe mit den vollen Informationen (über die Personalstruktur) zur Verfügung, so daß knapp zwei Drittel (64 Prozent) der Medienbetriebe in die Stichprobe gelangten. In mehreren Segmenten stand demzufolge nicht für jeden Betrieb ein Ersatzbetrieb zur Verfügung.

Auf eine Gewichtung bestimmter Medienbetriebe (zum Beispiel nach der Auflage), wie sie die ‚publizistische Stichprobe' vorsieht (vgl. Schulz 1968), wurde verzichtet. Dafür gibt es folgende Gründe[2]:

▲ Die ‚publizistische Stichprobe' gilt nur für den Bereich Printmedien. Das Gewichtungskriterium der Auflage ist nicht auf

---

2   Grundlegend haben sich Mahle/Wilkens (1969) mit der ‚publizistischen Stichprobe' auseinandergesetzt.

9.1 Die Stichprobe

den Rundfunk oder auf Agenturen und Mediendienste übertragbar. Die Vergleichbarkeit bei der Stichprobenziehung wäre auf diese Weise nicht möglich.

▲ Die ‚publizistische Stichprobe' bezieht sich ferner nur auf die Hauptausgaben, nicht jedoch auf die Bezirksausgaben. Eine Regionalzeitung mit vielen Bezirksausgaben hat demzufolge ein anderes Gewicht als eine mit wenigen Bezirksausgaben, selbst wenn beide in der Summe die gleiche Auflage haben.

Eine ‚publizistische' Gewichtung könnte auch nach Prestige des Mediums (gemessen an der Rezeption durch andere Medien) erfolgen, aber eine solche Vorgehensweise ist entweder nicht praktikabel oder willkürlich. Schließlich ist auch aus theoretischen Gründen von einer ‚publizistischen' Gewichtung abzusehen, denn nicht das System der Massenkommunikation ist bei dieser Untersuchung von Interesse, sondern das System Journalismus.

Deshalb setzte die *Disproportionierung* ganz konventionell an der Struktur des Systems der Massenmedien an und unterteilte es in möglichst viele Subsysteme. Die Tageszeitungen unterscheiden sich nach nationalen und regionalen Blättern, wobei sich die regionalen Blätter wiederum durch ihre Binnendifferenzierung unterscheiden (mit vielen oder wenigen Bezirksausgaben). Ähnliches gilt für den Bereich der Zeitschriften, die sich grob nach Publikums-, Special-Interest- und Fachzeitschriften unterteilen lassen. Weitere Gruppen bilden ‚alternative' Stadtmagazine und Beilagen. Im Rundfunk prägt das duale System und darüber hinaus beim privaten Rundfunk die Unterscheidung in regionale und lokale Sender die Binnenstrukturierung. Durch eine solche an der Struktur der Medienorganisationen orientierte Binnendifferenzierung war es möglich, alle Subsysteme hinreichend zu berücksichtigen und in jedem Segment eine eigene (insgesamt also eine mehrfach geschichtete) Stichprobe durchzuführen. In kleinen Segmenten wurden alle Medienbetriebe ‚gesetzt', in größeren dagegen eine geeignete Auswahl durchgeführt.

Aufgrund der Personalzahlenerhebung waren die wichtigsten Paramter auch für die Grundgesamtheit (Medienbereich, Position, Anstellungsverhältnis und Geschlecht) bekannt, so daß die Disproportionierungen durch Gewichtung wieder an die Verteilung der Grundgesamtheit angeglichen werden konnten.

Im nächsten Schritt wurde die Anzahl der zu befragenden Journalisten pro Medienbetrieb festgelegt. Zuerst mußte eine Durchschnittszahl pro Segment (Medienbereich) errechnet werden (Netto-Stichprobe pro Segment/Anzahl der Medien pro Segment). Dazu ein Beispiel: Im Bereich *Tageszeitungen* in Westdeutschland waren insgesamt 636 Namen für die Bruttostichprobe zu erheben (→ Tabelle 9.1-3). Es standen 97 Betriebe zur Auswahl[3], so daß durchschnittlich 6,5 Namen pro Medienbetrieb (also alternierend sechs oder sieben Namen) ermittelt werden mußten. Wenn ein Betrieb keine sechs oder sieben Journalisten angestellt hatte, wurden beim nächsten Betrieb soviel mehr Namen erhoben, wie bei diesem Betrieb fehlten.[4]

Bei den *Wochenzeitungen* standen 33 Betriebe zur Verfügung, von denen 21 (nach dem Quotient von 64 Prozent) für die Stichprobe in Frage kamen. Von den 100 insgesamt zu ermittelnden Adressen sollten demzufolge fünf pro Medienbetrieb stammen. Da jedoch viele kleine Heimatzeitungen nur ein oder zwei Journalisten beschäftigen und die Rücklaufquote der Grundgesamtheitsbefragung in diesem Sektor nur 60 Prozent betrug (→ Tabelle 9.1-1), mußten auch noch einige aus den verbleibenden elf Betrieben herangezogen werden.

Darüber hinaus mußte für jedes Segment (für jeden Medienbereich) das zahlenmäßige Verhältnis der hierarchisch höher und niedriger positionierten Redakteure zueinander sowie der Geschlechterverteilung (jeweils pro Position in der Hierarchie) bestimmt werden. Auf diese Weise konnten die für die Grundgesamtheit erhobenen Parameter nicht nur einzeln, sondern auch kombiniert auf die Stichprobe als Schichteneinteilung und -vorgabe angewendet werden.[5] Die Schichtenanteile wurden dabei nicht für

---

[3] Insgesamt stehen 151 Tageszeitungsbetriebe (davon 54 große sowie 97 mittlere und kleine) zur Verfügung, deren Struktur aufgrund der Personalzahlenerhebung bekannt ist (vgl. Tabelle 9.1-1). Davon werden 64 Prozent (entsprechend der als Gesamtzahl festgelegten 500 Medienbetrieben aus den vorhandenen 781 Betrieben) ausgewählt, also genau 97.

[4] Für jeden Medienbetrieb galt: Maximal die Hälfte der beschäftigten Journalisten durften befragt werden (Ausnahme: Medienbetriebe, für die nur ein Journalist tätig war), um eine allzu große Anhäufung von Befragten pro Medienbetrieb zu vermeiden. Auf ein genaues Abbildungsverhältnis jedes einzelnen Medienbetriebs gemäß seiner Personalstärke wurde dabei verzichtet. Größere Betriebe wurden dadurch nicht benachteiligt, da bei ihnen die fehlenden Namen der kleinen und mittleren Betriebe ausgeschöpft wurden.

[5] Allerdings lassen sich nicht alle für die Grundgesamtheit erhobenen Variablen simultan als Schichten vorgeben, da sonst pro Medienbereich über hundert Jour-

9.1 Die Stichprobe

jeden Medienbetrieb ermittelt, sondern als aus der Grundgesamtheitserhebung errechneter Durchschnittswert für jedes Segment (zum Beispiel Zeitungen).

Dazu ein Beispiel: Von zehn Journalisten im Bereich der Tageszeitungen ist einer Mitglied der obersten Leitungsebene, zwischen zwei und drei sind Ressortleiter, die restlichen sechs bis sieben sind Redakteure ohne Leitungsfunktionen, darunter auch die Volontäre. Würde man zusätzlich zur Kombination der Kriterien West/Ost (zwei Ausprägungen), Medienbereich (sechs Ausprägungen[6]) und Hierarchie (drei Ausprägungen[7]) noch die Geschlechterverteilung (zwei Ausprägungen) berücksichtigen, müßten nicht 36 (2 · 6 · 3), sondern bereits 72 Schichten gebildet werden. Für kleinere Segmente (privater Rundfunk) ist eine so detaillierte Ausdifferenzierung weder möglich noch notwendig.

Nachdem die Anzahl der zu ermittelnden Journalisten bekannt war, mußte im folgenden Schritt genau bestimmt werden, welche Journalisten in die *Bruttostichprobe* gelangen sollten. Dazu waren zunächst die Ressorts zu bestimmen, aus denen Journalisten befragt werden sollten. Die Kategorie Ressort birgt jedoch das Problem der mangelnden Vergleichbarkeit. Während im Zeitungssektor noch weitgehend die gleiche Ressortstruktur vorliegt, variieren die Bezeichnungen und Inhalte im Rundfunk-, Agentur- und Zeitschriftenbereich jeweils stark. Wir mußten deshalb für jeden Medienbereich getrennt vorgehen:

Im Bereich der Tages-, Wochen- und Sonntagszeitungen nahmen wir nur eine Unterteilung in zwei Kategorien vor, in ‚harte'

---

nalisten befragt werden müßten, um alle Möglichkeiten zu berücksichtigen. Auch in diesem Fall war ein Kompromiß zu schließen zwischen schichtengelenkter Auswahl und Durchführbarkeit. In der Praxis waren demzufolge höchstens drei Kriterien (Variablen) gleichzeitig als Schichtenvorgabe möglich. Komplexere Kombinationen konnten jedoch aufgrund der Personalzahlenerhebung der Grundgesamtheit berechnet und als korrigierender Gewichtungsfaktor bei der Datenanalyse berücksichtigt werden.

[6] Zeitungen, Anzeigenblätter, Agenturen, Zeitschriften, öffentlich-rechtlicher Rundfunk, privater Rundfunk.

[7] Das sind die Positionen Chefredaktion, Ressortleitung, Redakteursebene. Volontäre wurden den Redakteuren zugeteilt, denn ihre separate Berücksichtigung hätte sich mit dem Kriterium des Ressorts überschnitten, da sie (in der Regel) keinem speziellen Ressort zugeordnet sind, sondern möglichst alle durchlaufen sollen.

und ‚weiche' Ressorts. Diese Differenz ist an die Nachrichtenkategorien ‚hard news' und ‚soft news' von Tuchman (1978: 47 f.) angelehnt. Zu den harten Ressorts zählten Aktuelles (inklusive Schlußredaktion), Politik und Wirtschaft, zu den weichen Ressorts zählten Feuilleton/Kultur, Sport, Aus aller Welt/Buntes, Wissenschaft/Technik, Auto/Verkehr, Reisen/Tourismus, Service/Leserbriefe und die Beilagen. Die Regional- und Lokalressorts wurden zufällig (alternierend) den harten und den weichen Ressorts zugeteilt. Es wurde vorher für jeden Medienbetrieb geprüft, ob die quantitative Verteilung des Personals dieser beiden Kategorien in etwa gleich war, damit in diesem Bereich keine weiteren Disproportionalitäten mehr auftraten.

Die genaue Zufallszuweisung zu einem *Ressort* erfolgte nach der Regel, daß aus dem Bereich ‚hartes' Ressort im ersten Betrieb das erste Ressort (Aktuelles/Politik) ausgewählt wurde, im zweiten Betrieb, der in die Stichprobe gelangte, das zweite Ressort, also Wirtschaft usw. Analog dazu funktionierte die Auswahl im Bereich der ‚weichen' Ressorts: Im ersten Betrieb wurden Namen aus dem ersten Ressort ermittelt, also aus Feuilleton/Kultur, im zweiten aus dem zweiten Ressort, also Sport usw. Das Lokalressort wurde unterteilt in die Stammredaktion und die Gesamtheit der Bezirksredaktionen, die alternierend ausgewählt werden. Die Bezirksredaktionen wurden ebenfalls zufällig zugeteilt.

Im Bereich der Anzeigenblätter und Mediendienste erübrigte sich das Problem der Ressorteinteilung in fast allen Fällen. War die Struktur dieser Medienbereiche ausdifferenziert, wurde eine Zufallsauswahl getroffen. Die Nachrichtenagenturen haben eine andere Struktur: Hier gibt es meist eine Hauptredaktion und dann die Landes- oder Bezirksdienste. Auch hier entschied eine Zufallsauswahl, ob die Namen der Journalisten beim Hauptsitz oder bei den Außenstellen recherchiert wurden. Häufig mußte ein Kombinationsverfahren angewendet werden, wenn in der Stammredaktion oder in den Außenredaktionen nicht soviel Journalisten arbeiteten, wie pro Medienbetrieb benötigt wurden.

Bei den Zeitschriften, Beilagen und Stadtmagazinen ist die Ressortaufteilung so heterogen, daß pro Medienbetrieb je nach organisationellem Differenzierungsgrad ein oder mehrere Ressort/s zufällig ausgewählt wurde/n. Der Bereich Rundfunk war differenziert zu behandeln. Für die kleinen privaten Rundfunkanstalten gilt das gleiche wie für Anzeigenblätter und die Mediendienste:

9.1 Die Stichprobe

Sie sind nur geringfügig ausdifferenziert. Die großen privaten und die öffentlich-rechtlichen Rundfunkanstalten haben dagegen eine höchst ausdifferenzierte und jeweils individuelle Ressortstruktur, so daß Namen aus möglichst allen Ressorts ermittelt wurden. Der Aufwand hielt sich bei nur rund 20 Sendern jedoch in Grenzen.

Die Adressen wurden schließlich kombiniert per Telefon- und per schriftlicher Quellenrecherche erhoben. Schriftlich verzeichnet – im Zimpel oder in Redaktionsadreß – sind die obere und mittlere Leitungsebene bei Zeitungen, Nachrichtenagenturen, Zeitschriften und Rundfunk, nicht jedoch bei Anzeigenblättern und Mediendiensten. Ferner stehen die Namen der öffentlich-rechtlichen Rundfunkjournalisten fast vollständig im Deutschen Bühnenjahrbuch.[8] In allen anderen Fällen war eine Telefonrecherche notwendig.

Die Telefoninterviewer wurden angehalten, möglichst alle Namen in einzelnen Ressorts zu erfragen, damit nicht Vorgesetzte, Kollegen oder Mitarbeiter die Auswahl trafen. Dies funktionierte insbesondere bei kleinen und mittelgroßen Ressorts gut. Nur bei großen Ressorts mit zehn oder mehr Journalisten war ein Zufallskriterium notwendig. Aufgrund der guten Durchführbarkeit bot sich das Buchstabenverfahren von Familiennamen an: In der ersten Redaktion wurde nach allen Redakteuren gefragt, deren Familiennamen mit A-K anfängt, in der nächsten nach denjenigen, deren Familiennamen mit L-Z beginnt, und alternierend weiter. Wenn pro Ressort zuviel Namen erhoben wurden, konnte dann immer noch eine Zufallsauswahl getroffen werden. In jedem Fall war es wichtig zu vermeiden, daß der Interviewer oder gar der Ansprechpartner selbst eine nicht-zufällige Auswahl traf.[9]

Bei Problemfällen wie Verweigerung aus Datenschutzgründen oder Zeitmangel erfolgte eine ergänzende schriftliche Anfrage, der weiteres Informationsmaterial zur Studie beigelegt wurde. Die Verweigerung eines ganzen Medienbetriebs kam nur selten vor, weil die Adressenermittlung auf der Ebene der Ressorts erfolgte.

---

[8] Es fehlen die ostdeutschen Rundfunkanstalten, und einige westdeutsche sind nicht vollständig (etwa der Deutschlandfunk).

[9] Nicht zu vermeiden wären Verzerrungen, weil sich der Ansprechpartner selektiv erinnert und nur diejenigen Kollegen nennt, die mit ihm zusammenarbeiten oder die er mehr schätzt als andere.

Zusammenfassend kann festgehalten werden, daß eine einfache Zufallsstichprobe weder durchführbar ist (es liegen keine Listen für die Grundgesamtheit vor), noch daß sie angesichts des horizontalen (Ressortstruktur) und vertikalen (Medienorganisation, Redaktion, Ressort, einzelner Journalist) Differenzierungsgrades sinnvoll erscheint. Eine *Mehrfachschichtung* nach bekannten und relevanten Parametern der Grundgesamtheit ermöglicht dagegen eine detaillierte und gezielte Steuerung der Stichprobenkonzeption und -ziehung nach inhaltlichen Gesichtspunkten.

Um die Durchführbarkeit der Stichprobenziehung zu erhöhen, wurde eine Klumpung der Medienorganisationen und der Ressorts in Kauf genommen. Dadurch ist die Wahrscheinlichkeit für jeden einzelnen Journalisten, in die Stichprobe zu gelangen, nicht gleich – wie es von der mathematischen Stichprobentheorie gefordert wird. Auf der anderen Seite sind die Schichten aufgrund der aus der Grundgesamtheit bekannten Parameter so fein ausdifferenziert, daß alle Segmente des Journalismus hinreichend – wenn auch nicht mit identischer individueller Wahrscheinlichkeit – repräsentiert sind.

Weiterhin wurde bei der Stichprobenziehung darauf geachtet, daß die Auswahl der potentiellen Befragten nicht von Journalisten oder Interviewern erfolgte, sondern vom Forschungsteam selbst. Im Gegensatz zum *Quoten- oder Schneeballverfahren* ist insofern keine weitere systematische Verzerrung der Auswahl zu verzeichnen. Schließlich konnten die Fälle im nachhinein nach den bekannten Grundgesamtheitsparametern für die Datenanalyse gewichtet und die durch Stichprobenauswahl und disproportionale Wahrscheinlichkeiten aufgetretenen Stichprobenverzerrungen korrigiert werden.

9.1.3 Gewichtung der Stichprobe

Da die Grundgesamtheit der deutschen Journalisten in Hinblick auf die abgefragten Merkmale sehr heterogen ist und keine Liste aller Namen vorliegt, wurde eine geschichtete Stichprobe einer einfachen Zufallsstichprobe vorgezogen. Die Auswahl wurde ferner disproportional vorgenommen, um bestimmte, kleine Segmente – zum Beispiel die Journalisten von Mediendiensten oder die Frauen in obersten Leitungspositionen – ausreichend repräsentieren zu können. Diese ausreichende Repräsentanz wurde als ‚re-

9.1 Die Stichprobe

chenbare' Zellenbesetzung operationalisiert: Darunter verstehen wir eine Teilstichprobe von 5 Prozent innerhalb eines Medienbereichs. Kleinere Subgruppen könnten sonst quantitativ nicht mehr sinnvoll analysiert werden, weil die Konfidenzintervalle für inferenzstatistische Verallgemeinerungen zu groß würden.

Aufgrund der erhobenen Grundgesamtheitsmerkmale durch die Personalzahlenerhebung können einige Disproportionen durch nachträgliche Gewichtung des Datensatzes[10] wieder aufgehoben, das heißt an die Merkmalsverteilungen der Grundgesamtheit angeglichen, werden (redressment). Dafür bieten sich mehrere Verfahren an (vgl. Rösch 1994). Hier wurde eine einfache Zellengewichtung gewählt[11]: Dazu wurden eine Stichprobentabelle mit allen zur Gewichtung herangezogenen Variablen (= Ist-Tabelle) und eine Grundgesamtheitstabelle (= Soll-Tabelle) erstellt (vgl. Andreß/Popken 1992: 223). Der Gewichtungsfaktor ist der Quotient zwischen dem Zellen-Soll (Merkmalsverteilung in der Grundgesamtheit) und dem Zellen-Ist (tatsächliche Zellenbesetzung in der Stichprobe). Jeder Fall einer Zelle erhält demzufolge das gleiche Gewicht. (Vgl. Rösch 1994: 15)

Die Gewichtungsfaktoren sind hier die Quotienten des prozentualen Anteils einer Subgruppe in der Grundgesamtheit und in der (disproportionalen) Stichprobe. Zur Gewichtung wurden folgende Merkmale benutzt, die sowohl für die Grundgesamtheit (durch die Personalzahlenerhebung) als auch für die Stichprobe (durch die Journalistenbefragung) bekannt sind:

- Medienbereich (Zeitung, Anzeigenblatt, Nachrichtenagenturen/Mediendienste, Zeitschrift, öffentlich-rechtlicher Rundfunk, privater Rundfunk)
- Position in der Hierarchie (Chefredaktion, Ressortleitung, Redakteure, Volontäre)

---

[10] Der Sinn von Gewichtung im allgemeinen und von speziellen Gewichtungsverfahren wird kontrovers diskutiert (vgl. Gabler/Hoffmeyer-Zlotnik/Krebs 1994). Allerdings ist die Debatte nur begrenzt auf die Problematik einer Journalistenbefragung übertragbar, da sie sich in erster Linie auf allgemeine Bevölkerungsumfragen und in der Regel auf die Korrektur von systematischen Ausfällen (nonresponse-Problem) bezieht.

[11] Die Alternative wäre ein iterativer Algorithmus gewesen, bei dem nacheinander Teiltabellen einzelner Variablen bzw. Variablenkombinationen zur Gewichtung der Daten eingerechnet werden.

9 Die Studie (Anhang)

- Geschlecht (männlich, weiblich)
- Anstellungsverhältnis (festangestellt, hauptberufliche freie Journalisten).

Die Kombination dieser vier Merkmale ergibt theoretisch 96 Zellen (6 Medienbereiche · 4 Positionen · 2 Geschlechter · 2 Anstellungsverhältnisse). Diese Zahl reduziert sich auf 67 Zellen (→ Tabelle 9.1-5):

| | | Geschlecht/Anstellungsverhältnis | | | | |
| | | männlich | | weiblich | | |
Medientyp	Position	fest	frei	fest	frei	Summe
Zeitung	Chefredakteur	0.61 (**16**/*27*)	2.24 (**2**/*1*)	0.21 (**1**/*5*)	0.67 (**1**/*1*)	**20**/*34*
	Ressortleiter	0.61 (**60**/*99*)	– –	0.28 (**10**/*38*)	– –	**70**/*137*
	Redakteur	1.13 (**246**/*217*)	2.93 (**141**/*48*)	0.75 (**96**/*129*)	2.93 (**76**/*26*)	**559**/*420*
	Volontär	1.61 (**26**/*16*)	– –	1.73 (**21**/*12*)	– –	**47**/*28*
Anzeigenblatt	Chefredakteur	1.45 (**12**/*8*)	5.82 (**6**/*1*)	1.00 (**3**/*3*)	– –	**21**/*12*
	Ressortleiter	0.41 (**5**/*11*)	– –	0.65 (**2**/*3*)	– –	**7**/*14*
	Redakteur	1.58 (**25**/*16*)	11.06 (**77**/*7*)	1.43 (**13**/*9*)	11.06 (**11**/*1*)	**126**/*33*
	Volontär	1.85 (**6**/*3*)	– –	1.40 (**4**/*3*)	– –	**10**/*6*
Agentur	Chefredakteur	0.40 (**3**/*7*)	2.39 (**2**/*1*)	0.35 (**1**/*3*)	– –	**6**/*11*
	Ressortleiter	0.32 (**5**/*14*)	– –	0.33 (**2**/*5*)	– –	**7**/*19*
	Redakteur	0.95 (**22**/*24*)	4.83 (**39**/*8*)	0.76 (**10**/*13*)	4.83 (**29**/*6*)	**100**/*51*
	Volontär	1.19 (**1**/*1*)	– –	– –	– –	**1**/*1*
Zeitschrift	Chefredakteur	0.51 (**20**/*39*)	0.53 (**1**/*2*)	0.49 (**6**/*13*)	1.00 (**1**/*1*)	**28**/*55*
	Ressortleiter	0.72 (**22**/*30*)	– –	0.54 (**11**/*21*)	– –	**33**/*51*
	Redakteur	0.85 (**55**/*65*)	1.03 (**36**/*35*)	0.75 (**48**/*64*)	1.03 (**16**/*15*)	**155**/*179*
	Volontär	0.79 (**4**/*5*)	– –	0.72 (**5**/*7*)	– –	**9**/*12*
öffentl.-recht. Rundfunk	Chefredakteur	0.79 (**4**/*5*)	– –	1.34 (**1**/*1*)	– –	**5**/*6*
	Ressortleiter	0.66 (**25**/*38*)	– –	0.29 (**4**/*15*)	– –	**29**/*53*
	Redakteur	1.04 (**92**/*88*)	0.45 (**20**/*44*)	0.77 (**39**/*51*)	0.45 (**15**/*34*)	**166**/*217*
	Volontär	1.25 (**4**/*3*)	– –	4.02 (**4**/*1*)	– –	**8**/*4*
privater Rundfunk	Chefredakteur	0.16 (**3**/*20*)	0.34 (**1**/*2*)	0.23 (**1**/*6*)	– –	**5**/*28*
	Ressortleiter	0.47 (**9**/*19*)	0.33 (**1**/*1*)	0.37 (**3**/*9*)	– –	**13**/*29*
	Redakteur	0.60 (**21**/*35*)	1.10 (**20**/*18*)	0.64 (**16**/*25*)	1.10 (**8**/*7*)	**65**/*85*
	Volontär	0.63 (**4**/*6*)	– –	0.60 (**4**/*7*)	– –	**8**/*13*
		690/*796*	**346**/*168*	**305**/*443*	**157**/*91*	**1498**

Da die Befragten ganzzahlig aufgeführt werden, ist der Gewichtungsquotient genauer als das Verhältnis der Anzahl gewichteter zu der Anzahl ungewichteter Befragter. Die fettgedruckten Zahlen stehen für die gewichtete, die kursiven Zahlen für die ungewichtete (Teil-) Stichprobengrößen.

Tabelle 9.1-5: Gewichtung nach Geschlecht, Anstellungsverhältnis, Medientyp, Position

▲ durch logische Ausfälle: Ressortleiter[12] und Volontäre sind immer fest angestellt; beim öffentlich-rechtlichen Rundfunk gibt es darüber hinaus keine freien Chefredakteure,

▲ durch empirisch (in der Grundgesamtheit) unbesetzte Zellen: Chefredakteurinnen fehlen bei Anzeigenblättern, bei Agenturen/Mediendiensten und bei privaten Rundfunkanstalten. Außerdem gibt es bei Agenturen/Mediendiensten keine Volontärinnen.

Die Gewichtungsfaktoren sind im allgemeinen akzeptabel, allerdings müssen die freien Journalisten stark hochgewichtet werden, insbesondere diejenigen, die bei Anzeigenblättern beschäftigt sind.

9.2 Die Befragung

9.2.1 Methodische Aspekte und Struktur des Fragebogens

Die sozialwissenschaftliche Systemtheorie gibt selbst keine direkten Hinweise zu ihrer Operationalisierung und empirischen Erforschung (→ Kapitel 2.2). Andererseits erlaubt das Methodenarsenal der empirischen Sozialforschung keine direkte Umsetzung systemtheoretischer Konzepte. Deshalb ist es auch nicht möglich, die richtige Methode für die Erforschung von *Journalismus* in einem systemtheoretischen Rahmen auszuwählen.

Obwohl mit der Inhaltsanalyse ein Instrument vorliegt, das den Rückgriff auf Akteure und Personen nicht erforderlich macht, verfehlt gerade dieses Instrument das Ziel, speziell das System Journalismus zu untersuchen, wenn Journalismus nicht als identisch mit Berichterstattung oder mit massenmedialen Inhalte, sondern als Entstehung und Entstehungsbedingungen derselben verstanden wird. Journalismus ist mit Inhaltsanalysen nur vom Produkt oder Output her untersuchbar; auf die internen Prozesse der Aussagenentstehung kann allenfalls indirekt geschlossen werden.

---

[12] Freie Redaktionsleiter wurden als Chefredakteure klassifiziert. Sie kommen nur in kleinen Redaktionen vor, die sich nicht in verschiedene Ressorts ausdifferenzieren.

[13] Ursprünglich war im Projekt „Journalismus in Deutschland" eine fallstudienartige Verknüpfung mit Redaktionsbeobachtungen geplant, die jedoch (bisher) nicht finanziert werden konnte.

9 Die Studie (Anhang)

Befragung und Beobachtung - auch in ihrer Kombination[13] - erlauben dagegen keinen *direkten* Nachweis, wie sich die Bedingungen der Aussagenentstehung auf die medialen Aussagen auswirken, ohne daß diese inhaltsanalytisch untersucht werden. Die Forderung nach Mehr- oder Multi-Methoden-Designs erscheint daher sehr plausibel. Analog zum *Theorieneklektizismus*, der bei der Kombination verschiedener Theorien zur Erklärung eines Phänomens auftreten kann, wäre jedoch auch ein *Methodeneklektizismus* unbefriedigend und könnte zu mangelnder Kohärenz führen. Diese Gefahr besteht insbesondere dann, wenn die Reichweiten der benutzten Theorien oder Methoden nicht explizit ausgewiesen wird (vgl. Slife/Williams 1995: 47 f.).

Die Studie „Journalismus in Deutschland" basiert hauptsächlich auf einer Befragung mit einem *standardisierten Fragebogen*, der zusätzlich einige offene Fragen enthält.

Mit dieser Befragung wurden drei Ziele verfolgt: Erstens sollten möglichst viele thematische Bereiche, die Gegenstand der Journalismusforschung sind, abgefragt werden, um neben der Repräsentanz der Stichprobe auch eine inhaltliche Repräsentanz zu gewährleisten; durch Nach- und Ergänzungsfragen wurde der Gefahr einer inhaltlichen Oberflächlichkeit begegnet. Zweitens sollten die Fragen mit denen anderer Journalismusstudien vergleichbar sein; aus diesem Grund wurden einige ausgewählte Itembatterien direkt übernommen. Drittens sollten die Antwortvorgaben den Befragten hinreichende Differenzierungsmöglichkeiten eröffnen, so daß bei fast allen Fragen fünfstufige Skalen zur Beantwortung vorgelegt wurden.

Um die Ziele der *inhaltlichen Repräsentanz*, der *Vergleichbarkeit* sowie der *Differenziertheit* zu erreichen, erhielt der Fragebogen einen beträchtlichen Umfang. Allein deshalb waren telefonische Interviews ausgeschlossen und persönliche Interviews notwendig. Der Fragebogen hat die folgende Struktur:

▲ In einem ersten Fragenblock wurden die *beruflichen Rahmenbedingungen* der Journalisten (Merkmale der Medienorganisation, Berufsbezeichnung, Anstellungsverhältnis, Position, Ressortzugehörigkeit, Berufsjahre) und die *journalistische Ausbildung* sowie der bisherige berufliche Werdegang erfaßt.

▲ Die *Arbeitsrollen* wurden als Tätigkeiten und deren Umfang an einem normalen Arbeitstag operationalisiert. Dieser Fragenblock umfaßte darüber hinaus die Tätigkeiten am Computer und die Wochenarbeitszeit.

▲ *Redaktionsinterne Strukturen* wurden anhand der Praxis des Gegenlesens oder der Abnahme abgefragt. Über Mitbestimmung am Arbeitsplatz geben die Existenz von Statuten und frauenfördernden Maßnahmen sowie die Mitsprache und Entscheidungsbefugnisse der Redakteure bei Personalfragen Auskunft. In diesen Zusammenhang gehört auch die (offen gestellte) Frage, welche Kriterien für eine Neueinstellung erfüllt sein müssen. Ferner wurde die Mitgliedschaft in einer Journalistenorganisation ermittelt.

▲ Die *Arbeits- und Berufszufriedenheit* wurde in mehreren Dimensionen (Aus- und Weiterbildung, Arbeitszeit und Arbeitsbelastung, Zeit für Recherche, materielle Aspekte, Arbeitsklima und politische Linie) erfaßt; dazu zählen auch Wechselabsichten, die außerdem ein Indikator für intra- und intermediäre *Mobilität* sind. Schließlich sollte mit der Einschätzung einiger allgemeiner Aussagen über den Journalismus die *Berufszufriedenheit* ermittelt werden.

▲ Einen breiten Raum nahm das Problem der *journalistischen Autonomie* ein; ein wichtiger Indikator dafür sind interne und externe Reaktionen auf die eigenen Publikationen. Außerdem sollten die Journalisten den inner- wie außerredaktionellen Einfluß einschätzen. Schließlich wurde die berufliche Rezeption anderer Medien ermittelt, um mögliche Referenzschwerpunkte zu identifizieren. Da die Journalisten nicht nur beeinflußt werden, sondern selbst eine Quelle gesellschaftlichen Einflusses sind, wurde umgekehrt nach dem tatsächlichen und dem gewünschten *Einfluß des Journalismus* auf die öffentliche Meinung gefragt.

▲ Eine wichtige Einflußgröße auf die journalistische Arbeit sind die *Pressemitteilungen* von Public Relations-Stellen. Die Befragten sollten sie in Hinblick auf Informationsgehalt und Informationsüberflutung, Recherchehilfe, Zuverlässigkeit, Aufbereitung und Verführung zu unkritischer Berichterstattung beurteilen.

▲ Ein prominentes Forschungsfeld der Journalismusforschung ist traditionell das (berufliche) *Rollenverständnis*. Die Befragten benannten dabei zunächst offen die wichtigsten Aufgaben eines Journalisten. Anschließend wurden ihnen 21 Aussagen zu den möglichen journalistischen Funktionen der Information, Unterhaltung, Meinung, Kritik, Kontrolle, Anwaltschaft, ‚vierte Gewalt', Orientierung, Bildung und Artikulation vorgelegt, die sie danach einstufen sollten, ob sie ihren persönlichen Zielvorstellungen entsprechen. Zusätzlich sollten sie auch den Erfolg einschätzen, inwiefern sie die bevorzugten Ziele im beruflichen Alltag umsetzen können. Die tatsächliche Realisierung konnte dabei freilich erst mit Hilfe einer Inhaltsanalyse der Publikationen überprüft werden (→ Kapitel 2.2.3.2).

▲ Die *berufliche Ethik* wurde mit Hilfe von Einstellungen zu umstrittenen Recherchemethoden erfaßt. Weiterhin sollten die Befragten Aktualitätsgebot und Sorgfaltspflicht gegeneinander abwägen, indem sie entscheiden, ob sie simulierte Meldungen, deren Richtigkeit sie wegen Zeitmangel nicht mehr recherchieren können, veröffentlichen würden.

▲ Das *Publikumsbild* der Journalisten wurde mit einem semantischen Differential von 16 bipolaren Eigenschaftspaaren erfaßt.

▲ Die *politische Einstellung* der Journalisten und die *politische Grundhaltung* der Medienorganisation wurden nicht mit einer herkömmlichen ‚links-rechts-Skala' oder mit der Einstellung zu Parteien erhoben. Die Journalisten sollten statt dessen sich selbst und ihre Medienorganisation politischen Richtungen (konservativ, liberal, sozialdemokratisch usw.) zuordnen; außerdem wurden sie nach ihrer Parteipräferenz gefragt. Und schließlich wurden der Anteil der Redaktionskollegen, die mit der politischen Linie ihres Mediums übereinstimmen, sowie die Bedeutung der politischen Linie für die tägliche Arbeit ermittelt.

▲ Das (halb) *private Umfeld* der Journalisten wurde mit mehreren Fragen näher bestimmt: Zählen zum engeren Bekanntenkreis Elitepersonen aus Politik, Wirtschaft, Verbänden und Journalismus? Und: Wie hoch ist der Anteil der Journalisten am Freundeskreis? Welchen Beruf haben die drei wichtigsten Freunde? Engagiert sich der Befragte gesellschaftlich oder politisch und bekleidet auch ein Amt?

▲ Zu den erhobenen *soziodemografischen Merkmalen* gehörten Geschlecht, Alter, Familienstand, Anzahl der Kinder, höchster formaler Bildungsabschluß, Beruf der Eltern, Einwohnerzahl der Heimatgemeinde, persönliches Nettoeinkommen.

9.2.2 Der Fragebogen

GFM-GETAS
MEDIA- UND SOZIALFORSCHUNG
2000 Hamburg 53 · Langekamp 134 · Tel. 040 - 800 96 0
Fax 040 - 800 96 100

STUDIEN-NR.	POINT-NR.	FALL-NR.	KA	LAND	Ortsgr. pol	bou	lfd. Nr.
3 9 1 4							

Die GFM - GETAS, Gesellschaft für Marketing-, Kommunikations- und Sozialforschung mbH, Hamburg, ist eines der größten Meinungsforschungsinstitute in der Bundesrepublik Deutschland. Wir möchten Sie heute um Ihre Teilnahme an einem Studienprojekt bitten, das wir in Zusammenarbeit mit der Forschungsgruppe Journalistik an der Universität Münster bearbeiten. Es geht dabei im großen und ganzen darum, ein Bild des Journalismus in Deutschland zu erstellen und die Entwicklung des Journalismus in den letzten Jahren aufzuzeigen.

Alle Ihre Antworten werden vom Institut vertraulich behandelt. Die Untersuchungsergebnisse werden nie in Verbindung mit dem Namen ausgewertet, sondern nur in Form von zusammenfassenden Statistiken dargestellt. Es ist absolut sichergestellt, daß Ihre Angaben nicht mit Ihrer Person in Verbindung gebracht werden.

1 - 4 INTERVIEWEREINTRAGUNGEN:

1 Name des Mediums (TV-Sender, Rundfunk-Sender, Zeitung, Zeitschrift o.ä.):

2 Bundesland des Medienhauptsitzes:

    INT.: Bitte Nr. des Bundeslandes vom grünen Beiblatt eintragen!

Medienhauptsitz:

3 Verbreitungsgebiet des Mediums:

    INT.: Bitte Nr. der/des Verbreitungsgebiete(s) vom rosafarbenen Beiblatt eintragen; Mehrfachnennungen sind möglich!

Verbreitungsgebiet(e):

4 Medientyp:

    INT.: Bitte Nr. des Medientyps vom grünen Beiblatt eintragen!

Medientyp:

9 Die Studie (Anhang)

U 3914/93/1　　　　　　　　　　　Seite 2　　　　　　　　　　　　　　　Karte:

5	Zunächst möchte ich Ihnen einige Fragen stellen, die Ihre jetzige Tätigkeit und Ihren beruflichen Werdegang betreffen. Wie lautet die genaue Bezeichnung Ihrer jetzigen beruflichen Stellung? **INT.:** Bitte eintragen!		
6a	Sind Sie derzeit in Ihrem Betrieb fest angestellt oder arbeiten Sie als freier Mitarbeiter?	fest angestellt 1	7
		freier Mitarbeiter 2	6b
6b	Sind Sie *hauptberuflich* als Journalist(in) tätig, das heißt, beziehen Sie Ihr Einkommen überwiegend oder mehr als zur Hälfte aus journalistischen Tätigkeiten?	ja 1	6c
		nein .... Interview beenden!	
6c	Für wie viele Medienbetriebe waren Sie in den letzten sechs Monaten tätig? Wenn Sie es nicht mehr genau wissen, schätzen Sie bitte. **INT.:** Bitte eintragen!	*Zahl der Medienbetriebe:*	
7	Und in welcher Position - egal ob Sie in Ihrem Betrieb als freier Mitarbeiter arbeiten oder ob Sie fest angestellt sind - üben Sie diesen Beruf, den Sie mir eben genannt haben, aus? Haben Sie für den Bereich eine *Gesamtleitungsrolle* [d.h. als Chefredakteur(in), Programmdirektor(in) oder als ihre Stellvertreter(innen)], eine *Teilleitungsrolle* [d.h. als Chef(in) vom Dienst, Ressortleiter(in) oder Programmgruppenleiter(in)], sind Sie *Redakteur(in) bzw. freier Mitarbeiter mit Reporter- oder Redakteurstätigkeiten* oder *Volontär(in)?*		

POSITION IN DER HIERARCHIE:	INT.: Nur eine Nennung möglich!
1. Gesamtleitungsrolle [Chefredakteur(in), Programmdirektor(in) und ihre Stellvertreter(innen)]	1
2. Teilleitungsrolle [z.B. Chef(in) vom Dienst, Ressortleiter(in), Programmgruppenleiter(in)]	2
3. Redakteur(in) bzw. freier Mitarbeiter mit Reporter- o. Redakteursaufgaben	3
4. Volontär(in)	4

326

9.2 Die Befragung

U 3914/93/1   Seite 3   Karte:

8   Nennen Sie bitte die drei wichtigsten Medienbetriebe, d. h. diejenigen, von denen Sie in den letzten sechs Monaten hauptsächlich Ihr Einkommen bezogen haben.

     INT.:   Bitte notieren!

     1. _____

     2. _____

     3. _____

9   **INT.:**   AN ALLE!

   In welchem Ressort bzw. in welchen Ressorts sind Sie normalerweise tätig?

     INT.:   Bitte notieren!

     _____

     _____

                                            Bin keinem festen Ressort zugeordnet 99

10   Seit wie vielen Jahren sind Sie jetzt *(hauptberuflich)* als Journalist(in) tätig *(inklusive hauptberufliche freie Mitarbeiterschaft, aber ohne Ausbildungszeit)*? Wenn Sie es nicht mehr so genau wissen, schätzen Sie bitte.   *Jahre:* ☐

     INT.:   Bitte eintragen!

11   Und wie viele Jahre davon sind Sie bei einem Medienbetrieb *fest angestellt*? Wenn Sie es nicht mehr so genau wissen, schätzen Sie bitte.   *Jahre:* ☐

     INT.:   Bitte eintragen!

9 Die Studie (Anhang)

U 3914/93/1   Seite 4   Karte:

12	**INT.:** Bitte Liste 12 vorlegen!	
	Sehen Sie sich diese Liste bitte einmal an. Welche journalistische Aus- bzw. Vorbildung besitzen Sie.	
	INT.: Mehrfachnennungen möglich!	
	1. Hospitanz / Praktikum	1
	2. Volontariat bei ... **INT.:** Bitte einen Medientyp vom grünen Beiblatt zuordnen!	2
	3. Journalistenschule, und zwar: **INT.:** Bitte Namen notieren!	3
	4. Studium der Journalistik an der Universität zu ... **INT.:** Bitte Universität notieren!	4
	5. Hauptfach-Studium der Publizistik- und Kommunikationswissenschaft an der Universität zu ... **INT.:** Bitte Universität notieren!	5
	6. Nebenfach-Studium der Publizistik- und Kommunikationswissenschaft an der Universität zu ... **INT.:** Bitte Universität notieren!	6
	7. Sonstige Ausbildung, und zwar ... **INT.:** Bitte notieren!	7

9.2 Die Befragung

U 3914/93/1 Seite 5 Karte:

13 | **INT.:** Bitte blaues Sonderblatt mit Pointnr. und lfd. Nummer versehen zum Selbstausfüllen übergeben; sollte die/der Befragte keine Zeit haben, das Sonderblatt sofort auszufüllen, bitte einen Termin zur Abholung vereinbaren oder um Einsendung des Sonderblattes an die GFM-GETAS bitten; Adresse siehe auch Frage 49b (S. 25)!

An dieser Stelle würden wir gerne etwas über Ihren bisherigen Berufsweg erfahren. Bitte tragen Sie auf diesem Blatt in dem unten stehenden Schema kurz in Stichworten Ihren Berufsweg, also für welche Arbeitgeber, in welcher Position und, sofern es sich um eine journalistische Tätigkeit handelte, in welchem Ressort Sie von wann bis wann (in Jahreszahlen) gearbeitet haben (ohne Ausbildungszeit). Wenn Sie Ihre Berufslaufbahn eine längere Zeit für eine Babypause unterbrochen haben, tragen Sie diesen Zeitraum bitte auch mit dem Stichwort "Babypause" ein.

INT.: Wird das Sonderblatt sofort ausgefüllt, bitte in jedem Fall auch mit Pointnr. und lfd. Nummer versehen und in den Fragebogen einlegen!

INTERVIEWEREINSTUFUNG:

Blaues Sonderblatt wird dem Fragebogen beigelegt 1

Blaues Sonderblatt wird von der Befragungsperson ausgefüllt und persönlich an das Institut geschickt 2

Befragungsperson verweigert die Angaben 3

9 Die Studie (Anhang)

U 3914/93/1 Seite 6 Karte:

14 INT.: Bitte Liste 14 vorlegen!

Kommen wir nun zu Ihren jetzigen Tätigkeiten. Hier auf dieser Liste stehen bestimmte journalistische Tätigkeiten. Bitte sagen Sie mir für jede Tätigkeit, wie viele Stunden bzw. Minuten Sie diese an einem normalen Arbeitstag ausüben.

INT.: Bitte jeweils die benötigte Zeit eintragen!

TÄTIGKEITEN:	Stunden	Minuten
1. Recherchieren		
2. Verfassen/Redigieren eigener journalistischer Texte		
3. Auswahl von Texten (z. B. aus Agenturmaterial)		
4. Redigieren von Nachrichtenagenturtexten und Pressemitteilungen		
5. Redigieren der Texte von Kollegen/Mitarbeitern		
6. Organisatorische und verwaltende Tätigkeiten (z. B. Teilnahme an Redaktionskonferenzen)		

INT.: Nur Printjournalisten!

7. Layout/Umbruchtätigkeit		

INT.: Nur Hörfunk- und Fernsehjournalisten!

8. Außenaufnahmen		
9. Schnitt, Tonaufnahmen im Studio, Mischung		
10. Moderation		

INT.: AN ALLE!

11. Sonstige Tätigkeiten, und zwar...

INT.: Bitte notieren!

12.		
13.		
14.		
15.		

15 Wie viele Stunden bzw. Minuten arbeiten Sie an einem durchschnittlichen Arbeitstag an einem Computer?

INT.: Bitte die benötigte Zeit eintragen!

Stunden	Minuten

9.2 Die Befragung

U 3914/93/1 Seite 7 Karte:

INTERVIEWEREINSTUFUNG:

Falls Befragte(r) lt. Fr. 15 nicht mit dem Computer arbeitet, bitte weiter mit Frage 17!

16	INT.: Bitte Liste 16 vorlegen!	
	Welche Arbeiten erledigen Sie am Computer? Ich habe hier eine Liste mit möglichen Tätigkeiten. Bitte sagen Sie mir jedes Mal, ob Sie die betreffende Arbeit am Bildschirm machen oder nicht.	
	TÄTIGKEITEN:	*Arbeiten am Computer*
	1. Verfassen/Redigieren eigener journalistischer Texte	01
	2. Auswahl von Texten (z. B. aus Agenturmaterial)	02
	3. Redigieren von Agenturtexten und Pressemitteilungen	03
	4. Redigieren der Texte von Kollegen bzw. Mitarbeitern	04
	5. Eingabe von Fremdtexten	05
	6. Organisatorische/verwaltende Tätigkeiten	06
	7. Datenbankrecherche	07
	8. Kommunikation über Mailbox	08
	INT.: Nur Printjournalisten!	
	9. Layout-/Umbruchtätigkeit	09
	INT.: Nur Hörfunk- und Fernsehjournalisten!	
	10. Schnitt mit Cutter(in)/Techniker(in)	10
	11. Ablesen der Texte für Moderation von Sendungen	11
	INT.: AN ALLE!	
	12. Sonstige Tätigkeiten, und zwar...	12
	INT.: Bitte eintragen!	
	_____	
	_____	

17	Wie viele Stunden arbeiten Sie durchschnittlich pro Woche? Ich meine hier nicht die tariflich vereinbarte Arbeitszeit, sondern die tatsächliche.	*Durchschnittliche Wochenarbeitszeit*
	INT.: Bitte Stundenzahl eintragen!	☐

331

9 Die Studie (Anhang)

U 3914/93/1   Seite 8   Karte:

18	Wie oft werden Ihre Beiträge von jemand anderem in der Redaktion gegengelesen bzw. abgenommen? Ist das... **INT.:** Vorgaben vorlesen!	immer oder fast immer .... 1 meistens .... 2 ab und zu .... 3 selten .... 4 gar nicht .... 5 oder schreiben Sie so gut wie nie eigene Beiträge 6	19 20a
19	Wer liest Ihre Beiträge in der Regel gegen bzw. wer nimmt sie ab? Sind das... **INT.:** Vorgaben vorlesen; Mehrfachnennungen möglich!	sie selbst .... 1 Kollegen/Kolleginnen .... 2 Mitarbeiter (Untergebene) .... 3 unmittelbare Vorgesetzte .... 4 Chefredakteur(in) 5	
20a	Gibt es für Ihren Betrieb ein Redaktionsstatut?	nein .... 1 ja .... 2 weiß nicht 3	20b 21a
20b	Ist für Ihren Betrieb ein Redaktionsstatut geplant?	ja .... 1 nein .... 2 weiß nicht 3	
21a	Gibt es für Ihren Betrieb frauenfördernde Maßnahmen?	nein .... 1 Ja, es gibt darüber Abmachungen, die aber nicht schriftlich festgelegt sind .... 2 Ja, es gibt eine schriftliche Vereinbarung darüber .... 3 weiß nicht 4	21b 22

9.2 Die Befragung

U 3914/93/1　　　　　　　　　Seite 9　　　　　　　　　　　　　　Karte:

21b	Sind für Ihren Betrieb frauenfördernde Maßnahmen geplant?	ja 1
		nein 2
		weiß nicht 3

22	Haben Sie Entscheidungsbefugnisse oder Mitspracherechte bei Stellenbesetzungen oder Entlassungen von Redaktionsmitgliedern?	ja 1	23
		nein 2	24

23	Wie groß sind Ihre Befugnisse in solchen Personalfragen. Haben Sie dabei eine beratende Funktion, entscheiden Sie mit anderen Mitarbeitern, oder fällen Sie die Entscheidungen allein?	beratende Funktion 1
		mit anderen 2
		allein 3

24　Was sind in Ihren Augen die wichtigsten drei Kriterien, die jemand erfüllen muß, um in Ihrem Betrieb als Redakteurin/Redakteur eingestellt zu werden?

　　INT.:　Bitte notieren!

　　1. _____
　　2. _____
　　3. _____

333

9 Die Studie (Anhang)

U 3914/93/1   Seite 10   Karte:

25a	INT.: Bitte Liste 25a vorlegen!

Auf dieser Liste stehen einige Faktoren, die Ihre Arbeit als Journalist/in beeinflussen können. Bitte sagen Sie mir zu jedem Faktor wie zufrieden oder unzufrieden Sie persönlich damit sind. Sie können dabei Ihre Bewertung abstufen. 1 würde bedeuten, Sie sind mit diesem Faktor sehr zufrieden und 5 würde bedeuten Sie sind mit dem Faktor sehr unzufrieden.
Wie ist es zum Beispiel mit...(INT.: Faktor nennen!)? Sind Sie damit sehr zufrieden, eher zufrieden...?

FAKTOREN:	Bin damit ...				
	sehr zufrieden	eher zufrieden	teils/ teils	eher unzufrieden	sehr unzufrieden
1. der Qualität Ihrer Ausbildung	1	2	3	4	5
2. Ihren Möglichkeiten, sich beruflich weiterzubilden	1	2	3	4	5
3. der täglichen Arbeitsbelastung	1	2	3	4	5
4. der Möglichkeit, sich die Arbeitszeit selbst einzuteilen	1	2	3	4	5
5. der Zeit, die Sie für die persönliche Recherche von Themen haben	1	2	3	4	5
6. der beruflichen Sicherheit, die Ihnen Ihr Job bietet	1	2	3	4	5
7. den Aufstiegsmöglichkeiten innerhalb Ihres Berufes	1	2	3	4	5
8. der Höhe Ihrer Bezahlung	1	2	3	4	5
9. dem Verhältnis zu Ihren Arbeitskollegen	1	2	3	4	5
10. der politischen oder weltanschaulichen Linie Ihres Medienbetriebes	1	2	3	4	5
INT.: Nicht bei Gesamtleitungsrolle (lt. Fr. 5b, Code 1) fragen!					
11. dem Verhältnis zu Ihren Vorgesetzten	1	2	3	4	5
INT.: Nur bei Gesamt- und Teilleitungsrolle (lt. Fr. 5b, Codes 1 und 2) fragen!					
12. dem Verhältnis zu Ihren Mitarbeitern	1	2	3	4	5

9.2 Die Befragung

U 3914/93/1   Seite 11   Karte:

25b	Von welchen der folgenden Leute bzw. Gruppen, die ich Ihnen jetzt nenne, haben Sie in den letzten zwei Wochen Reaktionen oder Kommentare erhalten auf das, was Sie geschrieben bzw. produziert haben? INT.: Bitte Vorgaben vorlesen!	1. Vorgesetzte . . . . 1 2. Kollegen im eigenen Betrieb . . . . 2 3. Kollegen aus anderen Medien . . . . 3 4. Politikern . . . . 4 5. Pressestellen/Öffentlichkeitsarbeiter . . . . 5 6. Informanten . . . . 6 7. Leser/Hörer/Zuschauer . . . . 7 8. Freunde/Bekannte/Familie 8
26	INT.: Bitte Liste 26 vorlegen! Sehen Sie sich nun diese Liste einmal an. Haben Sie die Absicht, in näherer Zukunft in ein anderes Medium auf dieser Liste zu wechseln? Wenn ja, nennen Sie mir bitte den Bereich, in den Sie beabsichtigen zu wechseln.	kein Wechsel beabsichtigt . . . . 01 1. Tageszeitung . . . . 02 2. Wochen-/Sonntagszeitung . . . . 03 3. Nachrichtenagentur . . . . 04 4. Zeitschrift . . . . 05 5. Stadtmagazin . . . . 06 6. Anzeigenblatt . . . . 07 7. Mediendienst . . . . 08 8. Öffentlich rechtliches Fernsehen . . . . 09 9. Öffentlich rechtlicher Hörfunk . . . . 10 10. Privates Fernsehen . . . . 11 11. Privater Hörfunk . . . . 12 12. Wechsel zu Public Relations . . . . 13 13. Sonstiges, und zwar... INT.: Bitte notieren!

9 Die Studie (Anhang)

U 3914/93/1   Seite 12   Karte:

27   **INT.:**   Bitte Liste 27 vorlegen!

Welche der Personen auf dieser Liste gehören zu Ihrem engeren privaten Bekanntenkreis?

1. Entscheidungsträger aus der Politik und öffentlichen Verwaltung 1
2. Entscheidungsträger aus den Gewerkschaften 2
3. Entscheidungsträger aus der Wirtschaft 3
4. Vertreter von Bürgerinitiativen und alternativen Gruppen 4
5. Kolleginnen oder Kollegen aus dem Journalismus 5

28   **INT.:**   Bitte Liste 28 vorlegen!

Auf dieser Liste haben wir einige Aussagen zur Beurteilung von Pressemitteilungen zusammengestellt. Bitte sagen Sie mir zu jeder Aussage, ob sie Ihrer Meinung nach voll und ganz, überwiegend, teils/teils, weniger oder überhaupt nicht zutrifft.
Sie können dabei wieder die Zahlen von 1 = trifft voll und ganz zu, bis 5 = trifft überhaupt nicht zu verwenden.

AUSSAGEN:	Diese Aussage trifft...				
	voll und ganz zu	überwiegend zu	teils/teils zu	weniger zu	überhaupt nicht zu
1. Die Informationen in Pressemitteilungen sind zuverlässig.	1	2	3	4	5
2. Pressemitteilungen sind gut aufbereitet.	1	2	3	4	5
3. Pressemitteilungen sparen Zeit beim Recherchieren.	1	2	3	4	5
4. Die Informationen in Pressemitteilungen sind überflüssig.	1	2	3	4	5
5. Es werden zu viele Pressemitteilungen produziert.	1	2	3	4	5
6. Pressemitteilungen bieten Anregungen für neue Berichterstattungsthemen.	1	2	3	4	5
7. Pressemitteilungen stellen notwendige Informationen bereit.	1	2	3	4	5
8. Pressemitteilungen ersetzen zunehmend Beiträge, die früher von Journalisten recherchiert wurden.	1	2	3	4	5
9. Pressemitteilungen verführen zu unkritischer Berichterstattung.	1	2	3	4	5

9.2 Die Befragung

U 3914/93/1   Seite 13   Karte:

29	INT.: Bitte Liste 29 vorlegen!

Welche der auf dieser Liste aufgeführten Medien und Sendungen nutzen Sie häufig bzw. regelmäßig?

1. Die Welt 01
2. Frankfurter Rundschau 02
3. Frankfurter Allgemeine Zeitung 03
4. Süddeutsche Zeitung 04
5. Handelsblatt 05
6. BILD 06
7. die tageszeitung (taz) 07
8. Der Spiegel 08
9. Focus 09
10. Stern 10
11. ZEIT 11
12. Zeitgeistmagazine wie z. B. "Tempo" oder "Wiener" 12
13. Illustrierte wie z. B. "Bunte" oder "Neue Revue" 13
14. Zeitschriften der Frauenbewegung wie z. B."Emma" 14
15. Tagesschau (ARD, 20 Uhr) 15
16. Tagesthemen (ARD, 22.30 Uhr) 16
17. heute (ZDF, 19 Uhr) 17
18. heute journal (ZDF, 21.45 Uhr) 18
19. RTL aktuell (18.40 Uhr) 19
20. SAT1-Blick (18.45 Uhr) 20
21. N-TV 21
22. Vox 22
23. unmittelbare Konkurrenzmedien 23
24. Sonstige, und zwar ...

INT.: Bitte notieren!

30	Was sind Ihrer Meinung nach die wichtigsten Aufgaben eines Journalisten?

INT.: Bitte notieren!

337

9 Die Studie (Anhang)

U 3914/93/1　　　　　　　　　　　　　　Seite 14　　　　　　　　　　　　　　Karte:

31 INT.: Bitte Liste 31 vorlegen!

Auf der nächsten Liste haben wir nun einige Aussagen zusammengestellt, in denen es darum geht, wie man sich in seinem Beruf als Journalist verstehen kann und welche Ziele man mit seiner beruflichen Arbeit erreichen möchte. Bitte sagen Sie mir zu jeder Aussage, ob sie auf Sie persönlich voll und ganz, überwiegend, teils/teils, weniger, oder überhaupt nicht zutrifft.

INT.: Bitte im Schema unter Frage 31 eintragen!

32 INT.: Bitte für jede Aussage, welcher der/die Befragte "voll und ganz" oder "überwiegend" zustimmt, sofort weiterfragen:

Sie sagten mir eben, daß Sie sich in Ihrem Beruf als jemand verstehen, dem es darum geht ... (INT.: Aussage nennen!). Bitte sagen Sie nun, inwieweit Ihnen dies innerhalb Ihrer täglichen Arbeit auch möglich ist bzw. gelingt. Würden Sie sagen, es gelingt Ihnen voll und ganz, überwiegend, teils/teils, weniger oder gelingt es Ihnen überhaupt nicht?

INT.: Bitte im Schema unter Frage 32 eintragen!

	Frage 31:					Frage 32:				
	Diese Aussage trifft auf mich ...					*Dies gelingt mir ...*				
IN MEINEM BERUF GEHT ES MIR DARUM ...	voll und ganz zu	über- wiegend zu	teils/ teils zu	weniger zu	über- haupt nicht zu	voll und ganz	über- wiegend	teils/ teils	weniger	über- haupt nicht
1. komplexe Sachverhalte zu erklären und vermitteln.	01	02	03	04	05	06	07	08	09	10
2. dem Publikum eigene Ansichten zu präsentieren.	01	02	03	04	05	06	07	08	09	10
3. das Publikum möglichst neutral und präzise zu informieren.	01	02	03	04	05	06	07	08	09	10
4. die Realität genauso abzubilden, wie sie ist.	01	02	03	04	05	06	07	08	09	10
5. mich für die Benachteiligten in der Bevölkerung einzusetzen.	01	02	03	04	05	06	07	08	09	10

338

9.2 Die Befragung

Seite 15

	Frage 31: Diese Aussage trifft auf mich ...					Frage 32: Dies gelingt mir ...				
IN MEINEM BERUF GEHT ES MIR DARUM ...	voll und ganz zu	über- wiegend zu	teils/ teils zu	weniger zu	über- haupt nicht zu	voll und ganz	über- wiegend	teils/ teils	weniger	über- haupt nicht
6. die Bereiche Politik, Wirtschaft und Gesellschaft zu kontrollieren.	01	02	03	04	05	06	07	08	09	10
7. Kritik an Mißständen zu üben.	01	02	03	04	05	06	07	08	09	10
8. positive Ideale zu vermitteln.	01	02	03	04	05	06	07	08	09	10
9. Lebenshilfe für das Publikum zu bieten.	01	02	03	04	05	06	07	08	09	10
10. dem Publikum Unterhaltung und Entspannung zu bieten.	01	02	03	04	05	06	07	08	09	10
11. neue Trends aufzuzeigen und neue Ideen zu vermitteln.	01	02	03	04	05	06	07	08	09	10
12. dem Publikum (möglichst) schnell Informationen zu vermitteln.	01	02	03	04	05	06	07	08	09	10
13. Aussagen und Stellungnahmen der Regierung zu recherchieren und zu untersuchen.	01	02	03	04	05	06	07	08	09	10
14. Nachrichten nicht zu bringen, deren faktischer Inhalt nicht bestätigt wurde.	01	02	03	04	05	06	07	08	09	10
15. mich auf Nachrichten zu konzentrieren, die für das weitest mögliche Publikum interessant sind.	01	02	03	04	05	06	07	08	09	10
16. nationale Politik zu diskutieren, die sich noch in der Entwicklung befindet.	01	02	03	04	05	06	07	08	09	10

9 Die Studie (Anhang)

Seite 16

U 3914/93/1

Karte:

IN MEINEM BERUF GEHT ES MIR DARUM ...	Frage 31: Diese Aussage trifft auf mich ...					Frage 32: Dies gelingt mir ...				
	voll und ganz zu	über- wiegend zu	teils/ teils zu	weniger zu	über- haupt nicht zu	voll und ganz	über- wiegend	teils/ teils	weniger	über- haupt nicht
17. intellektuelle und kulturelle Interessen des Publikums anzusprechen.	01	02	03	04	05	06	07	08	09	10
18. mich als Gegenpart zu offiziellen (politischen) Stellen zu verstehen, indem man deren Aussagen immer skeptisch begegnet.	01	02	03	04	05	06	07	08	09	10
19. mich als Gegenpart zur Wirtschaft zu verstehen, indem man deren Aussagen immer skeptisch begegnet.	01	02	03	04	05	06	07	08	09	10
20. die politische Tagesordnung zu beeinflussen und Themen auf die politische Tagesordnung zu setzen.	01	02	03	04	05	06	07	08	09	10
21. "normalen" Leuten eine Chance zu geben, ihre Meinung über Themen von öffentlichem Interesse zum Ausdruck zu bringen.	01	02	03	04	05	06	07	08	09	10

340

9.2 Die Befragung

U 3914/93/1 Seite 17 Karte:

33 Wie groß *ist* Ihrer Meinung nach der Einfluß der Medien auf die öffentliche Meinung in Deutschland? Bitte sagen Sie es mir anhand einer Skala von 0 bis 10. "0" würde bedeuten, die Medien haben gar keinen Einfluß auf die öffentliche Meinung und "10" würde bedeuten, sie haben einen sehr großen Einfluß. Mit den Zahlen dazwischen können Sie Ihre Bewertung abstufen.

gar kein Einfluß 0 1 2 3 4 5 6 7 8 9 10 sehr großer Einfluß

INT.: Bitte hier kringeln! | 01 | 02 | 03 | 04 | 05 | 06 | 07 | 08 | 09 | 10 | 11 |

34 Und wie groß *sollte* Ihrer Meinung nach der Einfluß der Medien auf die öffentliche Meinung in Deutschland sein? Bitte sagen Sie es mir auch anhand einer Skala von 0 bis 10. "0" würde bedeuten, die Medien sollten gar keinen Einfluß auf die öffentliche Meinung haben und "10" würde bedeuten, sie sollten einen sehr großen Einfluß haben. Mit den Zahlen dazwischen können Sie Ihre Bewertung wieder abstufen.

gar kein Einfluß 0 1 2 3 4 5 6 7 8 9 10 sehr großer Einfluß

INT.: Bitte hier kringeln! | 01 | 02 | 03 | 04 | 05 | 06 | 07 | 08 | 09 | 10 | 11 |

35 INT.: Bitte Liste 35 vorlegen!

Hier habe ich einige Aussagen zum Beruf des Journalisten im allgemeinen. Bitte sagen Sie mir zu jeder Aussage, ob sie Ihrer Meinung nach voll und ganz, überwiegend, teils/teils, weniger oder überhaupt nicht zutrifft.

AUSSAGEN:	Diese Aussage trifft ...				
	voll und ganz zu	über- wiegend zu	teils/teils zu	weniger zu	überhaupt nicht zu
1. Die journalistische Arbeit ist zu eng verknüpft mit kommerziellen Interessen.	1	2	3	4	5
2. Die journalistische Arbeit ist zu eng verknüpft mit politischen Interessen.	1	2	3	4	5
3. Die beruflichen Anforderungen an Journalisten sind heute größer als vor zehn Jahren.	1	2	3	4	5
4. Viele Journalisten handeln verantwortungslos.	1	2	3	4	5
5. Die Bedeutung des Journalismus wird häufig überschätzt.	1	2	3	4	5
6. Die journalistische Arbeit hat mir früher mehr Spaß gemacht als heute.	1	2	3	4	5
7. Ich würde es gut finden, wenn mein Sohn/meine Tochter Journalist werden würde.	1	2	3	4	5

9 Die Studie (Anhang)

U 3914/93/1   Seite 18   Karte:

36   <u>INT.:</u>   Bitte Liste 36 vorlegen!

Da es oft sehr schwierig ist, an wichtige Informationen zu kommen, helfen sich viele Journalisten auch mit ungewöhnlichen Vorgehensweisen.
Bitte sagen Sie mir zu jeder Vorgehensweise auf dieser Karte, ob sie Ihrer Meinung nach voll und ganz, überwiegend, teils/teils (je nach Situation und Anlaß), weniger oder überhaupt nicht vertretbar ist. Für wie vertretbar halten Sie es z. B., ... (<u>INT.:</u> Vorgehensweise nennen!)

VORGEHENSWEISE:	Diese Vorgehensweise ist ... vertretbar				
	voll und ganz	weit- gehend	teils/teils (je nach Situation, Anlaß)	weniger	überhaupt nicht
1. Leuten für vertrauliche Informationen Geld zu bezahlen.	1	2	3	4	5
2. vertrauliche Regierungsunterlagen zu benutzen, ohne dafür die Genehmigung zu besitzen.	1	2	3	4	5
3. sich als eine andere Person auszugeben.	1	2	3	4	5
4. Informanten Verschwiegenheit zuzusagen, aber nicht einzuhalten.	1	2	3	4	5
5. unwillige Informanten unter Druck zu setzen, um Informationen zu bekommen.	1	2	3	4	5
6. private Unterlagen (z. B. Briefe, Fotos) von jemanden, ohne dessen Zustimmung, zu verwenden.	1	2	3	4	5
7. sich als Mitarbeiter in einem Betrieb, einer Organisation zu betätigen, um an interne Informationen zu gelangen.	1	2	3	4	5
8. eine andere Meinung oder Einstellung vorzugeben, um Informanten Vertrauen einzuflößen.	1	2	3	4	5
9. versteckte Mikrophone oder Kameras zu benutzen.	1	2	3	4	5
10. Nachrichten durch Schauspieler nachstellen zu lassen.	1	2	3	4	5
11. die Namen von Vergewaltigungsopfern zu veröffentlichen.	1	2	3	4	5

9.2 Die Befragung

U 3914/93/1   Seite 19   Karte:

37   **INT.:**   Bitte Liste 37 vorlegen!

Journalistinnen und Journalisten stehen ja fast permanent unter Zeitdruck. Dadurch lassen sich dann nicht immer alle Meldungen genau recherchieren. Hier auf dieser Liste finden Sie einige Beispiele von Meldungen, wie sie jeden Tag auf den Schreibtisch eines Journalisten flattern könnten. Stellen Sie sich bitte vor, der Redaktionsschluß steht kurz bevor. Welche dieser Meldungen, die Sie also nicht mehr überprüfen könnten, würden Sie sofort veröffentlichen und welche würden Sie nicht veröffentlichen?

MELDUNGEN:	würde veröffentlicht:	würde nicht veröffentlicht:
1. Ein bekannter Politiker soll aus seiner Partei ausgetreten sein.	1	2
2. Ein anerkannter Wissenschaftler soll ein Heilmittel gegen Krebs gefunden haben.	1	2
3. Ein berühmter Schauspieler soll Selbstmord begangen haben.	1	2
4. Der Inhaber einer Firma soll jahrelang Steuern hinterzogen haben.	1	2
5. Der Kassierer einer Bank soll hohe Geldsummen unterschlagen haben.	1	2
6. Ein Lehrer eines Gymnasiums soll in einen Betrugsskandal verwickelt sein.	1	2

9 Die Studie (Anhang)

U 3914/93/1　　　　　　　　　　Seite 20　　　　　　　　　　Karte:

38 | **INT.:** Bitte Liste 38 vorlegen!

Als nächstes möchten wir auf das Publikum, das Sie mit Ihrer Arbeit erreichen, zu sprechen kommen. Auf dieser Liste befinden sich gegensätzliche Begriffspaare. Sehen Sie sich diese Begriffspaare bitte einmal an und sagen mir dann dazu, wie Sie Ihr Publikum einschätzen würden.

Stimmen Sie dem ersten Begriff *voll zu*, dann bewerten Sie mit 1, stimmen Sie dem zweiten Begriff *voll zu*, bewerten Sie mit 5. Mit den Zahlen dazwischen können Sie Ihre Einstufung wieder abstufen.

INT.: Zu jedem Begriffspaar eine Nennung!

	I. Begriff	*Das Publikum ist...* voll ⇒				⇐ voll	II. Begriff
a.	politisch interessiert	1	2	3	4	5	politisch uninteressiert
b.	fortschrittlich	1	2	3	4	5	konservativ
c.	aufgeschlossen	1	2	3	4	5	engstirnig
d.	gewissenhaft	1	2	3	4	5	oberflächlich
e.	gebildet	1	2	3	4	5	ungebildet
f.	engagiert	1	2	3	4	5	unengagiert
g.	tolerant	1	2	3	4	5	intolerant
h.	selbstsicher	1	2	3	4	5	ängstlich
i.	reich	1	2	3	4	5	arm
j.	alt	1	2	3	4	5	jung
k.	einflußreich	1	2	3	4	5	einflußlos
l.	weltoffen	1	2	3	4	5	kleinbürgerlich
m.	verantwortungsbewußt	1	2	3	4	5	verantwortungslos
n.	kritisch-anspruchsvoll	1	2	3	4	5	unkritisch-anspruchslos
o.	gut informiert	1	2	3	4	5	schlecht informiert
p.	politisch links	1	2	3	4	5	politisch rechts

9.2 Die Befragung

U 3914/93/1　　　　　　　　Seite 21　　　　　　　　Karte:

39	INT.: Bitte Liste 39 vorlegen!	
	Zum Schluß noch ein paar Fragen zu Ihnen und zu dem Medium, bei dem Sie arbeiten. Beginnen wir mit Ihrem Betrieb: Wo würden Sie die politische Richtung Ihres Mediums einordnen. Sagen Sie es mir bitte anhand dieser Liste.	1. nationaldemokratisch 01
		2. konservativ 02
		3. christlich-demokratisch 03
		4. rechts-liberal 04
		5. liberal 05
		6. links-liberal 06
		7. sozial-demokratisch 07
		8. grün-alternativ 08
		9. sozialistisch 09
		10. kommunistisch 10
		11. sonstiges - und zwar...?:
		INT.: Bitte notieren!
		_____
		_____
40	Wie viele Ihrer Kollegen stimmen nach Ihrer Schätzung mit der politischen Linie Ihres Mediums überein? Würden Sie sagen... INT.: Vorgaben vorlesen!	1. so gut wie alle 1
		2. der größere Teil 2
		3. etwa die Hälfte 3
		4. der kleinere Teil 4
		5. so gut wie keiner 5
		6. weiß nicht 6
41	Welche Bedeutung hat die politische Grundhaltung Ihres Mediums für Ihre persönliche tägliche Arbeit? Würden Sie sagen, sie ist... INT.: Vorgaben vorlesen!	1. sehr groß 1
		2. eher groß 2
		3. mittel 3
		4. eher gering 4
		5. sehr gering 5
		6. weiß nicht 6

9 Die Studie (Anhang)

U 3914/93/1　　　　　　　　　　Seite 22　　　　　　　　　　Karte:

42 | **INT.:** Bitte Liste 42 vorlegen!

Hier auf dieser Liste haben wir einige Personengruppen und Verbände zusammengestellt. Inwieweit, so möchten wir wissen, nehmen diese Einfluß auf Ihre Arbeit als Journalist? Ist ihr Einfluß sehr groß, nennen Sie mir bitte eine 1, ist ihr Einfluß sehr gering, nennen Sie mir eine 5. Mit den Werten dazwischen können Sie Ihre Auffassung wieder abstufen.

GRUPPEN:	Der Einfluß ist...				
	sehr groß	eher groß	mittel	eher gering	sehr gering
1. Mittlere redaktionelle Führungsebene (z. B. Ressortleiter)	1	2	3	4	5
2. Obere redaktionelle Führungsebene (Chefredakteure/Programmdirektoren)	1	2	3	4	5
3. Verleger/Verlag/Intendanten/Aufsichtsgremien	1	2	3	4	5
4. Redakteure	1	2	3	4	5
5. Leser/Hörer/Zuschauer	1	2	3	4	5
6. politische Parteien	1	2	3	4	5
7. Familie, Freunde, Bekannte	1	2	3	4	5
8. Unternehmen und Wirtschaftsverbände	1	2	3	4	5
9. Gewerkschaften	1	2	3	4	5
10. Kirchen	1	2	3	4	5
11. Sportverbände	1	2	3	4	5
12. Öffentlichkeitsarbeit im allgemeinen	1	2	3	4	5

9.2 Die Befragung

U 3914/93/1 Seite 23 Karte:

43	**INT.:** Bitte Liste 39 erneut vorlegen!	
	Unabhängig davon, wie die politische Linie Ihres Betriebes aussieht: Wo stufen Sie sich selbst politisch ein?	1. nationaldemokratisch . . . . 01 2. konservativ . . . . 02 3. christlich-demokratisch . . . . 03 4. rechts-liberal . . . . 04 5. liberal . . . . 05 6. links-liberal . . . . 06 7. sozial-demokratisch . . . . 07 8. grün-alternativ . . . . 08 9. sozialistisch . . . . 09 10. kommunistisch . . . . 10 11. anderes - und zwar? **INT.:** Bitte notieren!
44	Und welcher Partei fühlen Sie sich am nächsten? Das heißt nicht, daß Sie Mitglied in dieser Partei sein müssen, sondern nur, daß Sie sich vorstellen können, diese Partei demnächst bei einer Wahl zu wählen. **INT.:** Bitte Vorgaben <u>nicht</u> vorlesen!	1. CDU . . . . 01 2. CSU . . . . 02 3. SPD . . . . 03 4. FDP . . . . 04 5. Grüne . . . . 05 6. Bündnis 90 . . . . 06 7. PDS/Linke Liste . . . . 07 8. DKP . . . . 08 9. Republikaner . . . . 09 10. DVU . . . . 10 11. NPD . . . . 11 12. FAP . . . . 12 13. ÖDP . . . . 13 14. stehe keiner Partei nahe . . . . 14 15. Sonstige, und zwar...? **INT.:** Bitte notieren!

9 Die Studie (Anhang)

U 3914/93/1   Seite 24   Karte:

| 45 | Sind Sie Mitglied einer Journalistenorganisation? | ja .... 1 | 46 |
| | | nein .... 2 | 47a |

46	In welcher Journalisten-Organisation sind Sie Mitglied?	1. IG Medien 1
		2. Deutscher Journalistenverband 2
		3. Deutsche Angestellten Gewerkschaft ... 3
		4. Sonstige, und zwar...?
		INT.: Bitte notieren!

| 47a | Engagieren Sie sich politisch bzw. gesellschaftlich, das heißt, bekleiden Sie ein Amt in einer Partei, einer Kirche oder einer sonstigen Organisation? | ja .... 1 | 47b |
| | | nein .... 2 | 48 |

47b	Würden Sie mir sagen, in welchem Bereich das ist? Ist das ... INT.: Vorgaben vorlesen!	1. in einer Partei 01
		2. in einer Kirche oder kirchlichen Einrichtung 02
		3. innerhalb der Frauenbewegung 03
		4. in einer Bürgerinitiative 04
		5. sonstige Gruppierungen, und zwar...?
		INT.: Bitte notieren!
		6. keine Angabe / Aussage verweigert ... 99

9.2 Die Befragung

U 3914/93/1 Seite 25 Karte:

INTERVIEWEREINSTUFUNG:

Frage 48 bitte nur an Printjournalisten (lt. Einstufung "Medientyp", Frage 4, Codes xx-yy) stellen, ansonsten weiter mit Frage S1!

48 Können Sie mir einen Artikel bzw. Beitrag nennen, den Sie in diesem Jahr geschrieben bzw. produziert haben, den Sie für gut gelungen halten?

INT.: Bitte den Titel des Artikels notieren und eintragen, wo er zu finden war (Name der Zeitschrift/Zeitung o.ä.)!

_____

_____

_____

49a Wären Sie bereit der GFM-GETAS Media- und Sozialforschung in Hamburg eine Kopie des Beitrages (oder eventuell des Manuskriptes) zur Verfügung zu stellen?

ja .... 1 → 49b

nein .... 2 → S1

49b Wenn Sie eine Kopie des Beitrages zur Hand haben, würde ich diese gerne gleich mitnehmen, ansonsten möchte ich Sie bitten, die Kopie dann im Laufe der nächsten Tage, versehen mit folgender Nummer (INT.: Bitte Untersuchungsnummer, Pointnr. und lfd. Nr. von der Adressenliste nennen; dazu Rückumschlag überreichen!) an unser Institut in Hamburg zu senden.

Hier ist Adresse: GFM - GETAS GmbH
Media- und Sozialforschung
Feldabteilung
Langelohstrasse 134

2000 HAMBURG 53

INT.: Wenn der/die Befragte den Beitrag sofort zur Hand hat, bitte ebenfalls mit der Pointnr. und der lfd. Nr. versehen und nach Ende des Interviews in den ausgefüllten Fragebogen einlegen!

349

9 Die Studie (Anhang)

U 3914/93/1   Seite S26   Karte:

S1	Geschlecht der Befragungsperson	männlich .... 1 weiblich 2
S2	Wie alt sind Sie? INT.: Bitte eintragen!	*Alter* ☐
S3a	Welchen Familienstand haben Sie?	ledig .... 1 verheiratet .... 2 geschieden .... 3 verwitwet 4
S3b	Leben Sie z.Z. mit einem Lebens- oder Ehepartner zusammen?	ja .... 1 nein 2
S4	Wie viele eigene Kinder haben Sie? INT.: Bitte eintragen!	*Anzahl der eigenen Kinder* ☐
S5	Und wie viele Kinder leben z.Z. in Ihrem Haushalt? INT.: Bitte eintragen!	*Kinder im Haushalt* ☐
S6	INT.: Bitte Liste S6 vorlegen! Welchen Bildungsabschluß haben Sie?	Volksschule / Hauptschule .... 1 Mittlere Reife / Realschule .... 2 Fachabitur / Abitur .... 3 Studium ohne Abschluß .... 4 Studium mit Abschluß an Akademie, Technikum, Fachhochschule, Hochschule, Universität (z.B. Diplom, M.A., Staatsexamen) .... 5 Studium mit Promotion 6

9.2 Die Befragung

U 3914/93/1 Seite S27 Karte:

		Vater	Mutter
S7a	**INT.:** Bitte Liste S7 vorlegen! Welchen Beruf von dieser Liste übt Ihr Vater z.Z. aus oder welchen hat er zuletzt ausgeübt? **INT.:** Bitte im Schema eintragen!		
S7b	Und welchen Beruf von dieser Liste übt Ihre Mutter z.Z. aus oder welchen hat sie zuletzt ausgeübt? **INT.:** Bitte im Schema eintragen!		
	Selbständige:		
	Selbständige - klein -	01	01
	Selbständige - mittel -	02	02
	Selbständige - groß -	03	03
	freie Berufe	04	04
	selbständiger Landwirt	05	05
	Angestellte:		
	einfache Angestellte	06	06
	mittlere Angestellte	07	07
	qualifizierte Angestellte	08	08
	leitende Angestellte	09	09
	Journalist(in)	10	10
	Beamte:		
	einfacher Dienst	11	11
	mittlerer Dienst	12	12
	gehobener Dienst	13	13
	höherer Dienst	14	14
	Arbeiter (auch landw. Arbeiter):		
	einfache Arbeiten	15	15
	schwierige Arbeiten	16	16
	Fach-/Vorarbeiter/Polier/Handwerksgeselle	17	17
	in Berufsausbildung	18	18
	in Schulausbildung	19	19
	nie berufstätig gewesen	20	20

351

9 Die Studie (Anhang)

U 3914/93/1　　　　　　　　Seite S28　　　　　　　　Karte:

S8	Und welche Berufe haben z.Z. Ihre drei engsten Freundinnen oder Freude? __INT.:__　　Bitte möglichst genau notieren, bei Bezeichnungen wie "qualifizierte Angestellte" o.ä. bitte nachfragen und in welcher Branche arbeitet sie/er?
	1.
	2.
	3.

U 3914/93/1　　　　　　　　Seite S29　　　　　　　　Karte:

S9 Wie groß ist ungefähr der Prozentsatz Ihrer Bekannten und Freunde, die als Journalisten tätig sind?

INT.: Bitte eintragen!

Prozent:
☐

S10 Wie viele Einwohner hatte die Stadt, in der Sie aufgewachsen sind? Wenn Sie es nicht genau wissen, schätzen Sie bitte.

unter 5.000 Einwohner 1

5.000 bis unter
20.000 Einwohner 2

20.000 Einwohner bis unter
50.000 Einwohner 3

50.000 Einwohner bis unter
100.000 Einwohner 4

100.000 Einwohner bis unter
500.000 Einwohner 5

500.000 Einwohner und mehr 6

S11 INT.: Bitte Liste S11 vorlegen!

Wie hoch ist Ihr eigenes Einkommen, ich meine, was haben Sie persönlich monatlich netto nach Abzug von Steuern und Sozialversicherung? Hier habe ich wieder eine Liste; Sie brauchen mir nur den betreffenden Buchstaben der betreffenden Gruppe zu nennen.

A	B	C	D	E	F	G	H	J	K
01	02	03	04	05	06	07	08	09	10

L	M	N
11	12	13

S12 An dieser Stelle ist die Befragung von uns aus beendet. Vielen Dank für das Gespräch. Haben Sie vielleicht noch eine Anmerkung oder eine Frage?

INT.: Gegebenenfalls noch einmal den Zweck der Untersuchung erklären, sollte der Befragte sich für Auswertungen oder Ergebnisse aus dieser Untersuchung interessieren, bitte die Adresse notieren. Die Zusendung einer Kurzfassung ist möglich!

(Name der/des Befragten)　　　　　　　　(Straße)

(Name des Arbeitgebers Verlag/Sender o.ä.)　　　　(Ort)

(Abteilung)　　　　　　　　(Telefon)

353

9 Die Studie (Anhang)

U 3914/93/1   Seite S30   Karte:

INTERVIEWEREINTRAGUNGEN:

S 13a	Besteht der Verdacht, daß bei bestimmten Fragen ausweichend geantwortet oder bewußt die Unwahrheit gesagt wurde?	ja .... 1 nein 2	S 13b S 14
S 13b	Bei wie vielen Fragen war das der Fall? **INT.:** Bitte Zahl eintragen!		
S 14	Gab es sonstige besondere Vorkommnisse?	• ja, Störung des Interviews durch andere Personen .... 1 • ja, Unterbrechung des Interviews durch Zeitmangel der Befragungsperson ... 2 • ja, Drohung der Befragungsperson mit Interviewabbruch .... 3 • ja, Befragungsperson hatte Probleme, dem Interview zu folgen .... 4 • keine besonderen Vorkommnisse 5	
S 15	Wochentag des Interviews	Montag .... 1 Dienstag .... 2 Mittwoch .... 3 Donnerstag .... 4 Freitag .... 5 Samstag .... 6 Sonntag 7	
S 15	Datum des Interviews	**INT.:** Bitte eintragen!	
S 16	Ich versichere, das Interview allen Anweisungen entsprechend korrekt durchgeführt zu haben: *Dauer des Interviews:*	*Befragungsort:* *Unterschrift:* *Interviewer-Nr.:*	

354

9.2.3 Durchführung und Rücklauf der Befragung

Die Befragung wurde in Ost- und Westdeutschland (organisatorisch) getrennt (aber mit demselben Fragebogen) durchgeführt. In beiden Teilen erstreckte sich die *Feldzeit* vom 22. Februar bis zum 30. August 1993. Sie hat aus zwei Gründen so lange gedauert: Zum einen erforderten die persönlichen Interviews eine längere Zeit als telefonische oder schriftliche Befragungen (Anreise, Terminplanung). Zum anderen fiel der letzte Teil der Feldphase in die Sommerferien, so daß die Durchführung der letzten 20 Prozent der Interviews überdurchschnittlich lange dauerte. Insgesamt wurden 243 Interviewer und Interviewerinnen eingesetzt, davon 166 in Westdeutschland und 77 in Ostdeutschland.

	West-Deutschland		Ost-Deutschland		Summe/Durchschnitt	
	n	in %	n	in %	n	in %
Bruttoansatz	2.760	100,0	536	100,0	3.296	100,0
Adresse falsch/nicht zu ermitteln	37	1,3	78	14,8	115	3,5
Medium existiert nicht mehr	8	0,2	27	5,0	35	1,1
Zielperson bei Medium nicht mehr tätig	417	15,1	31	5,7	448	13,6
Zielperson nicht hauptberuflich tätig	7	0,2	4	0,7	11	0,3
Summe qualitätsneutraler Ausfälle	469	16,9	140	25,9	609	18,5
bereinigte Stichprobe	*2.291*	*100,0*	*396*	*100,0*	*2.687*	*100,0*
Medium verweigert	19	0,8	3	0,8	22	0,8
Zielperson verweigert	873	38,1	29	7,3	902	33,6
Zielperson nicht angetroffen	113	4,9	8	2,0	121	4,5
Zielperson in Feldzeit abwesend	57	2,4	16	4,0	73	2,7
Summe systematischer Ausfälle	1.062	47,1	56	14,1	1.118	41,6
durchgeführte Interviews	1.229	53,6	340	85,8	1.569	58,4
nicht verwertbare Interviews	39	1,7	32	8,0	71	2,6
auswertbare Interviews	**1.190**	**51,9**	**308**	**77,7**	**1.498**	**55,8**

Tabelle 9.2-1: **Angesetzte und realisierte Stichprobe in beiden Teilen Deutschlands**

Aus der Tabelle (→ 9.2-1) wird ersichtlich, daß zahlreiche qualitätsneutrale Ausfälle zu verzeichnen waren - ein Zeichen für die personelle Dynamik des journalistischen Systems. Insbesondere in *Ostdeutschland* waren viele der erhobenen Adressen in der Feldphase bereits veraltet, weil Medienbetriebe nicht mehr existierten oder die Adressen nicht mehr zu ermitteln waren, was auf dasselbe hinausläuft. Daß die Zielpersonen inzwischen bei einem anderen

Medienbetrieb beschäftigt waren, erwies sich jedoch eher als ein westdeutsches Phänomen. Eine mögliche Schlußfolgerung könnte sein: Mobilität im Journalismus auf freiwilliger Basis kommt eher in Westdeutschland vor, wohingegen eine erzwungene Aufgabe des Berufs oder ein Arbeitsmarkt bedingter Wechsel zu einem anderen Medienbetrieb Ausdruck der Arbeitsplatzunsicherheit in Ostdeutschland in den Jahren 1992 und 1993 war. Wegen dieser hohen Zahl an qualitätsneutralen Ausfällen mußte die Zahl journalistischer Adressen durch eine weitere Adressenerhebung gegenüber der vorgesehenen Zahl deutlich erhöht werden (→Tabellen 9.1-3 und 9.1-4 sowie Tabelle 9.2-1).

In nur wenigen Fällen verweigerten ganze *Medienbetriebe* (in Form eines Verbotes des Verlegers oder Chefredakteurs für alle Redakteure, an der Befragung teilzunehmen), waren die Zielpersonen nicht anzutreffen oder zur Feldzeit abwesend (Urlaub, Korrespondententätigkeit). Diesbezüglich ist die Stichprobe nur gering verzerrt.

Ein weitaus größeres Problem ist die *individuelle Verweigerung* der Teilnahme, die im Westen immerhin bei 38 Prozent lag. Diese Zahl dürfte jedoch typisch sein für Angehörige eines weitgehend akademisierten Berufs mit Kontakt zur gesellschaftlichen Elite. Journalisten haben – ähnlich wie Ärzte oder Rechtsanwälte – keine Zeit für nicht geplante, den Tagesablauf beeinträchtigende Tätigkeiten wie Befragungen. Zudem stehen sie als Angehörige der oberen Mittelschicht Anfragen aus der Meinungsforschung – auch der nichtkommerziell-universitären – skeptisch gegenüber.

Die *geringe* Verweigerungsquote im Osten bestätigt dagegen die positiven Erfahrungen aus dem Pretest und läßt sich mit der größeren Aufgeschlossenheit ostdeutscher Journalisten gegenüber der akademischen Forschung erklären – schließlich haben die meisten Redakteure selbst Journalistik (in Leipzig) studiert. Außerdem dürfte sich in diesem Befund eine unterschiedliche *Zeitkultur* in Ost- und Westdeutschland widerspiegeln. Obwohl ostdeutsche Journalisten genauso viel arbeiten wie westdeutsche, nehmen sie sich mehr Zeit für nicht geplante Änderungen des Tagesablaufs. Da über die Verweigerer des Interviews nur wenige Daten vorliegen, können sie mit den Teilnehmern an der Befragung kaum verglichen werden. Es lassen sich jedoch keine Unterschiede in bezug auf Region, Position in der Hierarchie oder Geschlecht feststellen.

Die Qualität der durchgeführten Interviews läßt sich an mehreren Kriterien ablesen: Bei 180 Interviews (8,7 Prozent) kam es zu Störungen im Ablauf durch dritte Personen. In 47 Fällen (3,1 Prozent) mußte das Interview unterbrochen werden aufgrund von Zeitmangel, und elf Befragte (0,7 Prozent) drohten mit dem Abbruch des Interviews. Bei 79 Journalisten (5,2 Prozent) vermuteten die Interviewer bewußt falsche Antworten auf eine oder mehrere (in der Regel zwei oder drei) Fragen.

Daß einige der Befragten das ganze Interview boykottierten, kam offensichtlich nicht vor. Allerdings hegen die Interviewer den Verdacht, daß 23 Journalisten (1,6 Prozent) dem Interview nicht folgen konnten, also viele Fragen nicht verstanden haben. In der Summe gab es in 242 Fällen (16,2 Prozent) eine oder mehrere der genannten Störungen im Interview, wovon allerdings nur wenige für die Qualität der Antworten Folgen hatten.

9.3 Die Inhaltsanalyse

9.3.1 Methodische Aspekte

Insbesondere bei der Frage nach dem beruflichen Selbstverständnis wird deutlich, daß mit einer Befragung allein nur eine *begrenzte Reichweite* der Ergebnisse möglich ist. Es ist deshalb theoretisch und methodisch erforderlich, die Realisierung der journalistischen Selbstbeschreibung in der Berichterstattung zu erforschen.

Dies ist in einem ersten Schritt näherungsweise sogar mit Hilfe der Befragung möglich als ‚situative Relativierung' durch die Differenzierung der Antwortvorgabe in Form einer fünfstufigen Skala anstatt der binären Entscheidung. Darüber hinaus kann die Einstellung auch in der Konfrontation mit ihrer Realisierbarkeit abgefragt („Gelingt es Ihnen, dieses Ziel im journalistischen Alltag umzusetzen?") werden. Um eine kritische Einschätzung der Realisierungsmöglichkeiten (Handlungsrelevanz) eigenerwarteter Zielsetzungen zu erreichen, ist ein *Perspektivenwechsel* notwendig, indem das Handlungsprodukt extern beobachtet wird. Da das Handlungsprodukt manifest als Veröffentlichung vorliegt, bietet sich eine Inhaltsanalyse an.

Dieser Perspektivenwechsel hat jedoch auch theoretisch-methodische Nachteile, die zwar nicht prinzipiell behoben, aber immerhin abgeschwächt werden können: So kann nicht von vornherein

ein Konsens zwischen Selbstbeschreibung (der Einstellung wie der Umsetzbarkeit) der befragten Journalisten und Fremdbeschreibung durch Wissenschaftler oder Kodierer unterstellt werden (→Kapitel 2.2.2.3). Die Kodierung der Einschätzung, wie die befragten Journalisten ihre Zielvorstellungen in ihren Artikeln oder Sendungen umgesetzt haben, muß deshalb an die Selbstbeschreibung der Journalisten angeglichen werden. Das bedeutet nicht, daß die Kodierer die Zielvorstellungen der Journalisten kennen sollten, wenn sie die Artikel oder Sendungen beurteilen. Aber die Überprüfung der einzelnen Items zum Rollenselbstverständnis sollte die Absichten der Journalisten zu antizipieren versuchen.

Um dem Argument Rechnung zu tragen, daß eine Einstellung nicht generell handlungsleitend sein kann, sondern nur in (günstigen) Situationen, wurde nicht ein beliebiges Produkt des befragten Journalisten analysiert, sondern eine bestimmte Veröffentlichung, die der Journalist selbst als *erfolgreiche* Umsetzung beruflicher Zielvorstellungen in die redaktionelle Praxis einschätzt. Die Journalisten wurden deshalb am Ende des Interviews gebeten, dem Interviewer oder dem Befragungsinstitut einen gelungenen Artikel oder ein gelungenes Sendemanuskript zu überlassen. Der Nachteil dieses Verfahrens besteht in der Selbstselektion der Journalisten statt einer wissenschaftlichen Zufallsstichprobe. Diese hätte bei etwa 500 Medien allerdings einen enormen und nicht mehr vertretbaren Aufwand erfordert, denn es wären die Artikel und Beiträge von 1500 Journalisten zu identifizieren gewesen.

Als *Kategorienschema* für die Kodierung der Handlungsrelevanz wurde der Fragenkatalog zum Rollenselbstverständnis zugrundegelegt. In einem Pretest wurde die Übertragungsmöglichkeit von Frage-Items auf inhaltsanalytische Variablen und von Antwortvorgaben auf inhaltsanalytische Kategorien überprüft. Dieser Pretest machte zwei Änderungen notwendig:

▲ Um die Reliabilität der fünfstufigen Skala zu überprüfen, gaben die Kodierer zusätzlich an, mit welcher Sicherheit die jeweilige Kodierung erfolgte. Die größten Unsicherheiten ergaben sich bei der Unterscheidung zwischen den extremen Kategorien („trifft voll und ganz zu" und „trifft überhaupt nicht zu") und den abstufenden (einschränkenden) Kategorien („trifft weitgehend zu" und „trifft weniger zu"). Dementsprechend wurden diese Skalenpunkte zu einer dreistufigen Skala („trifft zu", „teils/teils" und „trifft nicht zu") zusammengefaßt, um die Inter-Kodierer-Reliabilität zu erhöhen.

▲ Eine weitere Modifizierung ergab sich aufgrund der Schwierigkeit, bestimmte Bereiche des Rollenselbstverständnisses extern auf Handlungsrelevanz zu überprüfen. Die folgenden Items aus der Befragung konnten nicht auf die Inhaltsanalyse übertragen werden:

- „die Realität genauso abbilden, wie sie ist" (Problem: Die Konfrontation von Realität und Medienwirklichkeit ist theoretisch wie methodisch unsinnig.[14])
- „(möglichst) schnell Informationen vermitteln" (Problem: Die zeitliche Distanz zwischen Ereignis und Nachricht ist nicht rekonstruierbar.)
- „die politische Tagesordnung zu beeinflussen und Themen auf die politische Tagesordnung setzen" (Problem: Die Überprüfung dieser Absicht würde eine eigene Studie im Bereich "Agenda Setting" erfordern und ist aus dem Inhalt eines Artikels oder Sendemanuskripts nicht ersichtlich.)
- „sich auf Nachrichten konzentrieren, die für das weitest mögliche Publikum interessant sind" (Problem: Die Überprüfung ist ebenfalls nicht aufgrund des Inhalts eines Artikels oder Sendemanuskripts möglich, da sie die Kenntnis des Zielpublikums erforderte.)

9.3.2 Kategorienschema und Kodebuch

Die grundsätzliche Anforderung der intersubjektiven Überprüfbarkeit – operationalisiert durch Intra- und Interkodierer-Reliabilitätsmessungen – kann durch exakte *Kodiervorschriften* gewährleistet werden. Mehrdeutigkeiten, die sich durch den pragmatischen Aspekt von Sprache, durch kontextuelle Faktoren sowie durch Unterschiede in latenten und manifesten Inhalten der untersuchten Veröffentlichungen ergeben, können eingegrenzt und damit partiell kontrolliert werden. Die Kodierung des Informationsjournalismus erfolgte mit Hilfe von zwei Kategorien:

▲ „komplexe Sachverhalte erklären und vermitteln": Der Begriff „Sachverhalt" soll nicht inhaltlich oder thematisch eingegrenzt gedeutet werden (beispielsweise auf wissenschaftliche oder fachspezifische Themengebiete), da im Vordergrund die erkennbare Intention des Autors steht, Sachverhalte in ihrer Komple-

---

[14] Die Handlungsrelevanz dieses Rollenselbstverständnisses kann per se nur als Selbstbeschreibung erfaßt werden.

xität, das heißt in differenzierten Zusammenhängen, Wechselwirkungen beschreibend (weniger: problematisierend) darzustellen, aber auch zu erklären und damit verstehbar zu machen. Auf stilistischer Ebene sollte ein gewisser Grad an Differenziertheit ebenso wie das Bemühen um Verständlichkeit, Logik und Sachlichkeit zum Ausdruck kommen.

▲ „möglichst neutral und präzise informieren": Entscheidende Kriterien für den Grad der Neutralität und Präzision sind inhaltliche Ausgewogenheit und eine unter inhaltlichem Aspekt angemessene Detailgenauigkeit der Darstellung. In diesem Sinn schließt Neutralität nicht die Wiedergabe verschiedener Meinungen (einschließlich des Verfassers) aus, solange das hierfür relevante Bewertungskriterium der ausgewogenen Präsentation hinsichtlich des gesamten Meinungsspektrums erfüllt ist. Unter dieser Voraussetzung steht die neutrale und präzise Informationsvermittlung auch nicht im Gegensatz zur Meinungsäußerung.

Die Kodierung des Meinungsjournalismus erfolgte mit Hilfe von zwei Kategorien:

▲ „dem Publikum eigene Ansichten präsentieren": Diese Variable unterliegt keiner Eingrenzung im thematischen Bereich. Im Text vorhandene Meinungsäußerungen müssen eindeutig dem Journalisten zugeordnet werden können. Die bloße Wiedergabe eines Meinungsbildes reicht nicht aus, um als Meinungsäußerung kodiert zu werden.

▲ „Kritik an Mißständen üben": Als kritisierte Mißstände werden alle vom Journalisten als solche wahrgenommenen und dargestellten Verhältnisse, Zustände, Ereignisse und Entwicklungen gesellschaftlicher Lebensbereiche verstanden. Die Kritik muß explizit vom Journalisten geäußert werden. Es bedarf jedoch keiner genaueren Erläuterung oder Darstellung des Begründungszusammenhangs für die kritischen Äußerungen (im Gegensatz zum kontrollierenden Journalismus!).

Die Kodierung des anwaltschaftlichen Journalismus erfolgte mit Hilfe von zwei Kategorien:

▲ „sich für die Benachteiligten in der Bevölkerung einsetzen": Unter „Benachteiligte in der Bevölkerung" sind im gesamtgesellschaftlichen Kontext klassische Minderheiten gefaßt, die im Text nicht lediglich genannt, sondern als solche, das heißt als unterprivilegierte Bevölkerungsgruppen, dargestellt werden. Die Darstellung einer im lokal-regionalen Kontext benachteiligten Gruppe oder eines benachteiligten Einzelnen muß als exemplarisches Fallbeispiel und zur Verdeutlichung für die Unterprivilegierung fungieren. Hierbei ist der Bezug zur gesamtge-

9.3 Die Inhaltsanalyse

sellschaftlichen Problematik wichtig. Die bloße Darstellung oder Beschreibung von unterprivilegierten Gruppen ist nicht als „Einsatz" des Journalisten für diese zu werten. Ausschlaggebend ist die explizit formulierte oder durch die Art der Darstellungsform zum Ausdruck kommende Anwaltschaft für die Belange unterprivilegierter Gruppen sowie die anwaltschaftlich orientierte Problematisierung der Thematik.

▲ „‚normalen' Leuten eine Chance geben, ihre Meinung über Themen von öffentlichem Interesse zum Ausdruck zu bringen": Diese klassische „Sprachrohrfunktion" läßt sich nur bedingt unter anwaltschaftlichen Journalismus subsumieren. Im Vordergrund steht vielmehr die Wiedergabe eines Meinungsbildes (etwa in Form von Straßeninterviews). Durch die aktive Gegengewichtung zur Prominenten- und Eliteberichterstattung ist jedoch ein anwaltschaftliches Moment in dieser Art von Journalismus enthalten. Die Themen der Berichterstattung müssen gesamtgesellschaftlich relevant sein (auch wenn sie auf lokaler Ebene artikuliert werden). Ausgeschlossen sind aus diesem Grund „human touch"-Geschichten. Als ‚normale Leute' gelten dabei weder Prominente oder Eliteangehörige noch Personen, die durch besondere Erlebnisse, Erfahrungen, Schicksale oder eine besondere Lebensgeschichte gekennzeichnet sind. Die Darstellung muß jedoch keine reine Betroffenenberichterstattung sein.

Die Kodierung eines kontrollierenden Journalismus erfolgt mit Hilfe von fünf Kategorien:

▲ „nationale Politik diskutieren, die sich noch in Entwicklung befindet": Die Diskussion von Politik ist die schwächste Form der Kontrolle und kennzeichnet deshalb eher eine Art interpretativen Journalismus. Der Kontrollaspekt ist also nicht Absicht der Berichterstattung, sondern allenfalls eine Handlungsfolge, über deren Erwünschtheit seitens des Berichterstatters keine Aussage gemacht werden kann. Nationale Politik umfaßt die bundesdeutsche Politik, also weder lokale, regionale noch internationale Politikbereiche, es sei denn, der Journalist stellt eine explizite Beziehung zur bundesdeutschen Politik her.

▲ „Aussagen und Stellungnahmen der Regierung recherchieren und untersuchen": Zu den Aussagen und Stellungnahmen der Regierung zählen auch die Verlautbarungen angeschlossener Institutionen (Verwaltung) und regierungsbildender Parteien und deren Mitglieder sowohl auf Bundes-, Landes- als auch auf regionaler und kommunaler Ebene. Die Überprüfung der Regierungsaussagen richtet sich explizit gegen reine Verlautbarung und impliziert eine Kontrollabsicht des Journalisten. Die Darstellung umfaßt detaillierte Hintergrundinformationen (inklusive Verweis auf Eigenrecherche) sowie argumentierendes Abwägen bis hin zu „Gegendarstellungen" der von Regierungsinstitutionen eingegangenen Informationen.

▲ „sich als Gegenpart zu offiziellen politischen Stellen verstehen, indem man deren Aussagen skeptisch begegnet": Dieses Rollenselbstverständnis verweist direkt auf die Autonomie des Systems Journalismus. Versteht man die Aussagen politischer Stellen als PR-Strategien, ist die Hauptintention dieser Art von Journalismus, zum gewünschten Selbstbild des politischen Systems ein Gegenbild zu erzeugen. Enger als die Recherche der Regierungsstellungnahmen geht es hierbei um eine explizite Gegenposition. Im Gegensatz zur reinen Kontrollfunktion (vgl. Punkt 5)) steht nicht so sehr die Aufdeckung von Mißständen im Vordergrund, sondern eher ein dauerhaftes Mißtrauen in die Öffentlichkeitsarbeit politisch institutionalisierter Systeme (Parteien, Verbände, Regierungen, Verwaltungen, aber auch Gewerkschaften).

▲ „sich als Gegenpart zur Wirtschaft verstehen, indem man deren Aussagen skeptisch begegnet": Dieses Rollenselbstverständnis gleicht dem vorher dargestellten; der Referenzbereich ist jedoch die Wirtschaft oder das wirtschaftliche „Establishment".

▲ „die Bereiche Politik, Wirtschaft und Gesellschaft kontrollieren": Unter Kontrolle wird die problematisierende, über die bloße Darstellung hinausgehende, kommentierende Erörterung von Problembereichen, Zuständen, Entwicklungen oder Ereignissen und die Aufdeckung von Mißständen auf der Grundlage investigativer Eigenrecherche von Hintergründen und Zusammenhängen verstanden. In Abgrenzung zur bloßen Äußerung von Kritik bestimmter gesellschaftlich-politischer, als Mißstände dargestellter, Verhältnisse und Entwicklungen wird hier lediglich die in Begründungszusammenhängen und durch die Aufdeckung oder kritische Darstellung von Hintergründen erläuternde, kritische Stellungnahme als eine kontrollierende Kommunikationsabsicht gewertet.

Die Kodierung eines orientierenden Journalismus erfolgt mit Hilfe von zwei Kategorien:

▲ „positive Ideale vermitteln": Wichtigstes Kodierungskriterium ist die explizite Formulierung oder das Aufzeigen von gesellschaftlichen oder individuellen Werten, Normen und Idealen, die durch den Verfasser positiv bewertet, als vermittlungswürdig und möglicherweise als handlungsanweisend dargestellt werden. Die durch Kritik an Mißständen implizierten Wertvorstellungen und Ideale enthalten dagegen keine Vermittlungsintention und werden nicht unter dieser Kategorie kodiert.

9.3 Die Inhaltsanalyse

▲ „dem Publikum Lebenshilfe bieten": Die beabsichtigte Orientierungs- und Ratgeberfunktion muß in Form expliziter Ratschläge, Hilfestellungen und Handlungsempfehlungen ausgedrückt werden. Imperativ-Formulierungen und direkte Adressierung an das Publikum sind Indikatoren für diese Ratgeberfunktion. Das Themenspektrum reicht von praktisch-materiell bis zu psychisch-emotional oder normativ bestimmten Lebensbereichen.

Die Kodierung eines unterhaltender Journalismus erfolgte mit Hilfe von drei Kategorien:

▲ „Unterhaltung und Entspannung bieten": Unterhaltung wird nicht nur als Element der Programmstruktur verstanden (als Unterhaltungssendung), sondern bezieht sich inhaltlich auf die Darstellungsform (bei Infotainment-Sendungen). Der Begriff „Unterhaltung" grenzt sich zwar von der „Hochkultur" ab; die unterhaltungsorientierten Kommunikationsabsichten müssen jedoch nicht zwangsläufig mit einer generellen Tendenz zur inhaltlichen oder stilistischen Trivialisierung einhergehen. Ein hoher Unterhaltungswert hat nicht unbedingt einen niedrigen Informationsgehalt oder eine undifferenzierte Darstellung zur Folge. Wichtigste Bewertungskriterien für den Unterhaltungswert einer Veröffentlichung sind die Darstellungsform und der Schreibstil, weniger jedoch die Thematik.

▲ „intellektuelle und kulturelle Interessen des Publikums ansprechen": Thematisch bedient dieser Bereich vor allem die „Hochkultur" und umfaßt die klassischen Feuilletonbereiche. Allerdings sind damit populärkulturelle Phänomene nicht ausgeschlossen, da die intellektuellen Interessen von der jeweiligen Zielgruppe abhängig sind. Berichterstattungsmuster sind Rezension, Veranstaltungsbesprechungen, Satiren, Glossen und (kulturelle) Kommentare. Die Unterscheidung zur Unterhaltung und Entspannung ist in Hinsicht auf Inhalt und Stil nur graduell; die Bildungsabsicht differenziert die Bereiche jedoch eindeutig.

▲ „neue Trends aufzeigen und Ideen vermitteln": Thematisch bezieht sich diese Variable vorwiegend auf typische Lifestyle- und Zeitgeistbereiche, schließt andere Bereiche jedoch nicht aus, in denen als Trend konstatierbare Entwicklungen wahrgenommen werden können. Als Trend gelten lediglich solche Entwicklungen, deren gesamtgesellschaftliche Relevanz sich zumindest bereits abzeichnet. Sowohl die reine Darstellung von Entwicklungen als auch die aktive Absicht, Trends zu setzen, fallen in diesen Bereich.

9.3.3 Reliabilitätstests

Für den Pretest wurden sechs Kodierer eingesetzt, um explorativ Schwachstellen der Definition der Kategorien aufzudecken. Reliabilitätsprobleme ergaben sich vor allem aufgrund der fünfstufigen Skalen, die deshalb auf drei Stufen reduziert wurden, und bei bestimmten Variablen, die sich als mehrdeutig erwiesen. Nach der Erstellung der Kodieranweisungen unterzogen sich die zwei, die Inhaltsanalyse durchführenden, Kodiererinnen sowie zwei weitere Probekodierer einem Inter-Kodierer-Reliabilitätstest. Die beiden Kodiererinnen machten darüber hinaus noch einen Intra-Kodierer-Reliabilitätstest.

Insgesamt führten den Inter-Kodierer-Reliabilitätstest vier Kodierer/innen mit zehn Artikeln durch. Alle 16 Variablen bestanden aus den Kategorien 0 (= trifft nicht zu), 1 (= trifft teilweise zu) und 2 (= trifft zu). Die Reliabilitätskoeffizienten wurden als Zustimmungskoeffizienten („agreement coefficient for canonical data") nach Krippendorff (1980: 136 ff.) berechnet. Dazu werden die beobachteten Unterschiede („disagreement observed") durch die erwarteten Unterschiede („disagreement expected") geteilt. Wenn die Kodierer sehr unterschiedlich Kodieren, wird dieser negative Term groß, und der Reliabilitätskoeffizient fällt gering aus.

$$\alpha = 1 - \frac{D_o}{D_e}$$

Die Formel lautet im einzelnen (vgl. Krippendorff 1980: 138):

$$\alpha = 1 - \frac{r \cdot m - 1}{m - 1} \cdot \frac{\sum_i \sum_b \sum_{b>c} n_{bi} \cdot n_{ci} \cdot d_{bc}}{\sum_b \sum_{c>b} n_b \cdot n_c \cdot d_{bc}}, \text{ wobei}$$

r = Anzahl der Kodiereinheiten (hier: 10 Artikel),

m = Anzahl der Kodierer (hier: 4),

b, c = Kategorien oder Werte einer Variablen,

n_b, n_c = Anzahl des Vorkommens dieser Kategorien,

d_{bc} = Anzahl der Differenzen zwischen den Kodierern.

9.3 Die Inhaltsanalyse

Diese Formel nimmt keine Rücksicht auf das Ordinalskalenniveau und behandelt den Unterschied zwischen der Kodierung einer 0 und einer 2 genauso wie den zwischen einer 0 und einer 1 oder einer 1 und einer 2. Der errechnete Reliabilitätskoeffizient ist demzufolge konservativ, das heißt, er unterschätzt eher die Übereinstimmung. Die Anwendung der Formel soll am Beispiel einer Variablen demonstriert werden. Dazu müssen zunächst die Kodierungen tabellarisch aufgeführt werden (→ Tabelle 9.3-1):

Artikel/Kodierer	1	2	3	4	5	6	7	8	9	10	
A	0	2	0	0	0	1	0	0	1	2	
B	0	1	0	0	0	1	0	0	1	2	
C	0	2	0	0	0	2	0	0	1	2	
D	0	2	0	0	0	1	0	0	1	2	
Kategorien											
n_{0i}	4		4	4	4		4	4			$\Sigma n_0 = 24$
n_{1i}		1				3			4		$\Sigma n_1 = 8$
n_{2i}		3				1				4	$\Sigma n_2 = 8$

Tabelle 9.3-1: Kodierungen der Variablen „komplexe Sachverhalte erklären"

In der Tabelle sind spaltenweise die 10 Artikel und reihenweise die 4 Kodierer sowie die 3 Kategorien eingetragen. Im oberen Teil der Tabelle sind die Kodierentscheidungen der Kodierer pro Artikel eingetragen. Dazu stehen folgende Kategorien zur Verfügung: 0 bedeutet, daß in dem Artikel keine komplexen Sachverhalte erklärt und vermittelt werden, 1 bedeutet, daß dies teilweise der Fall ist, und 2 bedeutet, daß das auf den betreffenden Artikel zutrifft. Im unteren Teil der Tabelle sind die Übereinstimmungen und Differenzen der Kodierer vermerkt. Eine 4 bedeutet, daß alle vier Kodierer übereinstimmend eine bestimmte Kategorie für einen bestimmten Artikel benutzt haben. Alle anderen Zahlen bezeichnen die Abweichungen. Für Artikel 2 hat ein Kodierer die Kategorie 1; 3 Kodierer haben die Kategorie 2 kodiert. Insgesamt wurde die Kategorie 0 mit 20 Eintragungen am häufigsten benutzt. Abweichungen zwischen den Kodierern treten nur bei zwei Artikeln auf, nämlich bei 2 und 6. Im Zähler werden nur die Differenzen addiert (die Summanden der Übereinstimmungen multiplizieren sich jeweils zu 0).

9 Die Studie (Anhang)

Daraus ergibt sich für den Zähler:

$$\sum_i \sum_b \sum_{c>b} n_{b_i} \cdot n_{c_i} \cdot d_{bc} = n_{1_2} \cdot n_{2_2} + n_{1_6} \cdot n_{2_6} = 1 \cdot 3 + 3 \cdot 1 = 6$$

Im Nenner werden die erwarteten Häufigkeiten wie folgt ermittelt:

$$\sum_b \sum_{c>b} n_b \cdot n_c \cdot d_{bc} = n_0 \cdot n_1 + n_0 \cdot n_2 + n_1 \cdot n_2 = 24 \cdot 8 + 24 \cdot 8 + 8 \cdot 8 = 448$$

Daraus errechnet sich der Übereinstimmungskoeffizient:

$$\alpha = 1 - \frac{r \cdot m - 1}{m-1} \cdot \frac{D_o}{D_e} = 1 - \frac{10 \cdot 4 - 1}{4-1} \cdot \frac{6}{448} \approx .83$$

Dieser Koeffizient ist so zu interpretieren, daß in 83 Prozent der Fälle die Übereinstimmungen der Kodiererinnen überzufällig sind (vgl. Krippendorff 1980: 139).

Der Inter-Kodierer-Reliabilitätstest ergab einen Durchschnittswert für alle 15 Variablen von $\alpha = .79$. Dieser Wert ist für pragmatische Variablen (vgl. Merten 1995: 307 f.) sehr hoch und auf die intensive Diskussion über die inhaltliche Definition der Variablen zurückzuführen. Die niedrigsten Werte ergaben sich mit $\alpha = .67$ bis $\alpha = .70$ bei den Variablen im Bereich des kontrollierenden Journalismus. (→ Tabelle 9.3-2)

Mit der gleichen Formel wurden auch die Intra-Kodierer-Reliabilitätstests der beiden Kodiererinnen, die die Inhaltsanalyse

Variable	Inter-Kodierer-Reliabilität	Intra-Kodierer-Reliabilität
komplexe Sachverhalte erklären und vermitteln	.83	.84
möglichst neutral und präzise informieren	.84	.81
dem Publikum eigene Ansichten präsentieren	.80	.79
Kritik an Mißständen üben	.87	.90
sich für Benachteiligten in der Bevölkerung einsetzen	.81	.87
‚normalen' Leuten eine Chance geben, sich öffentlich zu äußern	.90	.92
nationale Politik diskutieren, die sich noch in Entwicklung befindet	.87	.80
Aussagen und Stellungnahmen der Regierung recherchieren/untersuchen	.80	.83
sich als Gegenpart zu offiziellen politischen Stellen verstehen	.70	.74
sich als Gegenpart zur Wirtschaft verstehen	.69	.73
die Bereiche Politik, Wirtschaft und Gesellschaft kontrollieren	.67	.74
positive Ideale vermitteln	.79	.77
dem Publikum Lebenshilfe bieten	.76	.76
Unterhaltung und Entspannung bieten	.77	.80
intellektuelle und kulturelle Interessen des Publikums ansprechen	.78	.80
durchschnittlicher Reliabilitätskoeffizient	.79	.81

Tabelle 9.3-2: Inter- und Intra-Kodierer-Reliabilitätstests

durchgeführt haben, berechnet. Der Wert von α = .81 liegt noch ein wenig höher als der Inter-Kodierer-Reliabilitätskoeffizient. Mit den Reliabilitätswerten ist eine notwendige, wenn auch nicht hinreichende Bedingung für die Validität der inhaltsanalytischen Ergebnisse erfüllt (vgl. Krippendorff 1980: 129 f.).

9.3.4 Rücklauf der ‚gelungenen' Artikel und Sendemanuskripte

Trotz der hohen Reliabilität der Kodierung kann die Handlungsrelevanz des journalistischen Rollenselbstverständnisses nur eingeschränkt ermittelt werden, denn der Rücklauf der Artikel oder Manuskripte, die die Journalisten als gelungen empfanden, lag bei nur knapp 15 Prozent (gewichtetes n = 222, tatsächliches n = 232). Die Gründe für diesen geringen Rücklauf können ansatzweise ermittelt werden, indem die Gruppe derer, die einen Artikel oder ein Sendemanuskript geschickt hat, hinsichtlich verschiedener Merkmale mit der Gruppe verglichen wird, die auf diese Bitte nicht reagiert hat.

Ein wichtiger Grund ist möglicherweise *Zeitmangel*. Die Artikel oder Sendemanuskripte müssen erst herausgesucht werden, so daß sich nur Journalisten, die nicht so sehr unter Zeitdruck stehen, die Mühe machen. Die Ergebnisse sprechen jedoch dagegen, denn diejenigen, die einen Artikel oder Sendemanuskript schicken, arbeiten mit 50 Wochenstunden fünf Stunden mehr als diejenigen, die dies nicht tun. Der t-Test weist diesen Unterschied als signifikant aus bei homogenen Varianzen beider Gruppen. Eine Kreuztabulierung mit der Position in der Hierarchie bestätigt das Ergebnis: Chefredakteure reagieren am häufigsten (35,3 Prozent), gefolgt von Ressortleitern (20,3 Prozent), Redakteuren ohne Leitungsfunktion (13 Prozent) und Volontären (8,9 Prozent). Die Vermutung liegt nahe, daß die Variable *Position* die Wochenarbeitszeit überlagert und daß die gefundenen Unterschiede auf einer partiellen Korrelation beruhen. Chefredakteure haben eine längere Wochenarbeitszeit und sind eher bereit, ihre journalistischen Produkte zur Verfügung zu stellen. Hält man jedoch die Position konstant und untersucht die Redakteure getrennt, bleibt der Unterschied bezüglich der Wochenarbeitszeit bestehen. Das Zeitargument kann somit nur eingeschränkt gelten, weil Wochenarbeitszeit kein hinreichender Indikator für Zeitdruck ist.

9 Die Studie (Anhang)

Ob ein Journalist einen ‚gelungenen' Artikel herausgibt, hängt auch davon ab, wieviel er überhaupt schreibt. Tatsächlich verbringen die ‚kooperativen' Journalisten mit 140 Minuten mehr Zeit für das Schreiben von Texten als diejenigen, die keinen Artikel versenden (114 Minuten). Dafür benötigt die erste Gruppe weniger Zeit zum Selektieren von Nachrichtenmaterial (41 Minuten) als die zweite Gruppe (50 Minuten). Beide Unterschiede sind signifikant. Bezüglich aller anderen Tätigkeiten (technische, organisatorische Aufgaben und redigieren) gibt es keine signifikanten Unterschiede.

Weitere Gründe für das (Nicht-) Verschicken ‚gelungener' Artikel hängen ebenfalls mit beruflichen Rollen zusammen. Journalisten mit einem Rollenselbstverständnis als Unterhalter folgen weniger häufig als Journalisten mit einem anderen Berufsverständnis der Bitte um Zusendung (5 Prozent gegenüber 15 Prozent). Dieses Ergebnis korrespondiert auch mit der tatsächlichen Rolle: Die Rücklaufquote liegt bei Journalisten, die im Kultur-, Sport- oder Unterhaltungsressort arbeiten, niedriger (weniger als 10 Prozent) als bei Wirtschafts- oder Lokaljournalisten (über 20 Prozent).

Die Rücklaufquote ist ferner bei Journalisten höher,
- die bei Printmedien arbeiten (18 Prozent gegenüber 3 Prozent bei Funkmedien) – es werden demnach kaum Sendemanuskripte zugeschickt;
- die festangestellt sind (17 Prozent gegenüber 10 Prozent bei freien Mitarbeitern);
- die bereits länger im Beruf tätig sind (12 Jahre gegenüber 9,5 Jahren bei denen, die keinen Artikel verschicken);
- die in einem kleineren Betrieb arbeiten (mit durchschnittlich 78 gegenüber 104 festangestellten Mitarbeitern; mit durchschnittlich 6 gegenüber 9 Ressorts; bei Printmedien mit einer geringeren Auflage von 160.000 Exemplaren gegenüber 350.000 Exemplaren);
- die aus Ostdeutschland stammen oder dort arbeiten (mehr als 20 Prozent gegenüber 12 Prozent bei den in Westdeutschland arbeitenden Journalisten).

Es gibt sicher noch eine Vielzahl anderer Gründen für die Rücklaufquote, die mit den vorliegenden Daten nicht überprüft werden können. Dazu gehören situative und zeitbedingte Ursachen, Kooperation im Interview oder generell die Einstellung zur Sozialforschung.

9.4 Die Auswertungsverfahren

9.4.1 Die Vorgehensweise

Die Verwendung verschiedener – auch multivariater – statistischer Auswertungsverfahren ist in den Sozialwissenschaften heute selbstverständlich geworden. Dennoch erscheint es lohnenswert, einige allgemeine und besondere Informationen zu den benutzten Verfahren zu geben. Die Plazierung dieser Ausführungen im Anhang kann dabei nur einen Kompromiß zwischen Unter- und Überthematisierung technischer Aspekte bedeuten: In Fußnoten ‚versteckte' Details wären nicht angemessen gewesen; Anmerkungen, welche den Tabellen selbst beigefügt sind, würden dagegen zu unübersichtlich wirken und verdeckten den eigentlichen Informationsgehalt.

In Kapitel 3 wurden Arbeitsrollen im Journalismus über Personenbündelung oder -typisierung mit Hilfe von Clusteranalysen zusammengefaßt und identifiziert. In Kapitel 3, 4 und 5 wurde darüber hinaus die große Zahl der potentiell relevanten Variablen mit Hauptkomponentenanalysen reduziert und zu Dimensionen zusammengefaßt.

In der Logik autopoietischer Systeme sind Umweltbeziehungen durch die Struktur des Systems selbst determiniert. Von daher wurden sie in einem weiteren Analyseschritt mit Regressionsanalysen durch die systemischen Variablen erklärt. Die systemischen Merkmale sind aus dieser Perspektive „Aufriß-Variablen" (Weiß et al. 1977: 205), welche die Struktur des Systems charakterisieren und segmentieren, und innersystemische Programme sowie die System-Umwelt-Beziehungen sind die abhängigen Variablen.

Das Verhältnis zwischen den beiden Variablengruppen ist jedoch streng genommen nicht kausal zu interpretieren, da die Wirkungsrichtung zwischen Systemeigenschaften und -verhaltensweisen einerseits und Umweltbedingungen andererseits nicht eindeutig festlegbar ist:

> „Die Trennlinie von System und Umwelt kann nicht als Isolierung und Zusammenfassung der ‚wichtigsten' Ursachen im System begriffen werden. Sie zerschneidet vielmehr Kausalzusammenhänge [...]. Stets wirken an allen Effekten System und Umwelt zusammen." (Luhmann 1984: 40)

9.4.2 Die Clusteranalyse

Die Clusteranalyse ist eine multivariate klassifikatorische Methode, die *Personen* (oder andere Elemente) aufgrund ihrer Eigenschaften zu *Typen* oder *Gruppen* (= Cluster) zusammenfaßt. Die Klassifikation erfolgt dabei nicht nur nach einer Merkmalsdimension – etwa nach Geschlecht in Frauen und Männer –, sondern simultan aufgrund mehrerer oder sogar vieler Eigenschaften. Ziel der Clusteranalyse ist die Bildung weniger großer, aber homogener Cluster (vgl. Schlosser 1976: 183 ff.). Diese Kriterien verhalten sich antagonistisch und müssen in ihrem Verhältnis optimiert werden.[1]

Das Ergebnis der Klassifikation gibt Auskunft über die *zahlenmäßige Stärke* der Gruppen und über deren *inhaltliche Profile*, die aus den Eigenschaften der Personen (= Merkmalsausprägungen der in die Clusteranalyse einbezogenen Variablen) resultieren. Die Informationen dieser (ursprünglichen) Variablen werden durch die Clusteranalyse zu einer (neuen) Variablen – der Clusterzugehörigkeit – verdichtet. Diese neue Variable hat so viele Ausprägungen, wie Cluster (Gruppen) gebildet werden.

Das hier benutzte Clusteranalyse-Programm *ConClus* beruht auf einem nicht-hierarchischen, partitionierenden, iterativen Austauschverfahren. Bei gegebener Clusterzahl werden die befragten Personen zunächst zufällig auf die Cluster verteilt. Aus den Eigenschaften der Personen wird ein Clusterzentroid – ein mehrdimensionaler[2] Mittelpunkt – berechnet. Die Personen werden dann schrittweise zwischen den Gruppen so oft ausgetauscht, bis sich die Abweichungen bzw. Abstände der Clustermitglieder von ‚ihrem' jeweiligen Clusterzentroid (= Binnenvarianz) nicht mehr verkleinern und die Unterschiede zwischen den Zentroiden der verschiedenen Cluster (= Zwischenvarianz) nicht mehr vergrößern läßt. Diese mathematische Optimierungsstrategie (‚hill climb') ist die einzige Möglichkeit, bei großen Datensätzen von n > 300 zu

---

[1] Werden alle Elemente zu einer Gruppe zusammengefaßt, ist deren Größe und damit die angestrebte Reduktionsleistung zwar maximal, ihre Homogenität und damit die Trennschärfe und Güte der Analyse sind aber minimal. Wird dagegen jedes Element einer eigenen Gruppe zugeordnet, sind diese Gruppen maximal homogen, aber der eigentliche Zweck der Datenreduktion ist verfehlt.

[2] Mehrdimensional heißt: so viele Dimensionen, wie Variablen in die Clusteranalyse eingerechnet werden.

einer mathematischen Lösung zu gelangen (vgl. Bardeleben 1995: 197).[3]

Der Algorithmus arbeitet auf der Grundlage von paarweise berechneten euklidischen Distanzen. Dabei werden alle Variablen simultan für die Clusterbildung verwendet. Als Ergebnis wird jedes Individuum genau einem Cluster zugeordnet. Es gibt demnach keine ‚überlappenden Cluster', und es bleiben keine unklassifizierten Fälle übrig (vgl. Steinhausen/Langer 1977: 69).

Für die Beschreibung der Cluster werden die Mittelwerte der in die Clusteranalyse einbezogenen Variablen berechnet. Liegen die *Clustermittelwerte* der verschiedenen Variablen deutlich über oder unter den Mittelwerten in der gesamten Stichprobe, bilden sie das *Profil* der Gruppe. Variablen, deren Mittelwerte sich nicht oder kaum vom Gesamtmittelwert unterscheiden, tragen nichts zur Profilbildung der Cluster bei.

Die Güte der gefundenen Clusterlösung kann an mehreren Kennwerten abgelesen werden. So weist der *Konsistenzkoeffizient* (con)[4] aus, wie homogen die Cluster sind. Der Beitrag der einzelnen Variablen zur Clusterbildung läßt sich am *Eta-Koeffizient* (Korrelation der betreffenden Variablen mit der neugebildeten Gruppenvariablen) ablesen. Schließlich gibt die *erklärte Varianz* (eta^2) des gesamten Modells Auskunft über die Güte der gefundenen Lösung (vgl. Bardeleben 1995: 232 ff.).

Die konkrete Durchführung der Clusteranalyse erfordert verschiedene Entscheidungen, um zu einer inhaltlich wie mathematisch optimalen und stabilen Lösung zu gelangen. Da die bestmögliche Anzahl der Gruppen nicht von vornherein bekannt ist, werden verschiedene Analysen durchgeführt, beginnend mit der Zwei-Cluster-Lösung bis zu Lösungen mit so vielen Clustern wie in die

---

[3] Diese Lösung ist nicht optimal, wenn zwei oder mehr zufällige Clusterkerne an der Peripherie eines ‚wirklichen' Clusters angesetzt werden (‚lokales Optimum'). Deshalb werden die Clusterlösungen kontrolliert, indem man von verschiedenen Zufallsauswahlen bei den Startpartitionen ausgeht. Gelangt man jedesmal zu dem (annähernd) gleichen Ergebnis, kann mit einiger Berechtigung daraus geschlossen werden, daß das absolute Optimum gefunden wurde (vgl. Schlosser 1976: 172 f.; Bardeleben 1995: 197 f., 228 ff.).

[4] Dieser Koeffizient ist informationstheoretisch fundiert und hat somit einen Wertebereich von $-\infty$ (keine innere Ordnung) bis +1 (alle Elemente weisen die gleiche Merkmalsstruktur auf).

Analyse eingehenden Variablen. Mit Hilfe des Kriteriums der abfallenden (Binnen-) Varianz kann die Lösung mit der optimalen Clusterzahl bestimmt werden. Läßt sich die Binnenvarianz nicht mehr deutlich reduzieren, ist die Differenzierung in weitere Cluster nicht erforderlich. Dieses Kriterium läßt sich allerdings nicht inferenzstatistisch absichern, sondern nur anhand der graphischen Darstellung entscheiden.

Daneben spielt bei der Auswahl der richtigen Clusterzahl auch die inhaltliche Kohärenz der Cluster-Beschreibung eine Rolle; diese erfolgt mit Hilfe der Profilmittelwerte. Bei guten Lösungen sind die Profile klar erkennbar; das heißt, die Clustermittelwerte unterscheiden sich bei möglichst vielen Variablen von den jeweiligen Gesamtmittelwerten. Variablen mit geringen Eta-Werten tragen nichts zur Clusterbildung bei und können aus der Analyse ausgeschlossen werden. Dies wurde bei den durchgeführten Clusteranalysen jedoch nicht Betracht gezogen, weil auch die Nicht-Differenzierung bestimmter Variablen eine wichtige Information darstellt.

Clusteranalysen mit einem erklärten Varianzanteil von $eta^2 \geq$ .30 stehen bereits für ein zufriedenstellendes Ergebnis; dies gilt insbesondere bei einer guten Reduktionsleistung, also wenn die Zahl der gebildeten Cluster deutlich kleiner ist als die Anzahl der in die Clusteranalyse eingerechneten Variablen. Cluster mit einem Dichtewert von $con \geq .50$ können als sehr homogen oder konsistent bezeichnet werden; liegt der Dichtewert zwischen .30 und .50, sind sie ebenfalls noch ziemlich konsistent; darunter liegende Werte weisen auf heterogene Cluster hin (vgl. Tabelle 9.4-1).

Da das Programm ConClus auch bei unvollständigen Datensätzen noch die vollen Informationen ausschöpft, werden alle Per-

Clusteranalysen und Clusterbenennungen	Clustergröße in %	Clusterdichte con	Erklärte Varianz eta^2
Journalistische Tätigkeiten	n=1498		.52
Cluster 1: Rechercheure	27	.66	
Cluster 2: Texter	17	.65	
Cluster 3: Selektierer	12	.51	
Cluster 4: Input-Redigierer	13	.51	
Cluster 5: Kontroll-Redigierer	8	.46	
Cluster 6: Manager	4	.46	
Cluster 7: Producer	15	.35	
Cluster 8: Moderatoren	4	.18	

Tabelle 9.4-1: Übersicht über die Ergebnisse der Clusteranalysen

sonen klassifiziert. Das Klassifikationsergebnis, also die Gruppenzugehörigkeit, wird im Anschluß an die Clusteranalyse als neue Variable mit anderen, das System segmentierenden, Variablen kreuztabuliert. Damit können die Cluster auch mit weiteren, für die Clusterbildung selbst nicht konstitutiven, Merkmalen beschrieben werden.

9.4.3 Die Faktorenanalyse

Die Faktoren- oder Hauptkomponentenanalyse ist ebenfalls eine multivariate Klassifikationsmethode. Sie faßt jedoch nicht Personen zu Gruppen zusammen, sondern beobachtete, manifeste *Variablen*, die mindestens intervallskaliertes Datennniveau haben müssen, zu unbeobachteten latenten *Dimensionen* oder *Faktoren* und entdeckt Strukturen innerhalb der Variablen. Dabei wird ein Satz korrelierter Variablen in einen Satz unkorrelierter (= orthogonaler) Variablen (Hauptkomponenten, Faktoren) transformiert (vgl. Norusis 1993b: 54). Ein Faktor ist gewissermaßen eine komprimierte oder aggregierte Variable (vgl. Schlosser 1976: 262), eine Linearkombination der beobachteten Variablen. Das Ziel besteht darin, viele Variablen auf wenige Faktoren zu reduzieren, dabei aber viel von der Varianz der Variablen zu erklären, das heißt, möglichst wenig von deren Information zu verlieren.

Das Resultat der Faktorenanalyse ist zum einen eine Korrelationsmatrix der Variablen mit den Faktoren. Die Koeffizienten werden als *Faktorladungen* bezeichnet; sie geben an, in welcher Richtung (positiv oder negativ) und in welchem Ausmaß (von 0 bis 1) die Faktoren durch die Variablen definiert werden. Ladungen ab einem Wert von ± .50 definieren einen Faktor hauptsächlich; Ladungen zwischen ± .30 und ± .49 gelten jedoch bereits als substantiell (vgl. Schlosser 1976: 262) und werden als ‚Zweitladungen' interpretiert.

Darüber hinaus werden in einer zweiten Matrix die Ausprägungen der Personen auf den neugebildeten Variablen (den Faktoren) ausgewiesen. Diese *Faktorwerte* geben für jeden Faktor an, in welchem Ausmaß ein Individuum oder Forschungsobjekt mit der Eigenschaft der betreffenden Faktoren behaftet ist und entsprechen einer z–transformierten Variablen mit einem Wertebereich von −3 bis +3, einem Mittelwert von 0 und einer Varianz von 1.

9 Die Studie (Anhang)

Das hier benutzte Verfahren ist eine Hauptkomponentenanalyse, der im Gegensatz zu anderen Techniken der Faktorenanalyse kein statistisches Modell der beobachteten Variablen zugrundeliegt. Die Hauptkomponentenanalyse zerlegt nämlich die gesamte Varianz der Variablen, während die Faktorenanalyse nur den Anteil der Varianz benutzt, den eine Variable gemeinsam mit den anderen Variablen hat (vgl. Dunteman 1994: 205). Sie dient als eine ‚analytische Durchgangsstation' zur Auswahl der relevanten Variablen und zur Weiterbearbeitung in Regressionsanalysen (vgl. Dunteman 1994: 159, 215 ff.).[5]

Im ersten Schritt wird eine *Korrelationsmatrix* der in die Hauptkomponentenanalyse einbezogenen Variablen berechnet. Auf dieser Basis erfolgt die *Faktorenextraktion*, also die lineare Abbildung der Variablen auf eine bestimmte, vorher festzulegende, Anzahl von Hauptkomponenten (Faktoren). Die Wahl der Anzahl der Hauptkomponenten erfolgte in allen durchgeführten Analysen nach dem Kaiser-Kriterium. Danach werden nur Faktoren mit einem Eigenwert von mindestens 1 berücksichtigt; das sind Faktoren, die mindestens soviel Varianz erklären wie eine standardisierte Variable mit der Varianz 1 (vgl. Dunteman 1994: 172 f.).[6]

Nach der Extraktion wird die *Kommunalität* der Variablen errechnet[7], und zwar als die jeweilige Summe ihrer quadrierten Faktorladungen. Daran ist ablesbar, wie gut eine Variable durch die ex-

---

[5] Die Vorteile für die Regressionsanalyse liegen auf der Hand: Nicht nur die Zahl der Variablen reduziert sich, sondern Multikollinearitätsprobleme können auf diese Weise gelöst werden, da die Hauptkomponenten selbst unkorreliert sind und somit gut geschätzt werden können. Warum Dunteman jedoch den Einsatz der Hauptkomponentenanalyse nur im Hinblick auf die Bildung von unabhängigen Variablen in der Regressionsanalyse erwähnt, geht aus seinen Ausführungen nicht hervor (vgl. Dunteman 1994: 215 ff.).

[6] Alle anderen Auswahlverfahren sind weniger streng und erfordern mehr subjektive, das heißt vom Forscher getroffene inhaltliche Festlegungen (vgl. Backhaus et al. 1990: 100).

[7] Um die Faktorenextraktion durchführen zu können, muß bei der Faktorenanalyse außer der Vorgabe, wie viele Faktoren gebildet werden sollen, auch die *Anfangskommunalität* der Variablen geschätzt werden, da die Faktorenanalyse nicht davon ausgeht, daß die gesamte Ausgangsvarianz der Variablen durch die Faktoren bedingt ist, sondern nur der gemeinsame Anteil der Variablen. Diese Schätzung fällt bei der Hauptkomponentenanalyse weg, weil die Anfangskommunalität auf 1 gesetzt wird (vgl. Backhaus et al. 1990: 85 ff.).

trahierten Faktoren abgebildet wird (vgl. Dunteman 1994: 205). Der Wertebereich erstreckt sich von 0 bis 1. Variablen mit einer geringen Kommunalität können aus der Analyse ausgeschlossen werden, um die Gesamtlösung zu verbessern.

Die aus der Faktorenextraktion resultierende Matrix ist bei mehr als zwei Faktoren in der Regel nicht gut interpretierbar. Man muß sich das Verhältnis der Faktoren zu den Variablen wie ein Koordinatenkreuz vorstellen. Das Koordinatenkreuz hat so viele Dimensionen wie Faktoren; in ihm sind die Werte der Variablen eingetragen. Es läßt sich nun in einem weiteren Schritt so drehen (rotieren), daß es die Variablenpunkte bestmöglich abbildet, ohne an der Faktorenlösung, also der Koordinatenstruktur, etwas zu verändern. Erst diese *Rotation* – bzw. die rotierte Matrix der Faktorladungen – ermöglicht in den meisten Fällen eine sinnvolle Interpretation der Korrelation von Variablen und Faktoren. Für alle durchgeführten Analysen wurde das Equamax-Verfahren benutzt; dies ist eine Kombination der Varimax-Rotation, welche die Anzahl der Variablen, die hoch auf einem Faktor laden, minimiert, und der Quartimax-Rotation, welche die Anzahl der Faktoren, die zur Erklärung einer Variablen herangezogen werden, minimiert (vgl. Norusis 1993b: 65).

Die Güte der gefundenen Faktorenlösung läßt sich an weiteren Kennwerten ablesen. Das Kaiser-Meyer-Olkin Maß (KMO) setzt die Größe der beobachteten Korrelationskoeffizienten ins Verhältnis zur Größe der partiellen Koeffizienten; es variiert von 0 bis 1. Sind die partiellen Koeffizienten klein, steigt das KMO-Maß; dies ist ein Indikator dafür, daß sich die Variablen hauptsächlich durch die Faktoren oder Hauptkomponenten abbilden lassen. Ein KMO-Wert über .70 weist auf eine zufriedenstellende, über .80 auf eine gute Lösung hin (vgl. Norusis 1993b: 52 f.).

Ein weiteres Maß für die Güte der Analyse ist der Anteil der Varianz der Variablen, der durch die Hauptkomponenten erklärt wird (R^2). Die Werte reichen von 0 bis 1 und können durch Multiplikation mit dem Faktor 100 in Prozentwerte umgerechnet werden. Werte über 50 Prozent gelten als zufriedenstellende, über 70 Prozent erklärte Varianz als gute Lösungen.

9.4.4 Die Regressionsanalyse

Der Nachweis von Kausalität ist an mindestens zwei theoretische Bedingungen geknüpft, die sich in den Sozialwissenschaften nur unter erheblichem Aufwand methodisch umsetzen lassen: Erstens muß die Ursache der Wirkung vorausgehen, und zweitens muß die Beziehung zwischen Ursache und Wirkung substantiell – das heißt überzufällig und valide – sein (vgl. Merten 1991: 42). Kausalität kann deshalb nur mit Längsschnittanalysen und zudem nur experimentell nachgewiesen werden.

Der systemtheoretische Hintergrund[8] und die methodische Anlage (Querschnittsbefragung) der „JouriD"-Studie lassen eine im strengen Sinn zu verstehende kausale Modellierung demzufolge nicht zu. Dennoch kann und soll nicht auf die Entdeckung und Überprüfung von (systemischen) Effekten auf die innersystemischen Variablenkonstellationen sowie auf die System-Umwelt-Beziehungen verzichtet werden.

In einem weniger strengen Sinn ist die Kausalanalyse aber auch nicht-experimentell möglich, und zwar mit Hilfe bestimmter statistischer Auswertungsmethoden wie Regressionsanalysen und Pfadanalysen. Wir sprechen dann jedoch nicht mehr von einer kausalen, sondern von einer statistischen Erklärung (vgl. Lewis-Beck 1993: 16). Der Zweck der Anwendung solcher Analysen beschränkt sich auf die multiple Auspartialisierung der Effekte, die aus dieser Perspektive weniger kausal als konditional zu interpretieren sind. Damit werden bivariate Korrelationen nicht überflüssig bzw. multivariat korrigiert – selbst wenn sie in der Regressionsanalyse verschwinden –, sondern die bivariaten Korrelationen werden in ihrem relativen Gewicht gesehen und in das Geflecht der Beziehungen eingeordnet.[9]

---

[8] „Alle Asymmetrien, die dem Erleben und Handeln zu Grunde gelegt werden, sind in selbstreferentielle Zirkel hineinfingiert – sozusagen als künstlichbegradigte Strecken, die aus praktischen Gründen als endlich behandelt werden." (Luhmann 1984: 651) Von daher ist Kausalität ein Reduktionsschema eines Beobachters (vgl. Luhmann 1984: 69).

[9] Dazu ein Beispiel: Auf *bivariater* Ebene korreliert das Einkommen der Journalisten mit dem Medienbereich, in dem sie arbeiten. So verdienen Journalisten, die im privaten Rundfunk arbeiten, durchschnittlich deutlich weniger als im öffentlich-rechtlichen Rundfunk. In der *multivariaten* Analyse wird diese Beziehung durch andere Variablen überlagert, denn ausschlaggebend für Einkommensunter-

Der Vorteil der Regressionsanalyse gegenüber Pfadanalysen ist die Einfachheit der Effektstruktur. Es müssen nicht von vornherein komplizierte ‚Kausalbeziehungen' mit direkten und indirekten Effekten postuliert werden. Es genügt vielmehr, eine Liste möglicher unabhängiger (erklärender) Variablen auf eine abhängige (zu erklärende) Variable zusammenzustellen und deren Netto-Effekte zu berechnen.

Das Prinzip der (multiplen) linearen Regressionsanalyse besteht darin, in einem von den unabhängigen Variablen aufgespannten mehrdimensionalen Raum durch die Daten eine Gerade zu legen, welche die (quadrierten) Abstände dieser Datenwerte zu der Geraden minimiert. Diese am häufigsten verwendete ‚ordinary least square'-Schätzung (OLS) gilt als robust und zuverlässig (vgl. Lewis-Beck 1993: 5 f.; 18 ff.). Die Gerade wird mit Hilfe der geschätzten Nettoeffekte der unabhängigen Variablen, also der auspartialisierten Regressionskoeffizienten, berechnet.

Wenn die Daten unterschiedlich skaliert sind, werden aus Gründen der Vergleichbarkeit die *standardisierten Beta-Koeffizienten* für die Interpretation benutzt. Die Güte des gesamten Modells wird in Form der durch die unabhängigen Variablen *erklärten Varianz* der abhängigen Variablen (R^2) angezeigt. Je näher die Werte oder Punkte der abhängigen Variablen an der durch die unabhängigen Variablen geschätzten Regressionsgeraden liegen, desto besser ist das Modell (vgl. Lewis-Beck 1993: 9 ff.).

Die Regressionsanalyse stellt zwar weniger Anforderungen an das theoretische Modell als die Pfadanalyse im Hinblick auf die Effektspezifizierung, aber auch dieses ‚weichere' Verfahren ist an Voraussetzungen gebunden. Dazu gehört zuerst das *Datenniveau*: Die lineare Regressionsanalyse erfordert intervallskalierte Daten. Diese liegen in unserer Studie für die abhängigen Variablen entweder in der Form z-standardisierter Faktorwerte oder fünfstufiger Intervallskalen vor. Die unabhängigen Variablen umfassen dagegen nominale, ordinale, intervallskalierte und Zähldaten. Während die ordinalen Variablen mit mindestens vier Ausprägungen wie

---

schiede sind in erster Linie Alter, Position und Familienstand. Dennoch ergänzt diese Überprüfung die ursprüngliche Information und ersetzt sie nicht, denn es kann durchaus zur Personalpolitik privater Rundfunkanstalten gehören, junge, unverheiratete Journalisten einzustellen und mit nur wenigen leitenden Positionen auszukommen.

intervallskalierte behandelt werden, müssen die nominalen in k-1 Dummy-Variablen zerlegt werden – ein Vorgehen, das in der Literatur angesichts der Robustheit der Regressionsanalyse und der üblichen Datenlage in den Sozialwissenschaften als gerechtfertigt gilt (vgl. Hardy 1993: 70 ff.; 77).[10]

Die *Spezifikation* des Analysemodells erfordert eine genaue Auswahl der Variablen, denn die Aufnahme zu vieler unabhängiger Variablen erhöht zwar die erklärte Varianz des Gesamtmodells R^2; dafür aber steigen die Standardfehler der Schätzungen (vgl. Norusis 1993a: 346). Die hohe Zahl potentiell relevanter Systemvariablen läßt jedoch eine theoretische Vorauswahl nicht zu. Durch die Zerlegung der polytomen nominalskalierten in Dummy-Variablen steigt diese Zahl auf über 40. Dennoch wurden mit der Enter-Methode alle Variablen in die Analyse einbezogen, um das Modell als ganzes schätzen zu können.

Das künstliche Ansteigen der erklärten Varianz wurde durch zwei Vorgehensweisen verhindert. Erstens wurden nur signifikante Beta-Koeffizienten mit einer Irrtumswahrscheinlichkeit von $\alpha \leq .01$ berücksichtigt. Dieses strenge Signifikanzniveau sorgt dafür, daß zu niedrige Koeffizienten nicht für die Interpretation in Frage kommen müssen. Zweitens wurde nur das inferenzstatistisch relevante adjusted R^2 dokumentiert (vgl. Berry/Feldman 1993: 166), das entsprechend niedriger ausfällt als das stichprobenbezogene R^2, wenn im Modell viele nicht-signifikante kleine Effekte ‚mitgeschleppt' werden.[11]

Schließlich mußte geprüft werden, ob die wichtigsten Prämissen der Regressionsanalyse erfüllt waren. *Normalverteilungs-, Linearitäts-* und *Additivitätsbedingungen* wurden nicht verletzt. Die graphische Prüfung der Residuen zeigte nur in wenigen Fällen

---

[10] Insbesondere für die beiden polytomen nominalskalierten Variablen ‚Medienbereich' und ‚Ressort' müssen geeignete Referenzkategorien gefunden werden, die nicht zu klein sein dürfen (vgl. Hardy 1993: 78): Im Medienbereich sind dies deshalb *zwei* kleinere Gruppen, nämlich die Stadtmagazine und die Mediendienste; im Ressort wurde die Gruppe derer, die sich keinem inhaltlichen Ressort zuordnen lassen, dafür ausgewählt.

[11] Diese Vorgehensweise führt im Vergleich zur Stepwise-Methode nur zu einer geringen Überschätzung der erklärten Varianz des Modells. Dafür werden alle Effekte gegeneinander auspartialisiert und nicht nur die automatisch auswählten signifikanten Beta-Koeffizienten, wie bei der Stepwise-Methode. Somit entspricht dieses Verfahren eher den systemtheoretischen Annahmen.

9.4 Das Auswertungsverfahren

Abhängige Variablen	adj. R²	F-Wert	Abweichung der Residuen von der Normalverteilung	Anzahl heteroskedastischer Variablen[12]
Journalistische Tätigkeiten (→ Tabelle 3.3-3)				
Recherchieren	.24	13.12	gering	4 von 35
Texten	.13	6.57	gering	5 von 35
Selektieren	.06	3.28	mittel	6 von 35
Organisieren	.19	9.77	mittel	5 von 35
Praktiken des Gegenlesens (→ Tabelle 3.3-6)				
Heterarchisches Gegenlesen	.07	3.66	gering	7 von 38
Hierarchisches Gegenlesen	.21	9.93	keine	5 von 38
Reaktionen auf journalistische Arbeit (→ Tabelle 4.2-4)				
Redaktionelle Reaktionen	.15	6.25	gering	7 von 41
Organisierte Reaktionen	.24	7.81	gering	7 von 41
Lebensweltliche Reaktionen	.11	4.75	gering	5 von 41
Einflüsse auf journalistische Arbeit (→ Tabelle 4.2-5)				
Redaktionelle Einflüsse	.22	9.20	keine	3 von 41
Insitutionelle Einflüsse	.16	6.61	gering	5 von 41
Lebensweltliche Einflüsse	.10	4.08	keine	1 von 41
Publikumsbilder (→ Tabelle 4.3-3)				
Staatsbürgerliche Merkmale	.14	5.18	keine	4 von 47
Ideologische Merkmale	.23	8.52	gering	3 von 47
Schichtbezogene Merkmale	.14	5.21	gering	8 von 47
Einstellungen zu Pressemitteilungen (→ Tabelle 4.4-3)				
Pragmatische Beurteilung	.24	9.31	gering	5 von 47
Optimistische Beurteilung	.09	3.71	keine	5 von 47
Kritische Beurteilung	.10	3.89	keine	8 von 47
Einfluß von Öffentlichkeitsarbeit (→ Tabelle 4.4-4)	.14	5.41	gering	3 von 44
Journalistisches Rollenselbstverständnis (→ Tabelle 5.2-4):				
Politischer Journalismus	.32	13.46	keine	7 von 47
Idealistischer Journalismus	.19	6.99	keine	7 von 47
Neutraler Informationsjournalismus	.13	4.99	keine	5 von 47
Aktueller Informationsjournalismus	.14	5.31	keine	8 von 47
Unterhaltender Servicejournalismus	.20	7.49	keine	6 von 47
Recherchemethoden (→ Tabelle 5.3-5)				
Hartes Recherchieren	.11	4.00	keine	4 von 50
Skrupelloses Recherchieren	.18	6.65	mittel	8 von 50

Tabelle 9.4-2: Statistische Kennwerte zu den verwendeten Regressionsmodellen

geringe Abweichungen von der Normalverteilung (→ Tabelle 9.4-2). Auch die bivariaten Scatterplots ergaben kaum nicht-lineare Beziehungen.[13]

Eine Voraussetzung ist die *Abwesenheit von Multikollinearität*: Die Effekte der unabhängigen auf die abhängige Variablen können nur dann exakt geschätzt werden, wenn die unabhängigen Variablen untereinander nicht zu hoch miteinander korreliert sind (vgl. Lewis-Beck 1993: 50 ff.). In der „JouriD"-Studie wurden deshalb bereits im Vorfeld die hochkorrelierten Variablen durch Hauptkomponentenanalysen zusammengefaßt. Die weitere Überprüfung der Toleranzwerte ergab dann, daß fast überall hohe Werte zu verzeichnen waren[14].

Das *Problem der Heteroskedastizität* (Varianzinhomogenität) kann graphisch durch einen Plot der Residuen gegen die unabhängigen Variablen oder durch F-Tests auf Varianzhomogenität entdeckt werden (vgl. Berry/Feldman 1993: 228 f.; Hardy 1993: 129 ff.). Die Folgen von Heteroskedastizität sind dabei ähnlich wie im Fall hoher Multikollinearität: Wenn die Binnenvarianzen der Gruppen – das sind bei intervallskalierten Daten so viele wie Skalenpunkte – unterschiedlich groß sind, gerät die Schätzung der Beta-Koeffizienten ungenau und steht auf ‚wackligen Füßen'. Dieses Problem trat ausschließlich bei den verwendeten Dummy-Variablen und

---

[12] Aus den Plots ergab sich keine deutliche nicht-lineare Struktur. Lewis-Beck (1993: 5) meint darüber hinaus, daß sozialwissenschaftliche Theorien oft auch nicht in der Lage sind, andere als lineare (nicht: kausale!) Strukturen plausibel zu erklären. Für mögliche kurvilineare Zusammenhänge oder Interaktionseffekte lagen keine konkreten Hypothesen vor; und eine systematische multiplikative Verknüpfung der Dummy-Variablen hätte nur zu einer Inflation der ohnehin schon großen Anzahl unabhängiger Variablen geführt. Weitere Vorschläge zum Umgang mit nicht-linearen oder nicht-additiven Effekten vgl. Berry/Feldman (1993: 201 ff.).

[13] Insgesamt wurden zwischen 41 und 50 Variablen benutzt, davon jeweils 21 Dummy-Variablen, bei denen inhomogene Varianzen hauptsächlich vorkommen (vgl. Hardy 1993: 121 ff.).

[14] Einzig bei den Dummy-Variablen zum Medienbereich gab es Indizien für Multikollinearität, dies aber nur deshalb, weil die Referenzkategorie (Stadtmagazine) zu klein war. Aus diesem Grund wurden Journalisten, die für Mediendienste arbeiten, ebenfalls in die Referenzkategorie einbezogen. Daraufhin erzielten die verbliebenen Kategorien (Dummy-Variablen) akzeptable Toleranzwerte ≥ .60.

9.4 Das Auswertungsverfahren

nur in wenigen Fällen auf (→ Tabelle 9.4-2). Die OLS-Schätzer bleiben dann zwar unverzerrt und konsistent, aber der inferenzstatistische t-Wert der Beta-Koeffizienten kann nicht richtig berechnet werden.

Der üblicherweise empfohlene Ausweg, gewichtete Schätzer (WLS) zu benutzen (vgl. Lewis-Beck 1993: 34; Berry/Feldman 1993: 227), ist wegen der Unregelmäßigkeit des Auftretens unterschiedlicher Varianzen nicht unproblematisch. Bei der Interpretation der Beta-Koeffizienten wurde deshalb nicht nur auf deren Signifikanz, sondern auch auf ihre Höhe geachtet. In Zweifelsfällen wurden niedrige Koeffizienten (Beta < .10) nicht ausgewiesen.

Das Register

Akhavan-Majid, Roya: 167

Aktualität, Aktualitätsjournalismus: 17, 68 f., 75, 78, 84, 174 f., 184, 187, 189, 204, 227, 269

Algerien (Journalismus): 209, 258

Alternative Medien: 123

Altschull, J. Herbert: 204, 231

Anzeigenblätter: 84, 87, 91, 92, 94, 142, 146, 307, 310, 316

Äthiopien (Journalismus): 209

Aufmerksamkeit: 17, 66, 78

Aussagenproduktion: 15, 16, 29, 30, 33, 36, 39, 48, 60, 138, 217, 252, 257, 263, 273, 275

Australien (Journalismus): 222, 225, 231, 232 f., 257

Autonomie (Journalismus): 20, 37, 68, 101 ff., 105 ff., 108, 114, 124, 134, 147, 149, 160, 164, 246, 323

Autopoiesis, Theorie autopoietischer Systeme: 47, 49, 56, 101 ff., 122, 134, 138, 139, 147 ff., 369

Bailey, George A.: 41

Baum, Achim: 123, 160

Befragung (Methode): 41, 45, 55 ff., 58 f., 82, 99, 109, 111, 135, 137, 179, 274 f., 321 ff., 355 ff.

Bentele, Günter: 180 f.

Beobachtung (Methode): 41, 52, 55, 58 ff., 322

Beobachtung, – zweiter Ordnung: 15, 50, 103, 182 f.

Berichterstattungsmuster: 36, 80, 82, 99, 163, 175 ff., 181, 196, 258

Bertelsmann: 205, 259

Binnendifferenzierung (Journalismus): 63, 87, 113, 116, 193, 195

Blöbaum, Bernd: 72 f., 80, 82, 121, 206, 271

Blum, Roger: 211

Böckelmann, Frank: 36

Bogart, Leo: 261

Breed, Warren: 40, 45, 46

China (Journalismus): 209, 220

Cholodow, Dmitrij: 210

Code (Journalismus): 15, 51, 63 ff., 71 ff., 78 f., 99

Cyberspace: 263

Dänemark (Journalismus): 244

Darstellungsformen: 17, 80, 82, 217, 258

DDR (Journalismus): 35, 98, 116, 128, 174, 179, 234 ff.

Donsbach, Wolfgang: 90 f., 157, 182, 227

Dovifat, Emil: 32

Dygutsch-Lorenz, Ilse: 274

Einschaltquote: 122, 125, 272

Emergenz: 154 f.

Entertainisierung: 29, 219

Erbring, Lutz: 226 f.

Ethik (Journalismus): 14, 30, 49, 80, 164, 180, 183, 185, 217, 229, 324

Fernsehen, ö.-r. (Journalismus): 17, 85, 91, 94, 114, 117, 142, 307, 310, 317

Fernsehen, priv. (Journalismus): 17, 85, 142, 307, 310, 317

Four Theories of the Press: 204

Frankreich (Journalismus): 213 ff., 219, 222 ff., 225, 248, 258

Frauen (Journalismus): 37, 223 ff., 243 ff., 257

Freie Journalisten: 91 f., 98, 306, 308 f.

Fremdreferenz: 106, 121, 134, 149

Früh, Werner: 274

Funktion, Funktionssystem (Journalismus): 14, 15, 16, 17, 22, 63 ff., 71 ff., 99, 132, 147, 155, 195 f., 197, 270, 272, 323

Funktionskontext (Journalismus): 22, 29, 216, 217, 229, 244 ff., 258 ff.

Gans, Herbert J.: 226

Gatekeeper, Gatekeeperforschung: 27, 39 ff., 44, 263, 271

Gegenlesen: 87, 94 ff., 114, 120, 143, 149, 191, 323

Gerhards, Jürgen: 65 ff., 78

Geschlechterforschung: 243 ff.

Geschlossenheit, operative: 15, 43, 47 f., 51, 68, 101 ff., 105 ff., 135, 153 ff., 244

Gieber, Walter: 40

Glasersfeld, Ernst von: 183

Glaubwürdigkeit, Verlust an - : 17, 78, 125, 133, 219

Globalisierung: 198 f., 202, 208, 217, 259

Glotz, Peter: 124

Görke, Alexander: 65, 68 ff., 77, 78, 83, 270

Groß, Bernd: 47

Großbritannien (Journalismus): 157, 158, 215, 218, 226

Groth, Otto: 34

Habermas, Jürgen: 151

Haferkamp, Hans: 52

Hagemann, Walter: 33 f.

Haller, Michael: 30

Handlungsrelevanz: 156, 157 ff., 175 ff., 194 f., 237 ff., 255, 358 f.

Hasebrink, Uwe: 125

Heinrich, Jürgen: 17, 43

Hejl, Peter M.: 154

Hermeneutik: 52, 62

Hienzsch, Ulrich: 43, 59 f., 92, 114, 158 ff.

Hintermeier, Josef: 58

Hunter, John E.: 162

Idealistischer Journalismus: 167, 170, 171 ff., 360 f.

Informationsgesellschaft: 264, 272

Informationsjournalismus: 30, 158, 163 ff., 173 ff., 226 f., 232, 253, 259, 359 f.

Infotainment: 217, 232, 262, 271

Inhaltsanalyse (Methode): 55, 60 ff., 99, 109, 137 f., 179, 194, 196, 251, 274, 321, 357 ff.

Innere Pressefreiheit: 26, 36, 105

Internet: 262 ff.

Interpenetration: 48, 104 f., 112, 134, 153, 156, 160, 272

Interpretativer Journalismus: 175 f., 214, 226 ff.

Investigativer Journalismus: 176 ff., 211, 218, 226 ff., 259, 274

Irland (Journalismus): 229

Israel (Journalismus): 211 ff.

Italien (Journalismus): 219, 226, 244

Japan (Journalismus): 212 f.

Jaspers, Karl: 13

Jokisch, Rodrigo: 243

Journalismus in Deutschland (Studie): 18 f., 23, 27, 60, 84, 95, 99, 105, 106, 125, 135, 137, 147, 161, 163, 184, 186, 221, 228, 229, 247, 248, 273 ff., 305 ff.

Journalismusforschung: 25 ff., 35 ff., 44, 51 ff., 63 ff., 78, 81, 122, 194, 206, 231, 261 ff., 270 ff., 305

Kepplinger, Hans Mathias: 148, 184, 186

Keuneke, Susanne: 244

Kim, Min-Sun: 162

Klaus, Elisabeth: 255

Köcher, Renate: 158

Kognition: 153 f.

Kohring, Matthias: 67 ff., 270

Kommerzialisierung: 15, 29, 35, 45, 211, 217, 261

Kommunikation: 51, 54, 63, 72, 123, 153, 156, 204, 243

Kommunikationsabsichten: 80, 121, 156 ff., 162, 163 ff., 175 ff., 194 f., 232 f.

Kommunikatorforschung: 19 f., 27, 36, 38, 45, 48 f., 63 ff., 263

Komplexität, Reduktion von: 47, 164

Konstruktivismus: 14, 49 ff., 53, 147, 181 ff., 243 ff., 267

Kopplung, strukturelle: 22, 48, 56 f., 64, 105, 121, 134, 136, 143, 153 ff., 194 f.

Kriener, Markus: 244

Kritische Theorie: 120

Kritischer Rationalismus: 53, 181 f.

Krohn, Wolfgang: 103 ff.

Kuba (Journalismus): 209

Kubicek, Herbert: 267

Küppers, Günter: 103 ff.

Kuweit (Journalismus): 209

Kybernetik, Kybernetisierung: 41 ff., 60, 114

Langenbucher, Wolfgang R.: 124

Leistungen (Journalismus): 28 f., 30, 37, 63 ff., 104 f., 133

Lewin, Kurt: 39

Lichty, Lawrence: 41

Listjew, Wladislaw: 210

Littré, Emile: 13

Luhmann, Niklas: 13, 16, 42, 47, 49, 50, 51, 52, 54, 69 f., 79 f., 85, 101 ff., 106, 147, 153, 160, 194, 197 ff., 208, 243, 271

Lünenborg, Margret: 249

Lyotard, Francois: 13

Marcinkowski, Frank: 63 ff., 72, 73, 80, 110, 121 f.,

Martens, Wil: 153

Martin, Hans-Peter: 202

Massenkommunikation (Funktionssystem): 69

Massenmedien (Funktionssystem): 69 f.

Maturana, Humberto: 48

Meckel, Miriam: 244

Mediensystem: 16, 17, 22

Meinungsjournalismus: 166, 214, 228, 360

Mexiko (Journalismus): 209

Moderation: 87 ff.

Multimedia: 262 ff.

Nachrichtenagenturen: 84, 116, 118, 139, 142, 146, 307, 310

Nachrichtenwert(e), -forschung: 18, 27, 66, 81, 182, 217

Nassehi, Armin: 197

Neuberger, Christoph: 181 f

Neuer Journalismus: 176

Neuharth, Al: 261

Neutraler Journalismus: 174 ff., 359 f.

Normenkontext (Journalismus): 22, 29, 216, 217, 229, 244 ff., 258 ff.

Objektivität: 50, 180 ff.

Öffentlichkeit (Funktionssystem): 65 ff., 68 ff., 72, 104, 160

Öffentlichkeit: 14, 20

Öffentlichkeitsarbeit: s. Public Relations

Ökonomie (Medien): 15, 17 f., 35 f.

Online-Kommunikation: 262 ff.

Ontologie: 16, 22, 35, 53 f., 74, 101, 147, 197, 243, 260

Opherden, Rainer: 61, 105

Orientierung, Orientierungsjournalimus: 17, 29, 262, 362 f.

Österreich (Journalismus): 225

Politischer Journalismus: 171, 167, 174 ff.

Postmoderne: 13 f., 17, 263

Praktizismus: 45

Präzisionsjournalismus: 175 ff.

Presse: 13

Pressekonzentration: 26

Pressemitteilungen: 132, 135, 136, 138 ff., 193, 323

Primärfunktion (Journalismus): 72 f., 75 f., 77 f.

Professionalisierung, Professionalisierungsgrad: 27, 44 ff., 79 ff., 99, 105, 231, 246

Programme (Journalismus): 78 ff.

Prott, Jürgen: 157, 159 f.

Prutz, Robert E.: 35

Public Relations: 18, 20, 22, 61, 64 ff., 68 f., 74, 77, 83, 84, 104 f., 108 f., 132 ff., 150, 272 f., 323

Publikum, Publikumsbild: 26, 37, 64, 66, 68, 72, 75, 78, 108, 110, 116, 118, 120 ff., 169 ff., 177, 240 ff., 246, 269, 272, 324

Publizistik (Funktionssystem): 63 ff., 67, 104, 121, 133

Publizistikwissenschaft: 27, 33 ff.

Qualität (Journalismus): 13, 18, 275

Quellen (Journalismus): 22, 117, 151

Ratgeber-, Servicejournalismus: 166, 169, 173, 176

Realität/Medienrealität: 15, 50 f., 123, 164, 181 ff., 197, 235

Recherche, -methoden: 87 ff., 134, 139 f., 185, 189 ff., 230 ff., 240 ff., 251 ff., 258, 262

Redaktion, Redaktionsforschung: 27, 33 ff., 39 ff., 47, 56, 57, 71 ff., 92, 105, 107 ff., 129 ff., 143, 149, 156, 158, 258, 274

Redaktionskonferenz: 46

Redaktionsmanagement: 43, 95

Redaktionsstatut: 117, 120, 128, 131

Redigieren: 87 ff., 144

Reporters sans frontieres: 208

Ressorts: 47, 80, 85, 92, 114, 116, 118 ff., 143, 146, 174, 250 f., 316

Reuters: 208, 259, 264, 273

Rieffel, Remy: 214

Rollen, Arbeits-, Mitglieds-: 56 f., 79 f., 85, 91, 94, 111, 144, 159, 194, 255, 263, 322

Rollenkontext (Journalismus): 22, 29, 216, 217, 229, 244 ff., 258 ff.

Rollenselbstverständnis, - selbstbild: 99, 157 ff., 161 ff., 164, 194, 232 f., 237 ff., 246, 254 ff., 323, 357

Ronneberger, Franz: 74, 132

Rühl, Manfred: 16, 20, 33, 35, 37, 42 f., 47, 57, 59, 65, 73 f., 79 ff., 84, 85, 99, 106, 120, 132, 151, 159 ff., 194, 206, 267, 269, 274

Rußland (Journalismus): 209 f., 231, 232 ff.
Sambia (Journalismus): 209
SAT 1: 29
Scheel, Alfred: 36
Schmidt, Siegfried J.: 13, 156, 197
Schumann, Harald: 202
Schweda, Claudia: 61, 105
Schweden (Journalismus): 226
Schweiz (Journalismus): 210 f., 218
Selbstorganisation: 47, 101, 147, 155 f., 203
Selbstreferenz, Selbstreferentialität: 47, 52, 101 ff., 107 ff., 116, 121, 134, 147 ff., 154, 203
Selektion: 13, 27, 29, 36, 45, 81, 85, 87 ff., 104, 134, 204, 262
Shamir, Jacob: 211 f.
Simbabwe (Journalismus): 209
Sozialisation: 27, 37, 40, 41, 44 ff., 80, 98, 118, 157, 231, 235, 242
Soziodemographie (Journalismus): 26, 85, 246 ff., 222 ff., 324
Spangenberg, Peter M.: 69, 206
Spanien (Journalismus): 244
Sparks, Colin: 231
Spencer Brown, George: 102, 182
Splichal, Slavko: 231
Sportjournalismus: 29, 37
Stimulus-Response Modell: 133
Strukturkontext (Journalismus): 22, 29, 216, 217, 244 ff., 258 ff.
Synchronisierung (Journalismus): 257 ff.
Synreferenz, Synreferentialität: 154 f.
System-Umwelt-Beziehungen: 47 ff., 64, 100 ff., 140, 147, 159, 183, 203, 214, 243, 251, 267

Systemtheorie (Journalismus): 16, 18, 42 f., 47 ff., 63 ff., 99 f., 101 ff., 120 ff.
Systemtheorie, funktional-strukturelle: 42, 47 ff., 51 ff., 101 ff., 120 ff., 147 ff., 153 ff., 194 ff., 197 ff., 243 ff., 267
Systemtheorie, konstruktivistische: 14, 15, 16, 18, 19, 20, 23, 47 ff., 147 ff., 181 ff.
Taiwan (Journalismus): 220
Tätigkeiten (Journalismus): 87 ff., 144, 251 ff.
Technik, Technisierung: 16, 37, 263, 273
Texten: 87 ff., 144
Themen, Thematisierung (Journalismus): 16, 17, 65, 73 f., 77 f., 80, 83, 108, 132, 262
Theorie des Journalismus: 16, 19, 111
Tuchman, Gaye: 316
Türkei (Journalismus): 209, 222, 224, 225, 230
Unterscheidungen: 15
USA (Journalismus): 35 f., 38 ff., 185, 215, 217 ff., 220, 222 ff., 226 ff., 230 ff., 255 f., 258, 261
Verantwortung, s.a. Ethik: 180 ff.
Verwaltung: 87 ff., 144
Vierte Gewalt: 29, 177
Wagner, Gerhard: 102 f.
Weaver, David H.: 167, 221, 255 f., 257 f., 261, 274
Weber, Max: 35, 38
Welsch, Wolfgang: 13
Weltgesellschaft: 198 ff., 260
Westerbarkey, Joachim: 104
White, David Manning: 39 f.

Wiedemann, Verena: 220
Wilhoit, G. Cleveland: 167, 221, 255 f., 261, 274
Willke, Helmut: 202
Wirkungsforschung: 26, 122, 133, 146, 274
World-Wide-Web (WWW): 267, 269

Zeitschriften: 84, 117, 122, 130, 142, 307, 310, 316
Zeitung: 17, 33 ff., 84, 117, 122, 142, 307, 310, 314
Zeugnisverweigerungsrecht: 218
Zukunft des Journalismus: 261 ff.